Plus

大學甄試必勝關鍵
審查資料製作書

余曉菁 · 邱淑芬

自傳

量身打造簡歷表

在校成績單

師長推薦函

序

隨著新課綱的推展以及教育思維的革新，面對現今「多元入學」的升學道路，不論是使用「學測」分數的「個人申請」或「四技申請」，還是使用「統測」分數的「技優甄審」或「甄選入學」，大多明確的規定需繳交所謂的「審查資料」或「備審資料」，即便形式由過去紙本印刷，轉換為現今的數位電子檔案，對莘莘學子來說都是絲毫不得輕鬆的辛苦歷程。

或許，很多同學面對製作備審資料這件事，都顯得茫然無知、倉促成篇、不知所措……但對於「審查委員」而言，除了是建立考生總體印象的「第一次接觸」外，更是比時間匆促的「面試」較無爭議的選才方式；而對於「考生」而言，不僅可以補強因面試緊張、失常的情況，更可以在一群應付了事的人中，爭取脱穎而出的機會！

筆者依據這些年來協助學子準備審查資料的經驗，以學生的立場做為寫作的基準，按照新的規定與考試模式，進行重新的構思與整理，沒有繁瑣的電腦文書製作步驟，也去除掉龐雜無謂的文字，以簡單卻又有質感的方式來協助學生，我們相信，透過條理的説明與簡易的操作步驟，就算是沒有經驗的人都可以按圖索驥製作出一本精采耀眼的審查資料。

本書在文字書寫上，採用輕鬆自然的口吻，讀者可以透過文字和筆者互動交流，書裡的小技巧都是筆者經驗的結晶，若作為教師指導學生的用書，也可以使教師用最有效率的方式協助學生，此外本書中所規劃的章節內容，更可以廣泛的運用在不同階段、不同科系的審查資料中，讓考生們可以順利的、自信的昂首闊步在升學之路上。

升學途中，可以選擇繁花盛景，也可以陷入荊棘窘途，既然本書已將審查資料的諸多細節化繁為簡，無不希望學生、家長、教師有更充裕的心力、體力用在「更美好的事物」上。

「工欲善其事，必先利其器」，這本審查資料製作書可以協助考生在短時間內找到方向，除了協助同學順利的製作出優秀的審查資料，呈現自己最佳的一面外，並整理出可以作為面試題目的審查資料有哪些，讓大家在製作審查資料的當下，也完成面試題目的擬答。

筆者一直以來都和考生站在同一陣線，秉持著協助學生順利升學，於是用心的完成本書，更期許這本書發揮最大的效益，讓學子們可以在升學的關卡中以「審查資料」過關斬將，金榜題名。

目錄

Chapter 01

審查資料大解密

面對線上書審不用慌

Who am I？自傳產生攻略

說到教授心坎裡的申請動機

讀書計畫亮起來

Chapter 06 Word 暖身操

Chapter 07 Word 製作超 easy

有利資料排版與美編呈現

紙本審查不用愁

超級 Power 推薦函

Chapter 11

面試放備審

作業練功坊解答

審查資料大解密

本章要為大家介紹的是審查資料。審查資料是升學管道中重要的關鍵，透過考生提出的審查資料，可供審查委員理解同學的對該科系的動機與興趣，也可以認識同學的人格特質與潛力，讓審查委員可以評估考生在成績外的表現水準，給予相對的成績，因此，審查資料的製作是升學之路中非常重要的一環。

1-1 認識審查資料

進入高中職階段之後，同學們慢慢的也對自己的未來憧憬與嚮往，大學與科技院校成為同學努力追求的重要目標，升學管道與升學制度也隨著時代的趨勢而改變，因此除了學業上的成就之外，同學們還得瞭解升學管道中的種種門檻和條件，知道如何去累積與應付，才能夠為自己獲得更棒的選擇。

在這章之中，我們要先來學習「審查資料」，先明白高三時期要繳交的這份審查資料究竟是何方神聖？此外，我們也學習如何製作自己的審查資料，同時對於審查資料的形式有正確的概念。隨著「線上書審」的實施，「審查資料」的形式則是少掉最後送印與油印的部分，因此過去我們熟知的「紙本備審」並沒有銷聲匿跡，倘若同學誤解以為不需要進行審查資料的製作，那可就大錯特錯。另外，入學管道是多元的，審查資料的形式也很多元，像是大學與科技院校要求線上書審外，但還是有要求考生另外郵寄書面的審查資料，此外還有軍、警校生升學的管道，如此可知，本書是為了適用任何一位同學準備審查資料，站在升學的立場上，協助同學輕鬆容易的製作審查資料，只要跟著本書一步一步學習，將使同學輕鬆完成自己的審查資料。

當然審查資料的製作既不是編書大賽，也不是生涯檔案成長書競賽，它在升學管道中的意義是用來檢視同學是不是具有學習該科系的能力，同時也是呈現同學是否具備這個科系的特質，所以堆砌資料或是請人代寫乍看之下好像是一本曠世巨作，待審查委員一一檢視之後就會發現乏善可陳、東拼西湊、名不符實，更慘的是文不對題。

既然審查資料在升學中具有分數評比與採計比序，自然有其重要的原因。它可以協助審查委員短時間之內認識同學，了解同學的特質，此外，若是有面試關卡的科系，審查資料也會成為口試委員們出題的來源，一方面看同學表達能力，另一方面則可以審查同學資料的真實性，因此同學也可以運用製作審查資料的時候建立自己的面試實力，聰明的同學還可以利用審查資料獲得口試中的主導權。

本書將於後面的章節再教導同學如何將蒐集來的口試題目運用於審查資料中，成為自己升學的利器，讓同學可以「摸蛤仔兼洗褲，一舉兩得」。

大學與科技院校琳瑯滿目，如此審查資料的內容和項目要如何著手呢？審查資料的依據就是「報考簡章」，簡章怎麼規定我們就怎麼去寫，依據簡章要求的項目去書寫製作審查資料，自然可以達成審查委員心中的期待。

1-1-1 審查資料的升學之路

為何審查資料會被大家如此看重？就讓我們以 106 學年度的大學多元入學管道來說明，當年度參加大學學科能力測驗的學生有 128,760 人。從表格中可以看到參加在大學多元入學管道中以個人申請方式進入大學的考生約達 47%。

▼ 106 學年度大學多元入學管道名額人數統計表

入學管道	繁星推薦	個人申請	指考分發
招生總人數	17,589	55,954	46,192
招生需求比例	14.6%	46.7%	38.5%
全體報名人數	23,075	75,414	42,327
實際報考錄取比例	62.7%	58.2%	96.92%

在大學多元入學管道中，只有繁星推薦上榜的同學，確定是不能參加個人申請，在考生當中再扣除掉部分完全不參加個人申請的名額，其餘的同學就是參加個人申請的考生，如此我們約略的計算一下，考生報名參加個人申請的比例已經遠遠的高達八成，而其中通過第一階段篩選的考生亦接近七成左右。粗略的推估考完學測之後，絕對有 60% ～ 80% 的同學需要製作審查資料。

▼ 106 學年度考生參加個人申請的人數比例

	繁星推薦錄取	未通過第一階段篩選	通過第一階段篩選
人數	14,908	14,458	60,956
比例	16.5%	16%	67.5%

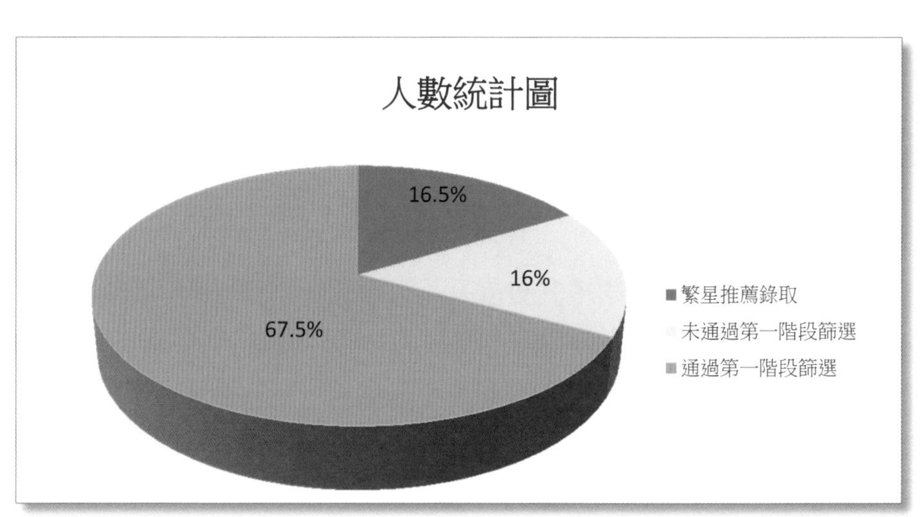

升學管道很多，每個人都可以依照自己手中的籌碼選擇適合的升學之路，少部分的同學之外，大部分的高中職畢業生都有製作審查資料的經驗，其中絕大部分的審查資料就聚集在「個人申請」，包含「大學多元入學個人申請」六個校系、「科技院校日間部四年制申請入學」五個科系。

在 103 學年後的「個人申請」管道，已經全面將紙本的備審資料改成網路上傳的電子審查資料，名稱上也有一些不同，以往的備審資料就是現在在大學申請簡章看到的「審查資料」、四技個人申請中的「書面資料審查」。雖然名稱已經有所改變，不過因為從多元入學管道開放以來，大家已經習慣用備審資料來稱之，因此仍可以看到使用「備審資料」稱「審查資料」的現象，若同學需要搜尋相關的資料仍可將「備審資料」當作關鍵字。

此外同學也可以從名稱上的差異來區分資料的新舊，稱備審資料的就是比較先前的資料，稱審查資料的就是最新的資料，當然也有兩者混淆使用的現象，表示這筆資料應是線上書審的過度時期。

▼ 名詞釋義

本書使用「審查資料」的名稱，涵蓋大學申請簡章的「審查資料」與四技個人申請簡章的「書面資料審查」項目。

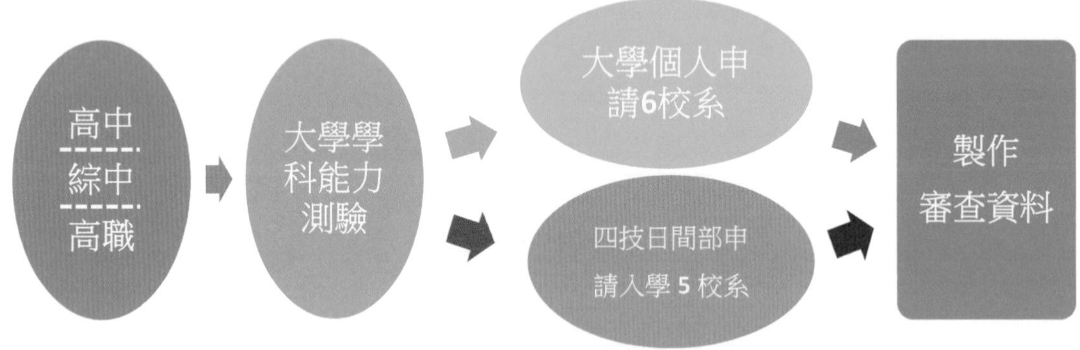

談到審查資料的兵家必爭之地其實就是「大學個人申請」與「四技日間部申請入學」，這兩個管道是可以讓高中、綜高、高職的同學變換體制的升學管道，因此參加完大學學科能力測驗之後，就可以進入申請入學的階段，考招分離的方式讓同學有更多的選擇，也讓同學可以依自己的能力與興趣決定就讀大學還是科技院校。

個人申請的第一階段是學測成績的篩選，依照簡章預計的第二階段人數進行複試，第二階段可能會採計的指定項目有「審查資料」(書面資料審查)、面試、筆試，並非所有的科系都會採計「審查資料」，但是也不可以掉以輕心，因為採計「審查資料」的科系是佔了絕大多數。

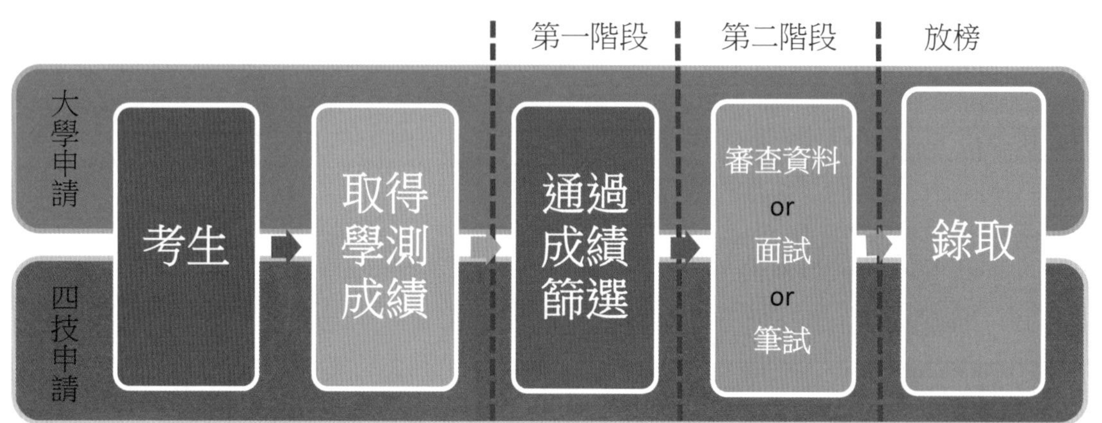

審查資料的製作也不是毫無頭緒的東湊西拼，在簡章的內容中對於審查資料會有一些限制，會指定同學繳交像是自傳、報考動機、讀書計畫、小論文、作品集，以及其他有利的相關資料。這些內容與製作方式，會在後面的章節再為同學仔細地介紹。

請你這樣做 翻閱大學個人申請簡章，無論是紙本還是網頁，我們得先注意到審查資料的內容，現在就讓我們看看審查資料藏在哪裡？

圖 1-1-1 國立政治大學傳播學院大一大二不分系簡章

國立政治大學 傳播學院大一大二不分系		學測、英聽篩選方式 第一階段			甄選總成績採計方式及佔總成績比例 第二階段					甄選總成績同分參酌之順序
		科目	檢定	篩選倍率	學測成績採計方式	佔甄選總成績比例	指定項目	檢定	佔甄選總成績比例	
校系代碼	006242	國文	前標	3	*1.50	40%	審查資料	--	0%	一、面試 二、現場書寫 三、學科能力測驗總級分
招生名額	49	英文	前標	3	*1.50		面試	--	40%	
性別要求	無	數學	--	--	*1.00		現場書寫	--	20%	
預計甄試人數	147	社會	--	--	*1.25					
原住民外加名額	2	自然	--	--	*1.00					
離島外加名額	4	總級分	--	3	--					
指定項目甄試費	1300	英聽	--	--	--					
寄發(或公告)指定項目甄試通知	104.3.27	指定項目內容	審查資料	項目：高中(職)在校成績證明、自傳(學生自述)、讀書計畫(含申請動機)、成果作品、其他(凸顯個人特色證明) 說明：1.自傳限1200字以內。2.讀書計畫請說明申請就讀本院的動機，以及進入本院的學習興趣與目標。3.其他:由以下項目中挑選最能凸顯個人特色的兩項，如:競賽成果(或特殊表現)、社團參與、學生幹部、英語能力檢定、社會服務、學習檔案、數理能力檢定。請自行彙整，並可透過文字或圖片說明所繳交的資料如何能表現個人優點與特色。						
繳交資料收件截止	104.3.31									
指定項目甄試日期	104.4.19									
榜示	104.4.28		甄試說明	1.面試評分參考項目：性格、人我關係、態度、口語表達能力與學習特質及審查資料。未繳交審查資料者，面試成績一律以0分計。 2.現場書寫評分參考項目：觀察、創意、分析、思辨與表達能力						
甄選總成績複查截止	104.5.1									
離島外加名額縣市別限制		1名限澎湖縣、1名限金門縣、1名限連江縣、1名限臺東縣								
備註		本院為鼓勵多元學習，增加競爭力，採大一大二不分系招生與修課。大三依志願選擇專業主修，進入新聞系、廣告學系、廣播與電視學系或傳播學士學位學程，以完成學位。三系各有兩個專業學程，另有自主實驗學程，讓學生可依個人未來生涯發展，自主規劃自己的學習計畫。學生畢業前須修畢校、院共同必修，專業主修或自主實驗學程。最低畢業學分為128學分。學生畢業時之學位證書標註之「學系」為其專業主修之學系或學位學程。本學院網址：http://comm.nccu.edu.tw/聯絡電話：(02)29393091分機67176								

1 本表為大學個人申請簡章，在指定項目內容中，我們可以找到兩欄與審查資料有關的資訊，一欄為「審查資料」、另一欄為「甄試說明」，要仔細閱讀以免錯失機會。

圖 1-1-2　國立政治大學傳播學院大一大二不分系審查資料內容

審查資料	項目：高中(職)在校成績證明、自傳(學生自述)、讀書計畫(含申請動機)、成果作品、其他(凸顯個人特色證明) 說明：1.自傳限1200字以內。2.讀書計畫請說明申請就讀本院的動機，以及進入本院的學習興趣與目標。3.其他:由以下項目中挑選最能凸顯個人特色的兩項，如:競賽成果(或特殊表現)、社團參與、學生幹部、英語能力檢定、社會服務、學習檔案、數理能力檢定。請自行彙整，並可透過文字或圖片說明所繳交的資料如何能表現個人優點與特色。

2 大學上傳的項目在第一項的「項目」，在這個位置，我們可以清楚在這個科系中，我們需要上傳的資料有五項：

a. 第一項高中 (職) 在校成績證明，在校生由學校統一上傳，我們要做的只是做成績的確認工作。

b. 第二項是自傳 (學生自述)。

c. 第三項是讀書計畫 (含申請動機)。

d. 第四項是成果作品。

e. 第五項是其他 (突顯個人特色證明)。

因此這個科系的審查資料就是必須涵蓋這五項內容的審查資料。

審查資料	項目：高中(職)在校成績證明、自傳(學生自述)、讀書計畫(含申請動機)、成果作品、其他(凸顯個人特色證明) 說明：1.自傳限1200字以內。2.讀書計畫請說明申請就讀本院的動機，以及進入本院的學習興趣與目標。3.其他:由以下項目中挑選最能凸顯個人特色的兩項，如:競賽成果(或特殊表現)、社團參與、學生幹部、英語能力檢定、社會服務、學習檔案、數理能力檢定。請自行彙整，並可透過文字或圖片說明所繳交的資料如何能表現個人優點與特色。

3 然而，針對審查資料的內容還可以設有條件限制：

a. 以自傳 (學生自述) 來說限制 1200 字以內，同學在書寫自傳的時候就要繳交約 1200 字的自傳內容，而且不能超過 1200 字。

b. 讀書計畫得說明申請就讀本院的動機，以及進入本院的學習興趣與目標。在這項目裡沒有字數的限制，卻有項目內容的限制，無論如何書寫讀書計畫，得分申請動機、學習興趣、學習目標，其他內容可以增減，不過仍須將指定項目內容詳細說明。

c. 關於其他的這項審查資料，雖然佔簡章十七項審查資料中學校常見的要求，不過也是內容最為繁雜，而且幾乎是每校系都會有不同要求的地方，在本簡章中要求：由以下項目中挑選最能突顯個人特色的兩項，如：競賽成果 (或特殊表現)、社團參與、學生幹部、英語能力檢定、社會服務、學習檔案、數理能力檢定。同學可以挑選出自己表現最為傑出或可以代表自己的兩項來進行審查資料的製作。

d. 本科系允許學生請自行彙整，可透過文字或圖片說明所繳交的資料如何能表現個人優點與特色。有些學校會給予下載制式表格的空間，該校系則讓學生自由發揮。

圖 1-1-2　國立政治大學傳播學院大一大二不分系甄試說明內容

甄試說明	1.面試評分參考項目：性格、人我關係、態度、口語表達能力與學習特質及審查資料。未繳交審查資料者，面試成績一律以0分計。 2.現場書寫評分參考項目：觀察、創意、分析、思辨與表達能力

4 甄試說明中提到面試的時候也會依據審查資料進行提問。此外要是不繳交審查資料的後果就是面試成績為 0 分。

請你這樣做 剛剛看完大學個人申請的簡章，現在我們就一起來看看四技日間部申請入學的審查資料藏在哪裡？

圖 1-1-3 國立臺北科技大學電子工程系簡章

<table>
<tr><td rowspan="2">校系（組）、學程資料</td><td colspan="3" rowspan="2">國立臺北科技大學
電子工程系</td><td colspan="2" rowspan="2">學科能力測驗
成績採計方式</td><td rowspan="2">第二階段複試
評分項目</td><td colspan="3">甄試總成績計算方式及同分參酌順序</td></tr>
<tr><td>甄試全部評分項目</td><td>占總成績比例</td><td>同分參酌順序</td></tr>
<tr><td rowspan="2">志願代碼</td><td rowspan="2">104007</td><td rowspan="2">招生名額</td><td rowspan="2">8</td><td>科目</td><td>權重</td><td rowspan="6">書面資料審查</td><td rowspan="6">書面資料審查
學科能力測驗加權平均成績</td><td rowspan="6">50%
50%</td><td rowspan="6">1
2</td></tr>
<tr><td>國文</td><td>x1.00</td></tr>
<tr><td rowspan="2">性別要求</td><td rowspan="2">未要求</td><td rowspan="2">預計複試人數</td><td rowspan="2">40</td><td>英文</td><td>x2.00</td></tr>
<tr><td>數學</td><td>x2.00</td></tr>
<tr><td rowspan="2">寄發第二階段複試通知</td><td rowspan="2">詳見「複試說明」</td><td rowspan="2">第二階段複試費</td><td rowspan="2">800</td><td>社會</td><td>---</td></tr>
<tr><td>自然</td><td>x2.00</td></tr>
<tr><td>郵寄資格審查資料截止日期(以郵戳日期為憑)</td><td>104.3.31</td><td colspan="8">應繳資料(請詳閱招生簡章總則第二階段複試資格審查必繳資料規定)
1.學歷證件影本(必繳)
2.歷年成績單正本（排名/班級人數/成績百分比）（應屆生應附在校前五學期成績）(必繳)</td></tr>
<tr><td>網路上傳書面審查資料截止日期</td><td>104.3.31</td><td colspan="8">上傳網站：104學年度科技校院日間部四年制申請入學聯合招生委員會(http://caac.jctv.ntut.edu.tw)
上傳資料如下：
1.自傳及讀書計畫(A4格式,請註明申請姓名,申請系別,並陳述申請入學動機,一千字以內)(必繳)
2.其他有利審查資料(社團參與,學生幹部,證照,競賽成果,語文能力,成果作品,特殊才能及體適能檢測成績證明書等)(選繳)</td></tr>
<tr><td>第二階段複試日期</td><td>---</td><td rowspan="3">複試說明</td><td colspan="7" rowspan="3">1.本校不另寄複試報名通知，通過第一階段篩選學生，請至本校首頁點選「招生訊息」/「高中生申請入學」/「最新消息」項下列印複試報名注意事項、複試報名表及專用信封封面。
2.採書面資料審查，申請學生不必到校。</td></tr>
<tr><td>寄發成績單日期</td><td>104.4.16</td></tr>
<tr><td>成績複查或申訴截止(以郵戳日期為憑)</td><td>104.4.18</td></tr>
<tr><td>公告錄取名單日期</td><td>104.4.23</td><td rowspan="2">備註</td><td colspan="7" rowspan="2"></td></tr>
<tr><td>是否採備取制</td><td>是</td></tr>
</table>

1 四技申請入學審查資料分成郵寄資料與上傳資料。共有項目為：

a. 學歷證件影本 (必繳)

b. 歷年成績單正本〔排名 / 班級人數 / 成績百分比〕〔應屆生應附在校前五學期成績〕(必繳)

c. 自傳及讀書計畫 (A4 格式，請註明申請姓名，申請系別，並陳述申請入學動機，一千字以內)(必繳)

d. 其他有利審查資料 (社團參與，學生幹部，證照，競賽成果，語文能力，成果作品，特殊才能及體適能檢測成績證明書等)(選繳)

1-1-2 審查資料助我上榜

瞭解升學之路上審查資料的重要性和必要性，那麼，為了讓自己可以朝向夢想的大學、四技院校，製作一本讓自己可以輕鬆上榜的審查資料更是刻不容緩。但是在製作審查資料之前，我們可能得先停下來思考一下，究竟自己要做那些內容才會是真正有價值的審查資料？

關於審查資料的內容說明部分，同學得張大眼睛看清楚，其中出現比例最高的部分是「自傳」，再來是「讀書計畫」，兩者都可能會限制字數，而自傳的部分有時會要求同學要加入「報考動機」，當然也出現將讀書計畫涵蓋在自傳當中的要求，兩者之外第三名出現比例高的項目就是「其他有利的資料」，這個部分就會屬於由同學自由發揮，這個部分建議同學放入獎狀以及佐證的照片，照片部分可以放入獎盃、頒獎、參賽過程的照片。

另外還有一種審查資料的方式是報考的校系將他們所需的文件放在招生網頁，要求報考的同學下載使用，同學就得依據校系提供的文件內容書寫審查資料。

不論審查資料的五花八門、千變萬化，依循著簡章的條件限制，從基礎的文件製作下手，無論同學申請了幾間校系，我們仍然可以從容的在繳交期限前完成質量俱斐的審查資料。

專家小叮嚀

同學通常都會先完成一份通用版的自傳、讀書計畫，接著再依據校系的要求進行內容的修改，因此檔案就會出現好幾個版本，建議同學在電腦的資料夾中要用報考的校系來建置資料夾名稱，不要用項目（如自傳、讀書計畫）當資料夾名稱，不然當所有的自傳、讀書計畫的檔案通通放在一個資料夾的時候，很容易會弄混，修改的時候也會亂掉，等到上傳或是郵寄的時候才發現甲學校寫成乙學校，乙學校弄成丙學校可就糟糕了！

1-1-3 線上書審簡單上手

好不容易對審查資料有了一些概念，接著我們就要來認識「線上書審」。過去考生們將自己的審查資料製作完成之後，就必須將電子檔案列印出來，往往會到坊間的影印店進行輸出，報考一個校系可能會印製三到四本審查資料，印製的過程需要時間，印刷裝訂完畢後，還要轉往郵局寄件，趕在收件的最後期限完成，其中所花費的精神、時間、金錢常常讓考生們疲於奔命，如果遇到同時得完成十一間系所的考生簡直就是痛苦的折磨。

因此大學個人申請取消傳統的紙本資料郵寄方式，變更為考生以「電子檔」形式上傳於甄選入學委員會指定網站，讓網站系統整合考生上傳的電子檔案，並透過系統程式添加專屬的封面（書籤），最後將上傳各個項目的檔案合併成一個完整的 PDF 檔案，形成考生報考的審查資料，系統再將考生的資料傳送到考生報考的大學一所去，這樣的審查資料形式就是我們所指的線上書審。

不過，因為個人申請本來就是大學為自己系所量身打造的選材機制，因此即使是全面的線上書審，部分校系仍可以要求考生將若干的指定審查資料以郵寄（或其他繳交方式）紙本繳交，因此同學仍得注意簡章上的說明或是注意第一階段錄取通知上的說明注意事項。

過去同學必須上傳在校成績證明，於 104 學年大學個人申請變更統一為學校端上傳在校成績證明，其餘考生則由本人自行上傳，因此在校成績證明這一項審查資料，考生們需於首次登入審查資料上傳系統時詳加核對確認。

專家小叮嚀

關於線上書審的操作方式同學也可以到大學個人申請網站上閱讀，此處為 106 個人申請網站審查資料上傳網址，此處有審查資料上傳相關事項，網　址 https://www.caac.ccu.edu.tw/caac106/document/106apply_dupload_opflow.pdf。除了線上閱讀之外，亦可參考本書光碟的附檔。

◉ 審查資料有哪些項目？

改採全面線上書審之後，招生校系也會受到上傳系統的支援限制，對於上傳的資料就會有項目內容和檔案大小、檔案格式的要求限制，因此在大學校系這端就得選擇出最多六項的審查資料項目，在考生端就要求每個檔案以 PDF 格式分項上傳，一個檔案最大為 5MB 為限，上傳資料的整體容量以 10MB 為限，超過限制的容量大小就沒有辦法上傳。

大學個人申請部分要求上傳的審查資料項目，可以分成十七項目，而四技日間部申請入學則未將上傳的審查資料分成固定的項目，除了上傳的資料外還有部分審查資料需要以紙本郵寄，這些我們都可以利用大學個人申請上傳的十七項目來分項製作大學、四技所需要的審查資料，協助同學們處理與製作，用更有效率與系統的方式完成，輕鬆繳交。

▼ 審查資料十七項目對照說明表

序號	項目內容	準備內容對照說明	
		大學個人申請	四技日間部申請入學
1	高中（職）在校成績證明	應屆畢業生由高中職學校統一上傳成績	由考生自行上傳成績檔案
2	自傳（學生自述）	字數規定依簡章説明辦理	
3	讀書計畫（含申請動機）	字數規定依簡章説明辦理 部分的讀書計畫會跟自傳合併	
4	成果作品	依科系性質與簡章內容提供	
5	競賽成果（或特殊表現）證明	證明、獎狀、獎盃	
6	社團參與證明	由學校開立證明	
7	學生幹部證明	由學校開立證明	
8	大考中心高中英語聽力測驗證明	大考中心高中英語聽力測驗成績單	
9	英語能力檢定證明	證書、成績單	
10	證照證明	證照、證明	
11	社會服務證明	含志工服務證、志工服務時數 部分高中職學校可以開立社團服務證明	
12	個人資料表	大部分校系提供表單下載，供考生自行編輯	簡歷表
13	學習檔案	大部分校系提供表單下載，供考生自行編輯	無規定
14	數理能力檢定證明	數理能力檢定或競賽成績單	無規定
15	小論文（短文）	小論文題目標示在簡章上，需依題書寫	較少科系要求
16	學習心得	不限範圍，可以是高中三年心得、參加某活動、課程後，所產生的感想	
17	其他	其他有利資料可以放入這一項 本項亦可以將 1 ～ 16 項的資料組合呈現 本項可被指定為紙本審查資料由送達	

1. 大學審查資料的 1-3 項校系採計比例為 60% ～ 90%，其中採計自傳項目的校系多於採計讀書計畫。
2. 大學審查資料第 4 項「成果作品」與第 16 項「其他」校系採計比例為 40% ～ 50%。
3. 大學審查資料的 5-9 項校系採計比例為 10% ～ 30%。
4. 其他項目皆為低於 10% 的採計比例。

→若同學在尚未確定校系之前，可以依據採計比例高者提早準備。唯第 16 項雖採計比例高，但因各校的內容說明不同而有異，同學可以參考歷屆簡章以了解內容的要求。

Q&A 上傳的審查資料可以修改嗎？

同學上傳資料的時候難免會出現一些狀況，可能發現自己上傳的檔案內容有誤，或是上傳的資料誤植，只要還沒有按下「上傳確認」鍵之前都可重複上傳。不過如果是已經將資料確認送出之後就不能有任何的理由要求修改，另外，既然採用線上書審，審查資料就會以考生上傳於網頁的資料為準，逾期或是傳錯資料，招生科系都不受理事後以紙本郵寄的方式，因此，上傳檔案之前，同學得多次確認，小心謹慎才是。

1-2 審查資料的製作流程

第一次接觸到審查資料時，大部分的同學一定覺得「天呀！要到哪裡生資料？」如果是高三忙著繳交資料的同學，時間已經迫在眉睫，哪有時間從高一開始審視自己，光是將找出可用的資料就忙得天昏地暗，比較誇張的同學乾脆隨便東抓西湊將所有的東西組在一起，整個製作審查資料的過程兵荒馬亂，像是亂無章法的工廠，當然是沒有辦法用最有效率的方式快速的製作審查資料。

首先，我們得先知道審查資料的基本流程：

我們簡單的將審查資料的製作分成五個步驟，透過這五個步驟讓同學了解自己如何進行，以及審視自己的完成情況。

步驟一：蒐集資料

我們可以利用線上書審的 17 個項目進行蒐集，獎狀、證照、證明、作品、簡報、作文、作業、照片、心得…等，先將這些資料蒐集到自己身上，特別是團體的資料，可能在別人身上，不在自己身上，就必須向擁有的同學取得。

高一、高二的同學可以多參加競賽、活動，為自己多取得一些資料。同時也可以藉由高三學長姐的製作經驗去取得更加值的資料。高三的同學也可以彼此分享相關的資料，利用社群或共同空間存取共同的資料。

步驟二：資料整理

既然我們以線上書審的 17 個項目進行蒐集，當然也可以利用這 17 個項目進行資料的整理，無論是採取線上書審，或是紙本印刷的審查資料，我們利用第一步驟將資料粗略的分類，這個階段中，我們就必須將各式的資料轉換成電子檔案存放在電腦中：像是紙本獎狀可以以掃描或是翻拍的方式存檔；美工作品、餐飲料理、3D 列印成品、獎盃這些立體的物品，就使用拍照的方式；影片、動畫、程式則用截圖的方式將他們轉成畫面圖檔。為了避免發生電腦檔案毀損等意外，同學除了存放電腦之外，可以利用隨身碟或是雲端硬碟進行備份。

步驟三：書寫編輯

自傳與讀書計畫是文字書寫最重要的兩份資料，這兩份資料可以放入佐證的圖片加以說明，但它們的核心還是在文字表達的部分，與一般作文寫作是不同的，在於強調考生本身的特質，需要將考生的優點特色與學習興趣、報考動機和學習規劃呈現在審查委員面前，此外不少科系對於這兩份資料給予的字數與內容範圍限制，倘若簡章沒有特別要求，也要達到將自己介紹給審查委員的目的。

其他審查資料雖然沒有像自傳與讀書計畫著重在文字表達，小論文的書寫可以看得出考生對於相關議題、科系理解、時事分析等能力，書寫的時候也要儘量避免天馬行空的胡謅，書寫前也可以參考相關的書籍、報章雜誌或是期刊論文，整理好自己的觀點再進行書寫。

其他像是以圖片為主文字為輔的審查資料，可以利用圖片之間的空間陳述出圖片的內容與價值，輔以抒發自己的心得感觸，都可以成為打動人心的審查資料。

步驟四：美編設計

料理要美味，食材當然要新鮮，連擺盤都要講究，才會讓人食指大動。

如此，想要製作一本打動人心的審查資料，美編設計當然就顯得重要，一般而言，圖片與照片進行編排之前，我們要先處理一下圖片的亮度、色澤飽和度，以及刪去圖片中多餘的或是雜亂的部分，可以先將許多的照片編排成一張圖片，因為審查資料的一個檔案和整個檔案都有檔案大小的限制，因此處理圖片的時候只要呈現清楚像素清楚的圖片即可，高像素、畫素的圖檔都會造成檔案過大無法上傳的困擾。

有些同學會想在審查資料中加入背景圖，但是背景圖容易造成焦點模糊或是閱讀困難的情況，並不建議同學採用。至於加入插圖的部分是可以的，但是放置了一大部分非自己作品的網路圖檔，不僅與申請的科系格格不入，同時也會造成重點失焦。

如果作品集放入線上書審的項目，在檔案大小的拿捏上要特別注意，雖然我們可以利用軟體進行 pdf 檔案壓縮，不過壓縮的過程也需要注意到因為壓縮造成的畫面失真和模糊的情況。

步驟五：產出作品

完成審查資料之後，即使是線上書審，仍建議同學將資料印出來檢查，可以請教師長的意見，再進行修正，確定審查資料的內容符合簡章說明之後就可以趕緊上傳，上傳的方式可以參考本書第 2 章的內容。

如果是需要紙本印刷的審查資料，我們就必須將資料印出來，或是交由坊間印刷公司印出，另外我們也要決定採用膠裝、環裝的裝訂方式，同時注意在郵寄的截止時間之前寄出。

1-2-1 尋找我的審查資料

知道審查資料是什麼之後，就可以將這些資料一網打盡。有些審查資料是可以透過單位或是學校處室獲得，這些資料只要依照項目內容分類就可以輕鬆完成，不過這類型的審查資料都是平日的努力累積，從高一到高三的付出、積極參與各項活動與競賽所取得的證明文件，進行這類審查資料編排時，若沒有特別規定可以輔以照片和文字來說明。

▼ 可由單位取得的審查資料蒐集表

編號	資料內容	資料取得單位	取得與否
1	高中（職）在校成績證明	學校教務處	☐
2	競賽成果 (或特殊表現) 證明	競賽單位	☐
3	社團參與證明	學校學務處	☐
4	學生幹部證明	學校學務處	☐
5	大考中心高中英語聽力測驗證明	若團體報名由學校教務處取得	☐
6	英語能力檢定證明	若團體報名由學校教務處取得	☐
7	證照證明	證照單位寄發	☐
8	社會服務證明	服務單位出示	☐
9	數理能力檢定證明	辦理檢定單位提供	☐

當然，不是所有的審查資料都是由單位或學校處室給予的文件，其他的資料就得要依據審查資料的性質進行書寫，書寫前也得看看相關的資料才有下筆的方向，所以如果有學長姊的審查資料當作範本會讓茫然無頭緒的考生看見曙光，但就算找到跟自己申請一樣校系的學長姐資料，也不能一字不漏的照抄，因為學長姊跟自己的是不同的個體，他們的審查資料寫得再好也沒辦法呈現最佳的自己，而且很容易露出馬腳，反而偷雞不著蝕把米，錯失上榜的機會。

1-2-2 創造自己的價值

常常到了製作審查資料的時候會有同學抱怨的說自己沒有什麼資料可以放，反過來我們怎麼會錯失取得資料的好機會，回頭再想也於事無補，但是，如果事先就知道這些資料的重要性，在高中三年的學習歷程中一定會更加積極更有意義，因此如果今天我們是一位高一學生，蒐集這些審查資料的機會就會讓我們變得充滿企圖，生機蓬勃，學習起來更有鬥志。

創造自己的價值是可行的！我們可以把握的有：

✪ 大小活動不放過

每間學校都會有例行性的活動或是特殊性的活動，同學在校期間可以斟酌自己的時間參加這些活動，有些活動競賽有獎狀、證明，團隊活動也可以突顯自己和他人合作的能力。像是數理學科能力競賽、語文能力競賽、體育競賽、辯論比賽、藝文活動、實務體驗活動…

✪ 聆聽講座有意義

校園裡常為同學安排許多的講座，有藝文性質的、升學輔導的、職涯試探的、經驗分享的、閱讀欣賞的、實務技能的…這些講座除了高中職校園舉辦之外，大學院校也會為高中生舉辦相關的講座，此外文化中心的作家講座、名人講堂，這些講座都是同學加值的好機會，同學聆聽講座的時候可以略做筆記、速記心得，同時利用手機或相機拍下自己參與講座的身影就可以成為一份很棒的資料，聰明的同學會將這些講座稍微分類，就可以很有系統的蒐集相關的資料，呈現自己的課外學習心得。

✪ 人際關係互動佳

大家都知道和同學互動良好可以讓自己在班上獲得好人緣，但從來沒有想過人緣好的同學可以為自己得到大量的升學訊息與協助。平時與同學相處融洽，積極和同學互動，彼此分享讀書的心得與升學資訊，面對升學考試的時候就如虎添翼增加了戰友，也有同學可以彼此分工，讓自己除了精神上有人支持外，準備資料上也有更實質的收穫。

✪ 服務付出不喊累

選擇個人申請，就是選擇將自己的生活樣貌與學習態度呈現在審查委員面前，以社工系、社會福利系來說他們除了在乎學生的學測成績之外，也在乎學生的服務態度，可能要求同學提出在學期間參與的社工服務、志工服務、班級幹部、學校幹部證明，如果到了高三申請時才去想去服務取得證明也來不及了，提不出證明就會失去選擇該系所的資格，因此，同學在課業之餘，應該要關懷自己的環境，以及身邊的人、事、物，同時服務付出，會讓自己接觸課業所不及的範圍，以更同理的心去看待。

另外一個角度看過來，自己投入服務的過程之也可以發現自己的人格特質是不是適合往社工系、社會福利系前進，也可以更清楚自己的志願。

✪ 學業成績頂呱呱

只要是參與個人申請的管道，一定得通過大學學測的考驗，高中三年的學業成績當然奠定了學測成績的好壞。高中的同學有較多的學術課程，可以利用課程的機會準備學測的內容，至於高職的同學雖然有修過學測考試科目的相關內容，但是較多的職業學程，就得加強學測考試科目的練習，特別是題型的答題方式，將會使高職的同學可以更有實力取得更佳的學測成績。

1-3 檢視審查資料的 DNA

審查資料的 17 項目就是構成審查資料的 DNA，我們之前說過有些資料靠的是蒐集與整理，有些資料靠的就是自己的文字呈現，文字書寫的審查資料可以涵蓋由單位取得的證照、證明等，利用文字將這些資料連結在一起，像是緊密的 DNA 圖像。

▼ 審查資料內容架構表

<table>
<tr><th>編號</th><th>資料內容</th><th>內容綱要</th><th>可書寫到的佐證資料</th></tr>
<tr><td>1</td><td>自傳
(學生自述)</td><td>• 成長背景
• 個人特質與專長興趣
• 學業成績表現
• 課外活動表現</td><td rowspan="2">• 高中(職)在校成績證明
• 競賽成果(或特殊表現)證明
• 社團參與證明
• 學生幹部證明
• 證照證明
• 英語能力檢定證明
• 大考中心高中英語聽力測驗證明
• 數理能力檢定證明
• 社會服務證明</td></tr>
<tr><td>2</td><td>讀書計畫
(含申請動機)</td><td>申請動機：
1. 家庭環境
2. 興趣與能力
3. 系所的優勢

讀書計畫：
1. 學業規劃
2. 證照取得
3. 社團參與
4. 學術活動
5. 進修或就業規劃</td></tr>
<tr><td>3</td><td>成果作品</td><td rowspan="2">競賽作品圖片或照片
專題製作圖片或照片
作文或作業掃描
剪報或簡報資料
作品集或作文簿</td><td rowspan="2">競賽成果(或特殊表現)證明
社團參與證明
證照證明</td></tr>
<tr><td>4</td><td>學習檔案</td></tr>
<tr><td>5</td><td>個人資料表</td><td>• 個人基本資料
• 幹部與社團經驗
• 參與活動
• 競賽成果</td><td>• 高中(職)在校成績證明
• 競賽成果(或特殊表現)證明
• 社團參與證明
• 學生幹部證明
• 證照證明
• 英語能力檢定證明
• 大考中心高中英語聽力測驗證明
• 數理能力檢定證明
• 社會服務證明</td></tr>
<tr><td>6</td><td>小論文(短文)</td><td>依據簡章要求的題目書寫</td><td></td></tr>
<tr><td>7</td><td>學習心得</td><td>視各系的規定書寫，若有要求格式可在指定網址下載</td><td>仍可提及上述的證明證照</td></tr>
<tr><td>8</td><td>其他</td><td>依據簡章書寫，通常可能結合前幾項的內容要求書寫</td><td>依情況可提及上述的證明證照</td></tr>
</table>

其實高中的生活各個活動與競賽，無論團體或個人都是與同學的表現無法切割，有些同學製作審查資料的時候，往往不清楚自己可以放入的資料，或是參考別人資料時沒有注意到自己和別人的差異，就漏掉自己的特殊性以及可以表現自己的審查資料。

1-4 審查資料加分關鍵

一個系所收到的審查資料要如何可以區分出高低的差異呢？就讓我們以審查委員的心態來看，首先當然是第一眼印象最為重要，以紙本的審查資料來說，印刷的品質，紙質的好壞，排版的精美，是審查委員開始審視資料前的第一眼印象，想要取得青睞，在內容之外，我們還要下不少功夫。

而線上書審，因為有檔案數量與檔案大小的限制，我們省掉了製作封面、封底、分隔頁與排版印刷的程序後，同學往往會問：「審查資料要如何突顯自己的用心呢？還有，如果自己申請的是設計學群，線上書審的形式又要如何突破呢？」

別慌張，大家都在一樣的條件下各自發揮，我們仍可透過 PhotoImpact X3 和 Word 的功能進行編寫與美編，讓大家都可以呈現最獨特、最棒的審查資料。

除了文件製作與美編排版之外，我們製作審查資料的時候可以先蒐集該系所的口試題目，或許同學會質疑口試題目和審查資料有什麼關聯性？就讓我們先來了解口試與審查資料的密切關係。

口試可以協助口試委員從問答之中清楚考生的個人特質，因此通常會安排幾個範疇的內容作為口試題目，舉凡考生的自我介紹、讀書計畫、報考動機、未來展望等通用的考題，這些與考生息息相關的問題，其實，絕大部分就是審查資料中考生所準備的內容。

因此，當口試委員圍繞著審查資料問問題的時候，聰明的同學也可以反過來利用審查資料為自己先準備好口試的擬答內容，只要蒐集該系所的口試考古題，把這些口試的擬答內容放入審查資料，會使審查資料的內容更切中該系所的需求。

另外大學校系的網站內容和文宣品往往也是審查資料可以取材的地方，花時間閱讀與理解網站的資訊，可以將該系所的設備、師資、課程、發展性等特色找出來，在報考動機的內容中就可以加入自己對該校系的理解，如此，越能夠具體地寫出自己為何選擇該校系的目的，亦能達到加分效果。

◉ 重點整理 Smart 學習

1. 大學個人申請為高中學生一半以上的人所選擇的入學方式，因此若是參加申請入學約有 60% ~ 80% 的同學必須製作審查資料。
2. 大學個人申請與四技申請入學管道已全面採用線上書審。
3. 紙本審查資料仍須視校系的要求製作。
4. 大學個人申請中的審查資料「高中（職）在校成績證明」在校生已由學校統一上傳。
5. 自傳與讀書計畫為審查資料中的重要書寫項目。
6. 即使是線上書審仍重視編排與美編技巧。
7. 審查資料可以依據口試考古題來書寫。

作業練功坊

一、是非題（請將正確的敘述於（ ）內打「○」，錯誤的敘述打「×」）

1. (　　) 審查資料的製作與生涯檔案一模一樣。
2. (　　) 審查資料的內容可能會成為面試時候的口考題。
3. (　　) 將所有報考科系的自傳檔案通通放在一個資料夾，比較不會混淆使用。
4. (　　) 線上書審仍須製作審查資料封面。

二、選擇題

1. (　　) 線上書審指的意思是？
   (A) 電子檔案的審查資料　(B) 將審查資料紙本掃描
   (C) 書面郵寄的審查資料　(D) 審查委員上網進行審查資料的評分。
2. (　　) 一個校系所設定的審查資料的上傳項目以多少為限？
   (A) 4 項 (B) 5 項 (C) 6 項 (D) 7 項。
3. (　　) 關於線上書審的檔案限制以下何者正確？
   (A) 上傳檔案的格式可以使用 doc 或 docx 以及 txt
   (B) 需依照指定的項目上傳檔案，完整檔案不超過 10MB 即可
   (C) 上傳檔案確認之後若發現錯誤仍可提出疑義修改
   (D) 一個校系最多可以要求考生上傳六項的審查資料。
4. (　　) 下列哪些審查資料項目是自傳（學生自述）可以提及的內容？
   (A) 校內作文比賽第一名　(B) 擔任高二班長的職務
   (C) 參加飢餓三十的活動　(D) 以上皆可。

三、簡答題

請同學依據以下簡章內容條列該科系審查資料中所需要的內容項目：

審查資料	項目：高中(職)在校成績證明、自傳(學生自述)、讀書計畫(含申請動機)、競賽成果(或特殊表現)證明、社團參與證明、其他(詳見說明) 說明：其他項包含-如英文或其他檢定、成果作品、課外活動特殊表現等有助審查之資料或文件。

1. ______________　　4. ______________

2. ______________　　5. ______________

3. ______________　　6. ______________

Chapter 02

面對線上書審不用慌

自 107 學年度起，為了減少紙張用量並有助環保、減輕考生印製、寄送書面資料的作業時間與金錢負擔，所有參加大學個人申請入學與四技統測第二階段的審查資料，都將實施「全面線上書審」。因此，對許多不熟悉電腦操作與無法瞭解簡章深層內涵的同學們，造成極大的恐慌與不安。在本書 CH01 審查資料大解密中已詳盡介紹上傳內容，所以本章將以圖文解說的方式，將上傳格式與步驟完全清楚呈現。

2-1 上傳文件真面目

就目前的大學「個人申請」入學管道而言，除非明確說明第二階段「未規定」繳交審查資料的校系之外，否則全部都應在規定期限內至甄選委員會（https://www.caac.ccu.edu.tw）上傳第二階段審查資料。例如「國立台北教育大學自然科學教育學系」簡章所示：

【圖 2-1】「國立台北教育大學自然科學教育學系」簡章

國立臺北教育大學 自然科學教育學系		學測、英聽篩選方式 第一階段			甄選總成績採計方式及佔總成績比例 第二階段					甄選總成績同分參酌之順序
		科目	檢定	篩選倍率	學測成績採計方式	佔甄選總成績比例	指定項目	檢定	佔甄選總成績比例	
校系代碼	032122	國文	均標	--	*1.00	50%	自然科學筆試	--	25%	一、自然學科能力測驗 二、面試 三、自然科學筆試
招生名額	20	英文	均標	--	*1.00		面試	--	25%	
性別要求	無	數學	均標	10	*1.50					
預計甄試人數	50	社會	--	--	*1.00					
原住民外加名額	2	自然	均標	2.5	*2.00					
離島外加名額	無	總級分	--	--	--					
指定項目甄試費	1500	英聽	--	--	--					

寄發(或公告)指定項目甄試通知	--	指定項目內容	審查資料	項目：(無) 說明：(無)
繳交資料收件截止	--			
指定項目甄試日期	104.4.18			
榜示	104.4.27		甄試說明	一、自然科學筆試之出題範圍包含生物、化學、物理及地球科學等4學科。 二、面試之評分內涵包括：語言表達、邏輯思考及自然科學專門知識。
甄選總成績複查截止	104.4.30			
離島外加名額縣市別限制		(無)		
備註		1.學系網址：http://nse.ntue.edu.tw，聯絡方式：(02)27321104轉63303邱秀玲助教。 2.本系以培養優質之自然科學領域專業人才及自然與生活科技領域之師資為招生目標。 3.本系104學年度入學全部新生中，師資生至多30名，入學後辦理甄選，擇優錄取。 4.指定項目甄試通知不另寄發，請考生直接至本校招生考試網頁下載。		

※此學系於第二階段僅就面試、筆試評分，所以不需上傳審查資料。

不過，還是有「審查資料不計分」卻仍要上傳審查資料的校系，例如「國立台灣師範大學資訊工程學系」簡章所示：

【圖 2-1】「國立台灣師範大學資訊工程學系」簡章

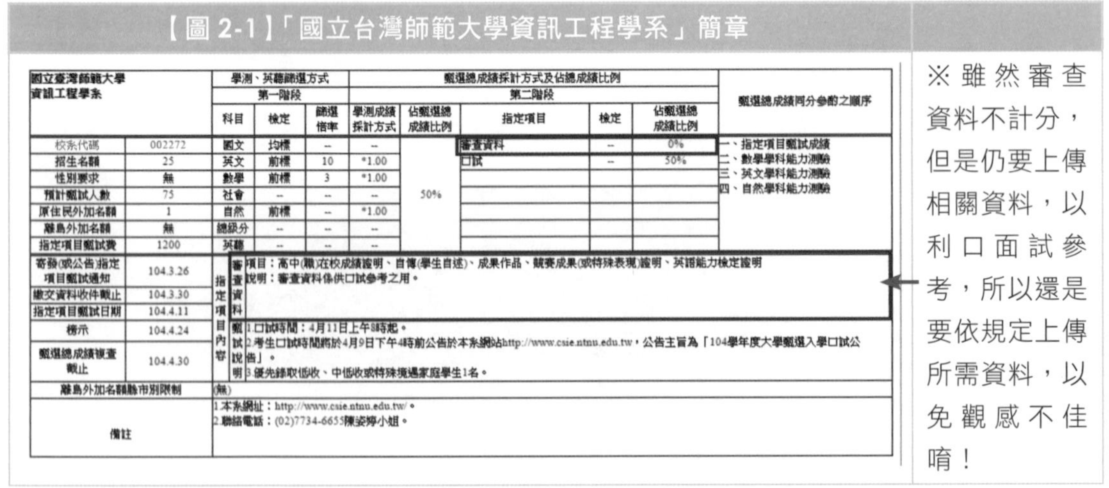

國立臺灣師範大學 資訊工程學系		學測、英聽篩選方式 第一階段			甄選總成績採計方式及佔總成績比例 第二階段					甄選總成績同分參酌之順序
		科目	檢定	篩選倍率	學測成績採計方式	佔甄選總成績比例	指定項目	檢定	佔甄選總成績比例	
校系代碼	002272	國文	均標	--	--	50%	審查資料	--	0%	一、指定項目甄試成績 二、數學學科能力測驗 三、英文學科能力測驗 四、自然學科能力測驗
招生名額	25	英文	前標	10	*1.00		口試	--	50%	
性別要求	無	數學	前標	3	*1.00					
預計甄試人數	75	社會	--	--	--					
原住民外加名額	1	自然	前標	--	*1.00					
離島外加名額	無	總級分	--	--	--					
指定項目甄試費	1200	英聽	--	--	--					

寄發(或公告)指定項目甄試通知	104.3.26	指定項目內容	審查資料	項目：高中(職)在校成績證明、自傳(學生自述)、成果作品、競賽成果(或特殊表現)證明、英語能力檢定證明 說明：審查資料係供口試參考之用。
繳交資料收件截止	104.3.30			
指定項目甄試日期	104.4.11			
榜示	104.4.24		甄試說明	1.口試時間：4月11日上午8時起。 2.考生口試時間將於4月9日下午4時前公告於本系網站http://www.csie.ntnu.edu.tw，公告主旨為「104學年度大學甄選入學口試公告」。 3.優先錄取低收、中低收或特殊境遇家庭學生1名。
甄選總成績複查截止	104.4.30			
離島外加名額縣市別限制		(無)		
備註		1.本系網址：http://www.csie.ntnu.edu.tw/。 2.聯絡電話：(02)7734-6655陳姿婷小姐。		

※雖然審查資料不計分，但是仍要上傳相關資料，以利口面試參考，所以還是要依規定上傳所需資料，以免觀感不佳唷！

所以，一切均以報考當年度的簡章內容說明為基準，而且千萬要一字一句看清楚，畢竟自己的未來不能毀在粗心、忽略上，不可囫圇吞棗，徒增遺憾喔！但是，好不容易完成的審查資料，要如何順利上傳才能不出錯呢？又有哪些需要注意事項呢？

2-1-1 書審上傳要求說分明

雖然線上書審的上傳方法，在當年度大學甄選網站（以 107 年為例 https://www.caac.ccu.edu.tw/apply107/dataupload.php，如圖所示）中，都有些貼心的相關說明事項，但……只有瞭解這些是絕對不夠的！因此，筆者將指導學生處理相關事務的方法，整理成「書審上傳的 10 點大提醒」再次叮嚀大家；而詳細的「上傳步驟」則在本書「2-2 線上書審上傳步驟」章節內容中，有詳細說明唷！

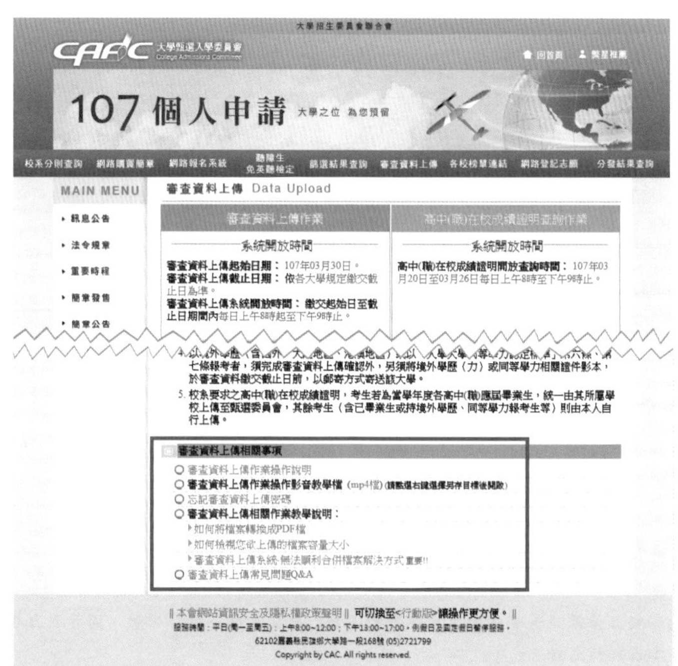

✪ 書審上傳的 10 點大提醒

1. 唯一限定格式為 PDF，其他格式都不行。
2. 上傳的 PDF 檔中，不可加入任何影音或其他功能（如連結、附件、PPT 等），以免造成檔案無法完整呈現。
3. 每所校系得依審查資料項目（參考項目共 17 項）自由選取，但項目數量只能**至多 6 項**。
4. 每項目檔案容量不得超過 5M。

5. 每一校系所有上傳的資料檔案，全部總容量以 10MB 為限。
6. 上傳的審查資料一經「確認」後，一律不得更改，且不得異議。
7. 審查資料上傳完畢，一定要將「審查資料上傳確認表」自行存檔，以利將來疑義申請時佐證用。
8. 一定要在各校系規定期限內完成報名、繳費等相關作業，否則就算是上傳審查資料完畢，也屬「失格」行為，不予錄取。
9. 考生上傳確認確認後，系統會在各個審查資料前主動產生封面（書籤），但不會主動加入頁碼，所以除非是資訊或設計類，如果準備時間不足，可不需要另行準備封面，多著重在「內容」部分比較有效率。
10. 除網路上傳審查資料外，是否需另外郵寄或透過其他方式繳交資料，一切均以當年度報考校系的「分則規定」或「考生注意事項」為準，請務必詳細閱讀。

2-1-2 如何將 Word 文件改成 PDF ？

根據「107 學年大學個人申請第二階段審查資料上傳作業流程」中明確規定：審查資料上傳項目，需分項製作成 PDF 格式檔案後再逐一上傳……因此，不管你的審查資料是用何種軟體製作，都一定要轉成 PDF 檔，否則是無法上傳任何東西的。

107學年度大學個人申請入學招生第二階段審查資料上傳作業流程

一、重要事項說明

1. 上傳期間：107年3月30日至各大學規定繳交截止日每日上午8時至下午9時止，考生須依規定完成審查資料上傳作業，始得參加指定項目甄試。
2. 繳交方式：**一律採用網路上傳方式繳交審查資料。**（部分校系針對若干審查資料項目，另訂以郵寄或其他方式繳交者，考生應依其規定另行繳交至該大學）。
3. 校系要求之高中(職)在校成績證明，考生若為當學年度各高中(職)應屆畢業生，統一由其所屬學校上傳至甄選委員會，其餘考生（含已畢業生或持境外學歷、同等學力報考生等）則由本人自行上傳。
4. 審查資料上傳須依各校系要求之項目，分項製作成PDF格式檔案後再逐一上傳，單一項目之檔案大小以5MB為限，每一校系所有審查資料項目之上傳檔案總容量以10MB為限。
5. 考生須於該校系繳交審查資料截止日前，完成該校系審查資料上傳作業並完成確認，若逾
能。
面），並將所有審
視儲存後之檔案
可將修改後之檔
案重新上傳。惟若審查資料一經確認後，一律不得以任何理由要求修改，請考生務必審慎檢視上傳之資料後再行確認。

4. 審查資料上傳須依各校系要求之項目，分項製作成 PDF 格式檔案後再逐一上傳，單一項目之檔案大小以 5MB 為限，每一校系所有審查資料項目之上傳檔案總容量以 10MB 為限。

一般而言，大部分的同學在製作審查資料時，大多使用 Word 軟體。如果你使用的是 Word 2010 版，那要如何將文件從 Word 變成 PDF 呢？大略可以分成以下兩種方式：

◉ 第一種方式

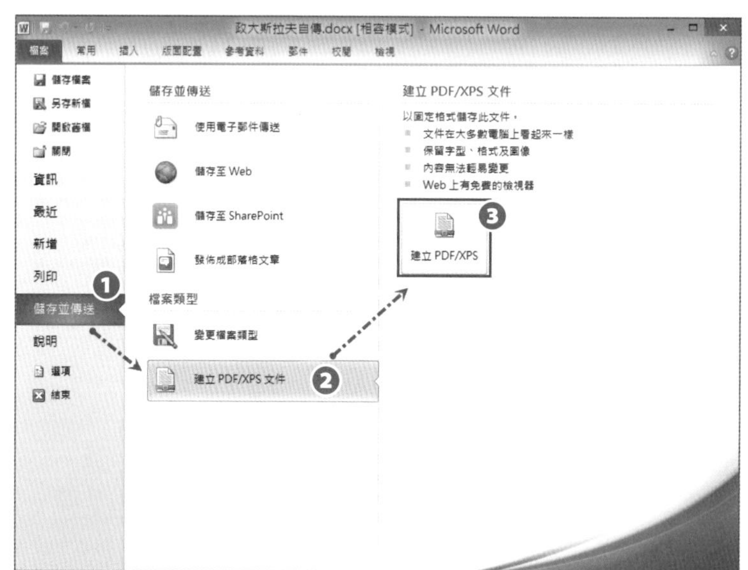

1 在【工具列】中點選【檔案】頁籤，並從中選取【儲存並傳送】項目。

2 選取【建立 PDF/XPS 文件】類型。

3 點選【建立 PDF/XPS】按鈕。

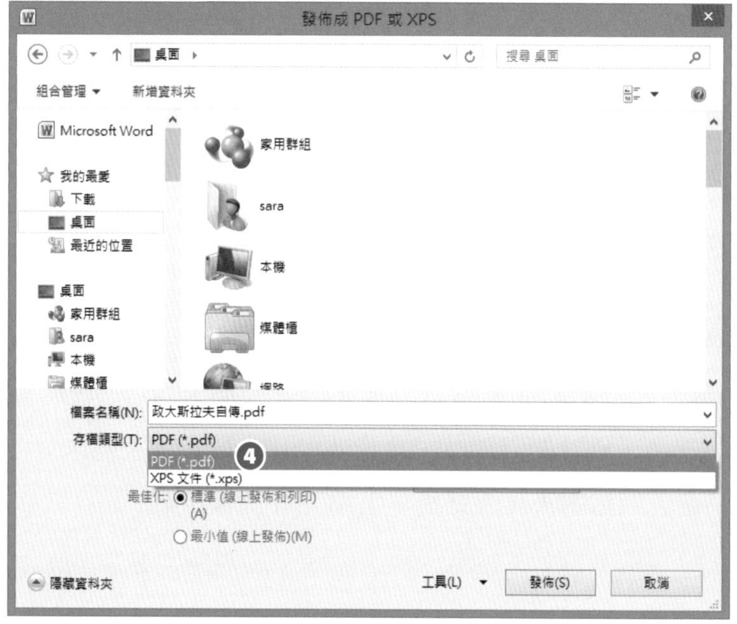

4 從彈跳的對話框中，我們依規定選擇以「PDF 格式」來儲存文件檔案，就完成轉換的手續囉！

◉ 第二種方式

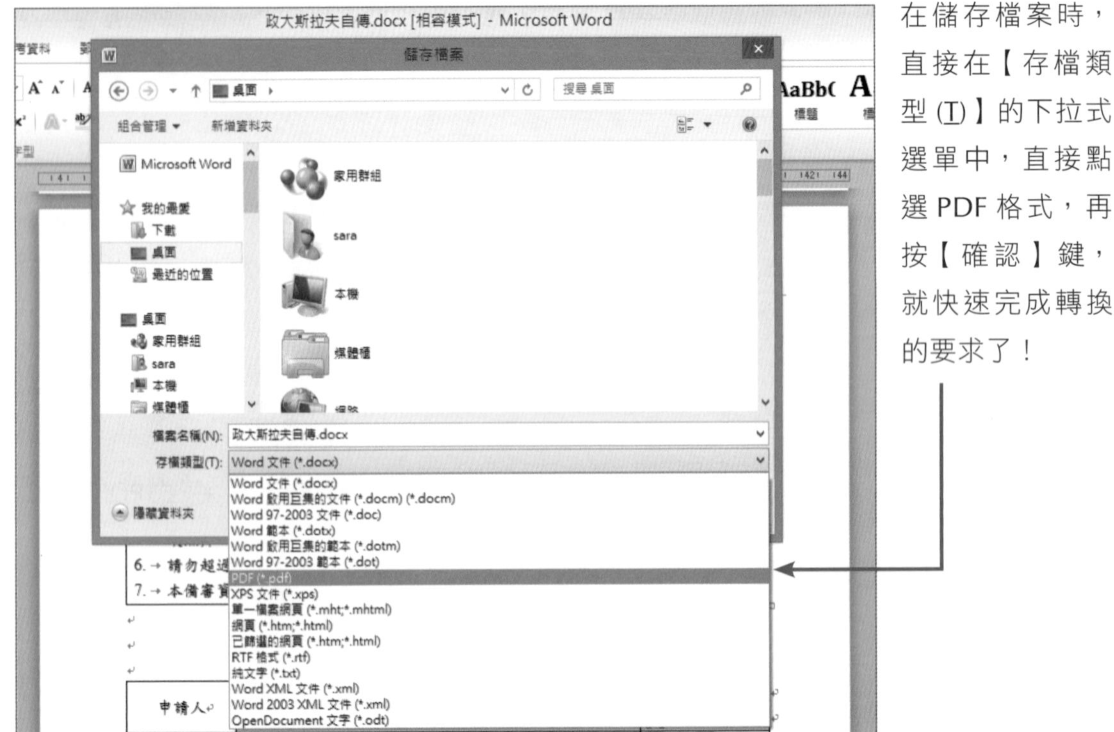

在儲存檔案時，直接在【存檔類型 (T)】的下拉式選單中，直接點選 PDF 格式，再按【確認】鍵，就快速完成轉換的要求了！

2-1-3 不可不知的 Q&A

其他還有哪些應該留心的注意事項呢？以下準備大家常見疑惑 Q ＆ A，提供大家更安心的準備：

Q1 上傳資料和繳費的先後順序是什麼呢？

上傳資料的時間可以和網路報名及繳費同步進行。但是每天只有 8:00-22:00 開放上傳資料，傳檔時間如超過系統關閉時間時，會導致上傳失敗，就視同未完成報名程序。因此，為了避免網路塞車，最好盡早上網完成上傳作業。

Q2 我要如何確認自己是否完成上傳？如果已經進行確認，但後來又想要修改，該如何處理？

如果上傳的校系已經產生「審查資料上傳確認表」或「書面審查資料上傳確認表」，就表示已經完成上傳；也可以再次進入審查資料上傳系統，察看校系的「確認欄」狀態，如果出現「已確認」字樣，也就表示該校系上傳完畢，無須擔心。

如果已經上傳完成且經確認後，根據招生簡章規定一律不得以任何理由要求修改，所以務必審慎檢視上傳資料後，再進行確認。

Q3 需要製作或寄送「作品集」嗎？

一般而言不需要。但有些報考設計藝術學院、文學院或是資訊學院的學校，則有另外要求。因此，一律以當年度報考的「校系簡章」或「考生注意事項」的內容說明為準。但特別提醒：如果是以網路上傳方式提供「成果作品」者，面對豐富的高中生活一定只能擷取精華，仍不得超過「單一項目 5M、總容量 10M」的總限制喔！

Q4 一定要使用各校系提供的「個人資料表」或其他如「學習檔案」的格式進行上傳嗎？不能製作專屬自己的格式嗎？

根據經驗顯示：從一試放榜到上傳資料截止，最快的僅有 5 天時間，因此，與其花時間在製作精美的樣式，倒不如認真思量資料內容比較實在。再加上審查一份資料的瀏覽時間大概不會超過 5 分鐘，使用規定制式的內容，比較能讓審查委員簡單、清楚的瞭解你所呈現的資料，否則「畫虎不成反類犬」，不就得不償失了嗎？所以筆者建議：除非該校系沒有規定任何格式樣貌，否則一切還是依規定呈現資料內容比較安全。

Q5 我要如何知道製作完成的 PDF 格式檔案大小是多少？

1 選取你已製作完成的 PDF 檔案，按滑鼠右鍵，在彈跳出的選單中，再點選【內容 (R)】選項，就會有彈跳式視窗出現。

2 在彈跳出來的視窗中，就可以看到檔案容量囉！

2-2 線上書審上傳步驟

目前採用「學測」成績進行篩選，且使用資料網路上傳系統的招生管道共有兩種，分別是：大學甄選委員會負責的「大學個人申請入學」與技專校院招生委員會負責的「科技校院日間部四年制申請入學」。其中「大學個人申請」最多可達 6 個志願、「四技申請」最多可達 5 個志願，如果全部一試篩選全部通過，且各校系均要繳交審查資料的話，11 個校系的上傳工作絕對是件浩大的工程！再加上自 107 學年起，連採計「統測」成績的技專校院入學管道也一律採用電子線上書審，以順應其便利性與環保理念（如下圖所示）。因此，不論你是何類考生，在執行上傳作業前，一定都要確實了解並熟悉各系統的上傳步驟，才不會造成恐慌與遺憾。

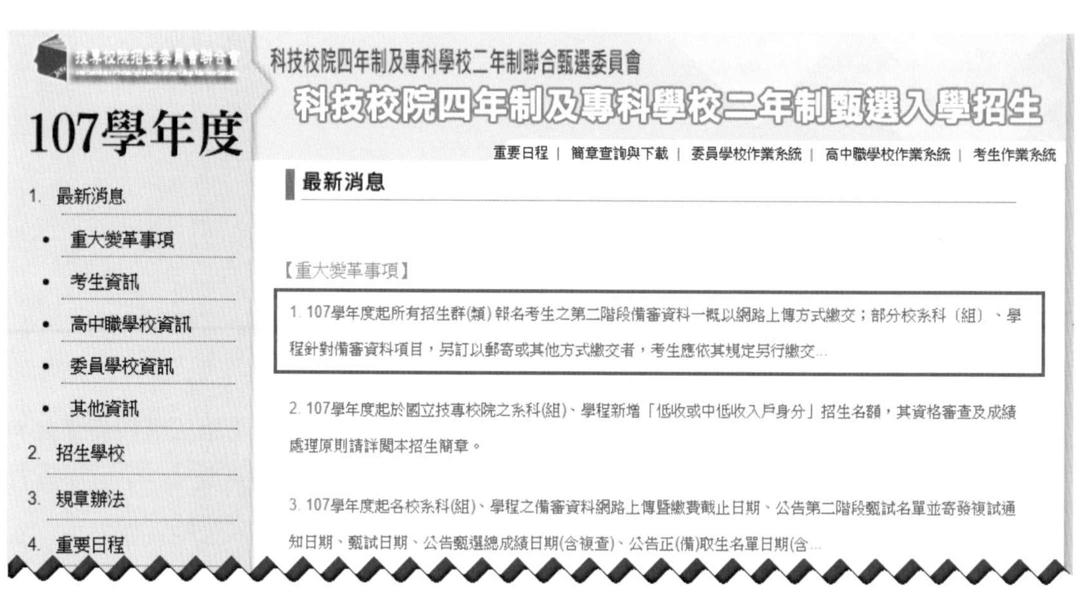

所以，從 CH01 的內容中，清楚了解審查資料與線上書審的內涵之後，以下將執行「線上書審」的三大系統：「大學個人申請入學」（簡稱「大學個人申請」）、「科技校院日間部四年制申請入學」（簡稱「四技申請」）與「科技校院四年制與專科院校二年制甄選入學招生」（簡稱「四技二專甄選入學」），依照上傳步驟以圖說方式清楚說明。只要讀者依照步驟執行，一定可以快速又安全的完成任務喔！

2-2-1「大學個人申請」審查資料上傳作業流程

學測成績公告後，首先上場需上傳資料的入學管道，就屬「大學個人申請」了。最多能填寫 6 個志願，而且每校系的要求也不盡相同，所以上傳步驟更應該仔細熟悉才是。因此，以下就圖文解說的方式，將上傳步驟一一擊破：

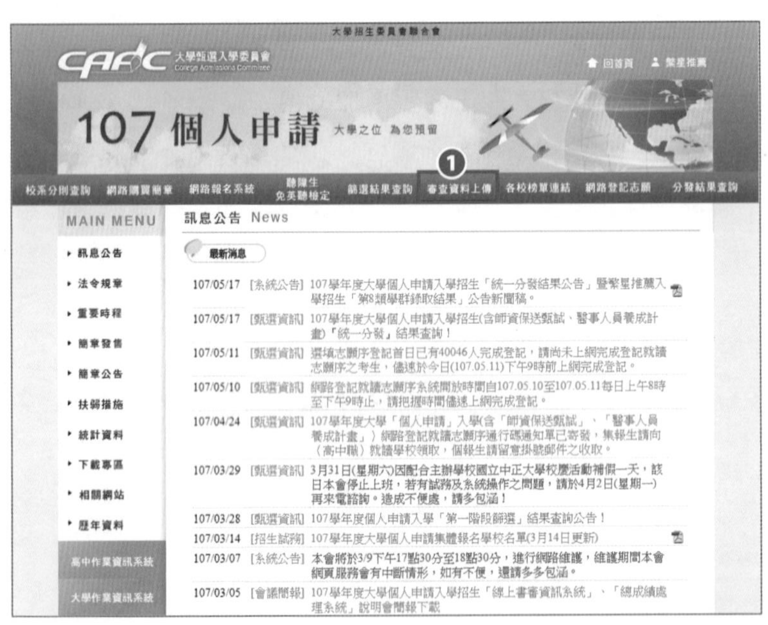

1 至大學甄選委員會個人申請網址 https://www.caac.ccu.edu.tw/apply107/index.php，點選【審查資料上傳】。

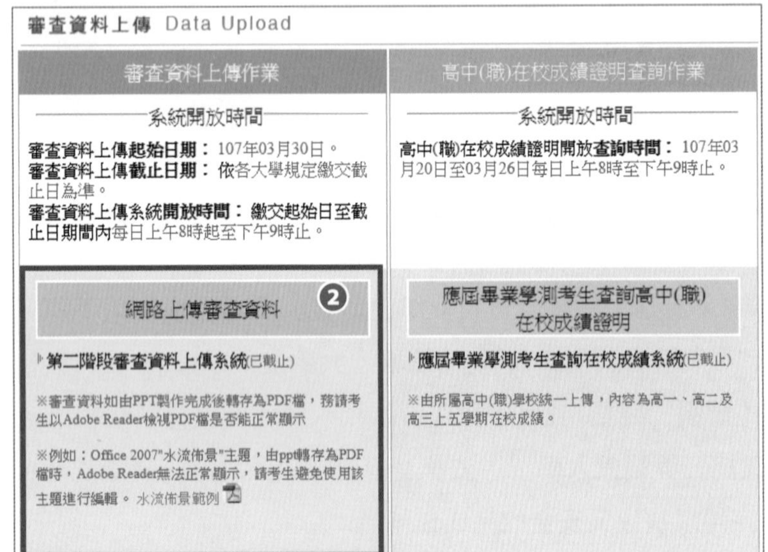

2 於系統開放時間內，點選【第二階段審查資料上傳系統】，即可以進行審查資料的上傳。

(一)進入「第二階段審查資料」上傳系統

1 進入系統之後呈現的畫面。閱讀「網站資訊安全及隱私權政策聲明」完畢後，要記得點選【閱畢，馬上進行上傳作業】，才會有「同意書」視窗彈跳出來唷！

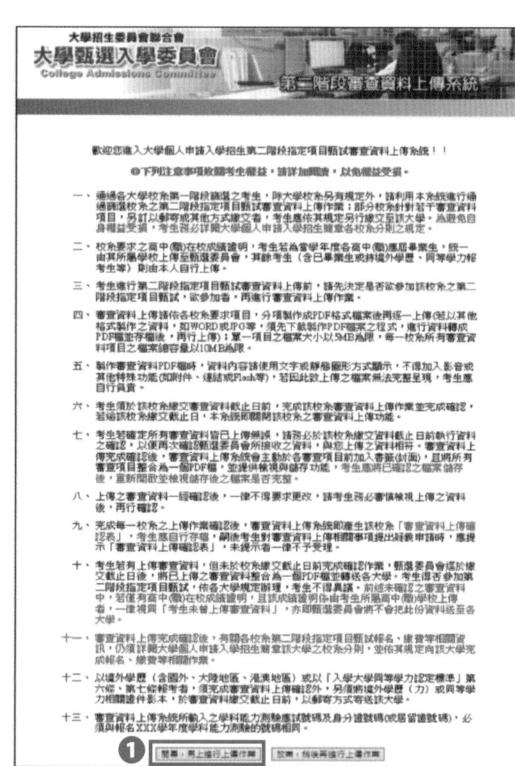

大學招生委員會聯合會

大學甄選入學委員會

College Admissions Committee

第二階段審查資料上傳系統

歡迎您進入大學個人申請入學招生第二階段指定項目甄試審查資料上傳系統！！

◎下列注意事項攸關考生權益，請詳加閱讀，以免權益受損。

一、通過各大學校系第一階段篩選之考生，除大學校系另有規定外，請利用本系統進行通過篩選校系之第二階段指定項目甄試審查資料上傳作業；部分校系針對若干審查資料項目，另訂以郵寄或其他方式繳交者，考生應依其規定另行繳交至該大學。為避免自身權益受損，考生務必詳閱大學個人申請入學招生簡章各校系分則之規定。

二、校系要求之高中(職)在校成績證明，考生若為當學年度各高中(職)應屆畢業生，統一由其所屬學校上傳至甄選委員會，其餘考生（含已畢業生或持境外學歷、同等學力報考生等）則由本人自行上傳。

三、考生進行第二階段指定項目甄試審查資料上傳前，請先決定是否欲參加該校系之第二階段指定項目甄試，欲參加者，再進行審查資料上傳作業。

四、審查資料上傳請依各校系要求項目，分項製作成PDF格式檔案後再逐一上傳(若以其他格式製作之資料，如WORD或JPG等，須先下載製作PDF檔案之程式，進行資料轉成PDF檔並存檔後，再行上傳)；單一項目之檔案大小以5MB為限，每一校系所有審查資料項目之檔案總容量以10MB為限。

五、製作審查資料PDF檔時，資料內容請使用文字或靜態圖形方式顯示，不得加入影音或其他特殊功能(如附件、連結或Flash等)，若因此致上傳之檔案無法完整呈現，考生應自行負責。

六、考生須於該校系繳交審查資料截止日前，完成該校系審查資料上傳作業並完成確認，若逾該校系繳交截止日，本系統即關閉該校系之審查資料上傳功能。

七、考生若確定所有審查資料皆已上傳無誤，請務必於該校系繳交資料截止日前執行資料之確認，以便再次確認甄選委員會所接收之資料，與您上傳之資料相符。審查資料上傳完成確認後，審查資料上傳系統會主動於各審查項目前加入書籤(封面)，且將所有審查項目整合為一個PDF檔，並提供檢視與儲存功能，考生應將已確認之檔案儲存後，重新開啟並檢視儲存後之檔案是否完整。

八、上傳之審查資料一經確認後，一律不得要求更改，請考生務必審慎檢視上傳之資料後，再行確認。

九、完成每一校系之上傳作業確認後，審查資料上傳系統即產生該校系「審查資料上傳確認表」，考生應自行存檔，嗣後考生對審查資料上傳相關事項提出疑義申請時，應提示「審查資料上傳確認表」，未提示者一律不予受理。

十、考生若有上傳審查資料，但未於校系繳交截止日前完成確認作業，甄選委員會逕於繳交截止日後，將已上傳之審查資料整合為一個PDF檔並轉送各大學。考生得否參加第二階段指定項目甄試，依各大學規定辦理，考生不得異議。前述未確認之審查資料中，若僅有高中(職)在校成績證明，且該成績證明係由考生所屬高中(職)學校上傳者，一律視同「考生未曾上傳審查資料」，亦即甄選委員會將不會把此份資料送至各大學。

十一、審查資料上傳完成確認後，有關各校系第二階段指定項目甄試報名、繳費等相關資訊，仍須詳閱大學個人申請入學招生簡章該大學之校系分則，並依其規定向該大學完成報名、繳費等相關作業。

十二、以境外學歷（含國外、大陸地區、港澳地區）或以「入學大學同等學力認定標準」第六條、第七條報考者，須完成審查資料上傳確認外，另須將境外學歷（力）或同等學力相關證件影本，於審查資料繳交截止日前，以郵寄方式寄送該大學。

十三、審查資料上傳系統所輸入之學科能力測驗應試號碼及身分證號碼(或居留證號碼)，必須與報名XXX學年度學科能力測驗的號碼相同。

❶ 閱畢，馬上進行上傳作業　放棄，稍後再進行上傳作業

2「網路審查資料上傳同意書」需要仔細閱讀及確認，輸入的資料要與報名「XXX學年度學科能力測驗」相同的學科能力測驗准考證號碼、身分證號碼(或居留證號碼)、出生年月日(首次登錄系統之審查資料上傳密碼)及驗證號碼等資料。最後也要記得勾選「我已閱讀『網站資訊安全及隱私權政策聲明』」。

3 全部輸入完畢後，記得點選【同意】鍵。

https://www.caac.ccu.edu.tw/StuUpload107/004_login.php

大學個人申請入學招生-第...

檔案(F)　編輯(E)　檢視(V)　我的最愛(A)　工具(T)　說明(H)

ActionAdd

網頁(P)　安全性(S)　工具(O)

大學招生委員會聯合會

大學甄選入學委員會

College Admissions Committee

第二階段審查資料上傳系統

網路審查資料上傳同意書

網路上傳之各項審查資料均由考生本人親自上傳，且上傳之審查資料確為本人所有，倘經發現與事實不符，本人願負法律責任並同意被取消錄取及入學資格。

❷

學科能力測驗應試號碼	
身分證號碼(或居留證號碼)	
審查資料上傳密碼	忘記密碼 (首次登錄請輸入考生出生年月日，格式為年月日，如880308)
驗證號碼	0377 (請於空格內輸入與左方相同之數字)
□我已閱讀「網站資訊安全及隱私權政策聲明」	

❸ 同意　不同意

註：1. 學科能力測驗應試號碼與身分證號碼（或居留證號碼）請輸入與報名107學年度學科能力測驗相同之號碼。

2. 首次進入本系統，審查資料上傳密碼請輸入與報名107學年度學科能力測驗相同之出生年月日，登錄系統後，須先進行密碼更改，之後再登錄本系統時，請使用自行更改後之「審查資料上傳密碼」。

（二）變更「通行碼」步驟

1 首次登錄時會要求重新設定密碼，務必確實填寫 E-mail 及行動電話號碼；以防如果忘記密碼，還可利用系統的「忘記密碼」功能，會再產生一組全新之密碼寄到所填寫的 E-mail 或行動電話中。

2 完成後，可繼續進行上傳作業或選擇離開系統。但是首次登錄一定要進行「密碼更改」，而且出現右圖視窗，並「重新登錄」系統之後，才能進行下一步動作唷！

（三）匯入在校成績證明

1 若考生為「應屆畢業生」，高中職在校成績證明會統一由所屬學校上傳至甄選委員會平台，而且系統會自行將成績證明匯入審查資料中有要求該項目的校系；否則其餘考生之成績證明則需由本人自行上傳，所以本流程可以省略。結束請按【下一步】。

（四）上傳資料與證明

1 系統會顯示考生「基本資料」、所通過第一階段篩選之校系與與第二階段審查資料的繳交方式，請同學檢查是否正確，確認無誤後就可以開始點選所想要上傳之校系，藉由點選【點我上傳】，即可進行資料上傳。

2 同時系統也會顯示不需要上傳的校系，並提供簡章連結，以利同學確認。

3 藉由步驟 1 並點選【點我上傳】後，就會彈跳出該校系的項目視窗，請依該校系要求之上傳項目（無限定上傳順序），且將審查資料分項製作成 PDF 檔案後，再藉由【瀏覽】點選上傳檔案（再次強調：一定要使用 PDF 檔！）。完成後，執行【開啟舊檔(O)】。

4 執行【上傳】鍵。上傳成功後，會顯示出以下幾項資訊：A「已上傳項目的檔案大小」、B「最後上傳時間」、C「未上傳項目」與 D「可上傳檔案的剩餘容量」，非常貼心！所以，即使尚未完全製作或上傳完畢，仍可進行內容「檢視」及「刪除」功能。

- 檢視：可利用「檢視」功能，分項開啟已上傳完成之 PDF 檔案，請務必再次確認檔案內容之正確性。
- 刪除：可利用「刪除」功能，移除已完成上傳項目之檔案。

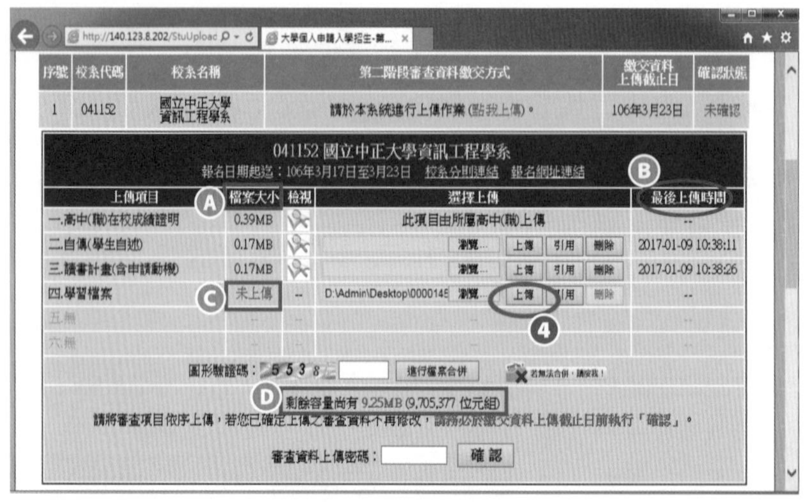

5 如果想要先檢視上傳項目經由「檔案合併」後的樣貌，只要輸入下方「圖形驗證碼」後，並按下執行【進行檔案合併】鍵，就能執行並整合成一個 PDF 檔。

6 只要沒有按下不再更改的【確認】鍵，就能在上傳期限內，不限檔案項目、不限次數加以整合動作。

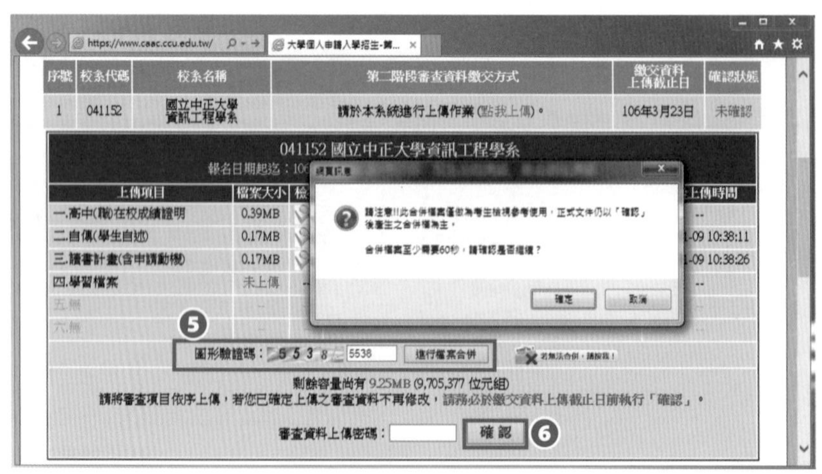

7 當「檔案合併」功能執行完畢後，還要點選【檢視合併檔案】鍵，才會產生該校系「一整份完整的 PDF 檔審查資料檢視檔」。

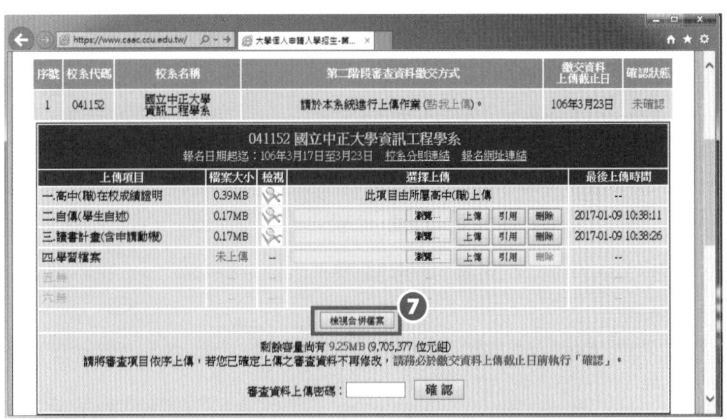

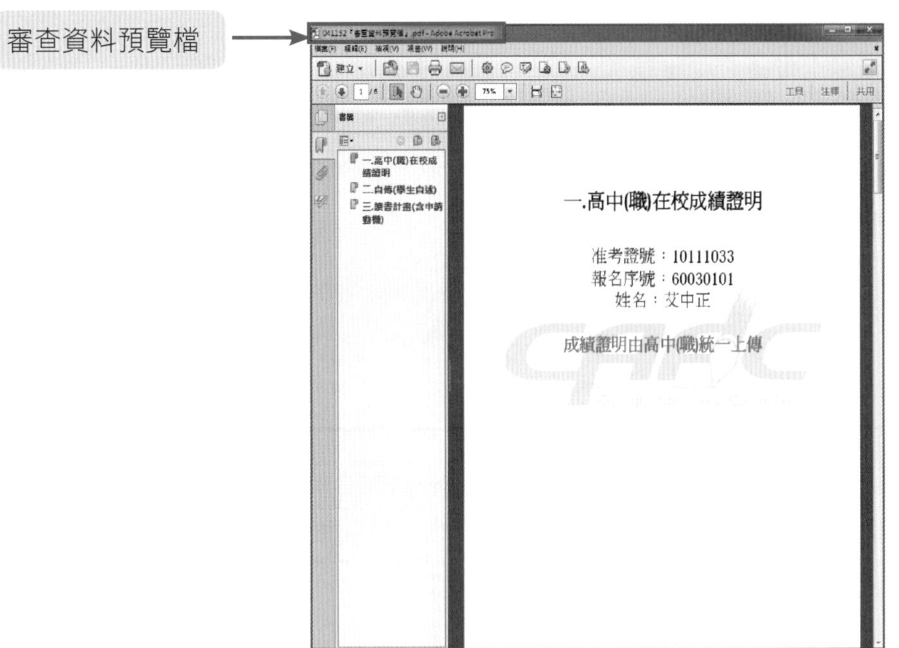

（五）確認送出上傳資料

1 當你確認合併檔案的「內容無誤」且「不再修改」之後，一定要在該校系繳交資料上傳截止日前，回到上傳系統去執行「確認」作業，才算有執行「上傳」動作唷！

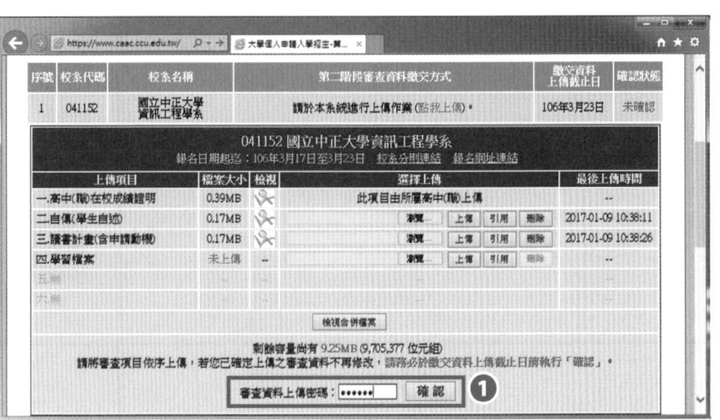

2 按下【確定】鍵後，還會有「彈跳式對話框」再次提醒你：按下【確定】鍵後，該校系就無法進行任何修改！！（因為非常重要，所以用兩個「驚嘆號」加重提醒！）所以一定要非常謹慎小心才行！

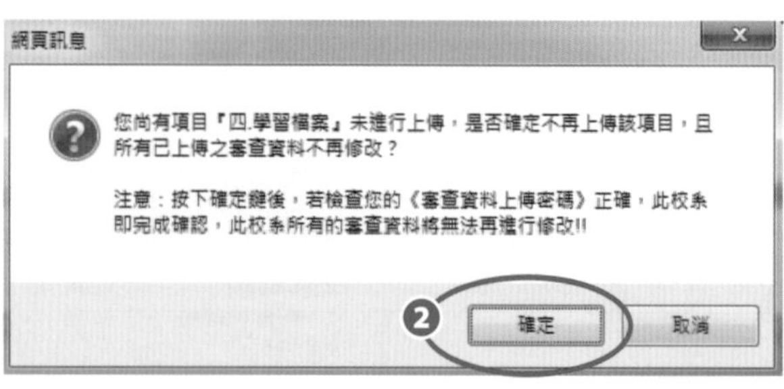

3 直到出現本視窗，才能確定你已經將審查資要順利上傳完畢。按下【檢視】鍵後，會出現你就該校系所有上傳項目的一個整合 PDF 檔，並會產生「審查資料上傳確認表」。

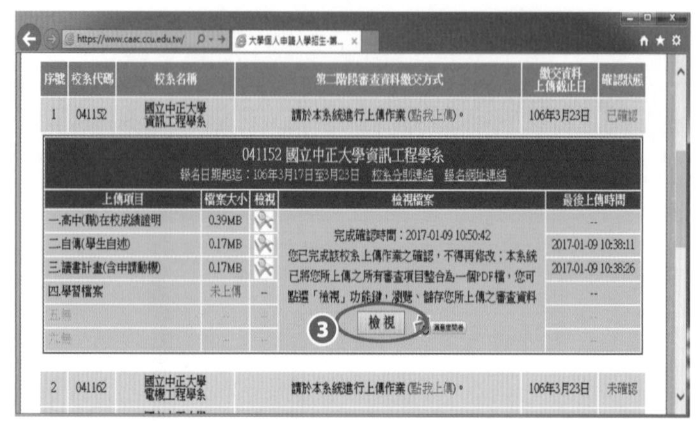

4 要記得將系統產生「審查資料上傳確認表」存檔，如果以後對審查資料上傳相關事項提出疑義申請時，必須出示「審查資料上傳確認表」才行喔！

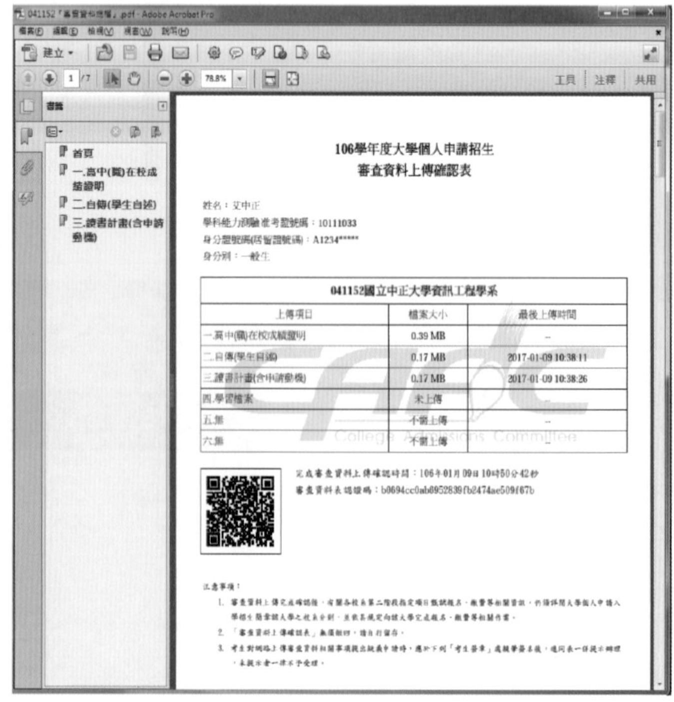

事實上，有很多的同學會因為慌亂或倉促，進而忽略掉「甄選委員會」個人申請網站上的許多有用的訊息……事實上，只要能夠多花一些時間閱讀與搜尋，網站上的說明也可以協助同學進行審查資料上傳的作業：

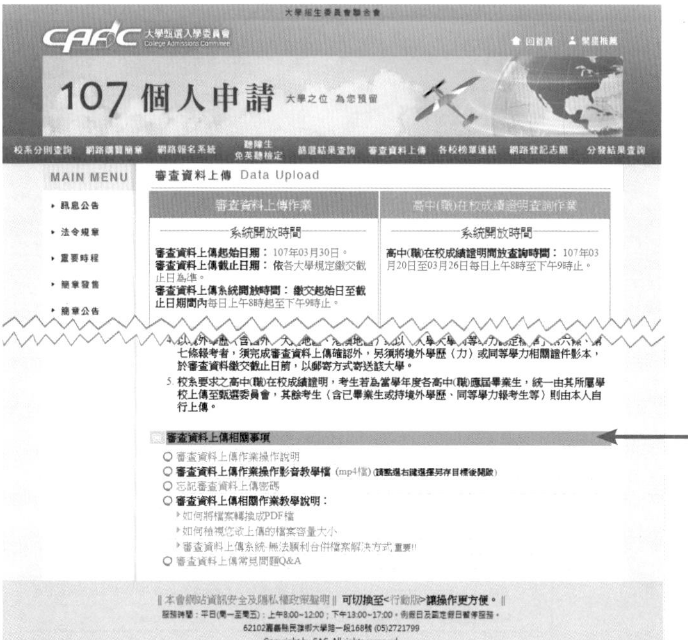

在「審查資料上傳」區的最下方有「審查資料上傳相關事項」，裡頭提供「審查資料上傳作業操作說明」，以及一些上傳作業操作說明的影音檔；如果一旦忘記自己設定的密碼也可以點選【忘記審查資料上傳密碼】，重新取得新的密碼，非常方便！

1. 上傳資料的「單一項目」之檔案大小以 5MB 為限，「每一校系」所有審查資料項目之檔案「總容量」以 10M 為限。如果超過，會直接把後面的資料部分直接刪除，搞不好因小失大，一定要斟酌留意。
2.「進行檔案合併」功能時，只是提供考生將目前已上傳項目之檔案進行合併，並非執行網路上傳審查資料「確認」作業。所以最後一定要確切執行「(五)確認送出上傳資料」步驟，並出現其「步驟 3」視窗與「步驟 4」的「審查資料上傳確認表」，才算是真正完整上傳完畢唷！
3. 在已上傳項目之檔案於該校系繳交資料上傳截止日前，只要未執行確認作業皆可重複上傳與檢視合併檔案內容，上傳系統會以「最後上傳且確認」之檔案為準，所以一定要確實將步驟執行完畢。

2-2-2「四技申請」審查資料上傳作業流程

一樣採計「學測」成績的「科技校院日間部四年制申請入學」(簡稱四技申請),與「大學個人申請」分屬兩個不同管理系統,但卻也同樣採取「線上書審」進行資料審查;而且最多只能填寫 5 個志願,所以上傳步驟與頁面當然也不相同。因此,以下用圖文解說的方式,將上傳步驟一一說明:

1 至該年度技專校院招生委員會四年制申請入學聯合招生網址 https://www.jctv.ntut.edu.tw/caac/,並點選【考生作業系統】。

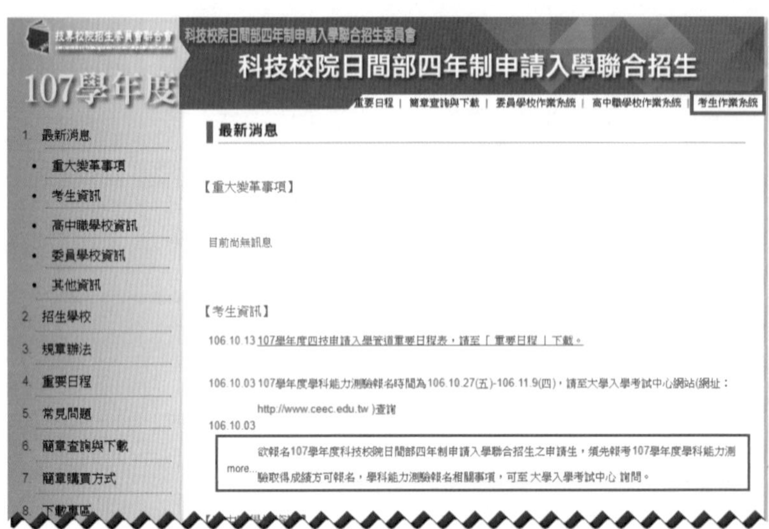

2 於正式版系統開放時間內,點選【第二階段複試審查資料上傳系統】,即可以進行審查資料的上傳。

考生作業系統		
作業系統名稱	操作手冊	開放時間
個別報名系統	操作手冊	107.3.19(星期一)13:00起至 107.3.23(星期五)17:00止
第一階段篩選結果-個人查詢		107.3.29(星期四)13:00起
第一階段篩選結果-依學校查詢		107.3.29(星期四)13:00起
第二階段複試「書面審查資料上傳系統」	操作手冊	【練習版】 107.3.23(星期五)起至 107.3.26(星期一)止 【正式版】 107.3.29(星期四)10:00起
複試及繳交資料收件查詢		107.3.29(星期四)10:00起
第二階段複試資訊		
第二階段複試榜單連結		
第二階段報到備取遞補名單查詢		107.5.18(星期五)13:00起至 107.5.21(星期一)17:00止

(一)進入「書面審查資料」上傳系統

1 進入系統之後呈現的畫面。首次登錄需依照頁面要求,輸入「個人資料」(包含:准考證號碼、身份證字號、書面審查資料密碼……),只要依照上述說明填寫就可以了。

2 輸入完畢後,點選【登入】。

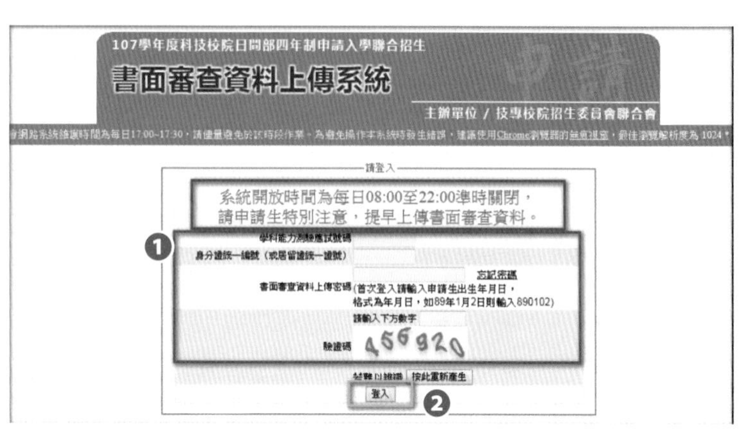

(二)變更「通行碼」步驟

1 首次登錄後會要求重新更改密碼,且務必確實填寫 E-mail 及行動電話號碼;如果忘記密碼,才可利用系統「忘記密碼」功能,將密碼重置說明傳送到填寫的 E-mail 內。輸入完畢後,點選【確定送出】。

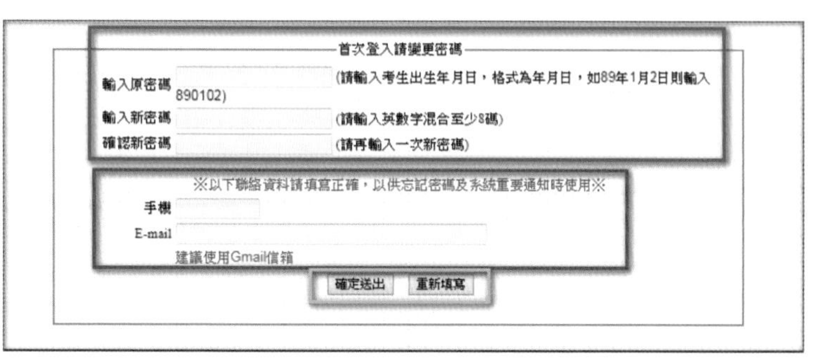

2 完成密碼重設後,就可以選擇【繼續進行書面審查資料上傳作業】或【離開系統】。別忘了下次登錄本系統時,要使用「新密碼」唷!

PS. 此動作必須一定要確實更改與執行,否則無法將資料上傳唷!

（三）上傳資料與證明

1 點選【繼續進行書面審查資料上傳作業】後，就會出現一篩結果的校院表格，一定要仔細檢查通過篩選的校系（組）、學程是否正確，並記清楚上傳資料截止時間。

申請編號	系（組）、學程名稱	一階篩選結果	書面審查資料上傳方式	上傳資料截止日	確認狀態
060001	國立 科技大學 電機工程系	通過	請於本系統進行上傳 (點我上傳)	106.3.28	未確認
080001	國立 科技大學 創意生活設計系	通過	請於本系統進行上傳 (點我上傳)	106.3.29	未確認
060001	國立 科技大學 木材科學與設計系	通過	請於本系統進行上傳 (點我上傳)	106.3.29	未確認
160001	國立 科技大學 資訊與財金管理系	通過	請於本系統進行上傳 (點我上傳)	106.3.28	未確認
070001	國立 科技大學 財務管理系	通過	不需透過本系統進行上傳	--	--

2 每個通過學校需上傳的文件，只要透過【點我上傳】的按鈕，就會一一呈現出來。

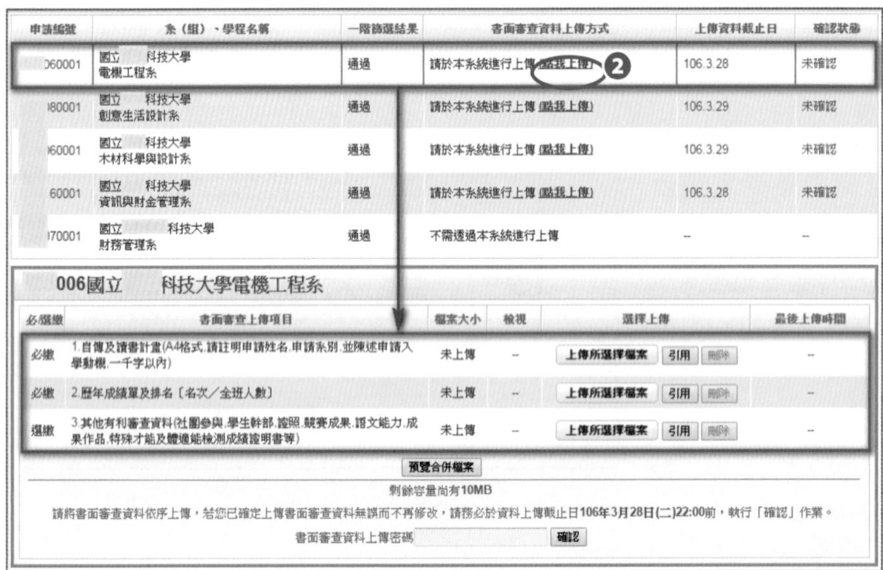

申請編號	系（組）、學程名稱	一階篩選結果	書面審查資料上傳方式	上傳資料截止日	確認狀態
060001	國立 科技大學 電機工程系	通過	請於本系統進行上傳 (點我上傳) ❷	106.3.28	未確認
80001	國立 科技大學 創意生活設計系	通過	請於本系統進行上傳 (點我上傳)	106.3.29	未確認
60001	國立 科技大學 木材科學與設計系	通過	請於本系統進行上傳 (點我上傳)	106.3.29	未確認
60001	國立 科技大學 資訊與財金管理系	通過	請於本系統進行上傳 (點我上傳)	106.3.28	未確認
70001	國立 科技大學 財務管理系	通過	不需透過本系統進行上傳	--	--

006國立 科技大學電機工程系

必/選繳	書面審查上傳項目	檔案大小	檢視	選擇上傳	最後上傳時間
必繳	1.自傳及讀書計畫(A4格式,請註明申請姓名,申請系別,並陳述申請入學動機,一千字以內)	未上傳	--	上傳所選擇檔案 引用 刪除	--
必繳	2.歷年成績單及排名〔名次／全班人數〕	未上傳	--	上傳所選擇檔案 引用 刪除	--
選繳	3.其他有利審查資料(社團參與,學生幹部,證照,競賽成果,語文能力,成果作品,特殊才能及體適能檢測成績證明書等)	未上傳	--	上傳所選擇檔案 引用 刪除	--

預覽合併檔案

剩餘容量尚有10MB

請將書面審查資料依序上傳，若您已確定上傳書面審查資料無誤而不再修改，請務必於資料上傳截止日106年3月28日(二)22:00前，執行「確認」作業。

書面審查資料上傳密碼 確認

3 請同學檢查上傳項目是否正確，確認無誤後就可以開始點選【上傳所選擇檔案】，即可進行資料上傳。

006國立 科技大學電機工程系

必/選繳	書面審查上傳項目	檔案大小	檢視	選擇上傳	最後上傳時間
必繳	1.自傳及讀書計畫(A4格式,請註明申請姓名,申請系別,並陳述申請入學動機,一千字以內)	未上傳	--	上傳所選擇檔案 ❸ 引用 刪除	--
必繳	2.歷年成績單及排名〔名次／全班人數〕	未上傳	--	上傳所選擇檔案 引用 刪除	--
選繳	3.其他有利審查資料(社團參與,學生幹部,證照,競賽成果,語文能力,成果作品,特殊才能及體適能檢測成績證明書等)	未上傳	--	上傳所選擇檔案 引用 刪除	--

預覽合併檔案

剩餘容量尚有10MB

請將書面審查資料依序上傳，若您已確定上傳書面審查資料無誤而不再修改，請務必於資料上傳截止日106年3月28日(二)22:00前，執行「確認」作業。

書面審查資料上傳密碼 確認

4 將各項審查資料的 PDF 檔上傳後，一定要經由【檢視】功能檢視檔案的正確性，否則就要使用【刪除】來移除資料，以利重新上傳。

5 同視窗內亦可得知「上傳項目檔案大小」與「最後上傳時間」，並於下方可見「可上傳剩餘容量」，非常貼心的提醒唷！

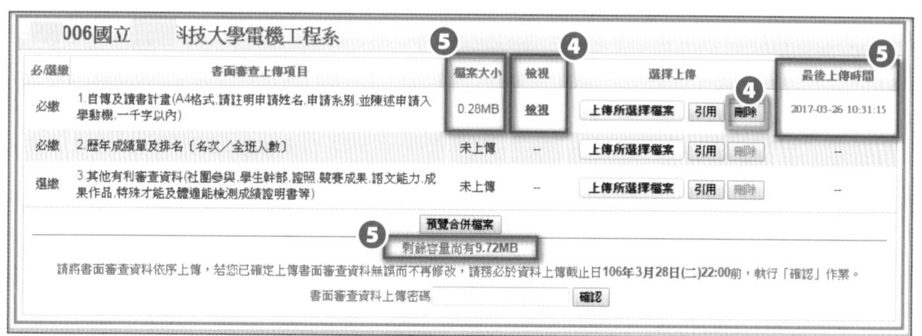

006國立 科技大學電機工程系

必/選繳	書面審查上傳項目	檔案大小	檢視	選擇上傳	最後上傳時間
必繳	1.自傳及讀書計畫(A4格式,請註明申請姓名,申請系別,並陳述申請入學動機,一千字以內)	0.28MB	檢視	上傳所選擇檔案 引用 刪除	2017-03-26 10:31:15
必繳	2.歷年成績單及排名〔名次／全班人數〕	未上傳	--	上傳所選擇檔案 引用 刪除	--
選繳	3.其他有利審查資料(社團參與,學生幹部,證照,競賽成果,語文能力,成果作品,特殊才能及體適能檢測成績證明書等)	未上傳	--	上傳所選擇檔案 引用 刪除	--

預覽合併檔案

剩餘容量尚有9.72MB

請將書面審查資料依序上傳，若您已確定上傳書面審查資料無誤而不再修改，請務必於資料上傳截止日106年3月28日(二)22:00前，執行「確認」作業。

書面審查資料上傳密碼 確認

6 資料全部上傳完畢且檢視無誤後，點選【預覽合併檔案】，系統就會產生整合完成後之書面審查資料 PDF 檔案，以利預覽。

7 當檢查合併後的檔案內容確認無誤之後，一定要在資料上傳截止日當日 22：00 前，執行書面審查資料上傳「確認」作業。

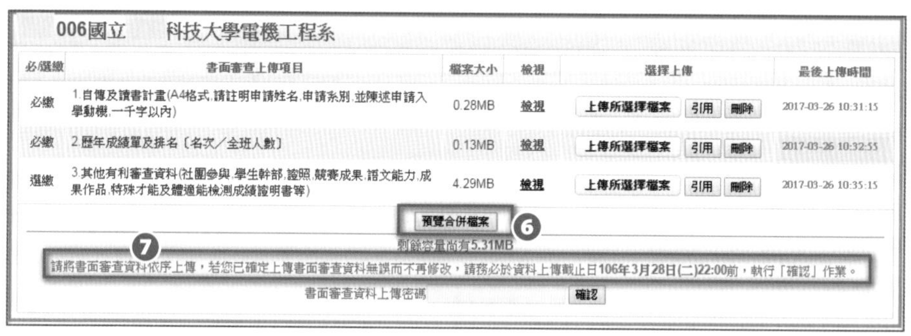

006國立 科技大學電機工程系

必/選繳	書面審查上傳項目	檔案大小	檢視	選擇上傳	最後上傳時間
必繳	1.自傳及讀書計畫(A4格式,請註明申請姓名,申請系別,並陳述申請入學動機,一千字以內)	0.28MB	檢視	上傳所選擇檔案 引用 刪除	2017-03-26 10:31:15
必繳	2.歷年成績單及排名〔名次／全班人數〕	0.13MB	檢視	上傳所選擇檔案 引用 刪除	2017-03-26 10:32:55
選繳	3.其他有利審查資料(社團參與,學生幹部,證照,競賽成果,語文能力,成果作品,特殊才能及體適能檢測成績證明書等)	4.29MB	檢視	上傳所選擇檔案 引用 刪除	2017-03-26 10:35:15

預覽合併檔案

剩餘容量尚有5.31MB

請將書面審查資料依序上傳，若您已確定上傳書面審查資料無誤而不再修改，請務必於資料上傳截止日106年3月28日(二)22:00前，執行「確認」作業。

書面審查資料上傳密碼 確認

8 再次確定書面審查資料上傳資料無誤，不會再修改的話，就可以在「書面審查資料上傳密碼」中輸入自己重設後的密碼 (不是第一次系統預定的密碼)，然後點選【確認】鍵。

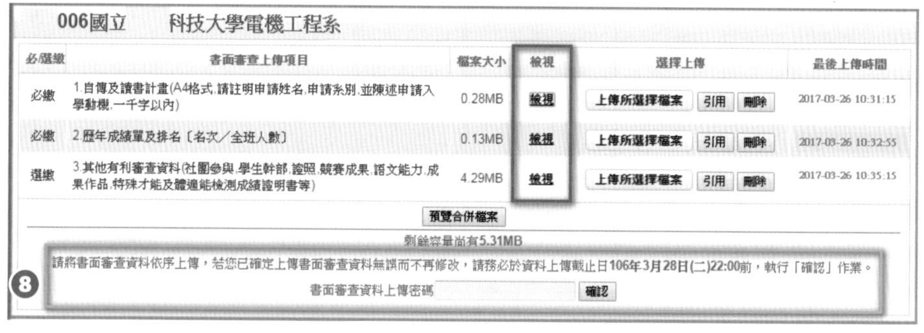

006國立 科技大學電機工程系

必/選繳	書面審查上傳項目	檔案大小	檢視	選擇上傳	最後上傳時間
必繳	1.自傳及讀書計畫(A4格式,請註明申請姓名,申請系別,並陳述申請入學動機,一千字以內)	0.28MB	檢視	上傳所選擇檔案 引用 刪除	2017-03-26 10:31:15
必繳	2.歷年成績單及排名〔名次／全班人數〕	0.13MB	檢視	上傳所選擇檔案 引用 刪除	2017-03-26 10:32:55
選繳	3.其他有利審查資料(社團參與,學生幹部,證照,競賽成果,語文能力,成果作品,特殊才能及體適能檢測成績證明書等)	4.29MB	檢視	上傳所選擇檔案 引用 刪除	2017-03-26 10:35:15

預覽合併檔案

剩餘容量尚有5.31MB

請將書面審查資料依序上傳，若您已確定上傳書面審查資料無誤而不再修改，請務必於資料上傳截止日106年3月28日(二)22:00前，執行「確認」作業。

書面審查資料上傳密碼 確認

9 會有再次確認的彈跳式對話框出現。如果再次確認不再更改，就點選【確認】鍵。

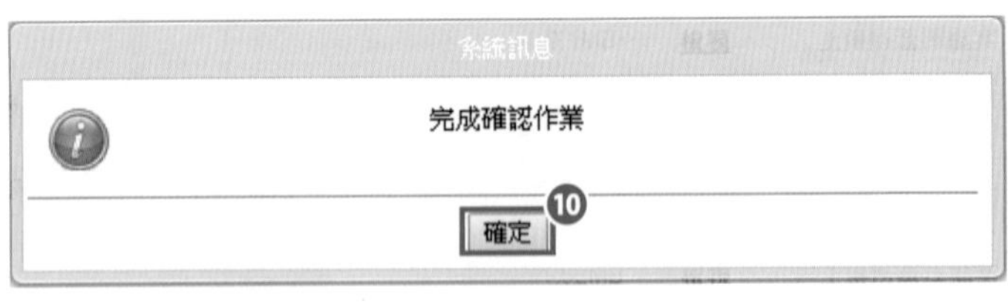

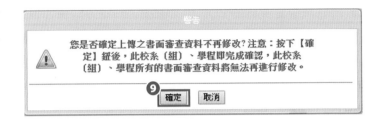

10 直到出現「完成確認作業」對話框，而且點選【確認】鍵之後，才算真正上傳完畢，且所有上傳資料就不得修改，所以一定要多加留心注意！

11 接下來出現的對話框中，會顯示完成確認的時間，如果你再點選【檢視合併檔案】鍵，就會發現：系統已將上傳項目的檔案整併為一個已加密保全的 PDF 檔，且內容無法變更、複製或重製。

12 欲查閱文件的保全內容，請點選「檔案 / 內容」-「安全性」，或按右鍵「文件內容」-「安全性」，如圖顯示一般。

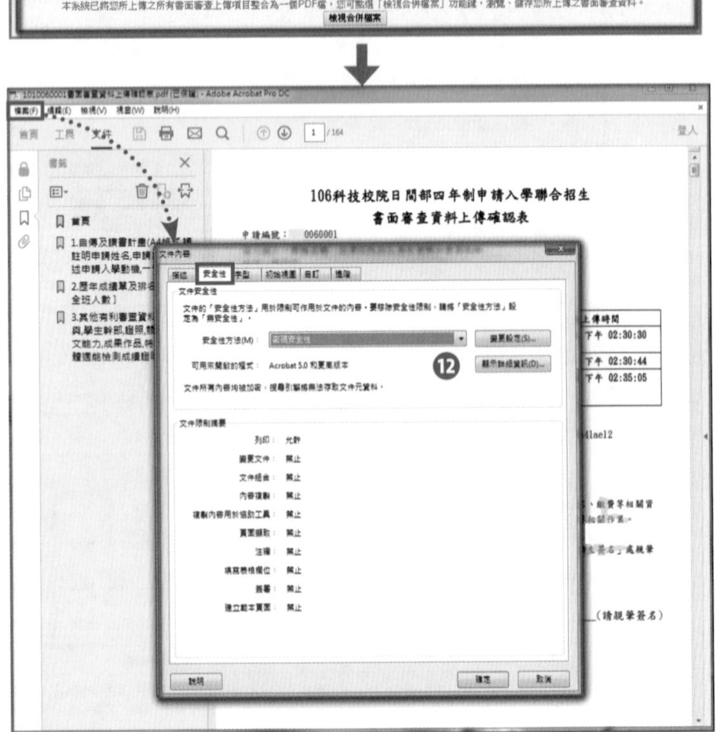

13 合併後的檔案開啟後，點選檔案左上方「書籤目錄」，就可以檢視上傳項目的文件內容；其中，「首頁」的內容是「書面審查資料上傳確認表」，一定要自行存檔，以免將來需要提出疑義申請時，才有證明依據。

14 一定要在「確認狀態」中出現「已確認」三字，才真正表示上傳完成，且不得再修改。

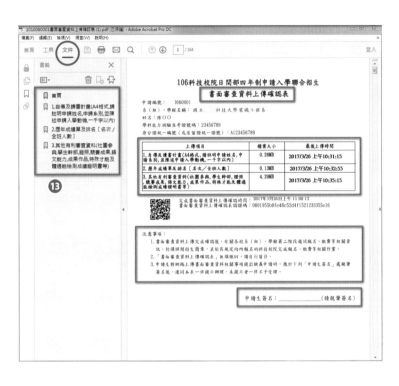

106科技校院日間部四年制申請入學聯合招生

書面審查資料上傳確認表

上傳項目	檔案大小	最後上傳時間
1.自傳及讀書計畫(A4格式，請註明申請姓名，申請系別，並陳述申請入學動機，一千字以內)	0.28MB	2017/3/26 上午10:31:15
2.歷年成績單及排名〔名次／全班人數〕	0.13MB	2017/3/26 上午10:32:55
3.其他有利審查資料(社團參與，學生幹部，證照，競賽成果，語文能力，成果作品，特殊才能及體適能檢測成績證明書等)	4.29MB	2017/3/26 上午10:35:15

申請生簽名：＿＿＿＿＿＿(請親筆簽名)

15 如果在「確認狀態」出現「已逾期」，那就表示並未在上傳截止時間前完成確認，所以就算再點選【點我查閱】，系統也只會出現提醒訊息視窗，告知已不得上傳、修改與執行確認。所以，一定一定要牢記上傳截止時間，並截止在時間前完成確認才行唷！

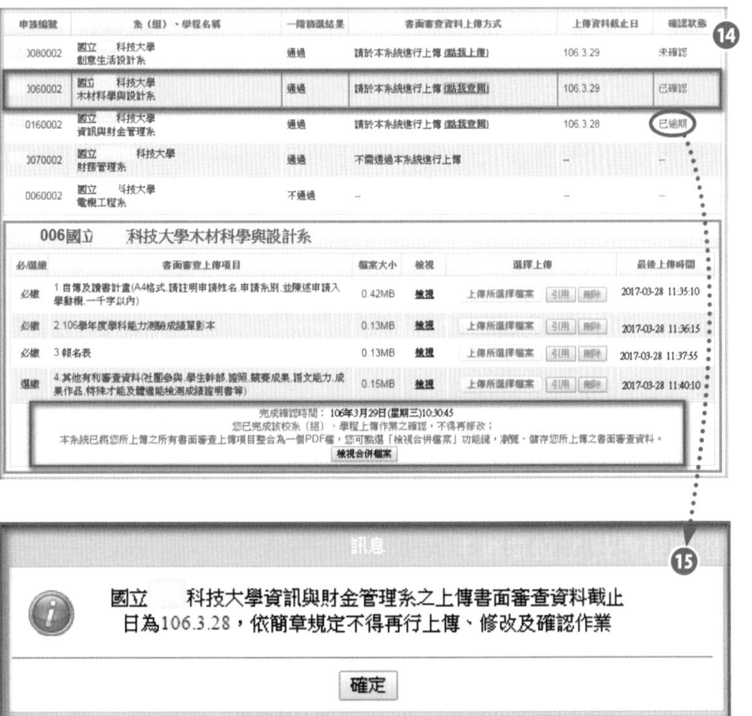

申請編號	系（組）、學程名稱	一階篩選結果	書面審查資料上傳方式	上傳資料截止日	確認狀態
0080002	國立 科技大學 創意生活設計系	通過	請於本系統進行上傳 (點我上傳)	106.3.29	未確認
0060002	國立 科技大學 木材科學與設計系	通過	請於本系統進行上傳 (點我查閱)	106.3.29	已確認
0160002	國立 科技大學 資訊與財金管理系	通過	請於本系統進行上傳 (點我查閱)	106.3.28	已逾期
0070002	國立 科技大學 財務管理系	通過	不需透過本系統進行上傳	--	--
0060002	國立 科技大學 電機工程系	不通過	--	--	--

006國立 科技大學木材科學與設計系

必/選繳	書面審查上傳項目	檔案大小	檢視	選擇上傳	最後上傳時間
必繳	1.自傳及讀書計畫(A4格式,請註明申請姓名,申請系別,並陳述申請入學動機,一千字以內)	0.42MB	檢視	上傳所選擇檔案 引用 刪除	2017-03-28 11:35:10
必繳	2.106學年度學科能力測驗成績單影本	0.13MB	檢視	上傳所選擇檔案 引用 刪除	2017-03-28 11:36:15
必繳	3.報名表	0.13MB	檢視	上傳所選擇檔案 引用 刪除	2017-03-28 11:37:55
選繳	4.其他有利審查資料(社團參與,學生幹部,證照,競賽成果,語文能力,成果作品,特殊才能及體適能檢測成績證明書等)	0.15MB	檢視	上傳所選擇檔案 引用 刪除	2017-03-28 11:40:10

完成確認時間：106年3月29日(星期三)10:30:45

訊息

國立 科技大學資訊與財金管理系之上傳書面審查資料截止日為106.3.28，依簡章規定不得再行上傳、修改及確認作業

確定

「書面審查資料上傳系統」中，除了「無須上傳」書面審查資料及「未通過」之校系（組）、學程的「確認狀態」欄位會呈現「－」符號外，一共有「三」種狀態：

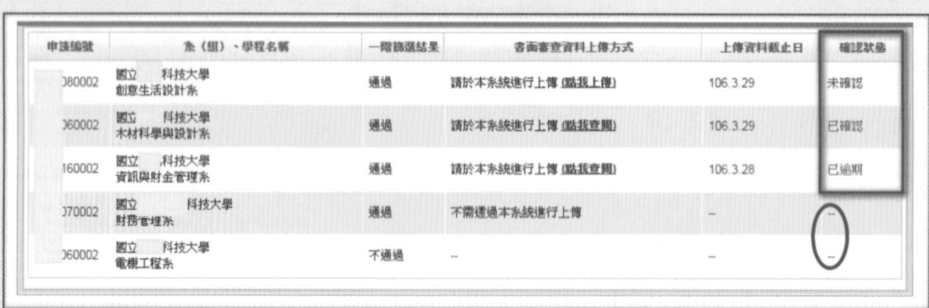

申請編號	系（組）、學程名稱	一階篩選結果	書面審查資料上傳方式	上傳資料截止日	確認狀態
080002	國立 科技大學 創意生活設計系	通過	請於本系統進行上傳 (點我上傳)	106.3.29	未確認
060002	國立 科技大學 木材科學與設計系	通過	請於本系統進行上傳 (點我查閱)	106.3.29	已確認
160002	國立 科技大學 資訊與財金管理系	通過	請於本系統進行上傳 (點我查閱)	106.3.28	已逾期
070002	國立 科技大學 財務管理系	通過	不需透過本系統進行上傳	–	–
060002	國立 科技大學 電機工程系	不通過	–	–	–

- 未確認：表示上傳步驟尚未完成，請依照上面步驟再操作一次。（還可以使用【選擇上傳】鍵）

申請編號	系（組）、學程名稱	一階篩選結果	書面審查資料上傳方式	上傳資料截止日	確認狀態
060001	國立 科技大學 電機工程系	通過	請於本系統進行上傳 (點我上傳)	106.3.28	未確認
080001	國立 科技大學 創意生活設計系	通過	請於本系統進行上傳 (點我上傳)	106.3.29	未確認
060001	國立 科技大學 木材科學與設計系	通過	請於本系統進行上傳 (點我上傳)	106.3.29	未確認
60001	國立 科技大學 資訊與財金管理系	通過	請於本系統進行上傳 (點我上傳)	106.3.28	未確認
070001	國立 科技大學 財務管理系	通過	不需透過本系統進行上傳	–	–

006國立 科技大學電機工程系

必/選繳	書面審查上傳項目	檔案大小	檢視	選擇上傳	最後上傳時間
必繳	1.自傳及讀書計畫(A4格式,請註明申請姓名,申請系別,並陳述申請入學動機,一千字以內)	未上傳	–	上傳所選擇檔案 引用 刪除	–
必繳	2.歷年成績單及排名〔名次／全班人數〕	未上傳	–	上傳所選擇檔案 引用 刪除	–
選繳	3.其他有利審查資料(社團參與,學生幹部,證照,競賽成果,語文能力,成果作品,特殊才能及體適能檢測成績證明書等)	未上傳	–	上傳所選擇檔案 引用 刪除	–

預覽合併檔案

剩餘容量尚有10MB

請將書面審查資料依序上傳，若您已確定上傳書面審查資料無誤而不再修改，請務必於資料上傳截止日106年3月28日(二)22:00前，執行「確認」作業。

書面審查資料上傳密碼 確認

- 已確認：已完成書面審查資料上傳與確認，此後僅能查閱已上傳之檔

案，不得修改。（完全沒有上傳機制可供使用）

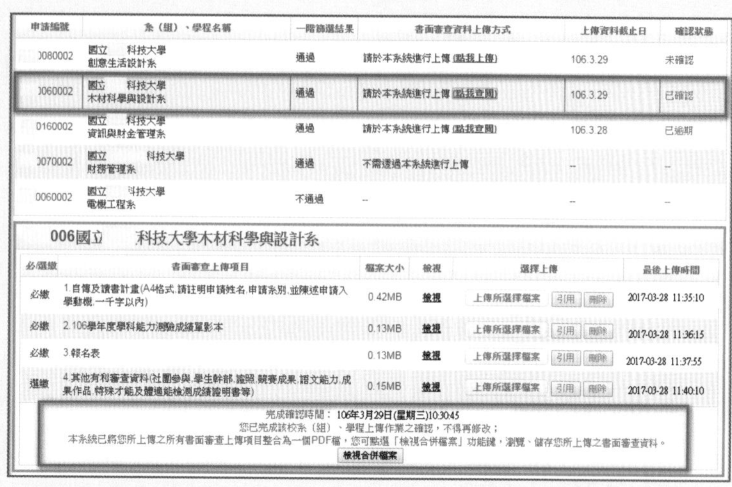

申請編號	系（組）、學程名稱	一階篩選結果	書面審查資料上傳方式	上傳資料截止日	確認狀態
)080002	國立　科技大學 創意生活設計系	通過	請於本系統進行上傳 (點我上傳)	106.3.29	未確認
)060002	國立　科技大學 木材科學與設計系	通過	請於本系統進行上傳 (點我查閱)	106.3.29	已確認
0160002	國立　科技大學 資訊與財金管理系	通過	請於本系統進行上傳 (點我查閱)	106.3.28	已逾期
)070002	國立　科技大學 財務管理系	通過	不需透過本系統進行上傳	--	--
0060002	國立　斗技大學 電機工程系	不通過	--	--	--

006國立　科技大學木材科學與設計系

必/選繳	書面審查上傳項目	檔案大小	檢視	選擇上傳	最後上傳時間
必繳	1.自傳及讀書計畫(A4格式,請註明申請姓名,申請系別,並陳述申請入學動機,一千字以內)	0.42MB	檢視	上傳所選擇檔案 引用 刪除	2017-03-28 11:35:10
必繳	2.106學年度學科能力測驗成績單影本	0.13MB	檢視	上傳所選擇檔案 引用 刪除	2017-03-28 11:36:15
必繳	3.報名表	0.13MB	檢視	上傳所選擇檔案 引用 刪除	2017-03-28 11:37:55
選繳	4.其他有利審查資料(社團參與,學生幹部,證照,競賽成果,語文能力,成果作品,特殊才能及體適能檢測成績證明書等)	0.15MB	檢視	上傳所選擇檔案 引用 刪除	2017-03-28 11:40:10

完成確認時間：106年3月29日(星期三)10:30:45
您已完成該校系（組）、學程上傳作業之確認，不得再修改；
本系統已將您所上傳之所有書面審查上傳項目整合為一個PDF檔，您可點選「檢視合併檔案」功能鍵，瀏覽、儲存您所上傳之書面審查資料。
檢視合併檔案

- 已逾期：未在上傳截止日前完成【確認】動作，此後只能使用【點我查閱】，無法使用任何上傳操作。

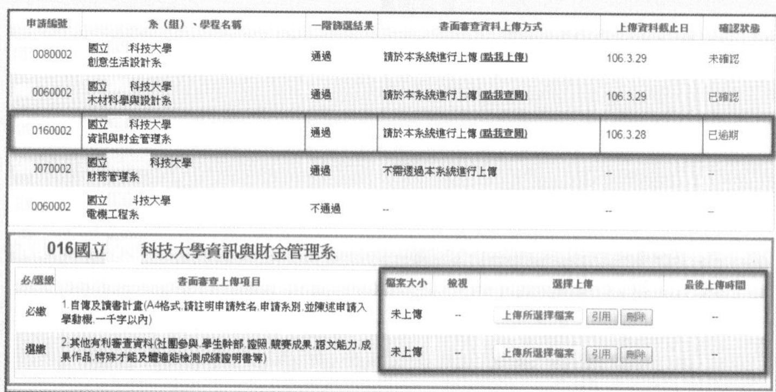

申請編號	系（組）、學程名稱	一階篩選結果	書面審查資料上傳方式	上傳資料截止日	確認狀態
0080002	國立　科技大學 創意生活設計系	通過	請於本系統進行上傳 (點我上傳)	106.3.29	未確認
0060002	國立　科技大學 木材科學與設計系	通過	請於本系統進行上傳 (點我查閱)	106.3.29	已確認
0160002	國立　科技大學 資訊與財金管理系	通過	請於本系統進行上傳 (點我查閱)	106.3.28	已逾期
)070002	國立　科技大學 財務管理系	通過	不需透過本系統進行上傳	--	--
0060002	國立　斗技大學 電機工程系	不通過	--	--	--

016國立　科技大學資訊與財金管理系

必/選繳	書面審查上傳項目	檔案大小	檢視	選擇上傳	最後上傳時間
必繳	1.自傳及讀書計畫(A4格式,請註明申請姓名,申請系別,並陳述申請入學動機,一千字以內)	未上傳	--	上傳所選擇檔案 引用 刪除	--
選繳	2.其他有利審查資料(社團參與,學生幹部,證照,競賽成果,語文能力,成果作品,特殊才能及體適能檢測成績證明書等)	未上傳	--	上傳所選擇檔案 引用 刪除	--

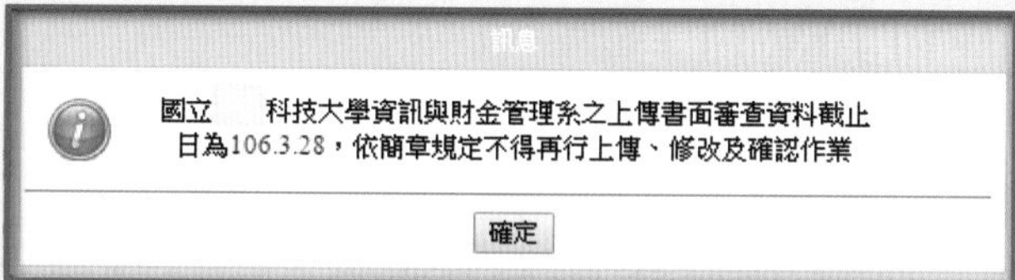

⊙ 再次提醒：

1. 一定要在上傳截止日前，完成資料上傳操作，並【確認】完畢。
2. 若僅上傳資料而未【確認】，導致「已逾期」者，自 105 學年度起「申請生僅上傳書面審查資料而未「確認」時，四技申請入學委員會逕於繳交截止日後，將已上傳之審查資料整合為一個 PDF 檔並轉送各科技校院。申請生得否參加第二階段複試，依各科技校院規定辦理，申請生不得異議。」（訊息來源：106 學年度科技校院日間部四年制申請入學聯合招生委員會第二階段複試「書面審查資料上傳系統」操作手冊）

2-2-3「四技二專甄選入學」審查資料上傳作業流程

自 107 學年起，採計「統測」成績的技專校院入學管道，為順應便利性與環保概念，所有招生群（類）也一律採用電子線上書審，但最多只能填寫 3 個志願，所以上傳步驟與頁面當然也要多加熟悉囉！所以，以下用圖文解說的方式，將上傳步驟一一說明：

1 至該年度「科技院校四年制及專科學校二年制聯合甄選委員會」招生網址 https://www.jctv.ntut.edu.tw/enter42/apply/?academicYear=107，並點選【考生作業系統】。

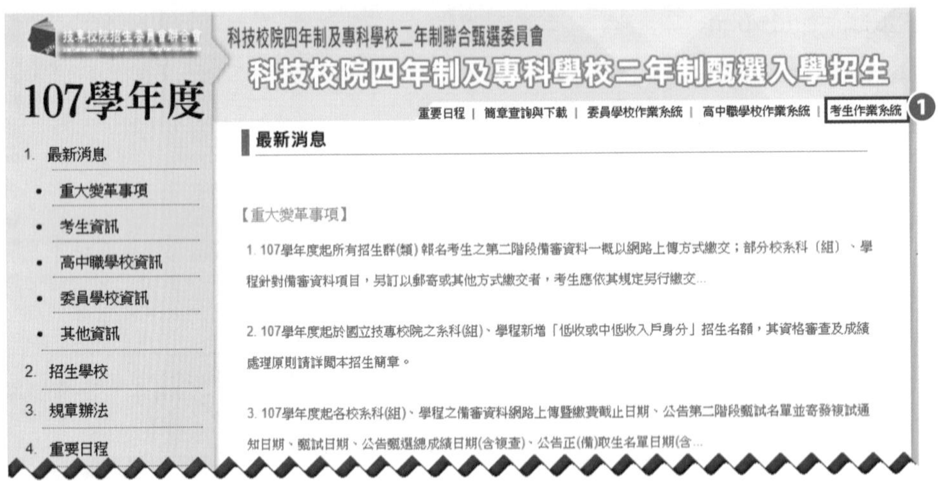

2 於正式版系統開放時間內，點選【第二階段複試審查資料上傳系統】，即可以進行審查資料的上傳。

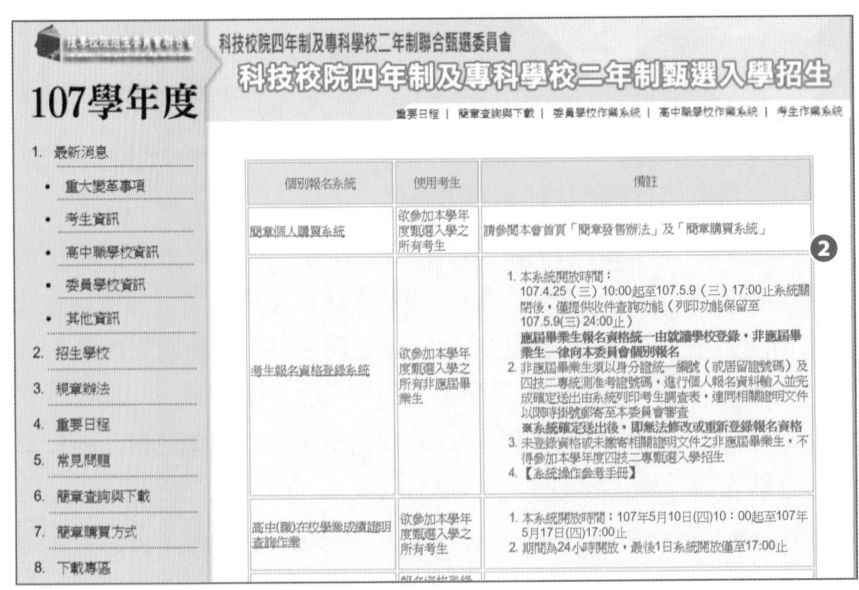

個別報名系統	使用考生	備註
簡章個人購買系統	欲參加本學年度甄選入學之所有考生	請參閱本會首頁「簡章發售辦法」及「簡章購買系統」
考生報名資格登錄系統	欲參加本學年度甄選入學之所有非應屆畢業生	1. 本系統開放時間：107.4.25（三）10:00起至107.5.9（三）17:00止系統關閉後，僅提供收件查詢功能（列印功能保留至107.5.9(三) 24:00止） **應屆畢業生報名資格統一由就讀學校登錄，非應屆畢業生一律向本委員會個別報名** 2. 非應屆畢業生須以身分證統一編號（或居留證號碼）及四技二專統測准考證號碼，進行個人報名資料輸入並完成確定送出由系統列印考生調查表，連同相關證明文件以限時掛號郵寄至本委員會審查 **※系統確定送出後，即無法修改或重新登錄報名資格** 3. 未登錄資格或未繳寄相關證明文件之非應屆畢業生，不得參加本學年度四技二專甄選入學招生 4.【系統操作參考手冊】
高中(職)在校學業成績證明查詢作業	欲參加本學年度甄選入學之所有考生	1. 本系統開放時間：107年5月10日(四)10：00起至107年5月17日(四)17:00止 2. 期間為24小時開放，最後1日系統開放僅至17:00止

（一）進入第二階段報名系統

1 進入系統之後呈現的畫面。首次登錄需依照頁面要求，輸入「個人資料」(包含：身份證字號、准考證號碼、通行碼（10 碼）……)，依照系統説明填寫就可以了。輸入完畢後，點選【登入】。

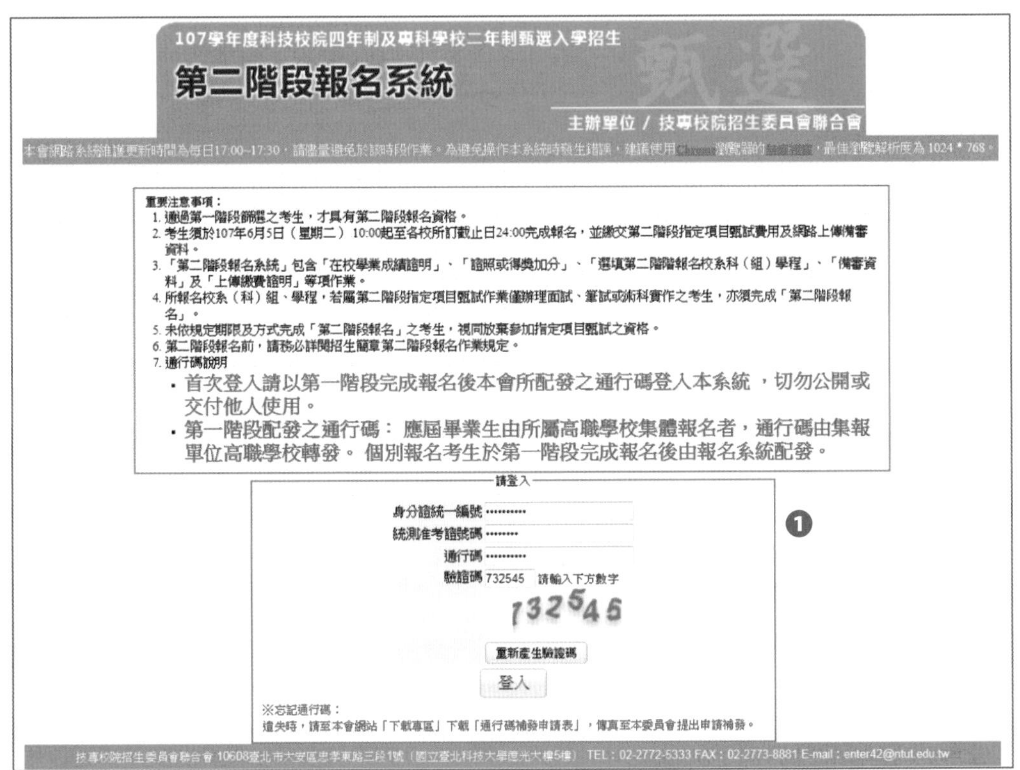

107學年度科技校院四年制及專科學校二年制甄選入學招生
第二階段報名系統
甄選
主辦單位 / 技專校院招生委員會聯合會
本會網路系統維護更新時間為每日17:00~17:30，請儘量避免於該時段作業。為避免操作本系統時發生錯誤，建議使用Chrome瀏覽器的，最佳瀏覽解析度為 1024 * 768。
重要注意事項：
1. 通過第一階段篩選之考生，才具有第二階段報名資格。
2. 考生須於107年6月5日（星期二）10:00起至各校所訂截止日24:00完成報名，並繳交第二階段指定項目甄試費用及網路上傳備審資料。
3. 「第二階段報名系統」包含「在校學業成績證明」、「證照或得獎加分」、「選填第二階階報名校系科（組）學程」、「備審資料」及「上傳繳費證明」等項作業。
4. 所報名校系（科）組、學程，若屬第二階段指定項目甄試作業僅辦理面試、筆試或術科實作之考生，亦須完成「第二階段報名」。
5. 未依規定期限及方式完成「第二階段報名」之考生，視同放棄參加指定項目甄試之資格。
6. 第二階段報名前，請務必詳閱招生簡章第二階段報名作業規定。
7. 通行碼說明
・首次登入請以第一階段完成報名後本會所配發之通行碼登入本系統 ，切勿公開或交付他人使用。
・第一階段配發之通行碼： 應屆畢業生由所屬高職學校集體報名者，通行碼由集報單位高職學校轉發。 個別報名考生於第一階段完成報名後由報名系統配發。
請登入
身分證統一編號
統測准考證號碼
通行碼
驗證碼 732545 請輸入下方數字
732545
重新產生驗證碼
登入
※忘記通行碼：
遺失時，請至本會網站「下載專區」下載「通行碼補發申請表」，傳真至本委員會提出申請補發。
技專校院招生委員會聯合會 10608臺北市大安區忠孝東路三段1號（國立臺北科技大學億光大樓5樓） TEL：02-2772-5333 FAX：02-2773-8881 E-mail：enter42@ntut.edu.tw
❶

PS.「通行碼 (10 碼)」在第一階段報名確定送出時取得。

- 集體報名學生：由高職學校從報名系統產生通行碼並轉發考生使用。
- 個別報名學生：由第一階段報名系統產生通行碼供考生使用。

2 如果未具備參加第二階段甄試者，系統也會加以重新查核並顯示【錯誤】視窗，所以不能隨意闖關唷！

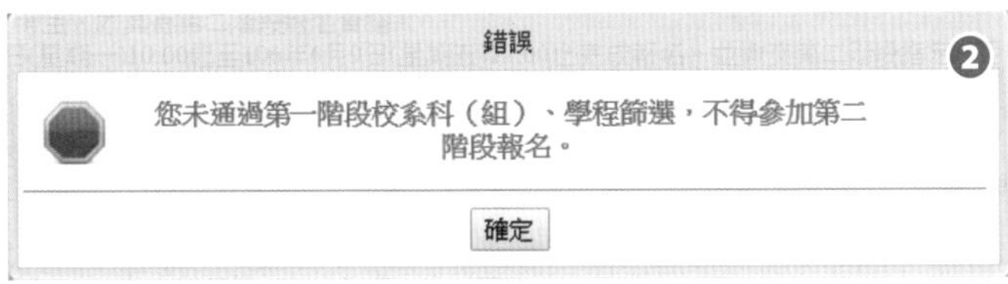

錯誤
❷
您未通過第一階段校系科（組）、學程篩選，不得參加第二階段報名。
確定

（二）變更「通行碼」步驟

1 首次登錄後會要求重新更改通行碼，且僅限一次，所以在「勾選」【我已了解，開始修改通行碼】後，請務必確實填寫修改內容。

2 再三確認後，繼續點選【確認修改通行碼】鍵唷！（因為本鍵點選後，就不能再更改通行碼了！一定要再三確認！）

一、第一次登入修改通行碼 二、閱讀簡章修訂事項 三、基本資料確認 四、網路上傳及二階繳費作業

第一次登入修改通行碼

請依本系統功能順序逐一完成報名，請注意：每一步驟確認前，請務必謹慎詳細核對，每一步驟須經依系統導引完成確認後，才可進行下一步驟操作。

說明：
1. 首次使用本系統，考生須自行修改並設定新通行碼，修改僅限1次。
2. 確認送出後即不得修改，送出前請慎重考慮並妥善保存修正後新通行碼。
3. *如非法使用其他考生個人資料，登入本系統修改通行碼，致使其他考生權益受損，情節重大者移送司法單位審理。
4. 考生登入本學年度四技二專甄選入學招生相關資訊系統，皆須使用設定之通行碼。請妥善保存通行碼，切勿公開或交付他人使用。

我已了解，開始修改通行碼

輸入第一階段報名配發之通行碼：

※以下連絡資料，請填寫在招生期間可連絡手機號碼及E-mail帳號，以供通行碼申請補發及緊急通知之用，請務必填寫正確

手機 (範例：0987654321)

E-mail (範例：enter42@ntut.edu.tw)

為維護資訊安全，新設定通行碼應至少包含英文及數字。通行碼長度須介於8個字元至12個字元之間。

輸入新通行碼 (請輸入英數字至少8碼)

確認新通行碼 (請再次輸入新通行碼)

1 確認修改通行碼 列印或儲存通行碼 繼續使用本系統

技專校院招生委員會聯合會 10608臺北市大安區忠孝東路三段1號（國立臺北科技大學億光大樓5樓） TEL：02-2772-5333 FAX：02-2773-8881 E-mail：enter42@ntut.edu.tw

3 強烈建議：為了避免日後忘記通行碼，在點選【確認修改通行碼】，請務必先點選【列印或儲存通行碼】，檢視並留存修正後的新通行碼，再點選【繼續使用本系統】唷！

一、第一次登入修改通行碼 二、閱讀簡章修訂事項 三、基本資料確認 四、網路上傳及二階繳費作業

第一次登入修改通行碼

請依本系統功能順序逐一完成報名，請注意：每一步驟確認前，請務必謹慎詳細核對，每一步驟須經依系統導引完成確認後，才可進行下一步驟操作。

說明：
1. 首次使用本系統，考生須自行修改並設定新通行碼，修改僅限1次。
2. 確認送出後即不得修改，送出前請慎重考慮並妥善保存修正後新通行碼。
3. *如非法使用其他考生個人資料，登入本系統修改通行碼，致使其他考生權益受損，情節重大者移送司法單位審理。
4. 考生登入本學年度四技二專甄選入學招生相關資訊系統，皆須使用設定之通行碼。請妥善保存通行碼，切勿公開或交付他人使用。

我已了解，開始修改通行碼

輸入第一階段報名配發之通行碼：

※以下連絡資料，請填寫在招生期間可連絡手機號碼及E-mail帳號，以供通行碼申請補發及緊急通知之用，請務必填寫正確

手機 (範例：0987654321)

E-mail (範例：enter42@ntut.edu.tw)

為維護資訊安全，新設定通行碼應至少包含英文及數字。通行碼長度須介於8個字元至12個字元之間。

輸入新通行碼 (請輸入英數字至少8碼)

確認新通行碼 (請再次輸入新通行碼)

您已修改並重新設定通行碼，之後再登錄本系統，須使用自行 2 ...密碼，請列印或 3 通行碼自行留存。

確認修改通行碼 列印或儲存通行碼 繼續使用本系統

技專校院招生委員會聯合會 10608臺北市大安區忠孝東路三段1號（國立臺北科技大學億光大樓5樓） TEL：02-2772-5333 FAX：02-2773-8881 E-mail：enter42@ntut.edu.tw

（三）上傳在校成績證明（PDF 檔）

1 如果你是「應屆畢業生」，所屬學校會幫你上傳成績，就會出現下圖視窗；閱讀完「說明」內容之後，只要「勾選」【我已確認並完成在校成績證明（PDF 檔）上傳及檢視，不再修改】後，並輸入新通行碼即可。

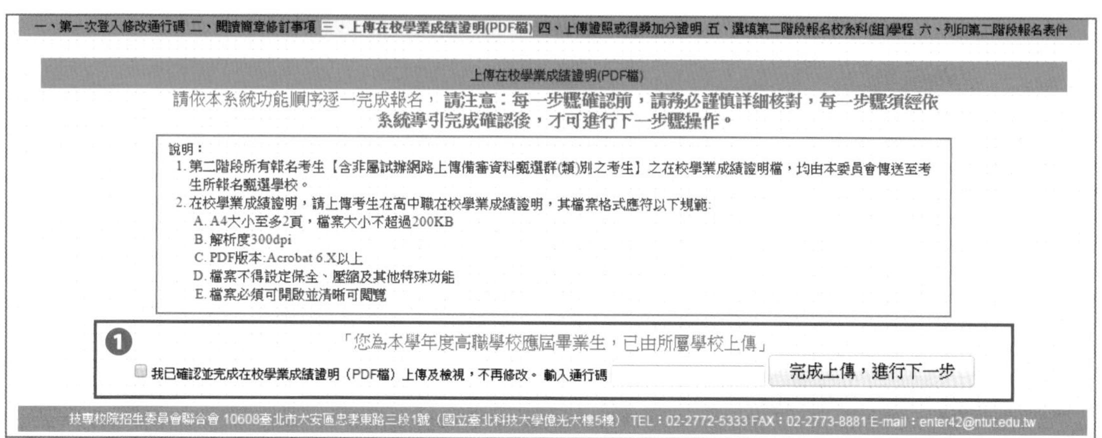
一、第一次登入修改通行碼 二、閱讀簡章修訂事項 三、上傳在校學業成績證明(PDF檔) 四、上傳證照或得獎加分證明 五、選填第二階段報名校系科(組)學程 六、列印第二階段報名表件

上傳在校學業成績證明(PDF檔)

請依本系統功能順序逐一完成報名， 請注意：每一步驟確認前，請務必謹慎詳細核對，每一步驟須經依系統導引完成確認後，才可進行下一步驟操作。

說明：
1. 第二階段所有報名考生【含非屬試辦網路上傳備審資料甄選群(類)別之考生】之在校學業成績證明檔，均由本委員會傳送至考生所報名甄選學校。
2. 在校學業成績證明，請上傳考生在高中職在校學業成績證明，其檔案格式應符以下規範:
A. A4大小至多2頁，檔案大小不超過200KB
B. 解析度300dpi
C. PDF版本:Acrobat 6.X以上
D. 檔案不得設定保全、壓縮及其他特殊功能
E. 檔案必須可開啟並清晰可閱覽

1 「您為本學年度高職學校應屆畢業生，已由所屬學校上傳」
☐ 我已確認並完成在校學業成績證明（PDF檔）上傳及檢視，不再修改。 輸入通行碼 完成上傳，進行下一步

技專校院招生委員會聯合會 10608臺北市大安區忠孝東路三段1號（國立臺北科技大學億光大樓5樓） TEL：02-2772-5333 FAX：02-2773-8881 E-mail：enter42@ntut.edu.tw

2 但如果你是「非應屆畢業生」，成績檔沒學校可幫忙上傳，那就會出現下圖，所以就請依照數字順序，進行操作步驟，完成上傳成績檔。

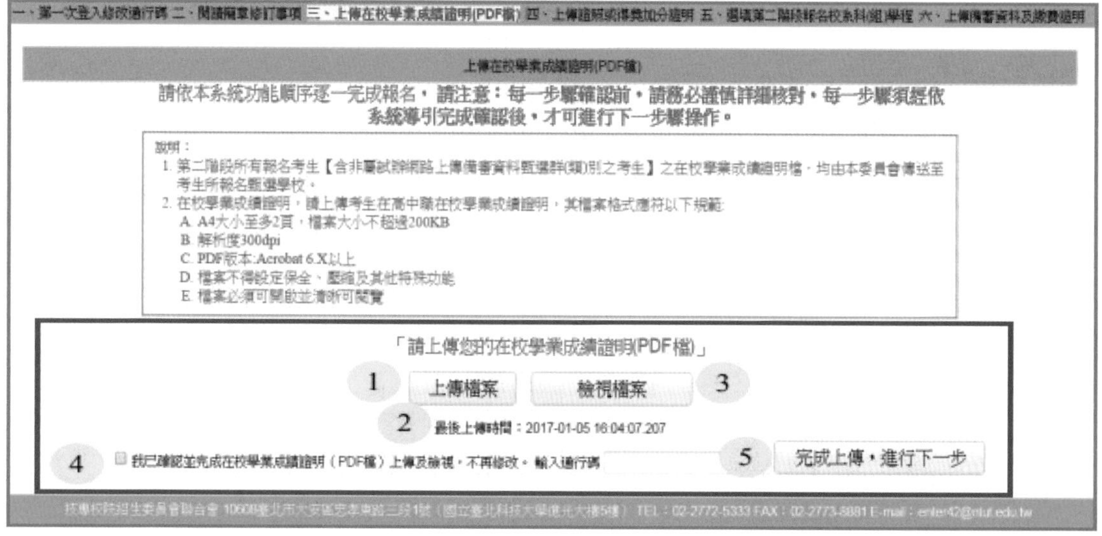
一、第一次登入修改通行碼 二、閱讀簡章修訂事項 三、上傳在校學業成績證明(PDF檔) 四、上傳證照或得獎加分證明 五、選填第二階段報名校系科(組)學程 六、上傳備審資料及繳費證明

上傳在校學業成績證明(PDF檔)

請依本系統功能順序逐一完成報名，請注意：每一步驟確認前，請務必謹慎詳細核對，每一步驟須經依系統導引完成確認後，才可進行下一步驟操作。

說明：
1. 第二階段所有報名考生【含非屬試辦網路上傳備審資料甄選群(類)別之考生】之在校學業成績證明檔，均由本委員會傳送至考生所報名甄選學校。
2. 在校學業成績證明，請上傳考生在高中職在校學業成績證明，其檔案格式應符以下規範:
A. A4大小至多2頁，檔案大小不超過200KB
B. 解析度300dpi
C. PDF版本:Acrobat 6.X以上
D. 檔案不得設定保全、壓縮及其他特殊功能
E. 檔案必須可開啟並清晰可閱覽

「請上傳您的在校學業成績證明(PDF檔)」
1 上傳檔案 檢視檔案 3
2 最後上傳時間：2017-01-05 16:04:07.207
4 ☐ 我已確認並完成在校學業成績證明（PDF檔）上傳及檢視，不再修改。 輸入通行碼 5 完成上傳，進行下一步

技專校院招生委員會聯合會 10608臺北市大安區忠孝東路三段1號（國立臺北科技大學億光大樓5樓） TEL：02-2772-5333 FAX：02-2773-8881 E-mail：enter42@ntut.edu.tw

（四）上傳證照或得獎加分證明

1 先閱讀完上傳「説明」內容，並「勾選」【我已了解，開始進行上傳證照或獲獎證明】之後，記得點選【下一步】鍵。

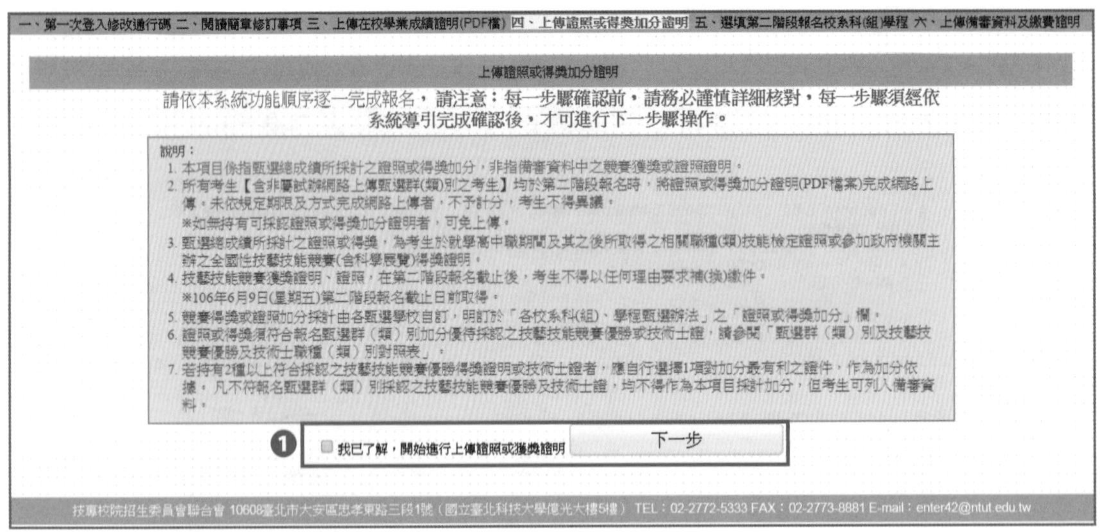

2 接著系統會帶出「您通過第一階段篩選之校系科（組）、學程資料」及該校「甄選辦法」中證照或得獎加分採計情形，其中只有「依加分標準」才有【點我上傳】的功能鍵，但只能上傳「1 張」對加分最有利的項目，所以一定要審慎選擇唷！

3 完成上傳檔案並「勾選」【我已完成上傳及檢視所有校系科（組）、學程之證照或得獎加分證明，不再修改】且輸入通行碼後，記得點選【完成上傳，進行下一步】鍵。

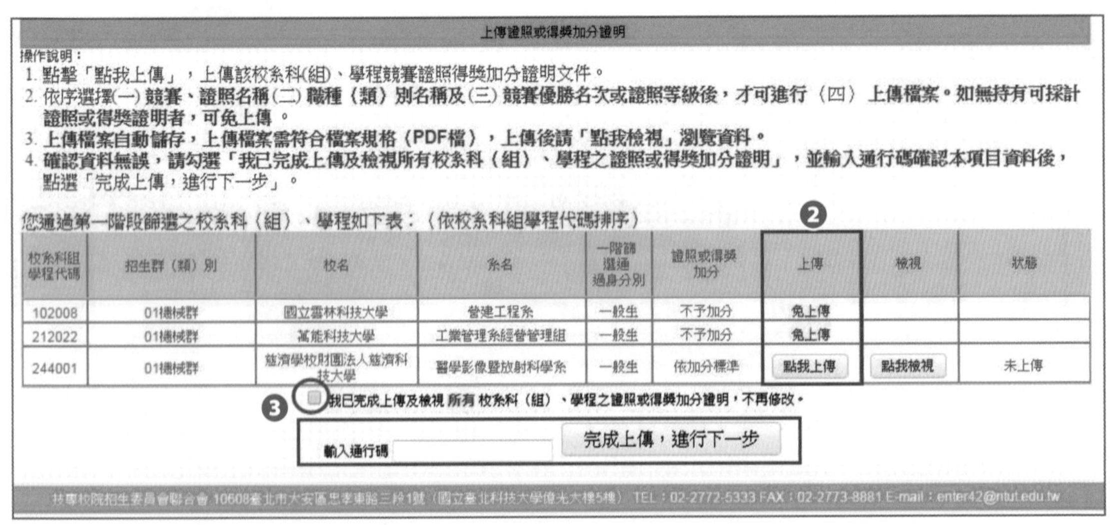

校系科組學程代碼	招生群（類）別	校名	系名	一階篩選通過身分別	證照或得獎加分	上傳	檢視	狀態
102008	01機械群	國立雲林科技大學	營建工程系	一般生	不予加分	免上傳		
212022	01機械群	萬能科技大學	工業管理系經營管理組	一般生	不予加分	免上傳		
244001	01機械群	慈濟學校財團法人慈濟科技大學	醫學影像暨放射科學系	一般生	依加分標準	點我上傳	點我檢視	未上傳

4 接下來請依照數字順序，進行 1-10 操作步驟，完成後點選【完成上傳，進行下一步】鍵。

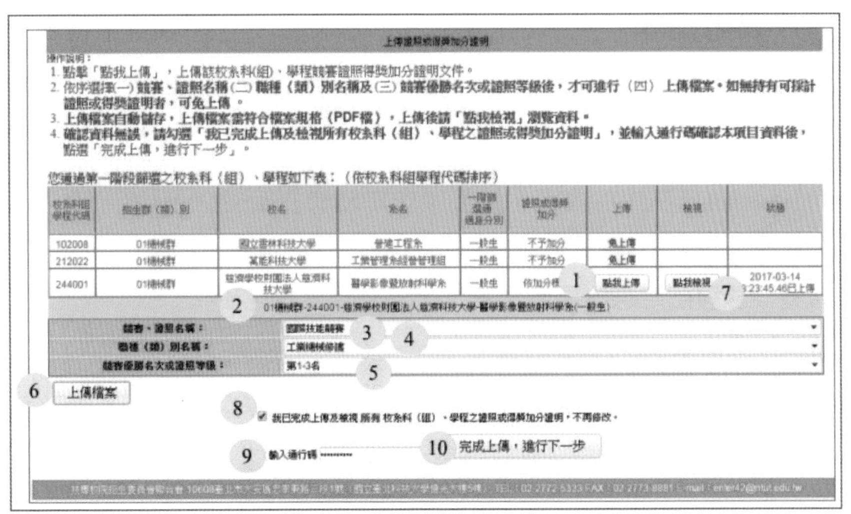
上傳證照或得獎加分證明

操作說明：
1. 點擊「點我上傳」，上傳該校系科(組)、學程競賽證照得獎加分證明文件。
2. 依序選擇(一)競賽、證照名稱(二)職種（類）別名稱及(三)競賽優勝名次或證照等級後，才可進行（四）上傳檔案。如無持有可採計證照或得獎證明者，可免上傳。
3. 上傳檔案自動儲存，上傳檔案需符合檔案規格（PDF檔），上傳後請「點我檢視」瀏覽資料。
4. 確認資料無誤，請勾選「我已完成上傳及檢視所有校系科（組）、學程之證照或得獎加分證明」，並輸入通行碼確認本項目資料後，點選「完成上傳，進行下一步」。

您通過第一階段篩選之校系科（組）、學程如下表：（依校系科組學程代碼排序）

校系科組學程代碼	招生群（類）別	校名	系名	一階篩選通過身分別	證照或得獎加分	上傳	檢視	狀態
102008	01機械群	國立雲林科技大學	營建工程系	一般生	不予加分	免上傳		
212022	01機械群	萬能科技大學	工業管理系經營管理組	一般生	不予加分	免上傳		
244001	01機械群	臺灣學校財團法人臺灣科技大學	醫學影像暨放射科學系	一般生	依加分標 1	點我上傳	點我檢視 7	2017-03-14 3:23:45.46已上傳

2 01機械群-244001-臺灣學校財團法人臺灣科技大學-醫學影像暨放射科學系(一般生)

競賽、證照名稱：	國際技能競賽 3
職種（類）別名稱：	工業機械修護 4
競賽優勝名次或證照等級：	第1-3名 5

6 上傳檔案

8 ☑ 我已完成上傳及檢視 所有 校系科（組）、學程之證照或得獎加分證明，不再修改。

9 輸入通行碼 ········· 10 完成上傳，進行下一步

若持有的證照或獲獎證明的名稱、職種及優勝名次或等級，於點選步驟3-5無可對應時，表示不符合報名甄選群（類）別加分優待採認之技藝技能競賽優勝或技術士證，請參閱本簡章所訂「甄選群（類）別及技藝技競優勝及技術士職種（類）別對照表」！

（五）確認基本資料並勾選第二階段報名校系科（組）、學程

1 先確認並核對考生資料，如果資料都正確，請「勾選」【確認資料無誤】；如果資料有誤，則要先點選【修改資料】，進行更正資料後，再勾選【確認資料無誤】。

2 接著在「通過第一階段篩選之甄選校系科（組）、學程」欄中，「勾選」第二階段欲報名甄選入學校系科（組）、學程，結束後再點選【我要進行下一頁報名資料確定送出作業】鍵。

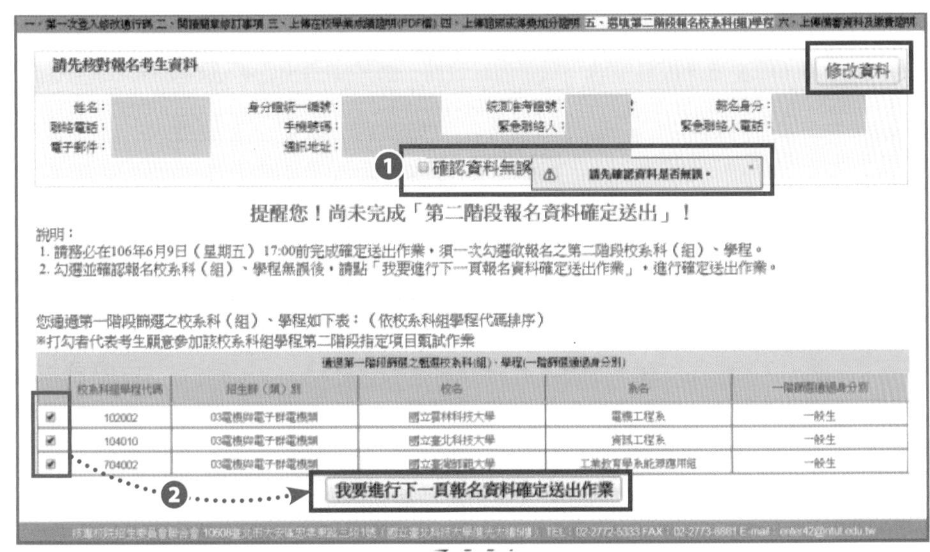
請先核對報名考生資料　修改資料

姓名：　身分證統一編號：　統測准考證號：　報名身分：
聯絡電話：　手機號碼：　緊急聯絡人：　緊急聯絡人電話：
電子郵件：　通訊地址：

❶ ☐ 確認資料無誤　⚠ 請先確認資料是否無誤。

提醒您！尚未完成「第二階段報名資料確定送出」！

說明：
1. 請務必在106年6月9日（星期五）17:00前完成確定送出作業，須一次勾選欲報名之第二階段校系科（組）、學程。
2. 勾選並確認報名校系科（組）、學程無誤後，請點「我要進行下一頁報名資料確定送出作業」，進行確定送出作業。

您通過第一階段篩選之校系科（組）、學程如下表：（依校系科組學程代碼排序）
※打勾者代表考生願意參加該校系科組學程第二階段指定項目甄試作業

通過第一階段篩選之甄選校系科(組)、學程(一階篩選通過身分別)

	校系科組學程代碼	招生群（類）別	校名	系名	一階篩選通過身分別
☑	102002	03電機與電子群電機類	國立雲林科技大學	電機工程系	一般生
☑	104010	03電機與電子群電機類	國立臺北科技大學	資訊工程系	一般生
☑	704002	03電機與電子群電機類	國立臺灣師範大學	工業教育學系能源應用組	一般生

❷ 我要進行下一頁報名資料確定送出作業

（六）確定送出報名資料

1 先確定報名表中「已錄取」和「放棄」的第二階段報名之甄選系科（組）、學程，是否正確無誤；如果錯誤，請點選左邊【取消（回上一頁修改）】鍵，重新回到上一頁修改。

2 確認報名校系無誤且不再修改後，請依序填寫驗證資料後，並按下【確定送出（確定送出後，不得修改）】鍵，系統則會彈跳出【重要訊息】視窗，提醒你：「請注意，報名僅限一次，報名資料一經確定送出即無法再更改。是否確定送出？」只要按下【確認】鍵，就完成第二階段報名作業了！

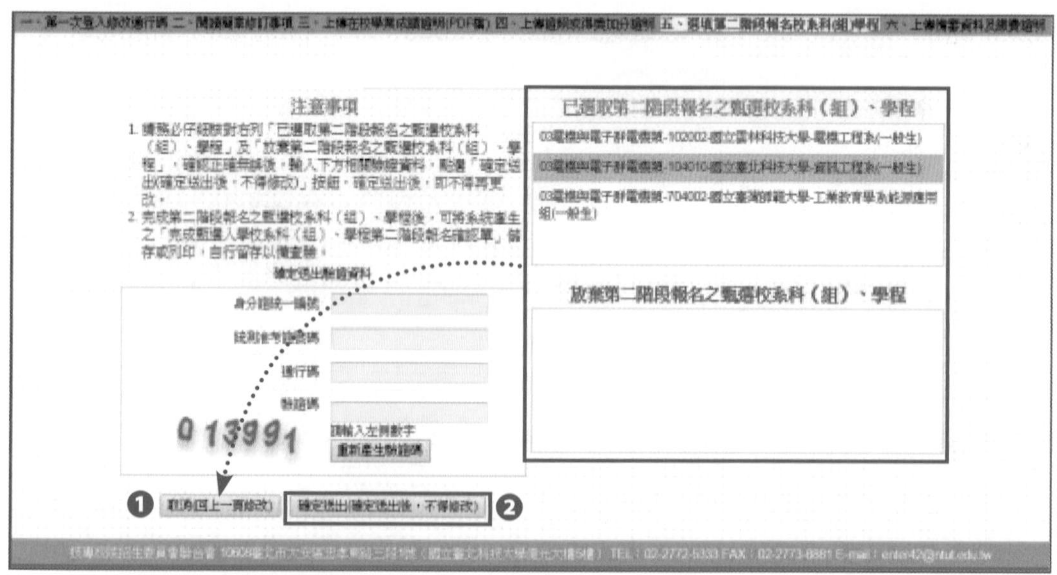

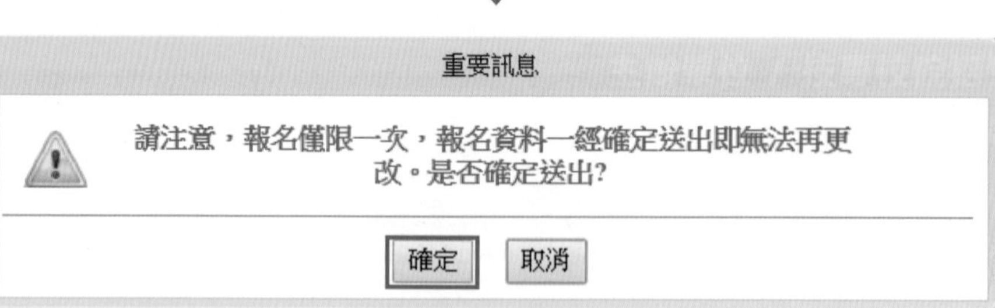

（七）列印第二階段報名相關表件 -【紙本寄件群類】

1 透過 Adobe Reader 軟體列印「確認單」、「考生資料袋封面」及「繳交指定項目甄試費郵政劃撥單」。

一、第一次登入修改通行碼 二、閱讀簡章修訂事項 三、上傳在校學業成績證明(PDF檔) 四、上傳證照或得獎加分證明 五、選填第二階段報名校系科(組)學程 六、列印第二階段報名表件

您已經完成第二階段報名資料確認，無法再進行修改！！

下載最新版本的Adobe Reader Get ADOBE® READER®

請於106年6月9日（星期五）前繳交指定項目甄試費及繳寄『考生資料袋』，逾期恕不受理。

列印第二階段報名表件

注意事項：
1. 請下載並列印「完成甄選入學校系科(組)、學程第二階段報名確認單」，本確認單由考生自行留存。
2. 考生自行備妥A4(含)(或小4K、大4K)以上大小之信封，將「第二階段報名信封封面」以A4白紙列印並黏貼於信封正面，將備審資料平放裝入信封。
3. 應屆畢業生依就讀學校規定時間，向就讀學校繳交指定項目甄試費及繳交『考生資料袋』辦理集體寄件。
4. 個別報名考生或未隨同就讀學校集體繳費及寄件之考生，應檢齊每1校系科(組)、學程「考生資料袋」及「指定項目甄試費郵政劃撥單影本」，分別裝袋後逕寄(送)各甄選學校辦理報名，逾期恕不受理。

一、確認單	完成甄選入學校系科(組)、學程第二階段報名確認單 ※本確認單由考生自行留存。
二、考生資料袋封面	第二階段報名信封封面 ※以A4白紙列印並黏貼於信封正面，將備審資料平放裝入信封。
三、繳交指定項目甄試費郵政劃撥單	指定項目甄試繳費單（依系科組、學程分類排序） ※您須繳款費用共 1 筆，列印後可直接至郵局辦理繳費。 每筆依系科(組)、學程分類個別繳費。 ※下載列印紙張請設定為A4橫式，並注意紙張大小是否被縮放。 ※尺寸約為21cm×11cm。

第二階段指定項目甄試費用繳費及報名資料收件狀況

甄選校系科（組）學程	二階報名 是否已繳費	是否收件
17餐旅群-830001-佛光大學-健康與創意素食產業學系(一般生)	是	是

註：若有任何收件繳費問題，請直接聯絡第二階段指定項目甄試學校，各校聯絡電話請參閱招生簡章總則附錄四。

技專校院招生委員會聯合會 10608臺北市大安區忠孝東路三段1號（國立臺北科技大學億光大樓5樓） TEL：02-2772-5333 FAX：02-2773-8881 E-mail：enter42@ntut.edu.tw

2 完成甄選第二階段網路報名後，務必將「考生資料袋」及「指定項目甄試費郵政劃撥單影本」，每一系科（組）、學程分別裝袋，於截止時間前（107 學年預定日程：107.6.14（四））以快遞或限時掛號方式（郵戳為憑），寄（送）各甄選學校辦理報名，逾期恕不受理。

1.「四技二專甄選入學」的上傳作業時間雖然是 24 小時開放，但最後一日僅開放至 17:00 為止。所以，千萬千萬不要等到最後一刻才上傳資料，萬一遇到網路問題導致上傳失敗，就會失去資格，一定要「早點完成早放心」！

2. 單一項目之檔案大小以 5MB 為原則，且各項檔案不得壓縮。每 1 校系（組）、學程所有備審資料項目檔案大小總和，以 10MB 為限；如因受限所有上傳檔案大小總和限制而無法全部上傳時，請慎重選擇上傳選繳項目，所以在製作與上傳時一定要多加留意。

3. 部分校系科（組）、學程針對備審資料項目，另外有要求以郵寄或其他方式繳交者，請務必依「各校系科（組）、學程甄選辦法」之招生簡章為準，並依規定繳交。

4. 備審資料於「確認」前皆可重複上傳，但一定要在繳交截止日的 17:00 前完成「確認」手續，才算報名完成。而且一定要記得將「備審資料上傳確認表」存檔留存，以免將來需要提出疑義申請時，因無法提示而不予受理唷！

5. 如果是就讀高中職學校辦理集體繳費的「應屆畢業生」，第二階段指定項目甄試費是參加就讀學校之集體繳費，所以不需上傳繳費證明。但如果要個別繳費（含就讀高職學校未辦理集體繳費），則要將繳費證明製成影像檔（PDF 檔），並上傳喔！

6. 考生，完成繳交指定項目甄試費之繳費證明，屬試辦網路上傳甄選群（類）別之考生，將繳費證明製成影像檔（PDF 檔），以網路上傳至本委員會「第二階段報名系統」。

一、是非題（請將正確的敘述於（ ）內打「○」，錯誤的敘述打「×」）

1. (　) 如果考生是應屆畢業生，大學個人申請時，仍須將高中職在校成績上傳。

2. (　) 不論是大學個人申請或四技申請，在上傳作業系統中都會自動產生封面，可不需另行設計。

3. (　) 審查資料的上傳文件內容，除了 Word 檔之外，也可以使用 PDF 檔。

4. (　) 如果上傳時間逾時仍未完成確認，可以自行繳交至報考校系，不需過度擔心。

5. (　) 上傳資料中為了多方呈現自我優點，除了文字檔可使用 PDF 格式之外，還可以適當插入影音檔，更顯精彩。

6. (　) 目前不論何種入學管道且不分學群類別，只要進入第二階段審查，都全面採取「使用線上電子書審」的方式。

7. (　) 應屆畢業生若參加「四技二專甄選入學」，其第二階段審查費用需至就讀學校繳費，且不需上傳繳費證明。

8. (　) 如果僅上傳備審資料未「確認」時，雖然甄選委員會仍會將上傳資料整合並轉送各甄選學校，但能不能參加第二階段指定項目甄試，還是要依所報名甄選學校規定辦理，且考生不得異議。

9. (　) 所有管道的「線上電子書審」都是 24 小時開放，所以可以隨時執行上傳作業。

10. (　)「四技二專甄選入學」的備審資料中，不論是「必繳」或是「選繳」資料，都要上傳，才不會被扣分數。

二、選擇題

1. (　　) 上傳文件單一項目所設定的檔案大小，以多少為限？
(A)5MB　(B)10B　(C)15MB　(D) 沒限制。

2. (　　) 大學個人申請志願，最多可以填寫幾個？
(A)3 個　(B)5 個　(C)6 個　(D)11 個。

3. (　　) 如果對審查資料提出疑義申請時，下列哪項是「必備」資料？
(A) 高中 (職) 在校成績單　(B) 上傳資料列印紙本
(C) 審查資料上傳確認表　(D) 重新登錄的更新密碼。

4. (　　) 下列哪一個入學管道，是採計「學測」成績分數？
(A) 四技二專日間部聯合登記分發
(B) 科技校院日間部四年制申請入學
(C) 國中教育會考
(D) 四技二專技優甄選入學。

5. (　　) 下列有關「大學個人申請」的敘述，何者錯誤？
(A) 上傳資料時間沒有限制，整天 24 小時均可，只要在截止日期前上傳就算完成
(B) 審查資料上傳完畢後，一經產生「審查資料上傳確認表」，就不可以再更改
(C)「成果作品」如需透過網路上傳，也要遵守單項不超過 5M 的原則，所以只能擷取精華來製作
(D) 如果上傳資料完成，但忘了繳交「指定項目甄試費」，也屬「失格」行為。

Chapter 03

Who am I？自傳產生攻略

自傳是審查資料中最核心的必備文件，攤開簡章，無論是哪一類型的學群，審查資料欄中不可或缺的就是自傳，所以自傳的製作，通常決定是否上榜的重要關卡，可是，拿起筆來、打開電腦想要行雲流水的說自己是一個怎樣的人，在繳交期限的威脅下，卻是一個字都擠不出來，這時候還要心靈沉澱發現自我，根本是沒有辦法解決燃眉之急。所以，本章就是讓我們輕鬆速成產生具有績效的自傳，順利上榜。

參加社團的時候，剛升上高中的時候，還記得自己是怎樣讓別人記住自己的呢？還有這麼多的同學，你最先記得的人是誰呀？

要讓別人記住我們，可以用聲音、表情、肢體動作；我們記住別人，是因為他讓我們有印象，有可以說出來或是可以連結在一起的想像。運用一樣的心理，我們也就可以探出自傳要呈現的內涵。

寫自傳的時候，我們如果眼睛只有自己，心裡也只有自己，其實，只是表達出自己認為有價值的內容，就像考試，明明我都讀了，也覺得考題很簡單，偏偏考得不怎麼樣。自我感覺良好很容易讓我們忽略教授們真正需要的資料，這些教授所需的內容，就是我們要在文件中陳述的訊息。

所以我們要先知道自傳要什麼？我們才能量身打造，才能輕易上榜。

3-1 寫自傳不再逼死自己

大家每次寫作文時，無論文筆好或壞，絕對哀聲連連，平日只不過是繳交作業，大家都被期限給追得煩悶不堪，現在真的要交一篇攸關自己未來升學的文件時，壓力絕對是平常繳交作業的好幾倍，要輕鬆愜意的完成，絕對是不可能的任務，而從 impossible 到 I'm possible，靠得就是方法和經驗，先拋開所有的成見，跟著本章一起動手做，去創造自己的上榜機會吧！

3-1-1 怎麼知道我要不要寫自傳？

要不要寫自傳？我們來複習一下吧，首先我們一定要回到簡章的概念唷，攤開審查資料，或是進入報考學系的網站，在校系的分則裡，我們先找到【指定項目內容】→【審查資料】→【項目】、【說明】，就可以看到是否要書寫自傳，還有這個學系對自傳是否有其他的限制條件。就讓我們一起從簡章看到自傳的需求概念圖。

⊙ 自傳需求概念圖

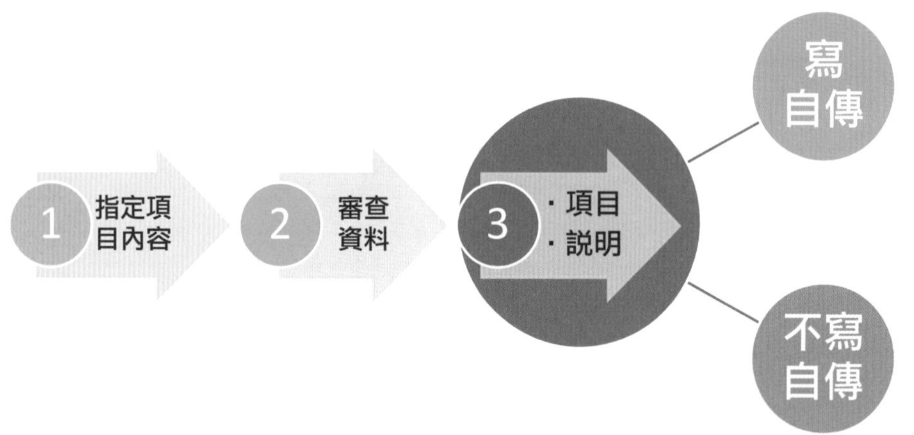

請你這樣做

我們先來看一下大學甄選入學的簡章，在【指定項目內容】之中的【審查資料】，就清楚的標示出要書寫【自傳(學生自述)】這一個項目，但是在【說明】的內容中沒有單獨對自傳有規範或限制，可是我們還是要注意到【說明】的對整份審查資料的文字限制，在書寫的時候就要自行安排審查資料各個項目中所佔的比例。

圖 3-1-1 國立交通大學電機資訊學士班簡章

1. 審查資料項目說明：高中(職)在校成績證明、自傳(學生自述)、 書計畫(含申請動機)、個人資 表、其他(請參考下方說明)。
2. 自傳(學生自述)。
3. 文字陳述限五頁。

國立交通大學 電機資訊學士班		學測、英聽篩選方式 第一階段			甄選總成績採計方式及佔總成績比例		第二階段			甄選總成績同分參酌之順序
		科目	檢定	篩選倍率	學測成績採計方式	佔甄選總成績比例	指定項目	檢定	佔甄選總成績比例	
校系代碼	013012	國文	前標	--	--	40%	審查資料	--	60%	一、審查資料 二、數學學科能力測驗 三、自然學科能力測驗 四、英文學科能力測驗
招生名額	21	英文	頂標	6	*1.00		團體面談及認識本系	90分	0%	
性別要求	無	數學	頂標	3	*1.00					
預計甄試人數	63	社會	--	--	--					
原住民外加名額	無	自然	頂標	3	*1.00					
離島外加名額	無	總級[illegible]	--	--	--					
指定項目甄試費	800	[illegible]	--	--	--					
寄發(或公告)指定項目甄試通知	104.3.26	指定項目內容	審查資料	項目：高中(職)在校成績證明、自傳(學生自述)、讀書計畫(含申請動機)、個人資料表、其他(請參考下方說明) 說明：1. 個人資料表請於本校招生網頁http://exam.[illegible]交大考生基本資料表系統填寫，[illegible]完成確認送出後將pdf檔於甄選委員會審查資料上傳系統中上傳。2. 其他：請檢附其他有利審查之相關資料(例:競賽、社團、幹部、英數檢定、證照...等)，文字陳述限5頁，[illegible]上傳檔案檢附證明影本以資佐證。						
繳交資料收件截止	104.3.31									
指定項目甄試日期	104.4.11									
榜示	104.4.24		甄試說明	1.考生必須參加團體面談，未參加者不予錄取。 2.團體面談及認識本系時間、地點於4月8日上午9點起公佈於本班網站。電話: 03-5131360或分機31360；傳真:03-5734584；網址: http://www.eecshp.nctu.edu.tw；E-mail:eecshp@mail.nctu.edu.tw。 3.面談當日請攜帶國民身分證出席。4.本班參加校內聯合分發，詳參「本校重要事項說明」(見本校基本資料)。						
甄選總成績複查截止	104.4.27									
離島外加名額縣市別限制		(無)								
備註		1.本班採菁英教育，培養具國際觀及高創意之電機資訊跨領域人才。大一、大二著重電機資訊領域基礎課程，大三、大四自由選修電機資訊領域專業課程。 2.依據本班「甄選優秀學生短期出國留學與獎助辦法」辦理，成績符合者，名額不限，全額獎助美國一學期最高40萬元，歐洲一學年最高30萬元之獎學金。電話：03-5131360；傳真：03-5734584；網址：http://www.eecshp.nctu.edu.tw；E-mail：eecshp@mail.nctu.edu.tw								

專家小叮嚀

可將自己報考的所有系所簡章細則整理起來。書面的可以用標籤貼紙標示，或是另外剪下重貼在一起，若是以光碟片以及網路公告形式的簡章可以利用 PhotoImpact X3 的功能，將這些簡章以圖檔方式整理起來。另外運用個人申請網站的功能也可以將自己申請的系所整理起來。

3-1-2 自傳什麼時候開始寫？

升學管道多元，每一位學生可能會使用的升學管道也不限於一種，所以在考上大學之前，多一分準備就有一分保障，即使到了第一階段通過，要進行第二階段的考驗，還是有時間可以完成自傳的。所以同學可以視自己的學業階段來準備並因應自傳的需求。

⊙ 自傳準備三部曲

可以說學會寫自傳就已經完成一半的審查資料，因此想要用更快的速度完成審查資料，就要掌握書寫自傳的黃金時機，自傳當然是隨時可以書寫，有的同學在學校的協助下可以順利的得到審查資料的協助，可是也有不少同學得自己摸索，無論我們所處的環境是怎樣，自傳準備的時程可以分成三個階段，同學可以依據自己所處的階段進行自傳書寫。

如果清楚自己的立足點，就可以明白自己需要的資源是什麼？還有可以順利完成自傳的策略有哪些？

學業階段	高一	高二	高三
自傳需求度	低	中	高
準備方式	• 蒐集資料 • 積極參與各項活動	• 資料依審查資料項目分類 • 參與對升學有助益的活動或競賽	• 修改之前的文件 • 參考適切的範本 • 老師個別指導
書寫內容	• 自我探索 • 個人興趣特質 • 能力與專長	• 配合高中職的課程職涯發展 • 未來期許	• 依報考科系的簡章規定的進行內容書寫

學業階段	高一	高二	高三
搭配課程	• 配合輔導課程 • 配合電腦文書處理課程 • 配合專題製作課程 • 配合學校重大升學輔導活動		

高三時為了升學所書寫的自傳版本，會比其他時期的自傳更聚焦，更能突現自己特質，但是高三的時間較短，急就章的自傳反而沒有辦法讓自己在審查教授面前表現出色，掌握書寫內容的焦點，可以幫助自己脱穎而出。

專家小叮嚀

每個學習階段都可以進行自傳書寫，書寫的自傳可以存在電腦資料夾、隨身碟、雲端硬碟，再寄備份到信箱去。

◉ 我要寫多少字才可以？

攤開簡章，同一個學院裡頭的各個科系對自傳的要求都不見得相同，還有每年的簡章內容也多多少少會隨著大學科系的招生需求與檢討而有落差，所以學長姐或老師們想要依樣畫葫蘆的經驗傳承，也往往會隨著簡章的變動而改變。所以要寫多少字，還是那句老話「我們來看簡章吧！」。

◉ 要求自傳字數的簡章內容

現在我們還是用大學甄選入學的簡章來看看簡章裡頭對字數的規範。在審查資料項目説明一欄，我們就可以很清楚的知道簡章對自傳的要求是什麼，隨著線上電子審查資料的方式，自傳也會跟報考動機或是讀書計畫合在一起書寫。

在例子中我們看到的自傳字數限制是 1200 字，1200 字是 500 字的兩倍多，因此，自傳的書寫當然也會因為字數的不同而有取捨，或是要添加更多的內容，總之先看清楚簡章再決定下手書寫，就可以遊刃有餘唷。

如果我們同時有兩份以上的自傳要寫，那該怎麼辦才好？可以記住一個小原則，就可以一篇抵五篇，那就是從字數多的先寫，從限制多的先寫，再從這篇自傳濃縮成文字少的，用於寬鬆限制的自傳，是不是變得很輕鬆呢？

圖 3-1-2 臺北市立大學中國語文學系簡章

1 審查資料項目說明：高中(職)在校成績證明、自傳(學生自述)、讀書計畫(含申請動機)、競賽成果(或特殊表現)證明、社團參與證明、大學入學考試中心高中英語聽力測驗證明。

2 自傳請以 1200 字為限。

臺北市立大學 中國語文學系		學測、英聽篩選方式 第一階段			甄選總成績採計方式及佔總成績比例					甄選總成績同分參酌之順序
		科目	檢定	篩選倍率	學測成績採計方式	佔甄選總成績比例	第二階段 指定項目	檢定	佔甄選總成績比例	
校系代碼	035062	國文	均標	2.5	*2.00	30%	審查資料	--	0%	一、口語表達 二、國文學科能力測驗 三、語文測驗
招生名額	30	英文	--	--	--		口語表達	--	40%	
性別要求	無	數學	--	--	--		語文測驗	--	30%	
預計甄試人數	75	社會	均標	--	*1.00					
原住民外加名額	無	自然	--	--	--					
離島外加名額	無	總級分	--	--	--					
指定項目甄試費	1200	英聽	--	--	--					
寄發(或公告)指定項目甄試通知	104.3.26	指定項目內容：審查資料	項目：高中(職)在校成績證明、自傳(學生自述)、讀書計畫(含申請動機)、競賽成果(或特殊表現)證明、社團參與證明、大學入學考試中心高中英語聽力測驗證明 說明：自傳請以1200字為限。							
繳交資料收件截止	104.4.1									
指定項目甄試日期	104.4.11									
榜示	104.4.17	指定項目內容：甄試說明	※有關指定項目甄試通知及其他事宜悉依簡章內「本校之重要事項說明」辦理，請考生務必查閱。							
甄選總成績複查截止	104.4.24									
離島外加名額縣市別限制		(無)								
備註		1.本系為師資培育與非師資培育並行學系。 2.經本「個人申請」方式錄取者，就讀期間不得提出轉系申請。 3.本系網址：http://literacy.utaipei.edu.tw/。 4.聯絡電話：02-23113040轉4413黃助教。 5.本校第二階段指定項目甄試，將不另函通知。								

一般而言 600 字的自傳就是 1 張 A4 的大小作為編排，同理要求字數 1200 字的自傳，就是 2 張 A4 的大小作為排版。因為上傳的部分僅在檔案大小有所限制，所以同學可以利用前章所學進行行距的調整，會更具美觀與閱讀舒適。

3-1-3 自傳有一定的格式嗎？

幾乎所有的審查資料都要求自傳這一項資料，那麼同學一定對自傳要寫些什麼內容感覺到慌張不知所措，不過，自傳的確也沒有一個固定的格式，因此坊間有各式各樣的範本，讓人看了眼花撩亂，但是寫自傳真的有這麼困難嗎？還有一定得這樣寫才算是好的自傳嗎？看到學長姊或是書中的範本，感覺自己似乎和這些範例格格不入，無從下手的無力感就產生了嗎？

自傳既然沒有既定的格式，當然也就沒有所謂最好的自傳寫法，自傳要同學自己書寫的目的，本來就是為了讓審查委員能夠瞭解同學的特殊性，每個人都是獨一無二的個體，當然也沒有一模一樣的自傳，因此同學無須妄自菲薄，一味地認為只有那些申請名校的自傳範例才是好自傳，就依樣畫葫蘆，反而失去自傳在審查資料中的意義，當然也會不受審查委員青睞。

⊙ 自傳基本款

為了協助同學完成自傳與學生自述，我們可以先條列出自傳基本需要哪些內容，像是家庭背景、興趣專長、學習經歷、獲獎紀錄、報考動機等。因為每個科系可能要求的內容是不一樣的，不過大抵是不會超過上述五個項目內容，所以同學練習或是正式書寫只要能夠掌握這五大類就可以將輕鬆的書寫出自己的自傳來。

⊙ 自傳基本款架構圖

自傳的重點是讓審查委員認識你，有些時候過多的陳述，或是雜七雜八的瑣碎資料反而分散考生的特質，如果同學不是文筆精湛時，不需要訂定一些連自己都不懂的標題去描述自己，審查委員大多是在最短暫的時間之內去閱讀一篇自傳，訂定明確的標題，也幫助審查委員找到他們需要的資訊。

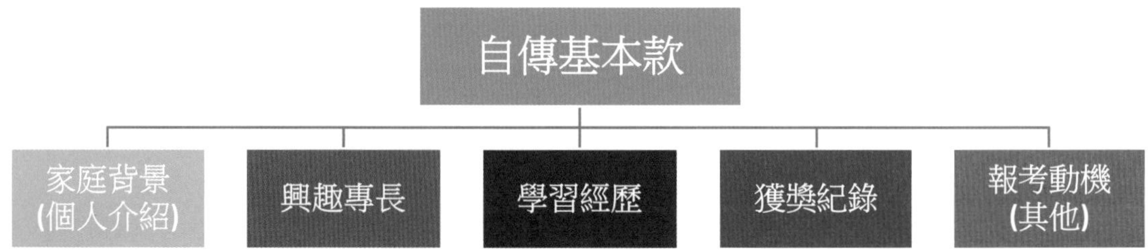

自傳並沒有固定的格式，也沒有絕對的項目，因此同學進行自傳書寫的時候，依據自己的情況可以調整自傳的項目，以上圖的自傳基本架構圖來說，如果遇到自己沒有特別要提的興趣專長，當然可以刪減該項，又或者遇到簡章特別將報考動機放在讀書計畫，或是單獨設為一個檔案時，可以權宜變動一下，會更符合同學的需求。

學生自傳基本款

申請校系：[請填寫學校與校系的名稱]

個人介紹 家庭背景	[包括你的姓名、就讀高中，介紹自己、家庭，簡單說明自己的成長歷程，可以說明家庭與你申請的科系有何相關，是否引起你申請該科系的動機，是否影響你選擇該科系，不必描述得太瑣碎。]
興趣專長	[可以描述自己的個性、特質、興趣、專長，與該科系有關的休閒活動。在專長上可以描述自己第二外語、電腦程式、攝影、繪畫、舞蹈、樂器、運動的才能，強調自己的領導統御能力、情緒管理能力、溝通表達能力、批判思考能力、創造思考能力等。]
學習經歷	[簡單說明自己的求學過程，有何優秀的事蹟。學習態度、幹部經歷、社團經歷、活動經歷、志工經歷、表演經歷等校內外的經歷，以高中時期為佳，亦可以強調服務學習中獲得的感受，展現人際處理、群己關係的能力，使用文字應具體，並舉例說明，如果學科學習的經歷與申請科系相關，可以特別強調該科系的學習經驗。]
獲獎紀錄	[將高中時期所獲得的獎項依照類型來說明，像是參加那些數理學科競試，或是取得那些語文認證，還有獲得的證照，加上學業成績的表現與各式活動的獲獎情況，除非自己所申請的校系重視成長歷程的關聯性像是音樂、繪畫、語文能力等，不然仍是以高中的資料為主，無須將國中小的獎項寫入。]
報考動機 其他	[此項是用來書寫簡章特殊的要求，如報考動機，或是其他的陳述，如生涯規劃或是學習計畫與自我評價。大部分我們看到的都是要求報考動機，因此，書寫報考動機，一定要說明清楚申請該科系的目的，並說出自己對該系所的期待，希望從中學習到的內容，可以說明校系的特色與優勢所吸引自己的地方，提出自己適合就讀該校系的原因，最後不忘強調自己就學的強烈意願。]

請你這樣做

為了幫助同學順利的書寫出自傳基本款的內容，大家可以直接從本書的本章光碟中將【自傳基本款空白練習檔】打開，就可以直接在檔案中書寫，輕鬆完成自傳。以下是依據練習檔說明所書寫的自傳，申請學校以銘傳大學廣播電視學系為例。

我的自傳

申請校系：銘傳大學廣播電視學系

個人介紹 家庭背景	我是徐嘉蓉，父母從小就尊重我和姐姐以及兩個弟弟的興趣，期許我們成為負責任、積極的人，因此在父母的教導下，養成了我獨立自主的個性。從小我就對大眾傳播媒體充滿興趣，父親擔任電視台的工作人員而母親是廣播電台的企劃，他們常常鼓勵我參加電視台或廣播電台的營隊活動，是我的朋友也是老師，帶領我進入大眾傳播的領域。他們支持我往自己的興趣發展，讓我參加口語表達訓練課程，使我奠定口語表達的基礎和台風。
興趣專長	我喜歡音樂，從小開始我就學習鋼琴與長笛，此外也學習歌唱技巧，在老師們的帶領下，我常常有機會到表演廳進行表演，我最喜歡的還是歌唱，除了展演之外，在學校也參加過歌唱比賽，擔任過比賽的表演組，表演讓我充實自己，也讓我學會堅持與突破。此外，因為音質的獨特讓我有機會參與國語文朗讀受訓機會，除了國語朗讀之外，我也在閩南語與朗讀中表現優秀。
學習經歷	學業成績之中，我表現最傑出的地方是語文和藝文，國文與英文都能保持在班上的前 10%，藝文部分以音樂的成績最為傑出，為班上的前 1%。 在校我參加的社團是慈愛社，社團每個星期都會進行社區關懷與社區服務，在社團活動期間我接觸許多獨居老人和失親孩子，我明白他們在社會上的弱勢與需要，雖然我可以做的事情很有限，為他們唱歌、教導孩子課業、清理環境等，我卻從他們的微笑中得到付出的快樂。校外我擔任醫院的志工，曾在急診室服務，看到許多需要醫治的病人，也看到生命的脆弱與可貴，這些都讓我更珍惜生命，希望自己可以更有力量幫助他人。
獲獎紀錄	我獲得台北市國語文競賽國語朗讀第二名、閩南語朗讀第三名，2013 年全國音樂比賽鋼琴第二名，2012 年全國小論文比賽優等。通過全民英檢中高級，英聽測驗為 A 級，鋼琴檢定通過第六級。
報考動機 其他	大眾傳播影響社會價值的判斷，與我們的生活息息相關，對於優質媒體工作者一直都是社會大眾的期待，而我擁有熱情、創新、毅力的特質，並保持人群的關懷與付出，貴系追求「人文與科技對話」的教育精神，培養理論與實務並重與具備國際視野的傳播專才，是我最佳的選擇。

註：範本檔可參考本書光碟。

◉ 自傳的變化款九宮格圖

• 家庭背景 • 影響我最深的人	• 我的特質 • 我的興趣 • 影響我最深的事物	• 我的專長 • 我的能力
• 我的學業表現	• 幹部經歷	• 社團經歷
• 社區服務 • 志工服務	• 課外活動參與與表現 • 獲獎紀錄	• 我的價值觀 • 自我評價 • 生涯規劃 • 報考動機 • 讀書計畫

自傳還可以有另外的寫法，利用九宮格的切割可以使同學完成各個層面的自傳書寫，這個方式也可以幫助同學全面的呈現自己，遇到字數要求較多的自傳，或是需要涵蓋讀書計畫或其他項目的要求時，也可以運用九宮格的書寫方法幫自己蒐集各個層面的內容，而且質量俱佳，定能獲得審查委員的青睞。

請你這樣做

我們就利用自傳九宮格來完成自己的自傳吧，一樣申請銘傳大學廣播電視學系為例。當然可以運用的項目很多，我們就利用對照的格子，僅挑選一個主題書寫。

• 家庭背景	• 我的特質與興趣	• 專長與能力
我是徐嘉蓉，父母親是影響我最深的人，父親擔任電視台的工作人員而母親是廣播電台的企劃，他們投入媒體工作的精神一直都讓我引以為傲。	因為父母的關係從小我就對大眾傳播媒體充滿興趣，我對自己的口語表達和台風十分要求，因此參加口語表達訓練課程來訓練自己。	我喜歡音樂，從小開始我就學習鋼琴與長笛，此外也學習歌唱技巧，在老師們的帶領下，我常常有機會到表演廳進行表演。因為音質的獨特讓我有機會參與國語文朗讀受訓機會，除了國語朗讀之外，我也在閩南語朗讀中表現優秀。

• 學業成就與表現	• 幹部經驗	• 社團經驗
學業成績之中，我表現最傑出的地方是語文和藝文，國文與英文都能保持在班上的前 10%，藝文部分以音樂的成績最為傑出，為班上的前 1%。	高一時期擔任班上的總務股長，負責協助班上的採購和支出的庶務，高二擔任學校的司儀，主持學校各項活動與接待。	我參加的社團是慈愛社，社團每個星期都會進行社區關懷與社區服務，在社團活動期間我接觸許多獨居老人和失親孩子，我明白他們在社會上的弱勢與需要，雖然我可以做的事情很有限，為他們唱歌、教導孩子課業、清理環境等，我卻從他們的微笑中得到付出的快樂。
• 志工服務	• 獲獎紀錄	• 讀書計畫
我擔任醫院的志工，曾在急診室服務，看到許多需要醫治的病人，也看到生命的脆弱與可貴，這些都讓我更珍惜生命，希望自己可以更有力量幫助他人。	我獲得台北市國語文競賽國語朗讀第二名、閩南語朗讀第三名，2013 年全國音樂比賽鋼琴第二名，2012 年全國小論文比賽優等。通過全民英檢中高級，英聽測驗為 A 級，鋼琴檢定通過第六級。	我會著重應用英語與中文能力的文本鑑賞，加強口語表達的能力，專心於傳播原理與媒體應用，同時參加專題講座與多媒體課程，利用學校的設備進行媒體的製作與行銷，把握實務實習，讓自己成為傳播人才。

3-2 妝點我的自傳

透過自傳項目的切割與分析，同學就可以發現自傳書寫沒有想像中的困難，除了剛剛提到的寫法之外，若同學心有餘力想要讓自己的自傳變得更搶眼，就得要在內容與美工排版上著力。大部分的同學是線上書審，在美工排版上得注意使用圖檔的大小，避免因為圖檔過大無法讓審查資料完全上傳。

◉ 標題畫龍點睛

如果同學對自己的文字功力沒有太大的信心，或是申請的科系是屬於理工實務方面的領域，其實保持標題的明確性是最保險的，但是有些同學可能是文學、設計、傳播、人文等社會領域的科系，是可以嘗試用標題來突顯自己的特殊性。

自傳項目	我的個性標題
家庭背景	【啟蒙】那個人・播種・萌芽
專長興趣	【立志】那些事・嫩葉・生長
學習經歷	【回歸】那條路・危機？轉機？
獲獎紀錄	【發展】那些挑戰・能力・琢磨
報考動機	【抉擇】這間大學・夢寐・想望

◉ 小小美編大聚焦

純粹文字的版面對部分的同學來說可能覺得似乎過於單調，又害怕放入大量沒有意義又佔容量的圖，這時該怎麼辦呢？這時我們可以利用前些章節學到繪圖技巧，偷偷的替我們的自傳畫個妝。

請你這樣做

首先請同學利用光碟中的【自傳美編練習檔】，一起讓自傳變漂亮吧！

1 首先我們利用 PhotoImpact X3 將截圖開啟。

2 點選【左側功能列】中的【標準選取工具 (M)】。

3 將選取好的圖塊範圍拉出。

4 按滑鼠右鍵，點選【全部合併 (M)】。

5 點選【左側功能列】中的【仿製 - 畫筆】。

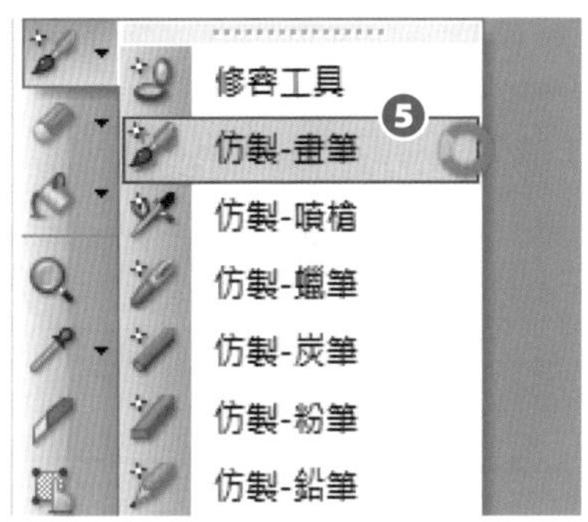

6 利用畫筆的功能塗抹掉不需要的內容。

7 完全塗抹乾淨。

8 點選【左側功能列】中的【文字工具 (T)】並鍵入所需要的文字內容。

9 再次截取所需要的圖塊範圍。

10 開啟自傳 Word 檔。

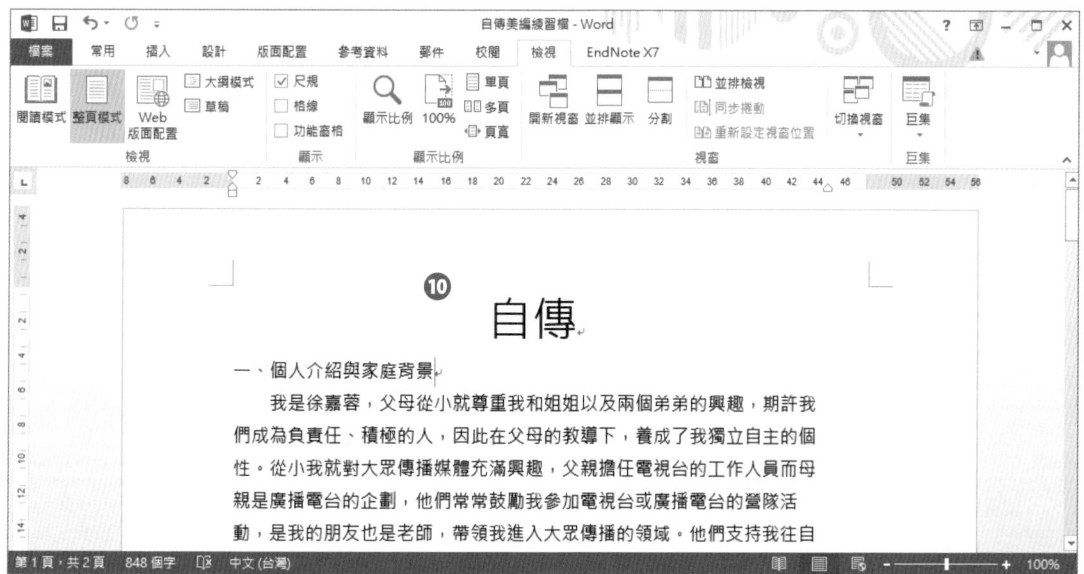

11 點選【插入】，再點選【圖片】。

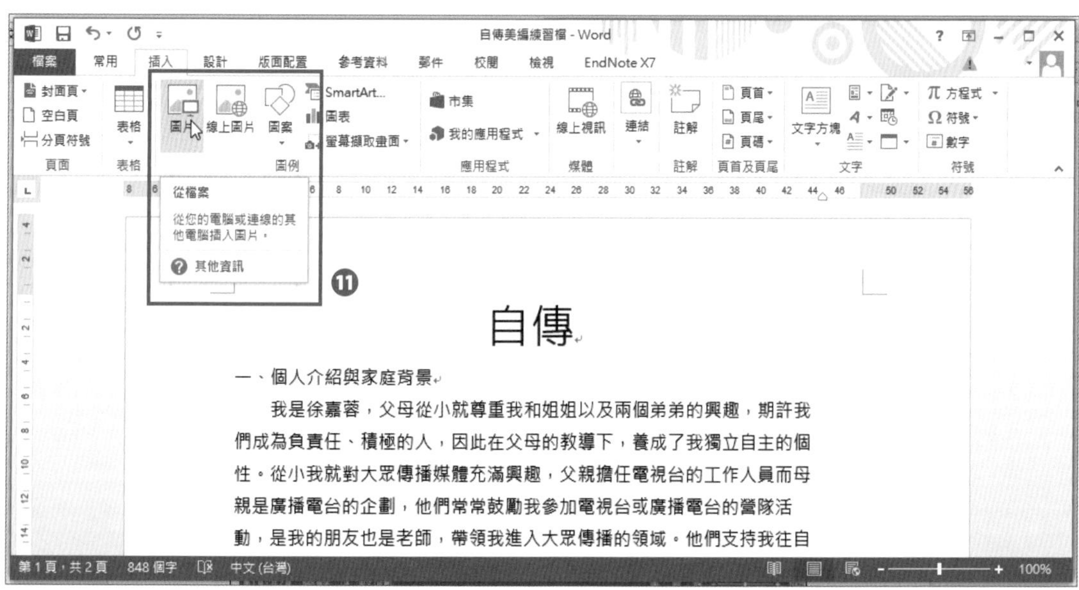

12 插入圖片後，選擇【圖片】功能中【格式】裡【文繞圖】功能。

13 移動圖塊到所需要的位置。

14 完成簡潔又有設計感的自傳編排。

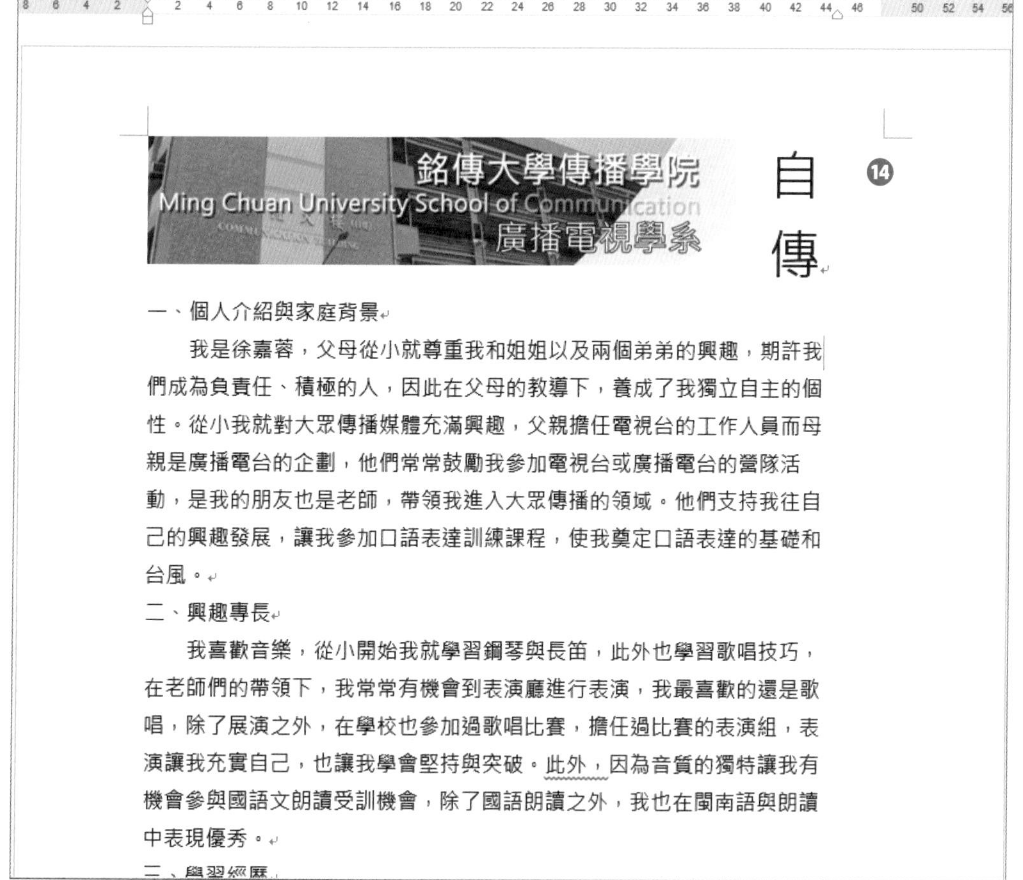

銘傳大學傳播學院
Ming Chuan University School of Communication
廣播電視學系

自傳

一、個人介紹與家庭背景

我是徐嘉蓉，父母從小就尊重我和姐姐以及兩個弟弟的興趣，期許我們成為負責任、積極的人，因此在父母的教導下，養成了我獨立自主的個性。從小我就對大眾傳播媒體充滿興趣，父親擔任電視台的工作人員而母親是廣播電台的企劃，他們常常鼓勵我參加電視台或廣播電台的營隊活動，是我的朋友也是老師，帶領我進入大眾傳播的領域。他們支持我往自己的興趣發展，讓我參加口語表達訓練課程，使我奠定口語表達的基礎和台風。

二、興趣專長

我喜歡音樂，從小開始我就學習鋼琴與長笛，此外也學習歌唱技巧，在老師們的帶領下，我常常有機會到表演廳進行表演，我最喜歡的還是歌唱，除了展演之外，在學校也參加過歌唱比賽，擔任過比賽的表演組，表演讓我充實自己，也讓我學會堅持與突破。此外，因為音質的獨特讓我有機會參與國語文朗讀受訓機會，除了國語朗讀之外，我也在閩南語與朗讀中表現優秀。

三、學習經歷

3-3 焦點攻略 1：我的家庭與成長背景

瞭解自傳的目的與所需書寫的內容之後，我們焦點攻略的部分就將自傳分成幾個區塊好各個擊破，同學也可以依據自己的情況掌握最佳的書寫內容。這一節，我們從我的家庭與成長背景開始。首先我們先將用 1200 字的自傳五分之一的篇幅來書寫，因此約略是 240 字左右，當自傳切割幾個項目之後對我們而言就感覺輕鬆許多。

先前提過這個項目不需要花太多的文字來書寫，只要將自己介紹出來，並且說明家庭對自己的影響，特別是說明申請的校系是否與家庭背景有所關聯，當然有關聯的地方可以陳述出來，沒有關聯的話也不用勉強牽連。

請你這樣做 普遍可以使用的敘述內容。

我的名字是吳憶如，我出生在一個三代同堂的傳統家庭，家中有六個成員，早期爺爺和奶奶從苗栗到臺中開經營客家小館奮鬥 50 載，憑藉著客家人的奮鬥精神、勤儉持家的態度，致力於給下一代的良好的教育環境。由於我是家中的長女，是弟弟的模範，因此，父母從小就訓練我獨立，教導我要盡本分，人生是自己的，學會對自己負責。自幼父母以民主溝通的方式教育我，他們不會要求我照著他們的方向走，但還是會給我意見，尊重我的選擇，並支持我的決定，因此家人是我前進的主要動力。

請你這樣做 普遍可以使用的敘述內容。

受到父母的薰陶，我對自己所作所為都能肩負起責任；也勇於面對自己所犯的過錯，並靠自己去彌補；懂得找出問題，面對問題並解決問題，告訴自己不能逃避，勇於面對才是解決問題的唯一門路。就是這樣的個性及教育，養成我積極樂觀及勇於負責的態度。

專家小叮嚀

家庭背景可以跟你所就讀的科系相關，可能家裡經營汽車修配廠，同學選起機械或是電子都有可以牽連的地方，但是別忘記，影響一個人真正的地方是家庭教育帶給一個人的生活態度，因此，就算是八竿子打不著的關聯，從同學對家庭的描述就可以清楚知道家庭對你的影響力，因此書寫時避免細碎沒有重點的描述。

請你這樣做 希望以後跟父母都是從事教職，報考科系與父母職業有關。

我的父母都是從事教職，從小對父母最深的印象就是他們埋首在作業與書本之間，一邊關注我是否完成作業，另一方面詢問我今天發生了哪些有趣的事，然而我的成績不算頂尖，但父母總是一再的鼓勵我，使我不輕易放棄，並能將成績維持在中上的程度。受到父母親的影響，和他們有著如血緣般相繫的興趣，總愛在閒暇時刻暢遊在文字的殿堂和文章裡的瑰麗世界，父母總是叮嚀著我，閱讀會讓你看得到更寬廣的世界，是你一輩子的資產。父母的愛心、耐心樹立了我溫暖的夢想，我也期許有天可以跟我的父母一樣，踏入教育的殿堂為學生服務，帶領他們去發掘自己的能力與才華，讓他們學會知識成為一輩子的資產。

請你這樣做 跟著父母親工作，或從工作中的問題，啟發對報考科系的興趣。

我的名字叫莊富翔，大家都叫我「小莊」，從小對各種事物抱持了一顆好奇心，喜好使用身邊所有的材料拼拼改改創造許多驚奇，家父是位水電技師，曾有幾次一個人忙不過來時帶我前去幫忙，從小看父親為工作中大小事忙碌，沒有水電常識的我，僅能協助父親搬運物品、提工具，看著父親處理線路與管線的安排與配接，特別是在與屋主溝通使用的材料品質與效能的差異時，我才發現不同材料製作的零件有不同的效能與保固期，他們的材料是什麼？他們是運用什麼樣的技術製作？有提昇效能的可能嗎？可以找到另外一種材料或是技術去製作嗎？這些問題伴隨著父親與我的工作時間，雖然父親無法一一的解決我所有的問題，但他鼓勵我，自己去尋找答案，啟發我對於材料系的興趣。

專家小叮嚀

受到父母的影響，認同父母的工作或是父母所從事的活動，可以將自己受到父母影響的部分陳述出來，雖然不見得要跟父母念同一個科系，但是因為父母呈現的典範成為自己追求的目標，自然可以成書寫時一個很重要又能說服審查委員的理由。

3-4 焦點攻略 2：我的學校學習歷程

學生在高中時期的學校學習表現是審查委員評估考生在未來大學學習狀況的重要依據，有些時候口試委員，也會著重在這個部分問問同學在高中時期的學校學習表現，因此建議同學書寫這部分時要更加謹慎，可以利用前章的簡歷表中所整理出的各項表現，提出有特殊性、有代表性的成就，進行更深入的説明與解釋，可以讓審查委員知道你的學習態度與努力程度，藉此評估你的就學實力。

Q&A 我可以寫入國小或國中的學習歷程嗎？

介紹自己的學校學習歷程儘量將重點放在高中時期，若要提及國小、國中的經歷，要與高中時期的表現有直接的聯繫，或是要陳述同學某一方面的特殊性。例如：我從國小、國中到高中皆擔任班長的職位。又或者：國小開始即參加閩南語演講比賽，國小、國中、高中均獲得前三名的佳績。高中以前的成績除非是具有代表性或是特殊性，才將它列入書寫。

學校學習歷程可以分成幹部表現、學業表現與競賽成果三個部分：

❶ **幹部表現**：包括班級幹部、小老師、學校幹部、社團幹部、學生自治會幹部等，可以描述自己從擔任幹部的職務中學習到的內容、受到的影響、獲得的成就感。

請你這樣做 擔任過許多的幹部，與其中的心路歷程。

高中的時期，曾擔任許多班級幹部，如：環保、風紀、設備股長和小老師…等，在任職的期間，一度對自己的領導能力感到懷疑，但經過自我檢討與師長的叮嚀，我改變領導風格和心態，重新調整心態再出發，因此使我逐漸明白，全班一條心基於「團結」二字。在服務同學的日子裡，我成長了不少，也學會了很多事物，這一切都要感謝師長與同學的支持，讓我有機會為班上盡一份心。

請你這樣做 針對某一個職務，說明自己的學習歷程。

我擔任的工作是朝會的司儀，雖然我是國語朗讀的選手，但是面對全體師生難免會有壓力和出錯的時候，第一次上台頒獎，錯念同學的名字，被同學揶揄嘲笑，自己承受著被同學用放大鏡檢視的壓力，接下來的幾場集會，也因為心理因素造成頻頻出錯，那時我才清楚，司儀不是為了展現自己是一位優秀的選手，而是要能夠掌控朝會的流程與活動，我要比其他同學更鎮定，或許自己一時口誤造成錯誤，只要我提早先將名單確認過，多練習幾次，自然可以解決說錯的情況，漸漸的司儀的工作受到老師與同學的肯定，成為各式活動中不可少的最佳人選，同時也為學校負責培訓活動司儀，司儀的工作協助我可以更快的處理生活周遭突發事件，也讓我更有自己在人群中展現自己的表達能力。

❷ **學業表現**：學業成績往往與求學態度、學習能力畫上等號，因此成績優秀的同學可以描述自己在學業上的表現，可以以名次、百分比來突現自己的傑出。其他的同學，可以先評估報考科系與學業科目之間的關聯性，再考量書寫的必要性，學業成績表現普通的同學仍可以就自己在學習上的努力陳述，說明自己投入的過程，或是進步的情況。

請你這樣做 學業成績名列前茅。

對於學業我對自己要求嚴格，充滿責任心，和同學相互討論，維持良性競爭，除了課堂上的學習之外，我會運用家附近大學的圖書館與網路搜尋資料，同時也會將自己發現的問題向師長請教，高中課業維持在班上前三名。其中數學是我表現最傑出的一科，為全校的前 1%，也被推薦至彰化師範大學參與高中學生數學研究人才培育計畫，高二時期參加台中區數理學科能力競賽複試數學組第一名。

請你這樣做 普遍可以使用的敘述內容，說明自己投入學業的過程。

因為國中時期基礎不佳，剛進入高中時，每一科的學習都必須花上比別人多好幾倍的時間，即便如此，在班上的成績並不顯著，為此，我也困擾了一段日子，透過學校的學業輔導課程與導師的協助，我也嘗試各種讀書策略，修正過去錯誤的讀書方法，到了高一下學期，各科學業都維持一定的水準，尤其是英文，透過每天閱讀英文雜誌，讓我的英文成績有大幅的提升，順利的通過全民英檢中級複試，對我而言，學習並非是一條平坦的康莊大道，但我卻在顛頗的羊腸小徑中獲得自信和肯定。

❸ **競賽成果**：與學業學習相關的各式競賽，像是英語文能力檢定、數理學科能力競賽、遠哲科學競賽、小論文比賽、跨校網讀，高職與綜中的同學，還可以提出丙級、乙級證照、實習競賽等項目。強調自己投入競賽的努力態度，也運用這些成果來證明自己的能力。若報考科系與競賽成果相關，可以多多描寫自己持續學習的規劃與意願。

請你這樣做

我很喜歡英文，因此只要是與英語文相關的活動或競賽，都會積極爭取參賽的機會，高一參加校內所舉辦的英文演講比賽，講述自己英語學習經驗，獲得第二名的肯定，高二時參加校內英語話劇選角比賽，也因為發音標準與台風穩健，被選為正式演員，擁有三分之一的戲份演出，之後更勇奪全校第一名，隨後代表學校參加台中市英語演講比賽，獲得第二名的成績，我也於高二時報考全民英檢通過中高級，對我而言，英文競賽不是為了累積自己的學習成就，而是讓在自己喜歡的領域中表現自己。

3-5 焦點攻略 3：我的校外表現經驗

志工服務、服務學習、校外社團、營隊參與都可以把在校外表現經驗中來描述，通常這些經驗可以看出考生除了課業活動之外所關注與投入的心力是什麼，也是審查委員用以了解考生特質的一個項目，在這個範圍之內，同學可以將自己認為最有價值的、最有意義的陳述給審查委員知道。

像是擔任國小弱勢兒童的課輔大哥哥大姊姊，擔任圖書館、醫院、警察局、民眾服務站、社區發展協會志工，參與領袖培訓營、大學物理營、廣播營，或是坊間表演藝術課程、舞蹈團等，都可以將過程或是自己的學習經驗呈現出來。

請你這樣做　有好幾項的校外活動經驗可以分點陳述。

校外表現經驗：

1. 我參加的社團是熱舞社，除了校內的社團練習時間之外，我也會和其他社員在假日時至舞蹈教室學習新的舞步，我可以自行編舞和串場，同時也可以和其他學校的熱舞社合作舉辦聯展，像是學校運動會、畢業典禮都是我們展現平日努力的舞台，除此之外我們也曾受邀至地方的文化會館表演
2. 與同學組隊參加文化局舉辦的微電影製作，我擔任的是導演的工作，籌畫各個分鏡內容，與演出的同學溝通配合，獲得佳作。
3. 志工服務：擔任市立圖書館志工、學校服務隊和儀隊、參加「飢餓三十」活動，以及106 年荒野協會舉辦的淨灘活動。

請你這樣做　志工服務怎麼寫呢？

一直以來就希望自己可以為社會付出，在我高一和高二時，參加慈育書院的志工，負責帶領慈育快樂營，而參與的小孩子大多數來自單親家庭，或者是假日時父母親因工作無暇照顧，我本身也是單親家庭長大的小孩，所以更能體會那些小孩的心情，願意花自己的時間陪伴他們，哪怕一學期只有八週的星期六，我也要用自己的力量讓他們快樂，並且讓他們感覺被關愛。

工作內容有一對一課輔、美勞、團康、英語，我發現部分的小孩子不太受控制或不想跟大家一起玩，反而更讓我想花時間和他們互動聊天、了解他們心中的想法、帶領他們走入人群。同時，我也已經完成了志工基礎教育訓練、特殊教育訓練、行政院青年輔導委員會舉辦的青年國際志工訓練，越投入志工的工作，越讓我明瞭「快樂來自於付出愛心於人群」。

3-6 焦點攻略 4：我的獲獎紀錄

高中三年的努力一定有可以拿出來代表自己的獲獎紀錄，高一、高二時應努力積極爭取，高三時才不會發現自己沒有資料可以放入審查資料裡，這個部分的內容，可以分點陳述，也可以以一段文字來描述，只要將自己獲獎的內容，努力的過程清楚的說明，也可以加上過程中的學習或得到的經驗，都是獲獎紀錄部分可以為自己加分的地方。

請你這樣做

從小開始學習書法，寫書法成為我閱讀之外最常做的休閒活動，也因為熱愛書法，因此常常參加書法比賽，高一及高二曾獲得校內國語文競賽書法第二及第一名，並代表學校參加台北區高中國語文競賽獲得寫字比賽第三名，此外也在「校園友善宣導週」書法比賽榮獲佳作。

閱讀是我最喜歡的活動，我涉獵了不同領域的書籍，像是小說、評論、散文、新詩，涵蓋國內外的作品，曾以《鏡子・面具・影子》一書，用「影子中的我」為題，探討「多重視角看自己，了解真實的自我」獲得「全國小論文比賽」佳作。

3-7 量身打造我的自傳

通常個人申請第一階段放榜之後，緊接著第二階段的審查資料就會讓同學忙得人仰馬翻，因此建議同學及早開始準備自傳，因為自傳是審查資料中最常提出來的項目。有些大學會要求以個人資料表來取代自傳，不過內容和自傳其實差距不大，同學可以利用本章的內容去組合適合自己的自傳內容，當然也可以藉由範文的模仿練習，讓自己事半功倍。

這裡提醒同學除了大學個人申請網站中的校系分則可以找到簡章內容外，現在大學系所在網站上也會有招生資訊，同學亦可直接到系所網站上瀏覽。

圖 3-7-1 國立嘉義大學外國語言學系英語教學組個人申請審查資料之規定

國立嘉義大學 外國語言學系英語教學組		學測、英聽篩選方式 第一階段				甄選總成績採計方式及佔總成績比例 第二階段				甄選總成績同分參酌之順序
		科目	檢定	篩選倍率	學測成績採計方式	佔甄選總成績比例	指定項目	檢定	佔甄選總成績比例	
校系代碼	100072	國文	均標	7	*1.50	50%	審查資料	--	25%	一、英文學科能力測驗 二、國文學科能力測驗 三、面試成績 四、學科能力測驗總級分
招生名額	11	英文	前標	4.5	*1.50		面試成績	--	25%	
性別要求	無	數學	--	--	--					
預計甄試人數	50	社會	--	10	*1.00					
原住民外加名額	2	自然	--	--	--					
離島外加名額	無	總級分	--	--	--					
指定項目甄試費	1000	英聽	A級	--	--					

寄發(或公告)指定項目甄試通知	104.3.26	指定項目內容：審查資料	項目：高中(職)在校成績證明 20 %、自傳(學生自述) 20 %、讀書計畫(含申請動機) 20 %、英語能力檢定證明 20 %、其他(校內外等有利審查文件) 20% 說明：1.所提資料以高中3年為限 2.考生無須攜帶審查資料至本校面試
繳交資料收件截止	104.4.2		
指定項目甄試日期	104.4.18		
榜示	104.4.23	指定項目內容：甄試說明	1.104.04.18為個人申請甄試日(請攜帶准考證與國民身分證應試)。 2.本甄試成績前8名者，可優先享有修習國小教育學程之權利，如有放棄或未報到之缺額，其遞補順位按甄試入學生成績高低遞補，若再有缺額則由大學考試入學分發成績依序遞補之。 3.以原住民外加名額入學者將不具師資生資格，如欲修習師資培育課程，悉依相關規定辦理。
甄選總成績複查截止	104.4.28		
離島外加名額縣市別限制		(無)	
備註		有關本系特色、招生目標及課程規劃等，請見本系網頁http://www.ncyu.edu.tw/dfl/。	

項目：高中(職)在校成績證明 20 %、自傳(學生自述) 20 %、讀書計畫(含申請動機) 20 %、英語能力檢定證明 20 %、其他(校內外等有利審查文件) 20%

說明：1. 所提資料以高中 3 年為限 2. 考生無須攜帶審查資料至本校面試

在自傳(學生自述)的要求上只有分數比重的標示，並無內容與字數的要求，這是很有彈性的自傳項目，同學可以就對自己較有利的內容進行書寫。

現在我們以國立嘉義大學外國語言學系英語教學組的審查資料為例(光碟檔案中【自傳文字檔 .docx】)，這個科系在自傳上很彈性，所以書寫的時候，反而也容易讓同學無從下筆，這時千萬別慌，本章所細述的內容，同學可以依據對自己比較有利，比較容易書寫的部分下手。

國立嘉義大學，外國語言學系英語教學組

看著這樣美麗卻令人無法捉模的文字，我卻有一種熟悉卻溫暖的感覺，好想一頭栽進這個世界裡。從小對於英文就有了一份濃厚的情感，而這樣的情感，隨著時間與年齡，不斷的增長，而英文對我來說，不只是興趣，而是要踏進這個地球村的一項利器，在變幻莫測的社會上，外語的人才不曾減少，這代表著這樣的一個人才是必須且最基本的。

在升學考試的壓力下，大多數念英文是為了考試為了交作業，而我卻樂在其中，閱讀課本與雜誌的文章是我念英文最主要的方式，不但輕鬆，更能夠強化自己組織的能力，我常常認為，單單只有背單字或片語是事倍功半，因為那些是小小的零件，閱讀文章能夠將它們一個個拼湊，在你一把抓起時，才不會散落滿地。❶國立嘉義大學外國語言學系英語教學組，著重培養學生英語文專業能力及英語教學專業知能，課程包括外語相關核心課程以及內含國小教育學程提供完整的國小英語師資訓練，亦可跨領域修習華語教學課程，讓學生具備優良的英、華語教學能力。國立嘉義大學外國語言學系英語教學組成了我的第一志願，雖然我並不是頂尖的學生，但我卻有對於英語強烈的情感，希望在這樣一個優良的學習環境與堅強的教學陣容下，我能夠成為一個具有專業知能的國小英語師資。

我，郭巧柔

我喜歡我的家人，喜歡我的朋友，喜歡我的家鄉，我喜歡生活中的每一個我，不管是一塊塊零碎或完整的畫面都在記憶裡活躍，在生命裡用五彩點綴著我的一生。社會新聞常常看見棄嬰、被遺棄的獨居老人或家暴，每當看見這類新聞我都趕緊撇開頭，因為這真的很令人鼻酸…而我很慶幸有一個完整甚至幸福的家庭。父母親總是支持著我們家三個小孩，讓我們去學習自己有興趣的東西，他們無私地付出心力與金錢，也讓我毫無顧忌的追尋著每個屬於我的夢想。從小我便學習鋼琴、畫畫、五子棋，我的成長歷程中，總是充滿著許多新奇的事物，那回憶很特別，再想起來時有股甜甜暖暖的香。

而我的個性，活潑、外向、有時感性，有時卻理性的不得了，我喜歡領導，因為領導能夠聚集力量去完成更大的夢想，我喜歡朗讀不同的語言假裝自己是外

國人，因為這樣可以結交更多的朋友，我喜歡思考，也因此常常徹夜未眠，因為思考很有趣，常常會在這樣的過程中聽見另一個自己的聲音。這是我，一個充滿熱情、活力的 18 歲高中生！

無盡的，求學之路

常常聽別人說：「國小沒考一百也有九十」，但我的國小生活卻不是如此，雖然說也不至於墊底卻總是讓媽媽操心，國中幸運的考上美術班，但成績卻沒有較大的起色，❷直到模擬考才赫然驚覺自己考不上理想的高中，這才開始給自己的未來一個機會，這一路上，雖然比平常努力的同學艱辛，卻很充實、很有成就感，我也如願考上心中第一志願，這個過程或許在他人看來是稀鬆平常，但這份喜悅對我卻意義重大。高中玩社團、交朋友、當志工，諸如此類的活動總是讓人沉溺，但我還是很努力的做完每份功課，因此保持一定的成績。

在這過程中，我常擔任小老師或班長，而不管在哪個時期哪個職位，都會有很多需要學習的事情，雖然會多些操勞，但也學到很多管理事物以及帶領一個團隊的方法，這很值得，我覺得學習這些就像讀書一樣，聽前輩的意見固然重要，但是找到屬於自己的方法才是最重要的。

多元發展，課外活動

在必修與選修的課程壓力中，課外活動扮演了格外重要的角色，除了平時坐在椅子上賣力的揮舞著筆桿，參與社團與志工活動更能提升自己不同的能力，也可以為學校與社會貢獻一點心力，甚至為生活做一點小小的改變。

（1）參與社團：

高一上學期，參加了慈幼社，主要活動是到台中梧棲童醫院附設的護理之家陪陪那些可愛的阿公阿嬤，即使我們能做的並不多，只是推著他們到外面曬曬太陽、聊聊天，但在他們臉上卻出現特別的笑容，離別時甚至緊握著我們叮嚀著要我們再去陪陪他們，那一幕在我心中占了一個特別的位置。高一下學期到高二下學期，我選擇有興趣的球類作為社團，除了能夠活動筋骨與學習團隊合作之外，還因為打球而結交到不同的朋友，拓展人際、擴大自己的視野是很快樂的一件事，同時也可以學習與人的相處之道，我想，除了讀書之外，這也人生的一大學問。

（2）志工服務：

我曾在慈育愛心協會所舉辦的假日輔導快樂營，擔任康樂組的組員，但是…參加快樂營的孩子，大都來自不快樂的家庭，在了解他們的背景之後，發現這些年幼的孩子都背著許多痛苦。而我收起不捨與難過的心情，❸想在快樂營裡帶給這些孩子們無私飽滿的快樂，或許只會在他們童年的回憶裡占毫不起眼的一小部分，但我希望是最完整與色彩繽紛的溫暖，當然這也是我想投入教職的原因，我希望可以用自己的專業與愛心為孩子們付出。校內則參加「榮譽服務隊」，在校內協助學校管理秩序與整潔，有特別節慶或活動時，也會擔任公差替學校服務，盡我們的心力。

肯定，得獎紀錄

暑假作業通常都是這熱血的假期裡一顆懸在心中石頭，跨校網讀 1000 字更是令人頭皮發麻，但我卻找到了一本很有興趣的書，順利的完成了這份作業並且得到「全國跨校網讀優等第 1000315 梯次」的殊榮。

在國中美術班訓練的基礎下，儘管上高中後許久未提起畫筆，一提起卻❹在「台中市政府比賽－寶貝我們一家老小繪畫比賽【高中組】」得到第三名，不僅如此，在為這個比賽尋找素材的同時，還增進了祖孫的感情。

除了得到獎項的喜悅與意外的增進了與家人的感情，我認為，參加比賽更可以訓練時間管理，在高中課業與升學等種種壓力下，培養自己在有限的時間裡達到最高的效能。我享受著自己的高中生活，為的不是掌聲，而是一次次歷練的蛻變後，那個逐漸成熟的自己。

1 可以利用大學系所的網站，看看他們的特色以及人才發展重點，自然可以寫入到自傳裡頭，成為報考動機的一部分。

2 曾有挫折的求學經驗，反而能夠讓審查委員看到為學業的付出和努力的過程。

3 自己熱愛的英文與自己關懷的對象，勾勒出以自己專業能力來協助更多的孩子，這也就是為何自己想要成為一位國小英語教師的原因。

4 競賽之中，獲得與親人更親密的接觸，也從比賽中更認識家人，如此這一份獲獎紀錄就不僅只是美術的成就，還包含同學的同入與成長，更切合這次比賽的旨意。

◉ Smart 學習

1. 自傳的內容和字數要依據簡章的要求。
2. 高一即可開始準備自傳，高中時期要努力爭取各項比賽，參與各項活動。
3. 自傳沒有固定的格式，但可以利用幾個子標題作為書寫的重心。
4. 自傳的子標題可以利用個性化的標題達到畫龍點睛的效果。
5. 自傳基本架構可以有：家庭背景、興趣專長、學習經歷、獲獎紀錄、報考動機。
6. 運用 PhotoImpact X3 可以輕鬆將網頁上的圖片變成是自傳的橫幅刊頭。
7. 學習經歷以高中時期為主，除了展現關聯性或持續性的表現時。
8. 可以參考系所網站上的資訊進行書寫。

一、是非題（請將正確的敘述於（ ）內打「○」，錯誤的敘述打「×」）

1. (　) 審查資料沒有自傳一項，代表不需上傳自傳。
2. (　) 每一所校系自傳字數都嚴格限制在 1200 字。
3. (　) 報考大學的自傳與求職的自傳寫法一致。
4. (　) 家庭背景若與報考系所有關係，可以將關聯的地方寫出來，若無關也不需要牽強連結。
5. (　) 運用 PhotoImpact X3 可以輕鬆將網頁上的圖片變成是自傳的橫幅刊頭。
6. (　) 只有成績名列前茅的同學才需要書寫學業表現。

二、選擇題

1. (　)「【抉擇】這間大學．夢寐．想望」這個個性標題適合自傳的哪個項目？
   (A) 家庭背景 (B) 報考動機 (C) 獲獎經驗 (D) 學習經驗。
2. (　) 哪些是可以寫入自傳的內容？
   (A) 家庭背景 (B) 興趣專長 (C) 學習經歷 (D) 以上皆可。
3. (　) 以下何者符合學習經歷的書寫要求？
   (A) 國小時擔任過模範生
   (B) 國中時參加童軍團
   (C) 我喜歡閱讀課外讀物
   (D) 高中時擔任糾察隊。
4. (　) 下列哪些審查資料項目是自傳（學生自述）可以提及的內容？
   (A) 校內作文比賽第一名
   (B) 擔任高二班長的職務
   (C) 參加飢餓三十的活動
   (D) 以上皆可。

三、實作題

請同學完成下列自傳表格：

我的自傳

申請校系：

個人介紹 家庭背景	
興趣專長	
學習經歷	
獲獎紀錄	
報考動機 其他	

說到教授心坎裡的申請動機

本章的主題是申請動機，這是大多學校會非常看重的內容，而且從申請動機中的陳述中，就可以看出同學的對該校系的了解，以及就讀的意願有多強，還有你怎麼說服審查教授非你不可，申請動機就是最大的關鍵，同學可是不能輕忽的。

4-1 申請動機裡的祕密

審查資料是寫給審查委員看的內容，除了自傳、讀書計畫這兩項常見的資料外，申請動機也是常常被科系指定要書寫的項目之一，大部分的學校會將它放在讀書計畫中，有些學校會單獨要求學生繳交申請動機，有些學校則是設計在其他資料，書寫的形式可以單獨成篇，或成為讀書計畫的一項目，也可能是放在報考學校指定的下載檔案裡頭。

▼ 名詞釋義

本書使用「申請動機」的名稱，與大家熟知的「報考動機」是一樣的內容。我們要依據簡章所載的名稱書寫標題。

無論它的書寫形式如何，我們都可以從獨自成篇的申請動機開始寫，再依據學校要求的格式放入各個科系所指定書寫的形式，如此也不會顯得手忙腳亂。

還記得我們在 CH1 提過大學的審查資料有十七項目，所以關於「申請動機」同學大多會看到的審查項目是「讀書計畫（含申請動機）」的標示。

審查資料	項目：高中(職)在校成績證明、自傳(學生自述)、讀書計畫(含申請動機)、競賽成果(或特殊表現)證明、社團參與證明、學生幹部證明 說明：(無)

比較特殊的情況還是有的，像是國立政治大學財政學系的要求，除了在審查項目中限定考生必須進行「讀書計畫（含申請動機）」的書寫，同時也限制「申請動機」必須以「我選讀財政系的動機與期望」為題，文字須達 500 字。

審查資料	項目：高中(職)在校成績證明、自傳(學生自述)、讀書計畫(含申請動機)、競賽成果(或特殊表現)證明、英語能力檢定證明、社會服務證明 說明：讀書計畫中之申請動機請以「我選讀財政系的動機與期望」為題，撰寫500字文章一篇。

而四技申請入學的簡章，雖然不像大學分成十七項，但是我們還是可以在簡章一眼認出它的存在，下圖是國立臺灣科技大學電子工程系的簡章內容，要求考生在自傳及讀書計畫的一千字內，必須包含「申請入學動機」。

網路上傳書面審查資料截止日期	104.3.31	上傳網站：104學年度科技校院日間部四年制申請入學聯合招生委員會(http://caac.jctv.ntut.edu.tw) 上傳資料如下： 1.自傳及讀書計畫(A4格式,請註明申請姓名,申請系別,並陳述申請入學動機,一千字以內)(必繳) 2.歷年成績單及排名〔名次／全班人數〕(必繳) 3.其他有利審查資料(社團參與,學生幹部,證照,競賽成果,語文能力,成果作品,特殊才能及體適能檢測成績證明書等)(選繳)

至於被放在我們比較容易看不到的地方，就是大學個人申請審查資料的「學習心得」、「其他」這兩個項目中。通常得進入該校系的網站下載由學校自行設計好的審查資料檔案，打開檔案之後，才會知道學校要考生準備什麼資料。以下就是在國立政治大學歐洲語文學系的學習檔案中找到的「申請動機」。

圖 4-1-1 國立政治大學歐洲語文學系西班牙文組簡章

國立政治大學 歐洲語文學系西班牙文組		學測、英聽篩選方式			甄選總成績採計方式及佔總成績比例					甄選總成績同分參酌之順序
		第一階段			第二階段					
		科目	檢定	篩選倍率	學測成績採計方式	佔甄選總成績比例	指定項目	檢定	佔甄選總成績比例	
校系代碼	006332	國文	前標	4	*1.50	40%	審查資料	--	0%	一、歐洲史地 二、面試 三、英文學科能力測驗 四、國文學科能力測驗
招生名額	8	英文	前標	3	*1.50		面試	--	30%	
性別要求	無	數學	--	--	*1.00		歐洲史地	--	30%	
預計甄試人數	24	社會	--	--	*1.00					
原住民外加名額	無	自然	--	--	*1.00					
離島外加名額	無	總級分	--	--	--					
指定項目甄試費	1300	英聽	A級	--	--					

寄發(或公告)指定項目甄試通知	104.3.27	指定項目內容	審查資料	項目：高中(職)在校成績證明、學習檔案 說明：學習檔案包括：個人資料表、自傳、申請動機、外語學習經驗、讀書計畫，各項目500字；審查資料僅供指定項目面試參考用，不列入第二階段計分；審查資料標準格式與相關說明請至本學系網頁「招生資訊」下載。
繳交資料收件截止	104.3.31			
指定項目甄試日期	104.4.10			
榜示	104.4.28		甄試說明	1.凡曾修習第二外語者(德、法、西)，需附證明，面試原始分數最多得加3分。其他有利審查之證明亦可提供。 2.若同時報考本系兩組以上者，指定項目「歐洲史地」考試成績重複採計，但仍需按報考組別分別參與面試。 3.「歐洲史地」評量考生對歐洲史地、人文、文化等知識。面試則評量考生學習動機、方向及對本系之了解。 4.面試時間、地點將另行公佈於本系網頁「最新消息」。
甄選總成績複查截止	104.5.1			
離島外加名額縣市別限制		(無)		
備註		1.本學系以培育歐洲語文人才及促進與歐洲文教交流為宗旨。 2.分法、德、西文三組招生，除主修語文，其餘為相同之課程。 3.本學系實施本校「國立政治大學外國語文學院外語畢業標準檢定辦法」，凡未通過檢定者不得畢業。 4.本學系網址:http://european.nccu.edu.tw，電話:(02)29393091分機63036。		

1「審查資料」一欄中項目有：高中（職）在校成績證明、學習檔案。關於審查資料的說明：學習檔案包括：個人資料表、自傳、申請動機、外語學習經驗、讀書計畫，各項目 500 字；審查資料僅供指定項目面試參考用，不列入第二階段計分；審查資料標準格式與相關說明請至本學系網頁「招生資訊」下載。

2 至國立政治大學歐洲語文學系「招生資訊」網頁。

分類	標題	檔案下載	超連結
大學部 - 個人申請	104學年歐文系大學個語組甄試考生注意事項	104個人申請考生注意事項-歐文學系西班牙文組 104個人申請考生注意事項-歐文學系法文組 104個人申請考生注意事項-歐文學系德文組	
大學部 - 個人申請	104學年歐文系大學甄試備審資料表	❸ 檔案下載	
大學部 - 個人申請	公告：103學年度國立政治大學歐洲語文學系大學入學個人申請第二階段甄試口試時間表暨筆試座位表	103個人申請筆試座位表 歐文系大學個人申請第二階段甄試口試時間表	
大學部 - 個人申請	上傳備審資料最新提醒		

3 找到大學指定的下載檔案，按滑鼠【右鍵】一下，即可以直接下載。通常下載的檔案都是可以編輯的 Word 檔，值得注意的是，該系所下載的是 docx 的格式，若同學使用的電腦 Word 版本非 2010 或 2013 可能無法打開檔案。

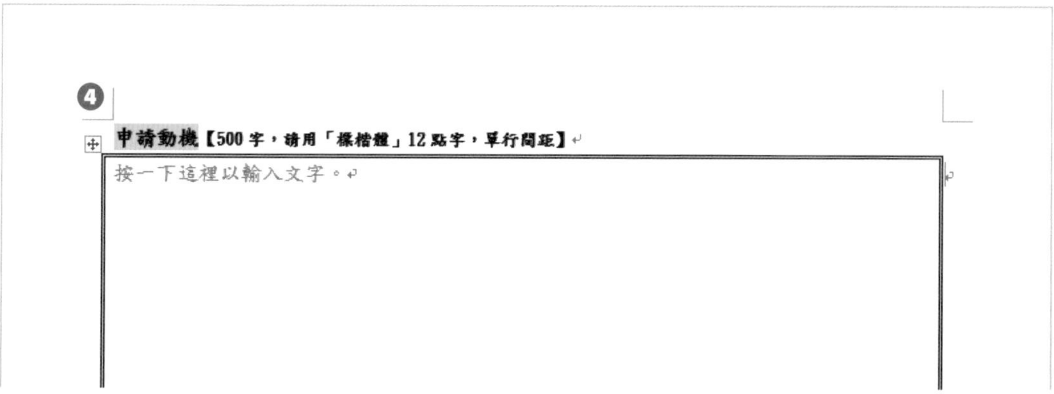

❹

申請動機【500 字，請用「標楷體」12 點字，單行間距】

按一下這裡以輸入文字。

4 這份檔案有 6 頁，它的第 4 頁是「申請動機」。該校系的要求是「請考生用標楷體 12 點字，單行間距，書寫 500 字的申請動機」。

Q&A 審查資料不要求申請動機，還要寫嗎？

考生為何要報考該科系，對審查委員來說是很重要的判斷依據，所以遇到不要求書寫「申請動機」的科系，仍建議同學可以將申請動機放入審查資料中，因為報考科系沒有要求，自然書寫的形式和字數就沒有規範，同學可以將「申請動機」放在「自傳」或是「讀書計畫」中，成為內容的一個項目，對考生來說不僅是提出自己的強烈動機，也可以成為口試的擬答內容。

接著我們就來談談申請動機的重要性。

很多考生寫審查資料的時候都會忘記審查資料的讀者是誰？不是同學，也不是學校老師，而是大學的審查委員。而很多審查委員，他們會十分在乎考生書寫的申請動機，教授們都會在乎考生的申請動機是否明確？考生是否能對報考科系有基本的認識？甚至對未來的學習和展望有自己的想法？不過很可惜同學沒有注意到這一些，自然不會針對報考科系的特色和發展去書寫。

申請動機從兩個向度去思考，一個就是同學自己，自己有哪些條件、經驗、能力、展望？另一個就是報考科系，科系有哪些課程、資源、設備、特色、發展？申請動機就是要將兩者結合在一起，說明自己是適合該科系的，而且可以透過該科系的學習達成自己對未來的夢想。

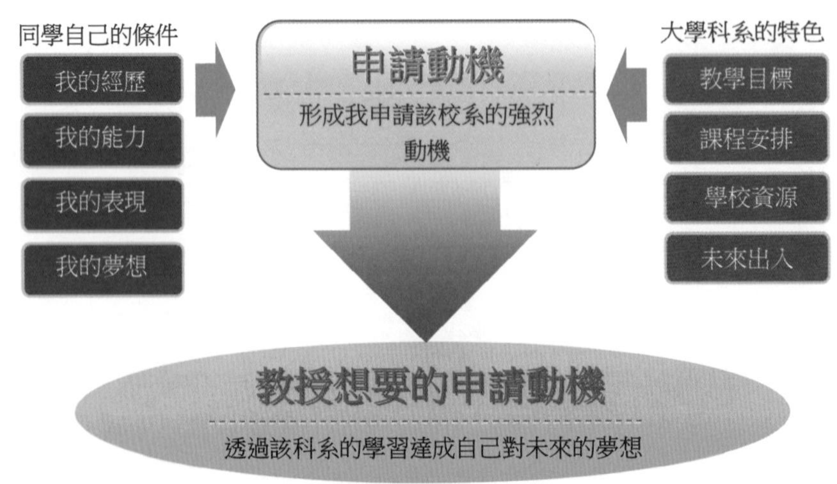

申請動機的書寫攸關審查委員對同學的評估，通常審查委員會從同學的陳述中找出最適合該校系、有潛力、有發展性的學生作為他們的想要培育的人才，因此，換句話說，要是申請動機中看不出同學想要就讀的「誠意」與「能力」，就少掉上榜的機會，至於要如何找到申請動機的書寫材料，就在下面的章節分別說明如何從「同學自己的條件」、「大學校系的特色」向度開展。

4-2 分析科系找申請動機（怎樣從科系的資料找到申請動機）

這個章節主要是利用報考科系的網站來完成申請動機的書寫，從網站中我們將可以採用的大學科系特色直接分出教學目標、課程安排、學校資源、未來出入四大項，再由這四大項中逐一描述申請動機的內容。

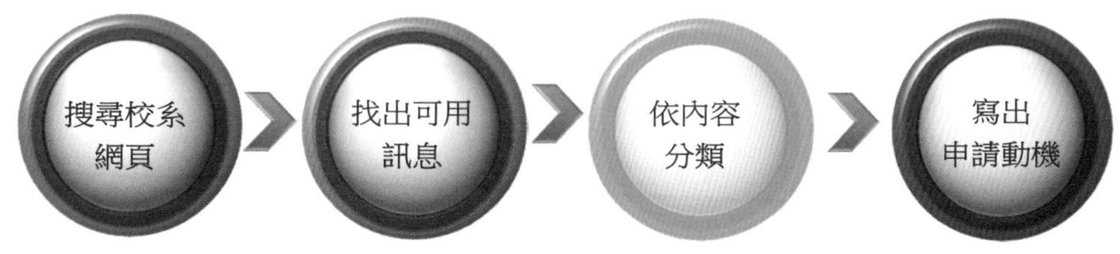

為了讓同學有比較清楚的步驟，我們將這個方式以四個步驟去呈現，讓同學可以一步一步的逐一寫出申請動機。

步驟一：搜尋校系網頁

有一部分的同學是對於自己就讀的科系非常清楚，因此可以鎖定自己想要就讀的學校與科系進行深入的了解，但大部分的同學可能因為學測或統測的成績而改變自己的選擇，或是調整自己的選擇，因此，大部分的同學在申請學校的時候才會開始書寫報考動機。偏偏大學校系又十分重視報考動機，每個人的報考動機也不一樣，造成同學相當大的困擾。但別著急，如果自己願意報考該科系，就算是有就讀的動機。

因此，為了讓自己的報考動機更吸引審查委員的目光，我們要做的第一件事就是知己知彼百戰百勝，這個步驟就是「知彼」，蒐集校系的資料，而最佳的方式絕對少不了「校系網頁」。

我們以國立清華大學中國文學系為例，先從系所介紹開始看起。

系所介紹下有三個子項目，同學就可以逐一審視「系所簡介」、「分組學程」、「師資介紹」。

我們再以台北商業大學會計資訊系為例，先從系所資訊開始看起。

系所資訊有九個子項目，排版和條列的方式是與前面看到的清華大學不一樣，但仍然可以提供重要的訊息。

步驟二：找出可用訊息

我們以國立清華大學中國文學系為例，在系所介紹中，找到「理念與宗旨」，閱讀完文字內容之後，選出自己認同的部分，並且將它摘錄下來。

理念與宗旨

在普世全球化發展的今 日，❶中文或華文作為一種國際語言，不論是語文或文學、文化的學習，都日益重要。本系課程一方面承繼博雅教育傳統，引導學生涵泳詩詞文賦的古典文學文化世 界，一方面重視當代專業訓練，開拓中文或華文、漢學古今學術議題的各項研究領域。 本系以培養中文專業優秀人才為目標，宗旨為：(1)、追求學術卓越。(2)、拓展中文視野。(3)、持續創新精神。 中文系在清華大學整體發展的進程中❷一直以學術卓越、研究與教學具有前瞻性、創新性及國際化為目標。我們不斷在變動的教育及相關整體環境中調整步伐，一方 面堅持清華中文系向來開創性、前瞻性、教學暨研究成果領先的目標與特色，一方面也不斷具體化多元開展的願景，符合清華大學的發展願景：「學術卓越、提供高 品質教學、有優質研究教學環境、學術領域完整且均衡發展、具特色校園文化、經營績效卓越、與社區及科學園區共榮、與社會及產業緊密互動之具國際水準之國際 化一流大學。」 我們以全新的視野看「中文」：這是一種國際語文，不止侷限於台灣的中文系，而欲放眼全球，與世界其他各地的中文研究形成互動網絡。中文研究教學在台灣，除 了拓展國際化面向，在漢學或文化研究領域積極面向國際，開拓視野；同樣重要的，也是在台灣或清華這個環境裡，奠定語文與文化教育的基礎。 清華中文系過去一直在台灣中文學界以開創性著稱，從七0年代創系初期「中語系」結合現代語言科學的全新規劃，到八0年代中開創卓越的近現代文學課程，以及結合西方理論或方法論的古典文學／理論研究，到九0年代在東亞儒學、文化研究等領域的蓬勃開展，清華中文系向來以新思維、新視野，開拓並改變中文系學術傳 統。專任教師研究、教學的成果，以及畢業學生在各領域的發展，向來獲得各界肯定，聲譽卓著。

1. 中文或華文作為一種國際語言，不論是語文或文學、文化的學習，都日益重要。我們以全新的視野看「中文」：這是一種國際語文，不止侷限於台灣的中文系，而欲放眼全球，與世界其他各地的中文研究形成互動網絡。
2. 清華中文系向來開創性、前瞻性、教學暨研究成果領先的目標與特色。清華中文系過去一直在台灣中文學界以開創性著稱。

從我們可以從中看到科系的理念與宗旨，當然也可以成為自己選擇該科系的動機之一。

步驟三：依內容分類

審查委員很在意同學提出來的申請動機，事實上，高中職學生普遍都沒有辦法自圓其說，但是如果可以說到教授的心坎裡，在升學路途上也就比別人來得輕鬆許多。大學校系自己放在網路上或是製作成傳單的資訊，同學都可以好好利用一番，多花的這些時間不會白費，一定會在展現在你的審查資料與口試的表現當中。

利用資料搜尋之後，我們依照大學科系的特色，利用下表進行訊息資料分類，將「教學目標、課程安排、學校資源、未來出入」這四大方向的內容整理起來，就可以成為大學吸引你就讀的原因。

▼ 這是台北商業大學會計資訊系網頁上的「教學目標」說明

系科教育目標

以具備國際視野與社會關懷為基礎，以會計專業實務及資訊技能為培育的重心，輔以租稅實務、公司治理、投資分析、財務金融及外語能力等專業知識之訓練與培養，使學生能具有專業能力、國際觀，且能善用資訊科技，及具備人文素養、服務學習與職業倫理精神之全方位會計專業人才。具體而言，本系之教育目標如下：

「培育具備國際視野與社會關懷，且具有會計、資訊、稅務、公司治理及金融整合性專業知識與技能之會計人才」

在網頁之中特別被標示出來的文字就是我們所要的內容：本系之教育目標如下：「培育具備國際視野與社會關懷，且具有會計、資訊、稅務、公司治理及金融整合性專業知識與技能之會計人才」。

因此利用網路搜尋的方式，我們可以透過網頁上可以找到的內容填入表格之中，表格文字不需要太多、太繁瑣，重點是自己要看得懂，看不懂的地方可以請教同學或師長，轉化成自己可以表達的語言。以下就台北商業大學會計資訊系網頁上內容進行書寫。

	分類項目	網頁摘要資訊
大學科系特色	教學目標	培育具備國際視野與社會關懷，且具有會計、資訊、稅務、公司治理及金融整合性專業知識與技能之會計人才。
	課程安排	需通過英語檢定畢業門檻，會計專業能力畢業門檻，課程有有「審計稅務模組」與「資訊應用模組」。
	學校資源	設有會計、財稅、會計資訊專業教室，研討教室，會計資訊實驗室與虛擬會計師事務，40 種中英文會計資訊期刊。
	未來出入	會計專業人才

註：範本檔可參考本書光碟。

步驟四：寫出申請動機

透過第三步驟的整理，大學想要培訓的人才就可一目瞭然，同學也可以利用這個書寫過程去了解科系、探究科系，甚至發現報考這個科系最棒的理由。以往有同學是用分數決定申請的大學，在半勉強自己的強況下，透過學科系的分析反而讓自己發現到該科系的潛力與吸引力，製作審查資料的過程中，讓更喜歡這個科系。

第四步驟就是要將大學科系的內容轉換成自己的。一樣以台北商業大學會計資訊系為例。

	摘要訊息	申請動機可以這樣寫
1	培育具備國際視野與社會關懷，且具有會計、資訊、稅務、公司治理及金融整合性專業知識與技能之會計人才。	我想要成為一位具有具備國際視野與社會關懷，且具有會計、資訊、稅務、公司治理及金融整合性專業知識與技能之會計人才。
2	需通過英語檢定畢業門檻，會計專業能力畢業門檻，課程有有「審計稅務模組」與「資訊應用模組」。	貴系重視英語能力，同時提供兩種會計專業模組課程，可以提供學生在語言與專業能力上有系統的成長。
3	設有會計、財稅、會計資訊專業教室，研討教室，會計資訊實驗室與虛擬會計師事務，40 種中英文會計資訊期刊。	貴系擁有會計專業教室與研討教室、會計資訊實驗室和虛擬會計事務所，充足豐富的會計資訊期刊，能讓我在會計、財稅、會計資訊的專業領域上學習到會計的專業知能。
4	會計專業人才	我希望自己可以成為一位專業的會計人才。

註：範本檔可參考本書光碟。

請你這樣做 利用分析校系找出申請動機後我們可以這樣寫申請動機，以台北商業大學會計資訊系為例。（上述表格內分析出的資料以藍色字體為標示）

目前我高職所學的商業經營系，在高職三年的學習中，我接觸到會計這個科目，在會計成績上一向表現傑出，我也對會計深感興趣，高二時擔任會計課程的小老師，並在這個時期通過會計丙級檢定，在會計的領域中，我希望自己可以成為一位專業的會計人才。

會計是商業發展中很重要的一環，想要成為專業的會計人才必須具有會計、資訊、稅務、公司治理及金融整合性專業知識與技能，同時也應該要有國際視野與社會關懷。而貴系的課程規劃中同時提供兩種會計專業模組課程，有「審計稅務模組」與「資訊應用模組」，可提供我在學習興趣上的選擇。此外，貴系要求學生在英語能力上有一定的能力可以面對頻繁的國際商業活動與跨國企業需求，另外貴系擁有會計專業教室與研討教室、會計資訊實驗室和虛擬會計事務所，充足豐富的會計資訊期刊，在學習環境與軟硬體設備上都十分優質，是我最佳的選擇。

我相信未來在貴系的學習絕對能讓我在會計、財稅、會計資訊的專業領域上擁有會計的專業知能與競爭力。

註：範本檔可參考本書光碟。

4-3 分析自己找申請動機（我的經驗、能力、展望）

透過 4-2 的說明與練習，我們已經認識大學科系的「教學目標、課程安排、學校資源、未來出入」了，接著我們就要透過對大學科系的認識與了解和自己的條件接軌，並從家世背景、學習經驗、社團參與、活動表現、學業成就等…去思考自己擁有那些條件和特質是和科系特色有呼應或是銜接的地方，還要思考自己未來想要從事的工作、想要的生活，或是自己想要完成的夢想，都可以將這些內容寫到自己的申請動機之中。

	分類項目	簡單的敘述或條列內容
同學自己的條件	我的經歷	1. 校內科展，利用玻璃的容器培養晶體，培育出茁壯的氯化鈉晶體，它就像寶石一樣閃亮的美麗立方體。
	我的能力	1. 我對喜歡寫實驗報告和做實驗；喜歡嘗試算出各個物種的濃度、壓力……等等。 2. 以化學成績最為突出，無論是理論、計算或是實驗實作都表現優異。
	我的表現	1. OO 學年度 OO 校內化學科能力競賽一等獎。 2. OO 學年度 OO 區化學科能力競賽二等獎。
	我的夢想	因為化工與生活息息相關，希望能為生態資源、社會服務貢獻一份自己的心力。

請你這樣做 利用分析自己的條件寫出申請動機，以逢甲大學化學工程學系為例。（上述表格內分析出的資料以藍色字體為標示）

從小我就對科學領域充滿好奇心，高中時期化學更成為我每天學習的主要動力，常常參與化學相關的活動，在暑假期間我參加過台大化學營、交大奧林匹亞生化營，校內科展則是提出以氯化鈉晶體結構的主題，在玻璃的容器培養晶體，呈現寶石般的美麗立方體。

所有的學科成績都表現不錯，但我特別喜歡化學，以化學成績最為突出，無論是理論、計算或是實驗實作都表現優異，喜歡寫實驗報告和做實驗；喜歡嘗試算出各個物種的濃度、壓力……等等，曾在 00 學年度 00 校內化學科能力競賽中榮獲一等獎、00 學年度 00 區化學科能力競賽榮獲二等獎。

但我也發現社會越開發、越科技，我們的生活環境遭受的污染與威脅也更加嚴重，而化學工程學系與生活息息相關，未來我希望自己可以在綠能源與材料、製程中的相關領域工作，為生態資源、社會服務貢獻一份自己的心力。

註：範本檔可參考本書光碟。

4-4 申請動機讓我和科系在一起

以科系作為分析、以自己條件作為分析，這兩種書寫申請動機的方式，都提供同學審視相關資料後再進行下筆，可以讓自己的申請動機更能説服審查委員，但是這兩種書寫方式其實是可以再進行整合與整併的，可以將自己的條件與科系特色結合在一起，形成最強烈、最有説服力的申請動機。

請你這樣做 我們利用上述的逢甲大學化學工程學系為例進行與校系特色結合的申請動機書寫。（結合的校系特色以紅色字體為標示）

從小我就對科學領域充滿好奇心，高中時期化學更成為我每天學習的主要動力，常常參與化學相關的活動，在暑假期間我參加過台大化學營、交大奧林匹亞生化營，校內科展則是提出以氯化鈉晶體結構的主題，在玻璃的容器培養晶體，呈現寶石般的美麗立方體。

所有的學科成績都表現不錯，但我特別喜歡化學，以化學成績最為突出，無論是理論、計算或是實驗實作都表現優異，喜歡寫實驗報告和做實驗；喜歡嘗試算出各個物種的濃度、壓力……等等，曾在 OO 學年度 OO 校內化學科能力競賽中榮獲一等獎、OO 學年度 OO 區化學科能力競賽榮獲二等獎。未來我希望自己可以在綠能源與材料、製程中的相關領域工作，為生態資源、社會服務貢獻一份自己的心力。

貴系擁有產學合作與學術研究並重的師資，理論與實務並重，設有普通化學、有機化學、單元操作、物理化學等實驗室，可訓練學生實驗實作技能，每年積極爭取經費充實實驗設備及進行前瞻研究，與國內企業締結建教合作計畫，並接受國科會、工研院及教育部補助進行專題研究，並積極推動國際化，就讀學生有機會可以出國參加國際研討會或至國外大學短期交換修課或研究。

貴系提供的師資、課程、產學合作、國際交流機會、軟硬體設備都相當的吸引我，對我來說想要成為一位具有專業知能的化工人才，貴系是我最佳的選擇，希望可以透過在貴系的學習成為一位專業而有素養的化工人才。

註：範本檔可參考本書光碟。

聰明的同學可以發現如果在申請動機中只有提出「分析自己的條件」，尚未加入大學科系特色之前的內容是可以適用在不同的大學，因此同學如果是想要報考化工系，可以先寫出自己適合念化工的原因，並說明自己念完化工之後的展望，在申請動機之後再補上個別科系的說明，以上文來說，如果同學報考的不是逢甲大學，而是中原大學，那就依據中原大學化工系的特色來修改就可以了！

◉ Smart 學習

1. 申請動機與報考動機是一樣的。
2. 申請動機的繳交形式依據簡章或是校系規定。
3. 即使校系沒有特別要求申請動機，仍可以在自傳或讀書計畫項目中提及。
4. 申請動機要將同學的條件與校系的特色結合在一起。
5. 申請動機中可以看出同學想要就讀科系的「誠意」與「能力」，教授想要看到同學如何透過科系的學習來達成自己的夢想。
6. 申請動機應強調個人特質可以呼應科系特色，描述自己熱忱、興趣與未來職業的關係。
7. 如果報考不同學校的同性質科系，在申請動機上可以先寫個人條件的分析，最後末段再依據不同的學校科系特色進行書寫。

一、是非題（請將正確的敘述於（ ）內打「○」，錯誤的敘述打「×」）

1. (　) 審查資料沒有單獨列出申請動機，代表自傳和讀書計畫就不可以寫出申請動機。
2. (　) 每一所校系申請動機的字數都嚴格限制在 500 字以內。
3. (　) 一篇吸引審查委員的申請動機須考量到自身的條件與大學科系的特色，最好是將自己未來的展望與科系培育的人才方向結合。
4. (　) 若大學科系有專用來書寫的申請動機的檔案，一定得依據大學的說明進行書寫。
5. (　) 利用大學科系網頁可以搜尋到用於申請動機書寫的材料。
6. (　) 就算不用書寫申請動機，仍可以準備作為口試的擬答。

二、選擇題

1. (　) 何者不是本章所學的申請動機書寫的形式？
   (A) 單獨成篇
   (B) 於專屬的網頁下載
   (C) 口試報告
   (D) 涵蓋在讀書計畫中。
2. (　) 哪些是可以寫入申請動機的內容？
   (A) 我的表現
   (B) 我的夢想
   (C) 大學科系的特色
   (D) 以上皆可。

三、實作題

請同學上網搜尋一個科系完成下列網頁摘要資訊表格：

大學科系名稱		____________ 大學 ________________ 系
大學科系特色	分類項目	網頁摘要資訊
	教學目標	
	課程安排	
	學校資源	
	未來出路	

讀書計畫亮起來

「人生有夢，築夢踏實」，申請動機已提出對未來的種種想像，若希望自己人生規劃的遠景能夢想成真，就得要有學習的計畫，這個計畫書就是讀書計畫。

讀書計畫的書寫看似困難，但它卻是最有邏輯，最有方向的審查資料。只要能夠呈現自己的具體規劃，說明清楚自己在大學入學前、中、後，三個時間點，如何達成自己的夢想以及如何獲得這些學習成果，真的可以成為大學所欲培育的人才，相信審查委員也會讓這些對自己未來負責的考生們如願上榜。

所以千萬別直接拿著學長姊的讀書計畫「依樣畫葫蘆」，以為改了名字改了學校就可以繳卷，完全沒有花時間好好的了解大學科系的課程，這樣的讀書計畫就算內容、文筆再好，也是張冠李戴讓人笑掉大牙！審查委員是「絕對可以看出來抄襲的痕跡」。

讀書計畫跟自傳都是審查資料最常出現的項目，最簡單的書寫方式就是按照時間的遠近進行書寫，同學也可以利用甘特圖的概念，將每個階段要完成的內容和項目利用圖表與文字呈現，此外還有以領域或是學群核心能力書寫的方式，或利用項目條列或圖表展現的讀書計畫，記得，若讀書計畫有限定字數的條件，一定要依規定書寫，不要譁眾取寵。

5-1 讀書計畫三步驟

當我們開始要著手書寫讀書計畫的時候，得先做的一件事情就是確定我們是否需要書寫讀書計畫？並非每個校系都會要求讀書計畫，當不需繳交審查資料的時候在審查資料項目中就會標示「無」，既然不用繳交審查資料，當然也不需要製作讀書計畫。

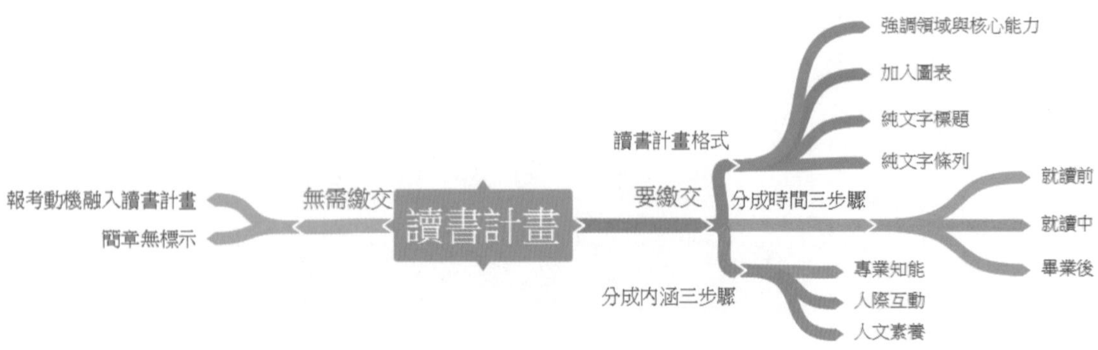

◉ 遇到審查資料項目為「無」該怎麼辦？

圖 5-1-1 東海大學國際學院國際經營管理學位學程（英語專班）簡章

東海大學 國際學院國際經營管理學位學程(英語專班)		學測、英聽篩選方式 第一階段			甄選總成績採計方式及佔總成績比例 第二階段					甄選總成績同分參酌之順序
		科目	檢定	篩選倍率	學測成績採計方式	佔甄選總成績比例	指定項目	檢定	佔甄選總成績比例	
校系代碼	009272	國文	--	--	*1.00	50%	英語口試	--	50%	一、英語口試 二、英文學科能力測驗 三、數學學科能力測驗
招生名額	35	英文	前標	5	*1.00					
性別要求	無	數學	--	--	*1.00					
預計甄試人數	105	社會	--	--	--					
原住民外加名額	無	自然	--	--	--					
離島外加名額	無	總級分	均標	3	--					
指定項目甄試費	500	英聽	--	--	--					

寄發(或公告)指定項目甄試通知	104.3.26	指定項目內容：審查資料	項目：(無) 說明：(無)
繳交資料收件截止	--		
指定項目甄試日期	104.4.12	指定項目內容：甄試說明	1.第二階段指定項目甄試報名網址：http://exam.thu.edu.tw/EXAM/32_index2.htm 2.報名日期：3月26日(四)下午2時起至3月31日(二)中午12點止。 3.公告第二階段指定項目甄試時間地點：4月7日。 4.指定項目甄試任一科目零分或缺考者，不予錄取。
榜示	104.4.23		
甄選總成績複查截止	104.4.27		
離島外加名額縣市別限制		(無)	
備註		1.本學程課程以全英語授課為原則。 2.規劃與海外學校合作各項交換學生計畫及雙聯學位計畫，畢業之前得自費出國研修。	

考生通過第一階段的篩選之後，進入第二階段的指定項目，就要依據簡章上的說明進行準備，如果不需審查資料會在項目說明中標註「無」，除此之外也請同學注意甄試說明的文字敘述，確定會不會有口試，若有口試，雖不用提出書面的讀書計畫，仍得準備報考該科系的讀書計畫。以上這個科系，確定不用準備審查資料與口試，第二階段是筆試。

正因為是個人申請的管道，所以每一間科系的要求都不一樣，考生可以依據自己的條件去選擇學校，但是如果要完全避開不用書寫審查資料的科系報考似乎是不太可能的事，因此，正如我們每一個人都有可能需要準備自傳一樣，讀書計畫也是一樣的，都算是審查資料中出現的次數最多的，因此，絕大部分同學遇到的情況是非寫讀書計畫不可，既然是基本的審查資料項目，我們當然也得學會最簡單的方法。

讀書計畫的三步驟就是要化繁為簡，用最簡單的方式教各位同學精準的寫出有意義的讀書計畫。首先我們先預期如願的考上大學，在放榜之後，還沒有進入大學就讀我們稱之為「就讀前」；就讀大學期間，我們稱之為「就讀中」；大學畢業之後的時間，我們稱之為「畢業後」。

✪ 讀書計畫三步驟時間軸

就讀前 → 就讀中 → 畢業後

從時間軸的概念出發，可以協助同學釐清自己在哪個階段所要達成的計畫內涵，除了幫自己更清楚的規畫未來，也可以透過這樣的書寫方式讓審查委員更了解你對自己的規劃是什麼？

◉ 遇到讀書計畫有特殊要求該怎麼辦？

圖 5-1-2 國立中興大學生物產業機電工程學系簡章

國立中興大學 生物產業機電工程學系		學測、英聽篩選方式 第一階段			甄選總成績採計方式及佔總成績比例 第二階段					甄選總成績同分參酌之順序
		科目	檢定	篩選倍率	學測成績採計方式	佔甄選總成績比例	指定項目	檢定	佔甄選總成績比例	
校系代碼	003222	國文	--	--	--	50%	審查資料	--	20%	一、面試 二、數學學科能力測驗 三、自然學科能力測驗 四、英文學科能力測驗
招生名額	16	英文	均標	10	*1.00		面試	--	30%	
性別要求	無	數學	均標	2.5	*1.00					
預計甄試人數	40	社會	--	--	--					
原住民外加名額	無	自然	均標	10	*1.00					
離島外加名額	無	總級分	--	--	--					
指定項目甄試費	1300	英聽	--	--	--					

寄發(或公告)指定項目甄試通知	104.3.27	指定項目內容	審查資料	項目：高中(職)在校成績證明、自傳(學生自述)、讀書計畫(含申請動機)、其他(其他事蹟) 說明：一、自傳:500字以內。讀書計畫:1000字以內，應闡述「我為何選讀生物產業機電工程學系」。二、如有高中就學期間縣市級以上正式之科學競賽等得獎事蹟，請檢附有助於審查資料證明。
繳交資料收件截止	104.4.7			
指定項目甄試日期	104.4.17		甄試說明	請考生自3月13日9：00起至本校網站http://recruit.nchu.edu.tw/查詢大學個人申請入學相關規定，依照規定配合辦理。並於4月14日10：00起至本系網站查詢個人面試時間、地點及注意事項，並請準時參加應試(無需另外準備資料)。本系將按學生表現，擇優錄取。
榜示	104.4.24			
甄選總成績複查截止	104.4.28			
離島外加名額縣市別限制		(無)		
備註		一、本系網址為：http://bimewww.nchu.edu.tw/，聯絡電話：(04)22857514。 二、招生目標：本系希望招收能將機械、電機、資訊、機電整合、電子化及各種工程技術應用於生物產業上之學生。因此教學目標及任務為培養生物產業發展所需之各類工程人才，以促進生物產業之快速發展。 三、本系提供低收入戶或中低收入戶考生擇優1名，於第二階段指定項目各科原始分數加分5%優待。		

1. 該科系在審查資料說明中，要求『讀書計畫：1000 字以內，應闡述「我為何選讀生物產業機電工程學系」。』時，同學除了就讀前、就讀中、畢業後的三個內容外，可以把「我為何選讀生物產業機電工程學系」這個內容以一個項目放在就讀前項目的前面，這樣同學的讀書計畫就會有四個項目，仍可以與讀書計畫三步驟的書寫配合。
2. 「我為何選讀生物產業機電工程學系」屬於「申請動機」，詳細的書寫方式同學可以參考本書 CH04。

✪ 讀書計畫三步驟內涵圖

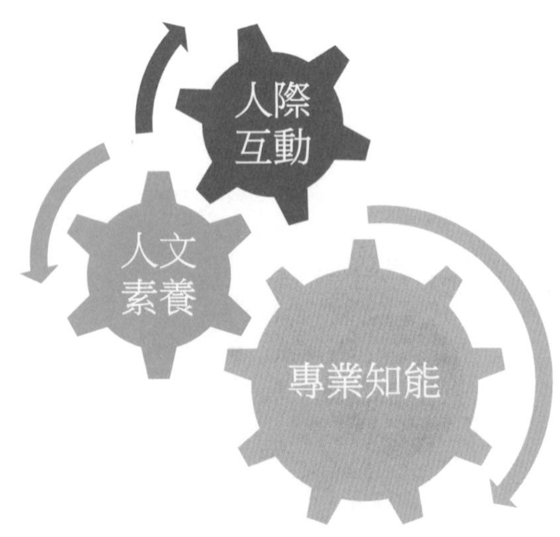

知道時間軸的呈現之後，同學們就要思考，到底讀書計畫要提出的內容是什麼？每個科系都有培養專業人才的目標，要成為專業人才需具備哪些的專業知能就是讀書計畫書寫的重點，有些課程本身就是非常專業的知識，同學可以就科目名稱去認識與理解，有些像是領導能力、語文能力、溝通能力…這些能力要如何去培養，此外大學中有許多的社團與活動，這些社團和活動你如何參與，如何從中獲得寶貴的經驗，另外活動企劃、營隊企劃、企劃案書寫、競賽…你對打算如何去安排與參與？

只要能夠抓住時間軸和內涵概念，那麼我們就可以寫出清楚呈現自己企圖心與生涯規劃的讀書計畫了！

5-2 就讀前的讀書計畫怎麼寫？

就讀前的讀書計畫，有時會用「近程（錄取至上大學）」的標題來呈現。

考上大學但未上大學的這段時間，高中職的課業並未結束，這段時間的安排重點應該在於完成高中職的學業，同時可以針對大學科系的內涵進行前導性的學習安排，在進入大學之前可以先做好準備，像是語文能力的增強方式，電腦處理的技巧與學習，利用大學科系的專業科目的課程計畫，看一下開課教授的書單，利用這段時間進行專業書目的閱讀。

同學也可以針對自己在高中所欠缺的或不足的部分加以補強，特別是未來相關的學科，如英文成績不夠傑出，就可以針對聽說讀寫的能力進行訓練，利用雜誌或是課本進行統整性的練習，並且可以參加相關的檢定考試，讓自己的努力更有目標。

提出的計畫要能夠有具體的方法，足以說明自己的計畫是可執行的。就讀前的讀書計畫可以包括的目標有「課業安排」、「課外學習」、「休閒活動」、「志工服務」等。

◉ 課業安排如何寫？

執行的內容	具體可行的方式（學例…）
統整高中學業	→持續並且認真地完成高中的學業，同時針對高中較弱的科目進行補強。像是英文部分，可以收聽空中英語教室的 Mp3。

執行的內容	具體可行的方式 (舉例…)
預備大學學業	→找出大一的課程，依據教授的課程綱要進行期刊或專刊的閱讀，同時將內容做出摘要，並利用在校時間先請教學有專長的老師。
增強電腦能力	→對 PhotoImpact 繪圖很有興趣，可以利用這段時間自學，協助製作畢業紀念冊。
精進英語能力	→利用這段時間進行英語聽力的訓練，並參加全民英檢中級複試。

◉ 課外學習如何寫？

執行的內容	具體可行的方式 (舉例…)
參加大學營隊	→參加〇〇大學企管系辦理的領袖培訓營隊，學習領導力與企劃力。
閱讀課外讀物	→我對科普叢書一直很有興趣，特別是數學方面的書籍，想利用這段時間閱讀「優良數學科普書籍」，依據 http://w3.math.sinica.edu.tw/mrpc_jsp/book/default.jsp 提供的書單進行閱讀。
學樂器	→我很喜歡彈鋼琴，但是因為課業的關係，所以中斷鋼琴的練習，會利用這段時間積極的練習，並至音樂教室請老師指導，希望可以取得鋼琴檢定第六級資格。
練跳舞	→看到熱舞社的同學在學校活動的表演，自己也想趁著就讀前的這段時間學習基本的舞蹈，像 NEW JAZZ、Hip-Hop。
練習烹飪	→我很羨慕會做西點的同學，我想在這段時間參加西點的烹飪課程，學會製作餅乾、蛋糕、烤布蕾…。

◉ 休閒活動如何寫？

執行的內容	具體可行的方式 (舉例…)
旅行	→這段時間我打算與車隊騎腳踏車環島，用慢行的方式重新審視我所深長的土地。
看球賽	→我對棒球比賽一直很熱衷，在這段時間之中我希望我可以到球場欣賞棒球賽事。
看話劇表演	→戲劇一直是我喜歡的休閒活動，我規劃自己在這段時間可以參與五場的話劇演出，陶冶自己的藝文素養。

◉ 志工服務如何寫？

執行的內容	具體可行的方式(舉例…)
幫助班上同學	→考上學校的這段時間，我就有比較多的時間來協助班上，像是值日生或是打掃工作，讓指考的同學可以盡全力衝刺。
擔任醫院志工	→趁著這一段時間，可以有更多的時間到醫院擔任志工，醫院需要很多志工的協助，我也會透過醫院志工的培訓，發揮自己助人的價值。
協助學校活動	→學校有很多活動需要人力，像是畢業紀念冊的製作、畢業典禮的活動規劃，以及畢業歌曲的製作，這些都是我可以盡自己力量的地方。
淨灘	→台灣四面環海，但我們的海岸線卻有很多被拋棄的垃圾，我會與同學一起參與淨灘活動，讓環境更美好。

請你這樣做 有了書寫的概念之後，我們現在就利用上方的表格來協助同學書寫「就讀前」的讀書計畫吧。

報考淡江大學中文系

近程計畫(錄取後到正式入學前)

1. 大量閱讀古典文學和現代文學，充實與熟悉國學常識，不間斷的增進自己文學方面的文學素養，以方便銜接大學學業。目前規劃先閱讀白先勇、張愛玲、蔣勳、張曉風、龍應台等人作品，並做心得筆記。
2. 跟著學校進度繼續完成高中學程，不因已上榜就荒廢學業，持續認真，維持班上學業前 10% 成績。
3. 語文方面：加強我的英語能力，特別是口說的能力。英語是國際語言，對於人際溝通與互動非常重要，因此我會利用就讀前的這對時間提升自身的英語能力，同時我也會參加地球村的訓練課程，把溝通基礎慢慢打好，以利進入大學更加努力學習。

5-3 就讀中的讀書計畫怎麼寫？

就讀中的讀書計畫，有時會用「中程（大學四年）」的標題來呈現。

和大學生活最息息相關的就是這個階段的讀書計畫，大學不能是讓你玩四年，而是這四年要將學校的資源變成是自己的資本，讓自己成為一位學有專長的人，因此，這個階段的讀書計畫應該要放在學習這件事情上面，其他學校的生活與活動為輔。

首先，我們要清楚地知道就讀科系的課程規劃與安排，了解那些是基礎學科、哪些是選修學科，以及該校系提供多少的學程可供學生選擇，是否有輔系的規劃，或是學校有無特殊安排的教學活動，像是交換學生或是出國訪查等，同時注意到畢業條件的限制，以及實習課程安排。有些科系重視證照，或是強調繼續學業至研究所，同學書寫讀書計畫的時候，不妨多蒐集該科系的資料，或是詢問系上的學長姊，有更深入的資料，寫起來讀書計畫也才能更切合該科系的需求。

讀書的內容之外，大學還要學會做研究的方法，像是資料蒐集與做報告的方法，此外參與社團活動與學校服務性組織也是大學生活中重要的一環，可以將參與動機說明清楚，或是說明該社團與科系的關聯，讓審查委員了解你的想法，明白你所規劃的內容。

至於學校的硬體設備，特別是圖書館的館藏、研究室的精密設備、模擬教室、產學合作這些內容也都可以寫入就讀中的讀書計畫中。

就讀中提出的計畫也是要能夠有具體的方法，足以說明自己的計畫是可執行的。就讀中的讀書計畫可以包括的目標有「課業安排」、「能力培養」、「課外活動」、「證書證照」等。

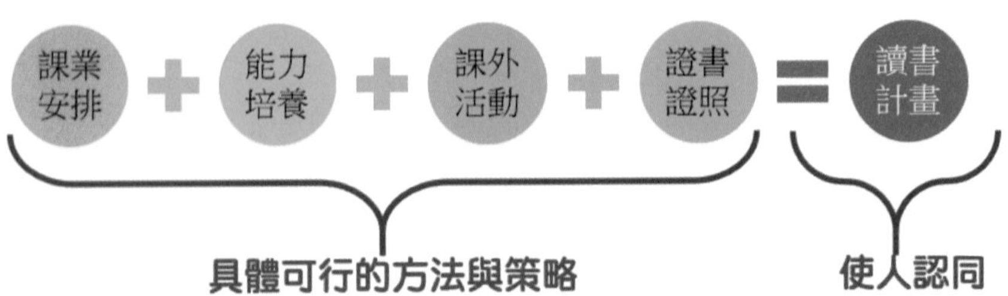

◉ 課業安排如何寫？

執行的內容	具體可行的方式（學例…）
紮根系上學業	→學習基礎國學理論如：國學導讀、文學概論……等，鑽研必修學科並持續學習更深的文學課程。多方涉獵古典文學的書籍，增進自己的知識。（中文系） →對於基本理論課程，應有深入了解，故織品材料學、服裝構成與製作、服飾行銷、色彩學……等，都是我需加強的部分，並進一步以中國與西洋服裝史、創意原理、電腦網路行銷……等課程為進階的學習科目。希望藉由多元學習，結合理論與實務，成為一個出色的設計與經營專才。（服經系） →致力於各個課程的學習，例如：新聞學、溝通藝術、大眾傳播理論、報刊企劃與編輯、媒體與公共關係……等，以穩固根基，獲得我所應具備的基本知識。（大傳系）
學程選擇	於學校所開設的相關學程中，選定有興趣的領域，做深度的探討，並配合學校規劃修研電腦在化學科技的應用，讓自己的知識領域可以寬廣多元，本階段著重於實務應用訓練操作能力。（化學系）
參與研討會	→統整自己的專業知能，參加相關的專題研討會，並配合學校參與實際研究工作。

◉ 能力培養如何寫？

執行的內容	具體可行的方式（學例…）
加強語文能力	→學習第二外語，提升自我國際觀，加強英語聽、説、讀、寫的能力，考取多益與全民英檢中級、中高級之測驗並利用學校的資源，吸收更多的資訊。
精進電腦能力	→我對於對多媒體的運作原理有濃厚興趣，希望了解電腦如何識別與處理語音、圖案、影像。系上與業界有相關的活動可供學生參與，我會參加相關的課程訓練，以培養自己在多媒體製作的能力。（資訊系）

◉ 課外活動如何寫？

執行的內容	具體可行的方式（學例…）
參與藝文社團	→在不影響課業的原則下，我會參加書法、鋼琴社團，或是文藝活動的社團，讓我可以在藝術的陶冶下有更多的想法與創意，可以和學業結合。（設計系）
投稿創作	→嘗試創作，利用文學創作課程大量練習創作並嘗試發表至報章雜誌或以新人為主的文學獎。
圖書館運用	→善加利用圖書館資源吸收相關資料，紮實地建立理論基礎。

◉ 證書證照如何寫？

執行的內容	具體可行的方式（學例…）
通過證照考試	→致力考取丙級、乙級相關證照，並把握各種學習機會，讓自己對於實做部分能夠更加得心應手。

請你這樣做 有了書寫的概念之後，我們現在就利用上方的表格來協助同學書寫「就讀中」的讀書計畫吧。

報考資訊工程系

中程計畫（大一～大四）

1.（大一、大二）

面對資訊工程領域的快速蛻變，唯有充實基礎理論課程，對資訊科學領域做廣度的了解，才能在專業的基礎上拔尖卓越，我會積極閱讀原文的專業書籍，並且訓練自己書寫程式語言的能力，這個階段我會學習製作與通訊軟體結合的 app，並利用學校圖書館或自己訂閱電腦雜誌，以求了解市場動態，增加相關常識。同時除了英語之外，加強第二外國語像是日文與德文，將有助於我在資訊工程領域的學習。

2.（大三、大四）

資訊工程中有很多有興趣的領域，如資訊處理學程、計算機網路學程、人工智慧學程，我希望自己可以在這三個領域中做深度的探討，此外我考慮選修電信工程學系，在通訊與資工的背景的結合，可以使我更有優勢，同時我打算準備報考相關研究所，讓自己的專業知能更上層樓。

5-4 畢業後的讀書計畫怎麼寫？

畢業後的讀書計畫，有時會用「遠程（大學畢業之後）」的標題來呈現。

大學畢業之後，同學要考慮到的是職涯的規劃，不論是報考研究所或是直接進入職場，同學都應該給自己一些方向，也讓審查委員可以清楚你對自己就讀這個科系的未來與夢想。

這個階段的規劃有三個方向，一個是持續進修的方式，另一個是進入職場開始工作，第三個方向則是如何實現自己的夢想。

畢業後提出的計畫一樣是要有具體的方法，足以說明自己的計畫是可執行的。畢業後的讀書計畫可以包括的目標有「持續進修」、「就業工作」、「夢想實現」等。

◉ 持續進修如何寫？

執行的內容	具體可行的方式 (舉例⋯)
就讀研究所	→畢業後我希望能繼續深造，攻讀化學相關的研究所，往生化科技或材料工程領域發展，以拓展我的能力與專業知識。

◉ 就業工作如何寫？

執行的內容	具體可行的方式 (舉例⋯)
進入職場工作	→擔任同步口譯、外商公司管理階層人員都納入我的考量。

◉ 夢想實現如何寫？

執行的內容	具體可行的方式 (舉例⋯)
自行開業	→一直以來都希望能成為一位專業的諮商心理師，因此畢業後規劃積極考取諮商心理師專業證照，以便未來在職場上能有專業的實力去從事我熱愛的工作。 →考取理財規劃師、證券商高級業務員、會計師等執照，成為一位專業的會計人員。

請你這樣做 有了書寫的概念之後，我們現在就利用上方的表格來協助同學書寫「畢業後」的讀書計畫吧。

報考觀光系

遠程計畫（畢業後）

經過了大學四年的學習後，我將先投入職場中，增加自己的工作實務經驗，透過在職場上的實務學習與課堂上的專業結合，工作約三年後，再在職進修，將報考與觀光產業有關的研究所，也會依據工作所需再擇相關領域作為拓展自己能力的進修，我希望自己可以進入五星級飯店工作，提供社會大眾最佳休閒服務，為高品質的休閒事業奉獻自己的心力。

5-5 製作我的讀書計畫

每個人的家庭背景、成長經驗都不一樣，藉由分析自己的優缺點，以及考量就讀科系的資源特色，我們可以利用上面幾節的說明將自己的讀書計畫，依照時程逐一呈現。

大部分的科系皆已文字陳述與條列為基本原則，部分的同學會再加入表格，有些同學還會再加入圖片作為作證，但是如果是採取線上書審，文字字數、檔案大小的限制，同學都要列入考量，所以，最簡單的讀書計畫，也是最保險的寫作方式。

Q&A 什麼是最保險的讀書計畫寫作方式？

最簡單的讀書計畫，就是最保險的寫作方式，所謂的簡單，不是以含糊的一兩句話帶過，正如前面幾個小節我們所學習的，讀書計畫可以切割成幾個小單元，包括：就讀前、就讀中、大學畢業後這三個階段，把這三個階段當成小標題，再依據標題去衍伸細目和內容，就可以寫出一份中規中矩的讀書計畫，雖然這樣的方式比較沒有個性化、特殊性，但是對於不知如何下手，不曉得怎麼寫讀書計畫的同學，卻又不失是一種最保險的書寫方式。

◉ 純文字條列式的讀書計畫

讀書計畫（淡江大教育科技學系）

近程

1. 加強資訊能力，除了使用 Word 做資料，我會熟悉使用 Excel 及 Power Point，以因應大學所需及時代潮流。
2. 此外，英文是全球語言，我會持續閱讀英文方面的相關書籍及期刊，讓未來在研讀原文書時更順利。而且我會開始準備中級英檢及多益，並加強我的「聽、說」及「閱讀」的能力，因為語言最重要的莫過於溝通，希望在未來我能流利的使用英文；閱讀則是我較不拿手的，所以我會花更多時間去學習。
3. 在高三時養成每天跑步的習慣，為了讓念書更有體力和精神，在學習上也比較能夠專心，未來會持續下去，為進入大學做準備。

中程

1. 習修教育科技概論、教育心理、數位影像設計及程式設計；教學設計、動畫製作等必選修課程，及商管學院的選修課程。
2. 人力資源發展概論、專業英文、互動教材設計、組織心理及企業實習等，外語學院的選修課程。
3. 現今社會，強調的是團隊合作，如何和同學和睦相處，培養團隊精神，是大學生活中另外一個重要課題。
4. 除了課業以外，也想參加音樂性社團，滿足自己對音樂的熱情與理想。
5. 參加中高級英檢及高級英檢考試，作為參加托福及雅思測驗的前哨戰。
6. 爭取參加與國外大學的交換學生計畫。

遠程

1. 先進入企業工作，從中學習經驗，並持續進修。
2. 從經驗中找尋自己不足的部分，再做更深入的進修，期許自己能夠取得碩士學位。
3. 再度專注於職場上，期勉自己能為更多人奉獻。

註：範本檔可參考本書光碟。

有些時候，同學為了詳細的說明自己讀書計畫的細節，這時我們就會將條列的內容整理一下，列出標題，並在標題下方詳細的描述自己的讀書計畫。在進入正文之前，也可以有簡單的前言，或是座右銘作為讀書計畫的開端，通常這樣的書寫方式適合字數要求就多的科系。

◉ 純文字標題式的讀書計畫

讀書計畫（台南大學外文系）

如願進入貴系後，所有蟄伏的夢想正一步步的實現…

近程目標（從錄取到正式開學）

1. 完成高中學業

我認為學校安排的課程都有學習的必要與用處，學生要對自己的學業負責，高中的課業，我會認真的去準備，剩下的幾次考試，依然全力以赴，我會要求自己能夠拿下全部的學分，完成高中學業，因此身為高中生的我當前的目標就是，順利的以優秀的成績從高中畢業。並將在這個階段學到的東西靈活的運用，使自己在剛上大學的這段期間能夠快速適應。

2. 增進英文能力

即將進入外文系的我，心裡明白同學們的外語能力都有相當的水準，為此，我將透過每天閱讀英文雜誌，練習各項檢定的試題，提高我的長處，同時我也會針對短處補強，口語能力一向是我最不拿手的，為了彌補這個缺點，我會緊鑼密鼓的練習，也打算在這段期間完成中高級複試，並再次挑戰多益，更期許自己能夠拿到最高等級的肯定。同時我將給我自己一個全新的挑戰，嘗試去考托福，這是一個我從未接觸過的考試，我很期待這樣的一個挑戰，透過對自我的挑戰與測驗的公信力，定能提升自我的競爭力。

3. 練習鋼琴

我從幼稚園中班開始學習鋼琴，在母親的支持與自己的努力，鋼琴也有了一定的水準，更是我在考試壓力下排解紛憂的好夥伴，只是在升大學的考量下，在高三這年暫停了陪伴我許久的戰友，我想再次找回那在黑白之間飛躍的快樂，高高低低的樂音，總是能讓我擁有好多夢想。

中程目標（大學四年）

進入了我喜愛的外文系，我要將每一天都填得滿滿的。上了大學，必須靠自己的力量學習，少了像高中導師無時無刻的叮嚀，唯有更加倍努力這個選項，踏踏實實的修習每門系上所安排的課。我將大學四年的規劃細分為下列幾點：

1. 加強基本學科能力

在大一大二這段期間內，期許自己能以最快的速度適應大學生活，在課業方面，將英文作文、英語聽講與語言學概論等基礎必修科目打下良好的基礎，這些科目紮好基礎後我便能更紮實的學習選修及第二外語的課程。

2. 雙主修

我將會盡我最大的努力，在課業成績方面保持一定的水準，在不影響主修英語學系的情況下，輔修行政管理學系，替就業需求做更充足的準備，讓自己能夠成為一個具有多方面能力的人才。

3. 交換學生

我準備在 EF 等相關機構申請交換學生計畫，讓自己的語言能力能夠更貼近當地生活與傳統，從語言的層面去了解各種文化不同的美，也讓自己更有世界觀，看看別的國家現在正過著怎麼樣的生活，讓自己成長，也讓更多的人認識並看見台灣。

4. 參加社團

除了跟班上同學建立良好關係之外，參加社團更能夠認識不同專業領域的同學，彼此可以互相交流互相學習，更能為以後出社會的自己拓展人際網。其中我最感興趣的是青年領袖社，不僅是學習如何成為一個領袖，更是一個具有世界觀的社團，在暑假期間舉辦兩岸文化交流、全球營等等之類的營隊，擴大社員們的視野，與來自世界各的不同的人交換經驗。

5. 規劃未來

在大三大四的時候，我希望能夠藉由我手中的所握有的能力，去尋找相關工作，先早一步了解，並詢問學長姐關於就業的方向，讓自己早一點起步，機會也會多一點。目前主要有兩個方向，第一，考取研究所，在大三大四找到所感興趣的方向，並加以研究了解。第二，就業，擔任同步口譯、外商公司管理階層人員都納入我的考量，我也會在大學四年密切關注這些方面的資訊，讓自己多一點準備，也多一點機會。

遠程目標（完成學業後）

畢業於國立台南大學後，各種現實的因素接踵而來，我先將這幾年定為「自我磨練期」，一出社會，肯定是從基層做起，需要更多的耐力，此時也是訓練工作效率、做事態度與方式的時期，在這階段內必定要有一定的成長，才能在這個社會上有一定的競爭力。不管將來是考取研究所或是就業，希望我能夠比昨天的自己更好，即使是小小的成長也值得喜悅，我也會把握時間，到圖書館看看書、聽聽演講，以貫徹終身學習的目標。

註：範本檔可參考本書光碟。

除了一般純文字的讀書計畫外，可以利用本書所教的 Word 文書編輯、PhotoImpact X3 技巧製作刊 W 頭橫幅，會使審查資料變得很有質感，另外也可以利用表格呈現文字的內容，讓讀書計畫的呈現更加清楚。

⊙ 加入圖、表的讀書計畫

近程規劃

1. 複習計畫

入學前應對高中三年所學的課程做一次完整的複習，並利用這段空檔，把高三的物理、化學、微積分重新研讀，尤其微積分在大學中是必修科目，可以在進入大學後得到較好的學習效果。

2. 語言能力

英文一直是我不擅長的科目，但是我也會努力的研讀，因為在大學的教材都是原文書，因此我必須更加努力的增進英文實力，以便閱讀原文書時，更加的順暢自在，而我會利用入學前這段時間，多閱讀英文方面的書籍及雜誌，特別加強「聽」、「讀」這兩部分，為未來繼續做延伸。

3. 加強資訊能力

學習更多電腦操作技巧，像是經常使用的 Word 文書處理，在日後大學的作業繳交上是個不可或缺的需求，此外，我想學會如何熟練的使用 Power Point 和 Photoshop 這兩套軟體，因為這兩套軟體的實用性非常高，以順應時代潮流，因應大學學業所需。

中程規劃

1. 學業方面

如果我有幸進入「材料科學與工程學系」，對於本科系我會全力以赴。

時程	內容
大一	努力的專研本科系的基礎科目，好讓往後的課程在紮實的基礎下學習。像是「普通物理」、「普通化學」、「微積分」、「材料科學導論」等基礎科目。
大二至大四	大二可以陸續選修系上專業科目，因此我會選修我喜愛的科目，以增進自己的專業，並且將各科目融會貫通，為自己未來的道路鋪上基石。
學業競賽	我也會時常參加有關「材料科學」的比賽和研究，已累積我得經驗和實力。

2. 課外活動

除了課堂外，我會多利用時間至圖書館及網路查閱需要的資訊，並不限於科系內的知識以開拓自己的學習範圍，並且往後自學是大學必備的能力，另外我相當喜好運動，我也將於課餘時間充份應用學校運動設施。

社團方面，在不影響課業為前提的原則下，多參與一些社團，學習與人相處和團體生活之道，特別是公益活動相關的社團，是我的目標之一，為他人付出不但能得到成就感，還能拓展人脈關係，期許在未來獨立後，凡事並不只是為了自己，還為社會有所貢獻。

3. 擴大見識

學習已經接近尾聲，我將盡全力考取研究所，以求得材料科學領域更深層的專業知識及技能，並循序漸進複習大一至大四的課程，結合以往所學與考試資訊，使自己如願考上研究所。

遠程規劃

1. 研究所

假若考取研究所，必致力於學習研究，以達更深領域的專業知識，然後循序漸進，一步一步完成所學，未來投入職場，秉持於材料科學與工程學系所學的專業學識，服務大眾並造福人群，實現自我理想。

2. 就業

研究所畢業後，將致力考取相關專業證照，我有信心這不但有助於培養我的敬業態度，也為我的將來提升競爭力、創造就業優勢。進入社會就職前，也需強化我的創造力、學習力和領導能力，以便在職場上發揮所學、一展抱負，同時也為台灣的工程領域發展貢獻一份心力。

註：範本檔可參考本書光碟。

如果同學想要強調自己在領域與核心能力的讀書計畫，仍可以按照就讀前、就讀中、畢業後的時間順序，在陳述的內容項目中，我們將所欲達成的領域或是核心能力作為項目，並在項目之下，詳細的說明自己要如何達成，也是讀書計畫書寫的一種變化方式。

◉ 領域與核心能力的讀書計畫

讀書計畫（休閒事業管理學系）

隨著臺灣休閒、遊憩、觀光產業的快速成長，休閒產業截然是現代社會中極為重要的一環，它不僅是商業活動而已，而是讓整個社會能夠順利進步、和諧的重要中繼站。

假若我順利進入 貴校，我會虛心學習，兼顧休閒事業投資規劃與經營管理雙重領域，成為一位專業的休閒事業之管理人才，將所學實際的運用在工作中，並且從工作中繼續的學習。

近程（大學錄取～開學期間）

1. 精進英文能力並學習第二外語

我在高中英文的學習上會持續努力，並加強自己聽、說、讀、寫的能力，特別是在觀光、飯店英語部分，我會閱讀相關雜誌、書籍，同時也參加相關的課程，以利自己具有英文溝通能力。在第二外語部分，高中社團是日語社，日語能力有基本的基礎，我也會強化日語的口說能力，此外，我對於法語也很有興趣，這段期間，也會開始學習法語，讓自己在語文能力上更加卓越。

2. 閱讀餐旅、觀光、休閒相關書籍

從 貴系的網頁課程介紹之中，我已經下載相關的書單，我希望可以讓自己在餐旅、觀光、休閒三領域中先擁有基本的學科知識，以利在開學期間就能順利的進入學習狀態。

中程（大學四年）

1. 培養基礎商學素養

認真學習觀光休閒概論、經濟學、統計學、會計學等基礎商學課程，並以這些基礎學科為主，擁有基礎商業素養。

2. 提升觀光休閒專業領域應用能力

依照學校專業學程的規劃進行專業領域學習，如在觀光電子商務、文化創意產業、運動休閒等學程中，訓練自己的專業觀光休閒應用能力。

3. 考取相關證照

在語文方面，我會在這 4 年的期間考取中高、高級全民英檢、TOEFL、IELTS、日文檢定等。專業職業證照方面，我會準備華語 / 外語領隊人員、華語 / 外語導遊人員、會展人才培育與認證、專案管理師、服務業品質專業師、青年活動企劃師等證照考試。

4. 學習國際禮儀

高職時期沒有學過國際禮儀相關的課程，但是儀態與國際禮儀都是從事休閒事業管理領域非常重要的基本能力，我會加入貴校的儀態社，並且詳讀外交部的國際禮儀手冊，讓自己在待人接物上可以更有國際觀，服務更多的人。

遠程（大學畢業後）

1. 出國進修

我希望自己可以有機會到國外進修，了解國外的休閒事業管理環境與服務的知能，讓自己的視野更開闊，能夠吸收更多更廣的專業知能。並帶回台灣運用在自己服務的地方。

2. 多元學習

在未來，無論我是就業還是在進修中，我的目標都是要能提供專業的休閒事業管理的服務，因此我會參與不同領域的課程，以達到全方位發展，並透過融會貫通運用在休閒管理這方面的領域上。

也許我並不是一位最傑出的學生，但是我卻是一位非常認真的學生。如蒙 貴校錄取，我會依照以上的讀書計畫，一步一腳印的落實自己成為一位專業的休閒事業之管理人才，實現自己的理想。

註：範本檔可參考本書光碟。

⊙ Smart 學習

1. 讀書計畫的內容和字數要依據簡章的要求。
2. 大學科系要求得讀書計畫就是學習的計畫，可以看出同學如何規劃自己的學習生活。
3. 讀書計畫需有具體可行的方式，說明清楚自己在大學入學前、中、後，三個時間點的學習計畫。
4. 讀書計畫跟自傳都是審查資料最常出現的項目。
5. 讀書計畫三步驟時間軸分為「就讀前」；就讀大學期間，我們稱之為「就讀中」；大學畢業之後的時間，我們稱之為「畢業後」。
6. 讀書計畫三步驟內涵離不開「專業知能」、「人文素養」、「人際互動」三大面項。
7. 大學這四年的讀書計畫應該要放在學習這件事情上面，其他學校的生活與活動為輔。
8. 畢業後的讀書計畫，有三個方向，一個是持續進修的方式，另一個是進入職場開始工作，第三個方向則是如何實現自己的夢想。

一、是非題（請將正確的敘述於（ ）內打「○」，錯誤的敘述打「×」）

1. (　) 審查資料沒有讀書計畫一項，代表不需上傳讀書計畫。
2. (　) 每一所校系對讀書計畫的要求不太一樣，須依據簡章書寫。
3. (　) 讀書計畫最主要是要描述就讀大學期間的讀書安排與規劃，無須書寫到其他的階段。
4. (　) 透過對科系的課程安排與就業展望的了解，可以更有助於讀書計畫的書寫。
5. (　) 運用截圖技巧不僅可以製作自傳的橫幅刊頭，也可以製作讀書計畫的刊頭橫幅。
6. (　) 讀書計畫最基本的三個階段書寫，分為：近程、中程、遠程或短期、中期、長期三階段，分別描述就讀前、就讀中、畢業後的規劃。

二、選擇題

1. (　) 以下關於讀書計畫的書寫何者不正確？
   (A) 按照時間的遠近進行書寫
   (B) 可以利用甘特圖的概念
   (C) 每個階段要完成的內容和項目可以利用圖表與文字呈現
   (D) 領域或核心概念是最棒的寫作方式。
2. (　) 哪些是可以寫入讀書計畫的內容？
   (A) 課業安排 (B) 課外學習 (C) 休閒活動 (D) 以上皆可。
3. (　) 以下關於就讀前的讀書計畫何者為非？
   (A) 有時會用「近程（錄取至上大學）」的標題來呈現
   (B) 這段時間的安排重點應該在於準備大學的學業
   (C) 像是語文能力的增強方式，電腦處理的技巧與學習都可以納入其中
   (D) 可以參加相關的檢定考試，讓自己的努力更有目標。

4. (　　) 以下關於就讀中的讀書計畫何者為非？
   (A) 有時會用「中程（大學四年）」的標題來呈現
   (B) 和大學生活最息息相關的就是這個階段的讀書計畫
   (C) 這個階段的讀書計畫應該要放在學校的生活與活動這件事情上面
   (D) 注意到畢業條件的限制，以及實習課程安排。

5. (　　) 就讀中的讀書計畫可以包括的目標何者為非？
   (A) 課業安排 (B) 在職進修 (C) 課外活動 (D) 證書證照。

6. (　　) 可以用在讀書計畫的策略有？
   (A) 清楚地知道就讀科系的課程規劃與安排
   (B) 了解哪些是基礎學科、哪些是選修學科
   (C) 了解校系提供多少的學程可供學生選擇，是否有輔系的規劃
   (D) 以上皆是。

Chapter

06

Word 暖身操

本章以 Word 2010 為工具，除了教導你如何快速便捷地使用此軟體之外，更以審查資料為例，一步一腳印的帶領大家製造出專屬自己、且能獲得審查委員青睞的「示範版佳作」。

一般而言，在製作 Word 文件之前，為統一格式，最好先設定且固定紙張大小、方向、邊界等「版面」要求，再進一步加以美化編排，以免日後要花更多的時間處理排版問題，因小失大。其中所謂的「版面設定」，係指對文件版面中的紙張大小、紙張來源、紙張方向、字元數、行數、邊界或其他配置選項等做一系列之設定而言。因此，為了清楚表示 Word 系統的步驟與說明，以下將文件排版之頁面佈局（如：上下邊界、頁邊、頁首、頁尾、頁碼、裝訂邊、內文等）以下圖說明如下：

▼【圖 601】word 頁面佈局

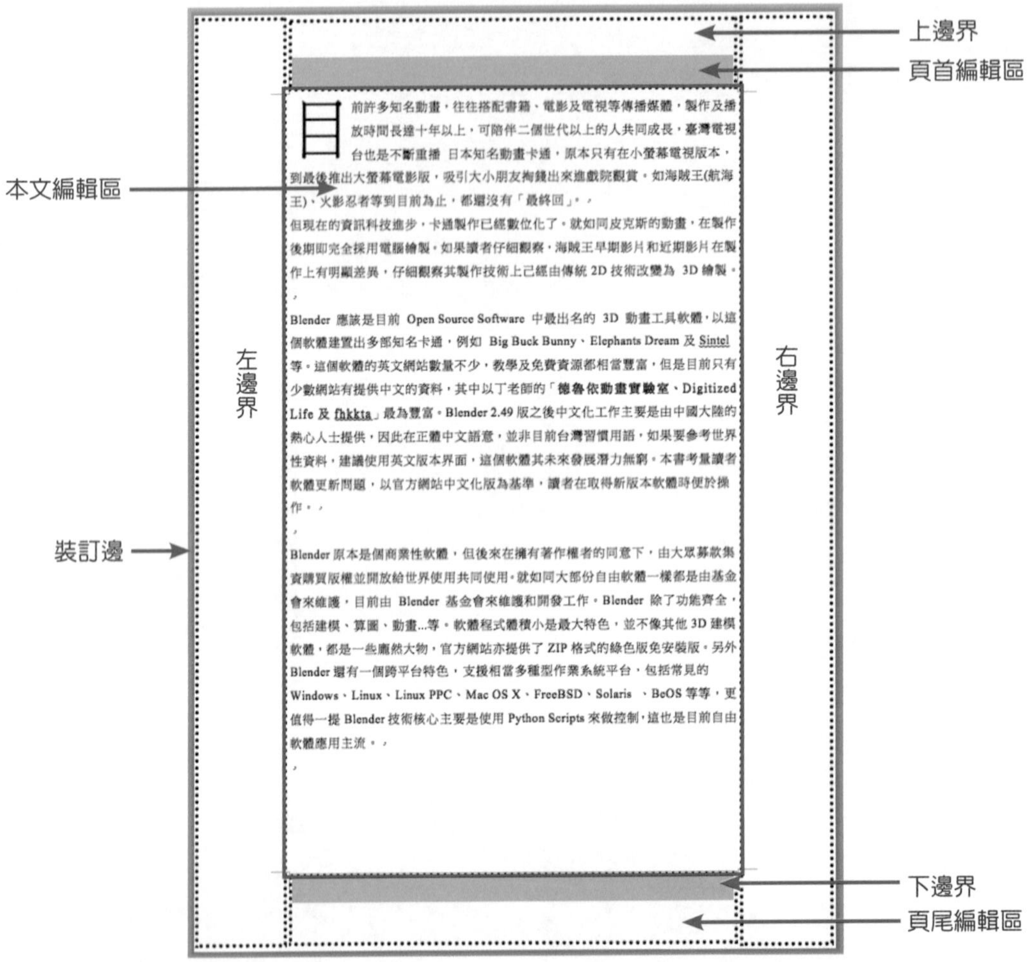

上邊界
頁首編輯區
本文編輯區
左邊界
右邊界
裝訂邊
下邊界
頁尾編輯區

由於審查資料的審查委員均為各大院校的專業老師，看習慣各類論文資料，所以審查資料的格式當然要特別安排、考究，以示尊重。參考 99 年銘傳大學管理學院公佈之論文格式規範（www.mcu.edu.tw/department/management/ms/doc/form2.doc）的版面設定要求，筆者強烈建議使用以下安排來設定，以產生最佳的閱讀感受：

1. 中文字型盡量使用「細明體」及「標楷體」兩種字體；阿拉伯數字及英文字母等，則一律使用新羅馬字型（Times New Roman），總之，**以不超過 3 種以上字型為宜**。
2. 字型大小以 12pt（point）為原則。若有需要，圖、表及附錄內的文字、數字得略小於 12pt。審查要求的標可題使用 24pt 之字型，以下則依序以減少 2pt 的字型來規劃。
3. 中文字距以不超過中文字寬的 1/10 為原則，以此原則可達到最佳排版效果。因此，就 Word 而言，每行略約可打 32-34 個字。
4. 中文單行距為字高的 1.5 倍為原則，所以 12pt 中文字型的單行距可設定為 18pt，雙行距為 24pt。以 Word 而言，一頁單行約有 30 行左右。
5. 版面安排部分，上、下邊界應空 2.5 公分，左、右邊界空 2.5 公分；為了考慮紙本裝訂狀態，版面安排時千萬不要忘了留下「裝訂邊」約 0.3 公分唷！

▼ 版面設定圖示

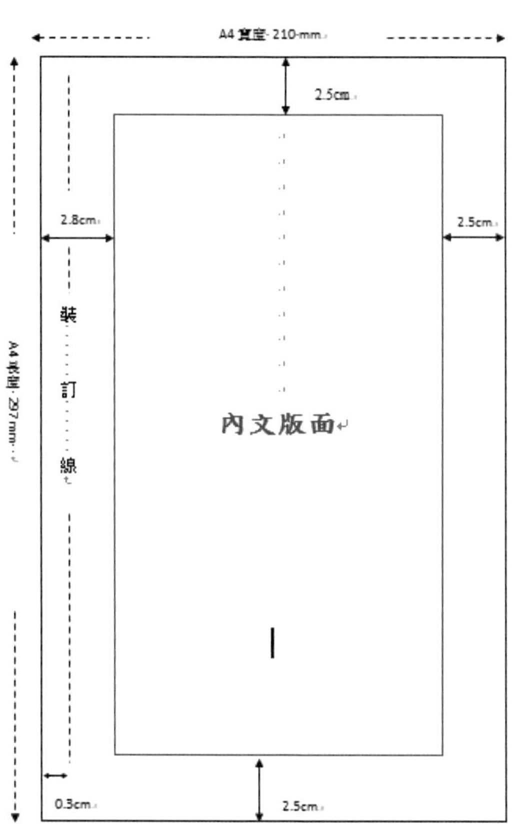

總之，如果能在製作前先行規劃並設定好版面佈局，再從中加以設計、美化內容，一定更能增強可讀性與創意感，在一堆審查資料中吸引審查委員目光、進而脫穎而出。因此，以下各節均以此圖為範例進行說明唷！

6-1 版面設定 - 設定紙張大小、來源方向與邊界

請你這樣做 如何設定紙張大小？

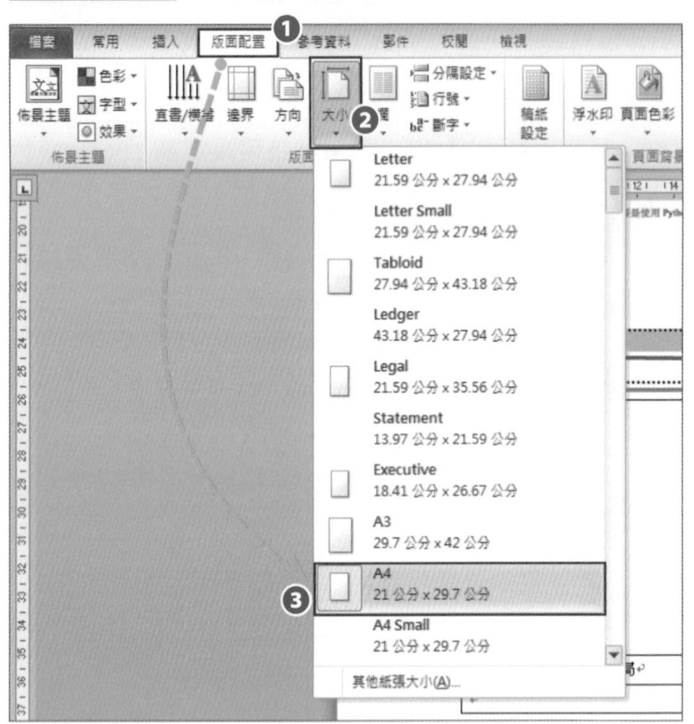

■1 開啟 Word 2010 系統，自上方【工具列】選取【版面配置】。

■2 在【版面設定】項目中單擊【大小】按鈕，即可展開選單。

■3 直接在【大小】的子選單中，選取「A4」格式，就有先行設定好的格式可供使用，非常方便。

請你這樣做 如何設定來源方向？

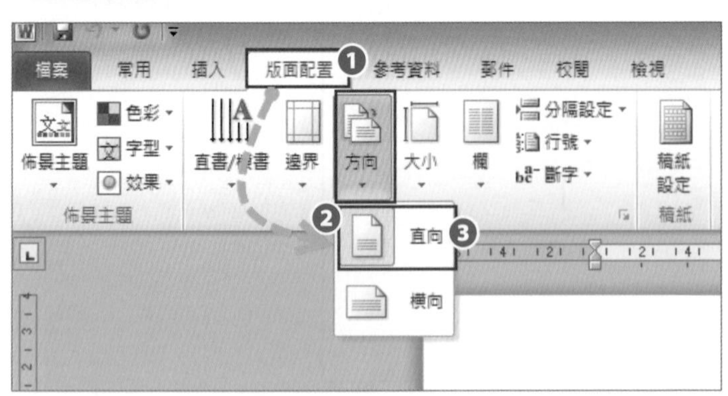

■1 自 Word 2010 上方【工具列】選取【版面配置】。

■2 在【版面設定】項目中單擊【方向】按鈕，即可展開選單。

■3 直接在【方向】的子選單中，選取「直向」格式，即可呈現直向格式。

請你這樣做　如何設定版面邊界？

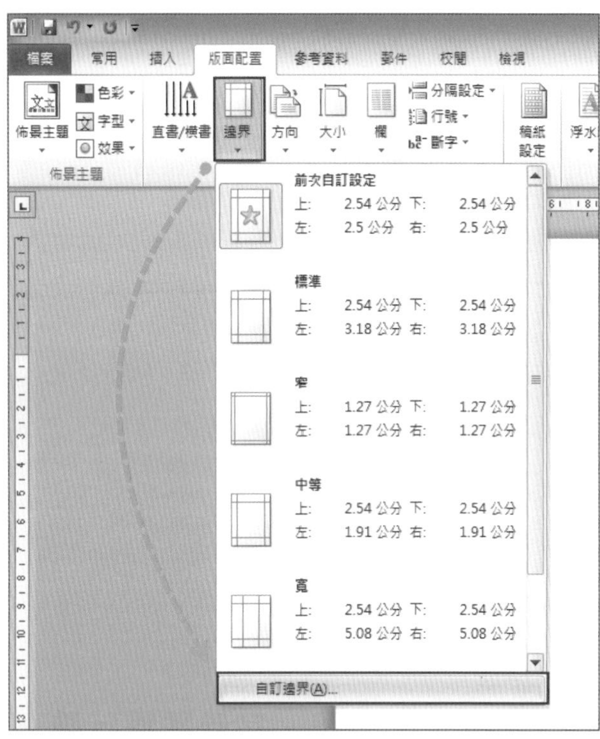

1 自 Word 2010 上方【工具列】選取【版面配置】。

2 在【版面設定】項目中點擊【邊界】按鈕，即可展開選單。

3 如果【邊界】的子選單中有已經設定好並合適的格式，直接選取即可；但本次需設定上下左右四方邊界均為 2.5 公分，所以要選擇【自訂邊界 (A)】的項目。

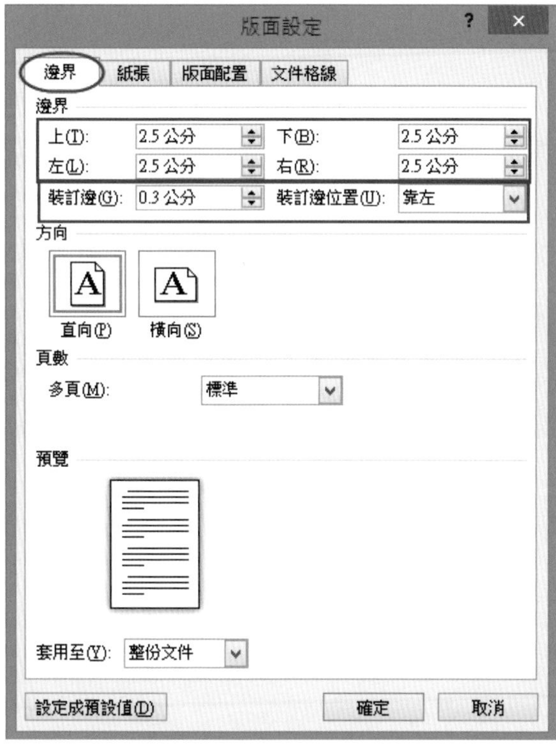

4 在彈跳出來的選單中，選取【邊界】項目。

5 在此輸入所需要的長度即可。但基本左右邊寬需一致，所以建議設定為：上下左右邊界均是 2.5 公分，以利排版美觀。

6 若為了考慮紙本裝訂狀態，版面安排時，不要忘了設定「裝訂邊」與「裝訂邊位置」，否則裝訂成冊後，出現視覺失衡的感受唷！

1.「留白」是一種藝術，不要總想要把版面塞滿，畢竟，「簡潔素雅」才是王道。

2. 因審查資料多為「中文橫寫」形式，所以裝訂邊一定要「靠左」，才符合文字橫向翻閱原則。

小試身手

請同學將光碟「Word 暖身操作業檔 01.docx」檔案，設定成合乎下列格式要求。

1. A4 直向，上下左右邊界均為 2.5cm
2. 裝訂邊 0.3cm，靠左安排

學習重點：

1. 設定紙張大小
2. 設定紙張方向
3. 設定邊界
4. 設定裝訂邊

6-2 頁面設定 - 設定字型大小、行間距、字元數與行數

請你這樣做 如何設定字型大小？

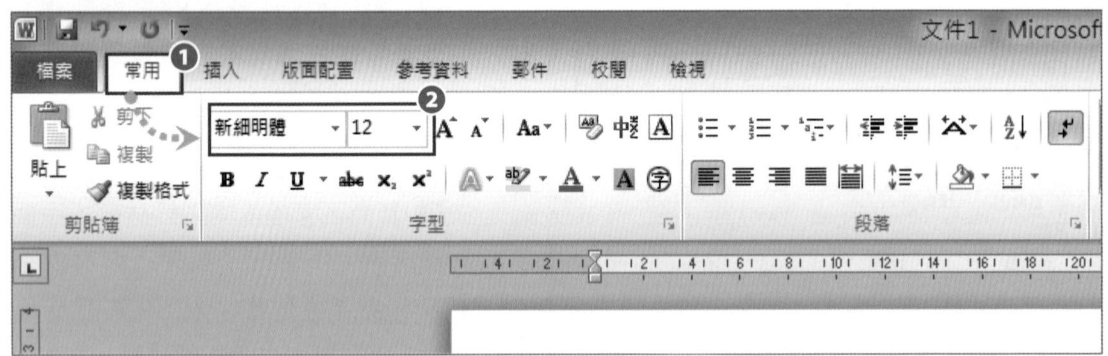

1. 自 Word 2010 上方【工具列】選取【常用】頁籤。
2. 直接在【字型】項目中更改字型與字體大小即可。

請你這樣做　如何設定行間距？

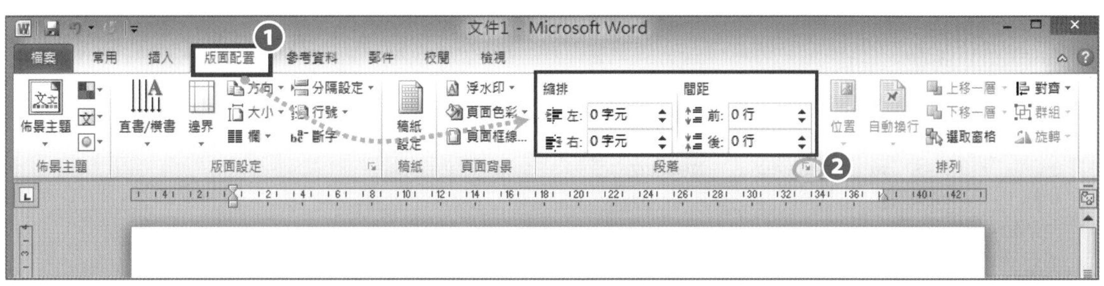

1 自 Word 2010 上方【工具列】選取【版面配置】頁籤後，即可在【段落】中加以細項設定。

2 如果無法直接使用「縮排」或「間距」的設定，就要點選右下角的↘標誌，讓隱藏的【段落】選單全部現形。

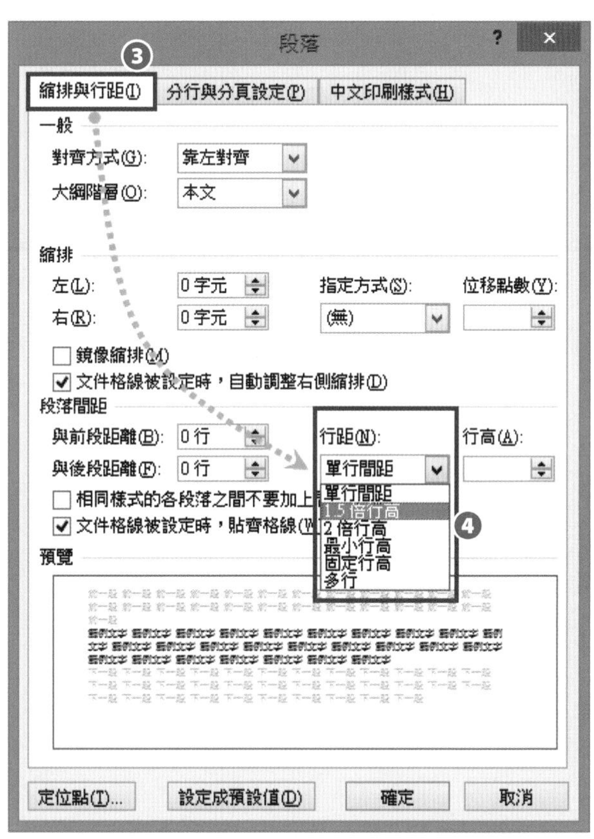

3 譬如要設定行間距為「1.5 倍行高」，就要從彈跳出的【段落】選單中，點選【縮排與行距 (I)】鈕。

4 如果我們要設定「行間距 1.5 倍」，就要在【行距 (N)】的下拉式選單中，直接選取【1.5 倍行高】即可。

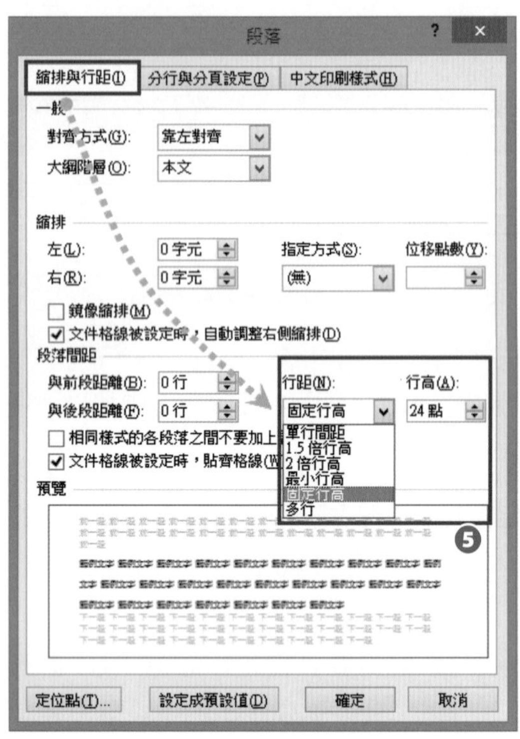

5 如果以字體 14pt 大小為例，要設定行距為 24 點，就要在【行距 (N)】的下拉式選單中，選取【固定行高】，並在【行高 (A)】設定成 24 點即可。

請你這樣做 如何設定前後段行高？

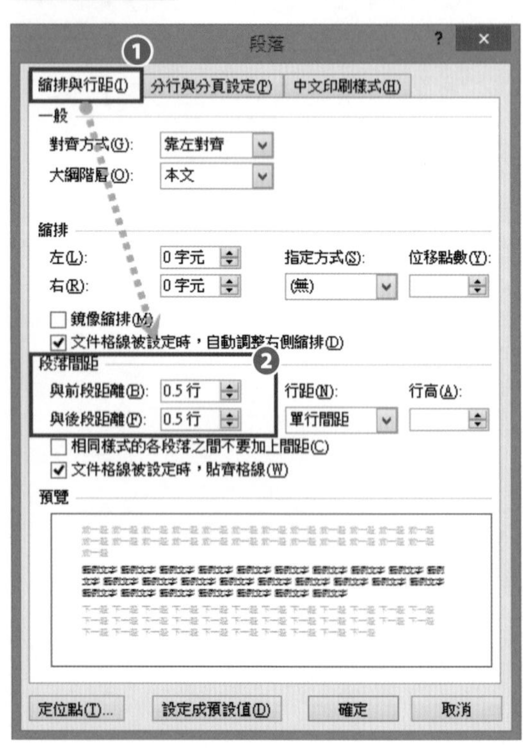

1 一樣自 Word 2010 上方【工具列】，依序點選【段落】→【縮排與行距 (I)】鈕，找出【段落間距】的地方。

2 如果要設定內文中的「大標題」，最好在【段落間距】中設定【與前後段距離】各「0.5 行」，比較能區別各大段落的版面安排。

請你這樣做　如何設定字元數與行數？

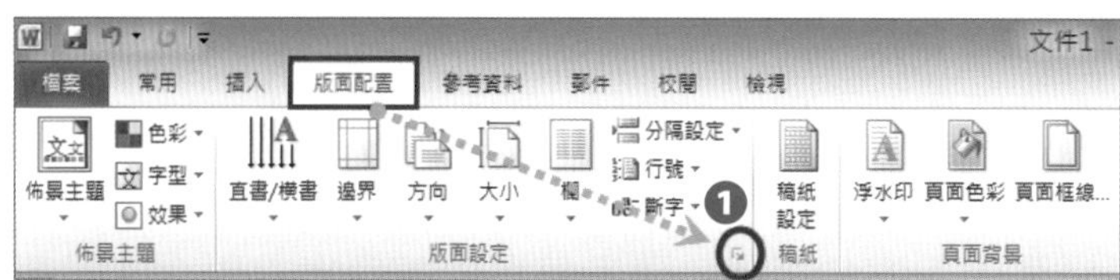

1 自 Word 2010 上方【工具列】選取【版面配置】頁籤後，點選【版面設定】右下角的↘標誌，讓隱藏的【版面設定】選單全部現形。

2 從彈跳出的【版面設定】選單中，點選【文件格線】鈕。

3 要設定之前，一定要先在【格線】中點選【指定行與字元的格線 (H)】，否則無法設定相關數據唷！

4 再從【字元數】與【行數】中點選你要的要求即可。建議將字元數設定為每行字數 32-34 字，行數每頁 30 行左右，以利閱讀舒適。

如果能依照上述步驟設定與規劃，就能具備審查資料基本的版面樣式。但是……又要如何製作出容易上手且美觀的審查資料呢？以下就審查資料內容分成六大部分 - 分隔頁、簡歷表、目錄、封面封底設計、刊頭橫幅與內文設計，將 Word 2010 的製作過程一一呈現出來，只要你按部就班、依照步驟執行，一定能做出令人耳目一新、專屬個人色彩的作品。

小試身手

請同學將光碟「Word 暖身操作業檔 02.docx」檔案，設定成合乎下列格式要求。

1.「標題」為 24pt 標楷體、顏色為深紅色、與前後段距離均為 0.5 行、行間距為固定行高 26pt。
2.「內文」為 12pt 新細明體、顏色為深藍色、與前後段距離設為自動、行間距為 1.5 倍行高、每行字元數為 32。

學習重點：

1. 設定文字大小、字型與顏色
2. 設定與前後段距離
3. 設定行間距
4. 設定字元數

6-3 編碼設定 - 插入頁首、頁尾與頁碼

為了統一顯示出簡要且明確的文件內容或位置，最好的方式就是使用——「頁首 / 頁尾」。所謂的「頁首」，是指編輯文字上緣與紙張最上方的距離；同理可證：所謂「頁尾」，就是指編輯文字下緣與紙張最下方的距離，兩者都可以表示出文件「共同標示」，例如：書名、章名、文件名稱、頁碼等設定。如果要保持固定的版面格式，有些每頁均需具備的材料，最好都擺放在這裡，以免因內文更改設定而跑掉位置。

Q&A 那要如何設定「頁首 / 頁尾」呢？首先，必須瞭解「頁首及頁尾工具 - 設計」有哪些功能：

請你這樣做 如何設定「頁首及頁尾工具 - 設計」？

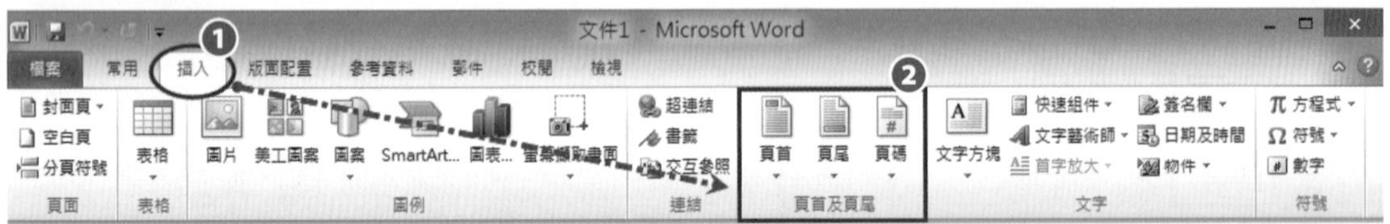

1 自 Word 2010 上方【工具列】選取【插入】頁籤後，就能發現【頁首及頁尾】的項目設定。

2 如果要「設定頁首」，點選【頁首】鈕後，就會出現「下拉式選單」可供選擇。

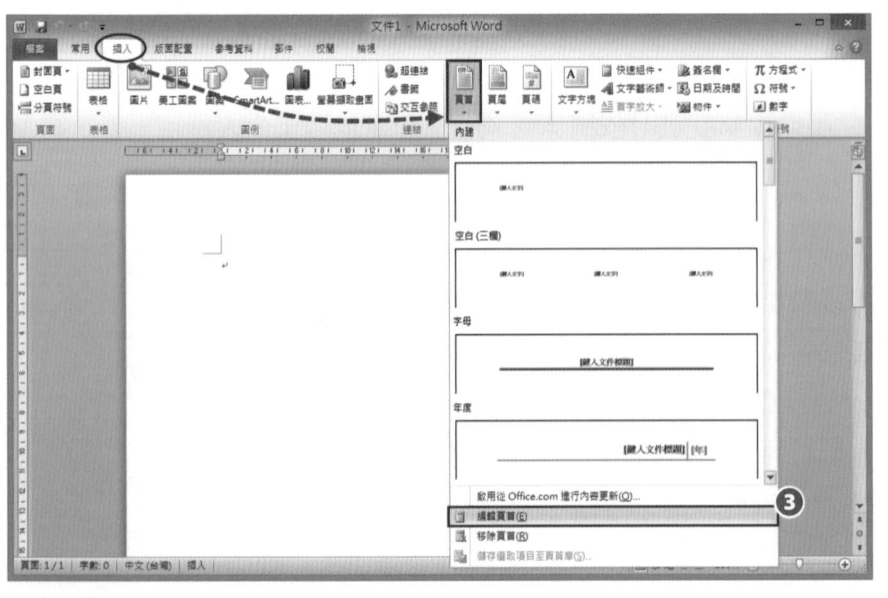

3 在「下拉式選單」中選擇【編輯首頁（E)】。

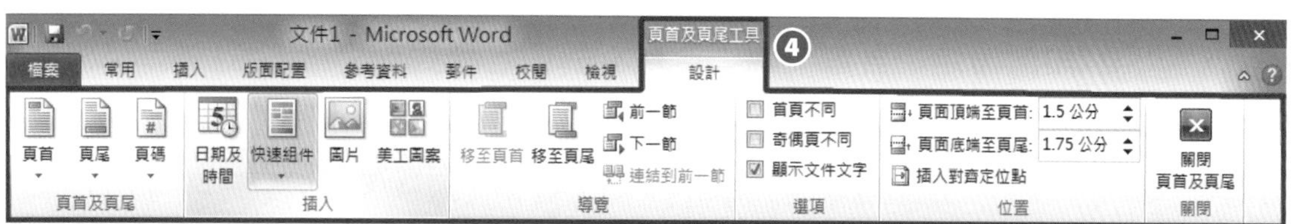

4 就會出現可以任意設定的【頁首及頁尾工具】的設計頁籤囉！

如果你覺得以上找出【頁首及頁尾工具 - 設計】頁籤的步驟太繁瑣、太麻煩，事實上還有「偷呷步」的捷徑可供選擇唷！請你跟我這樣做：

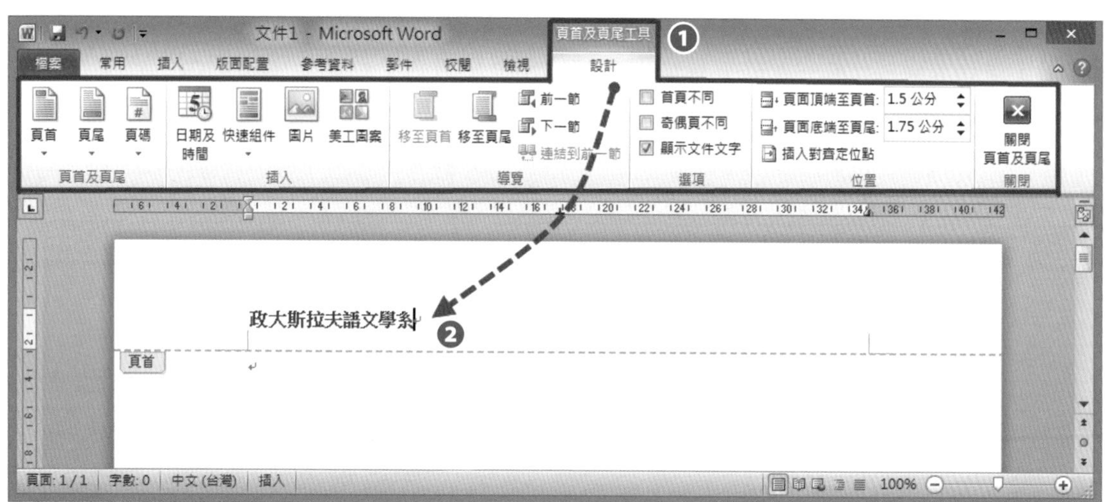

1 直接在「頁首」的部分點選左鍵兩次後，就會彈跳出【頁首及頁尾工具 - 設計】頁籤。

2 直接在游標中輸入你要呈現的文字，也可直接使用工具列項目，非常方便！

那……在【頁首及頁尾工具】頁籤中，又可以使用哪些設定呢？

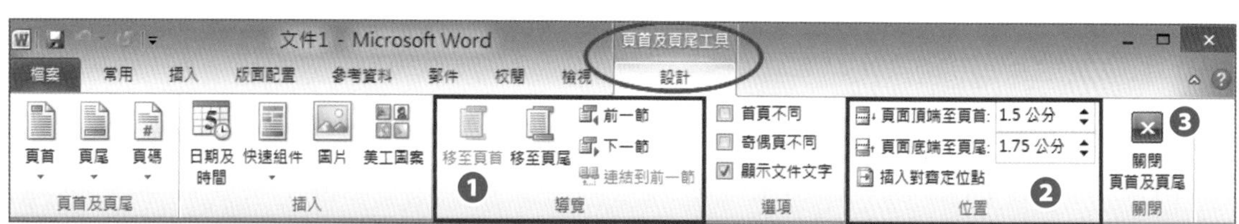

1 你可以由【導覽】選項中，任意切換頁首、頁尾的位置。

2 你也可以直接在【位置】選項設定與頁首頁尾的距離。

3 如果要離開，直接按【關閉頁首及頁尾】的☒按鈕即可！

請你這樣做 如何設定「頁首」或「頁尾」的內容樣式呢？

「頁首」常常是一份文件中最顯眼且最重要的地方，要如何設計出令人吸睛的頁首，絕對是件「藝術」工程！所以在本書「CH7-5 如何製作刊頭橫幅？」中有專門的介紹。而一般文字輸入的設定方式，請你跟我這樣做：

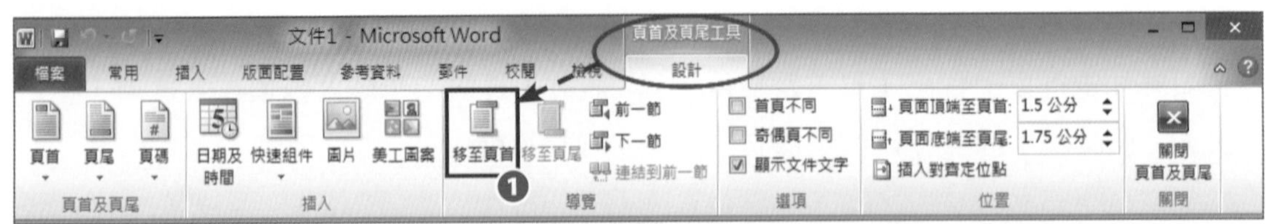

1 從【頁首及頁尾工具 - 設計】頁籤中，點選【移至頁首】按鈕，讓游標出現在「頁首」中。

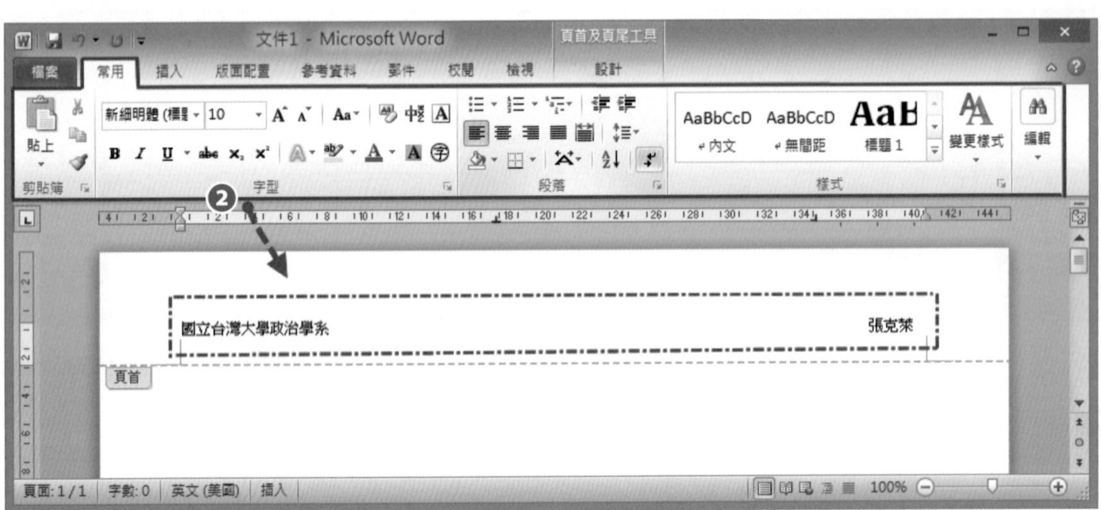

2 再利用【常用】頁籤的工具列內容，依照一般文字使用或修改的方式，直接進行內容更換即可。

如果你覺得只有文字不夠花俏，事實上 Word 2010 在「頁首」部分，也內建二十多種樣式可供挑選唷！你也可以這樣做：

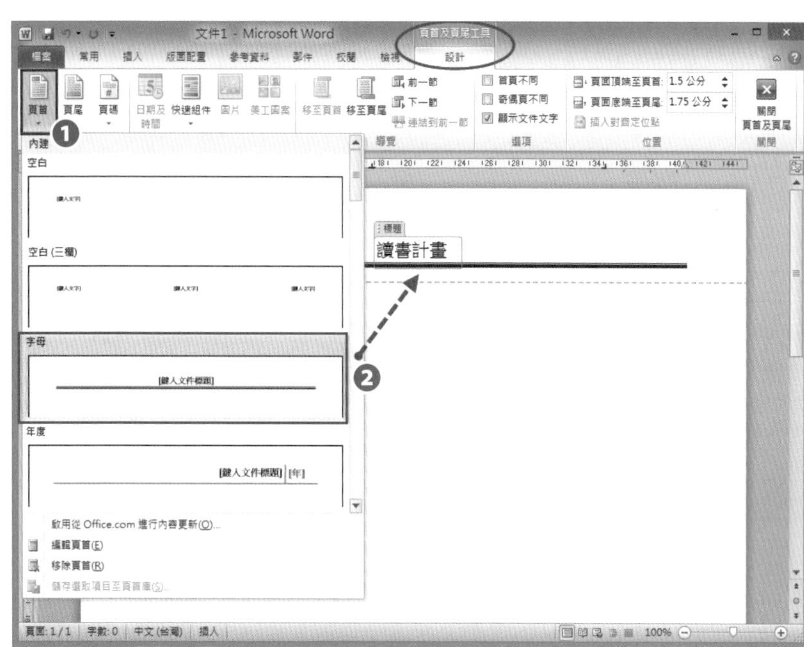

1 首先從【頁首及頁尾工具 - 設計】頁籤中，點選【頁首】按鈕，就有下拉式選單可供選擇。

2 選取完成之後，在「填入文字」的範圍中。直接鍵入你想要的文字內容，就完成囉！

既然「頁首」有內建樣式可供選擇，從【頁首及頁尾工具 - 設計】頁籤中的【頁首及頁尾】選項中，也可以看見【頁首】按鈕，點選之後也有下拉式選單可供選擇唷！只不過「頁首」顯示內容大多是標題或製作時間，而「頁尾」大多顯示頁數或聯絡方式（如：公司名稱、地址或聯絡電話等），所以要顯示相關內容時，一定要連「位置」都要考量進去，才算完整喔！

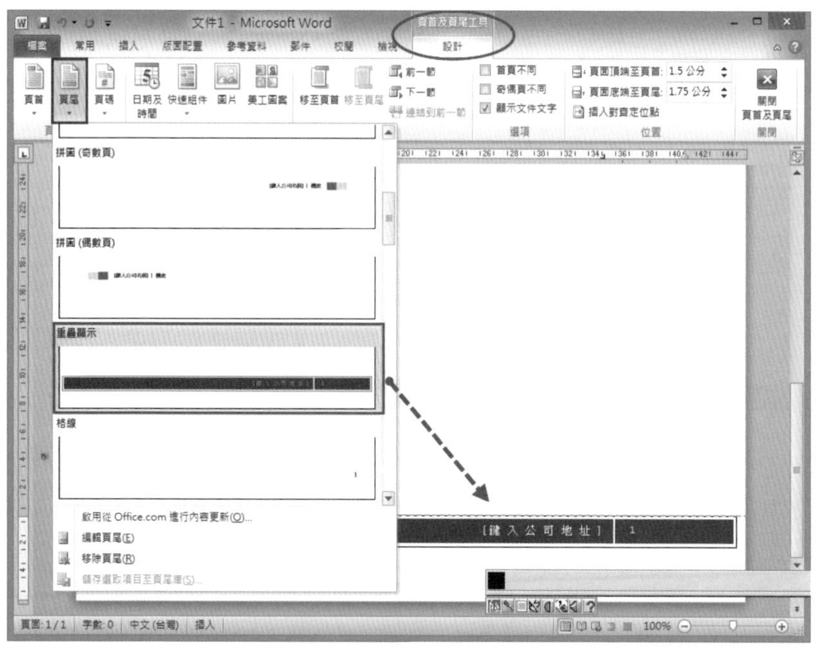

Q&A 如何在頁尾部分設定頁碼？

如果資料不只一頁，要讓閱讀者快速瀏覽且資料整齊不掉頁的最好方式，就是加入「頁碼」。而一般設定頁碼的方式有兩種：

請你這樣做 第一種方式：從【插入】工具列中，新增頁碼

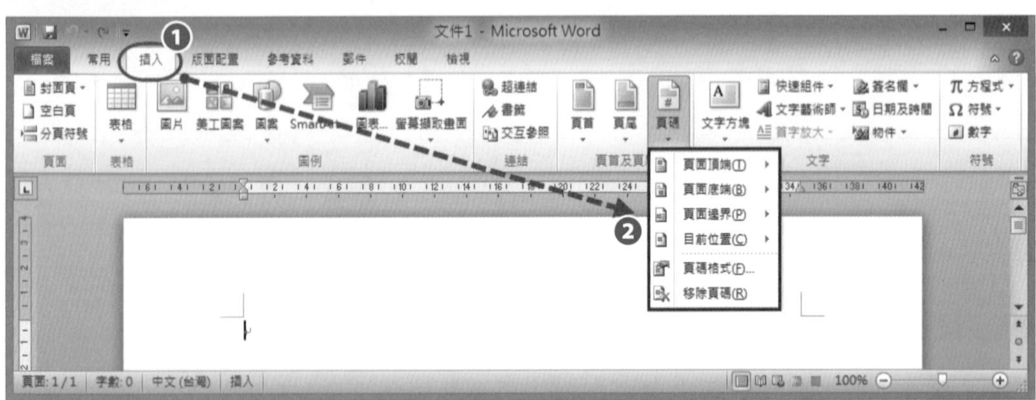

1 在【插入】頁籤中，點選【頁首及頁尾】項目的【頁碼】按鈕，就會出現下拉式選單。

2 在下拉式選單中，就可以選定你所需要的頁碼位置與格式，非常容易！

請你這樣做 第二種方式：從【頁首及頁尾工具 - 設計】工具列中，新增頁碼

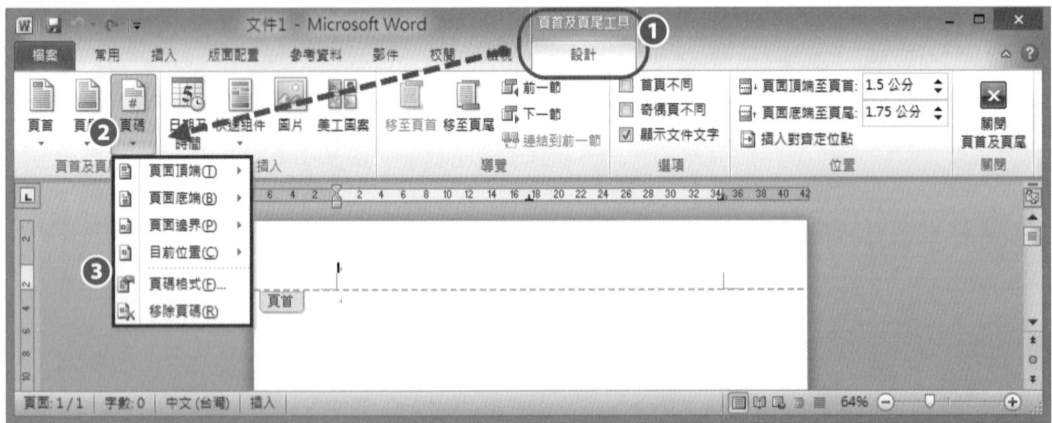

1 先在「頁首」或「頁尾」的位置按左鍵兩下，使【頁首及頁尾工具 - 設計】頁籤顯示出來。

2 在【頁首及頁尾】項目中點選【頁碼】按鈕，就會出現下拉式選單。

3 同第一種方式：在各項的下拉式選單中，就可以選定你所需要的頁碼位置與格式囉！

Q&A 如何移除頁碼？

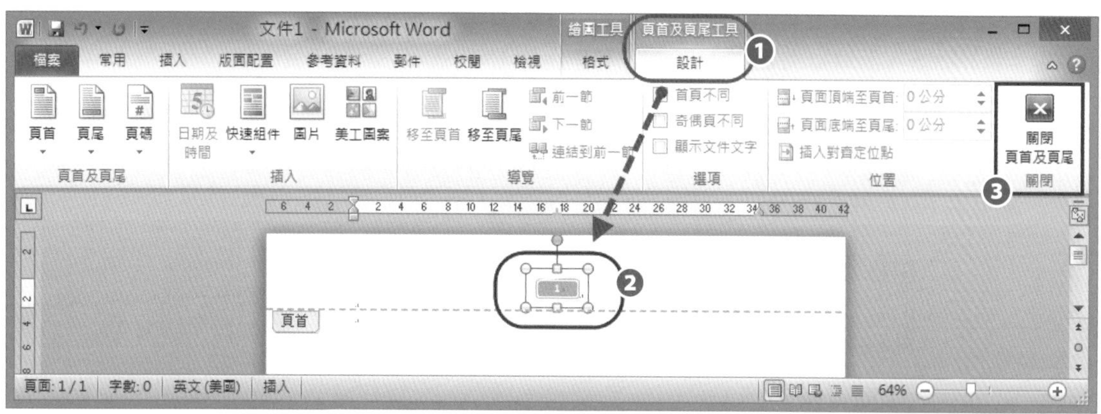

1 「頁碼」其實是一個類似「文字方塊」的東西。所以先利用【頁首及頁尾工具 - 設計】頁籤將「頁碼」選取起來。

2 直接用 Delete 清除「頁碼」，就完成了！

3 最後點選【關閉頁首及頁尾】鈕來完成工作。

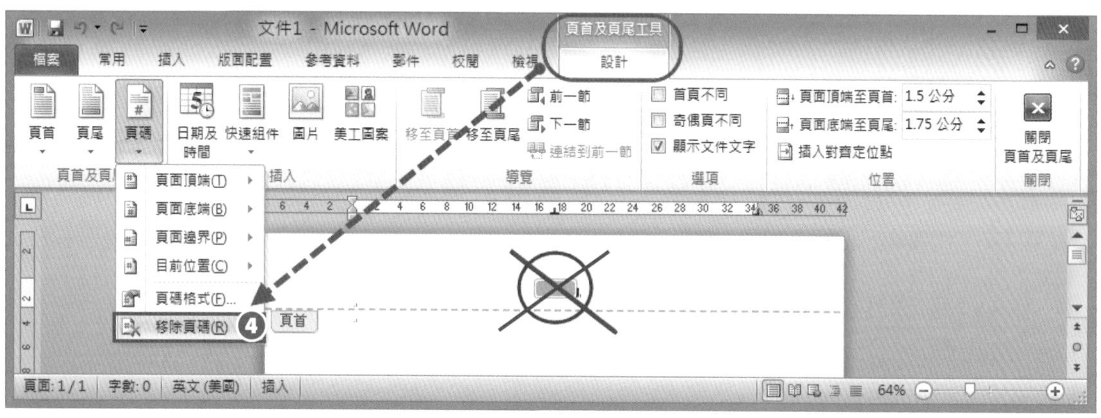

4 也可以在【頁首及頁尾】項目的【頁碼】下拉式選單中，直接點選【移除頁碼 (R)】，頁碼就會被清除囉！

Q&A 如何在頁碼部分顯示出總頁數？（如：[頁 X/Y] 的格式，其中 Y 是文件的總頁數）

如果資料很多不只一頁，而且還能讓閱讀者明白目前閱覽的速度或位置的最佳方式，就是在頁碼中加入「總頁數」。一般設定的方式有兩種：

請你這樣做 第一種方式：直接使用「內建」樣式

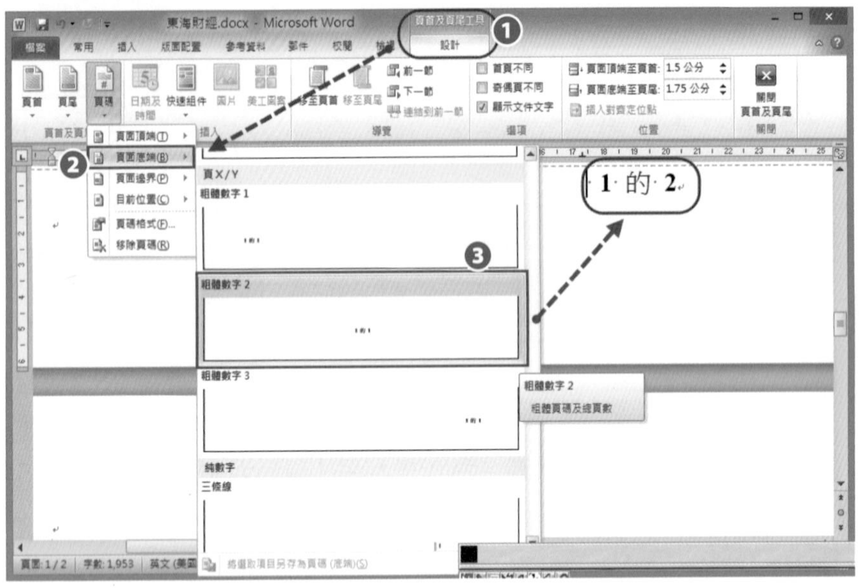

1 先在頁首或頁尾的部分按左鍵兩次，讓【頁首及頁尾工具 - 設計】頁籤顯示出來。

2 在【頁碼】的下拉式選單中，點選【頁面底端 (B)】，就會出現該項目的下拉式選單。

3 其中有 [頁 X/Y] 格式，而且還有置左、置中和置右可供選擇，只要用滑鼠點選你要的格式，就完成囉！

請你這樣做 第二種方式：建立「自訂頁碼」格式

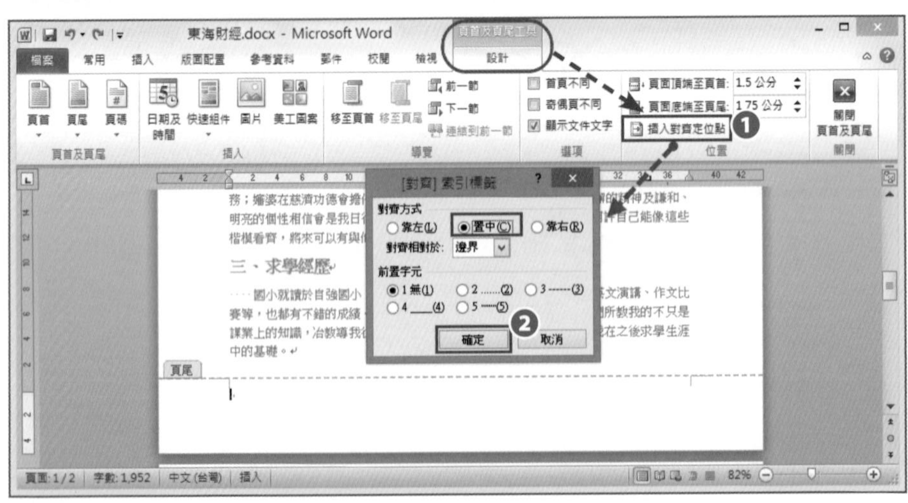

1 先在【頁首及頁尾工具 - 設計】頁籤中，點選【插入對齊定位點】。

2 在【對齊】索引標籤的彈跳式選單中，點選【對齊方式】，結束後記得點選【確定】鍵。

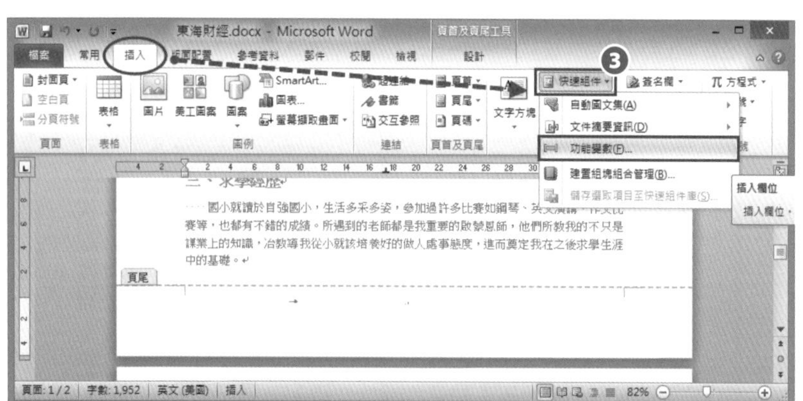

3 從【插入】頁籤中點選【快速組件】選項，並在下拉式選單中點選【功能變數(F)】。

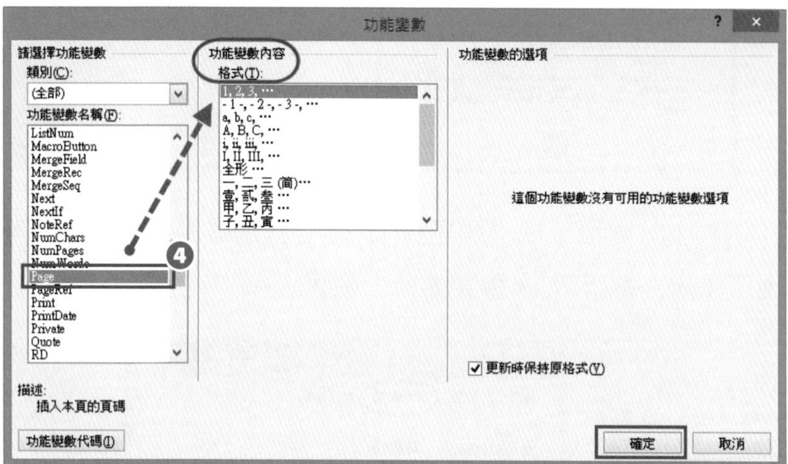

4 在彈跳出的【功能變數】選單中，先將【功能變數名稱 (F)】選擇【Page】，並在【格式】中選擇自己喜愛的樣式，完成後記得點選【確認】鍵。

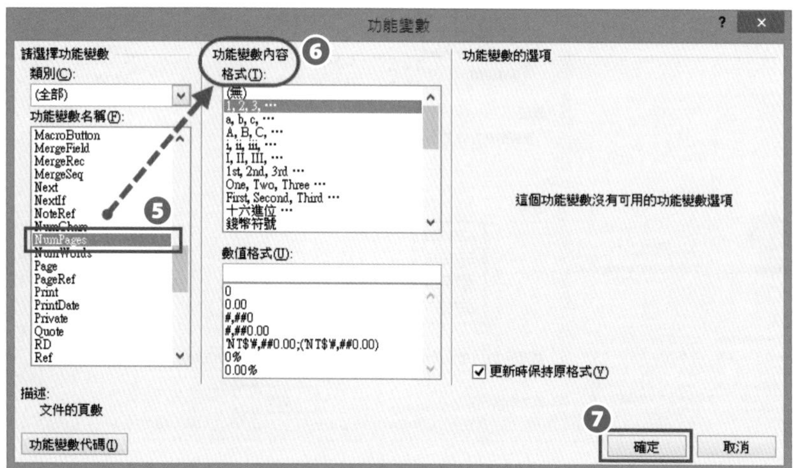

5 頁碼輸入後，依序輸入「一個空格」、「/」標記和「一個空格」。

6 然後重複上面步驟：依序點選【插入】頁籤→【快速組件】選項→【功能變數 (F)】，讓【功能變數】選項彈跳出來。

7 在彈跳出的【功能變數】選單中，先將【功能變數名稱 (F)】選擇【NumPages】，並在【格式】中選擇自己喜愛的樣式，完成後記得點選【確認】鍵，就會完成如同示範的頁碼樣式了！

請你這樣做　如何移除第一頁的頁碼？

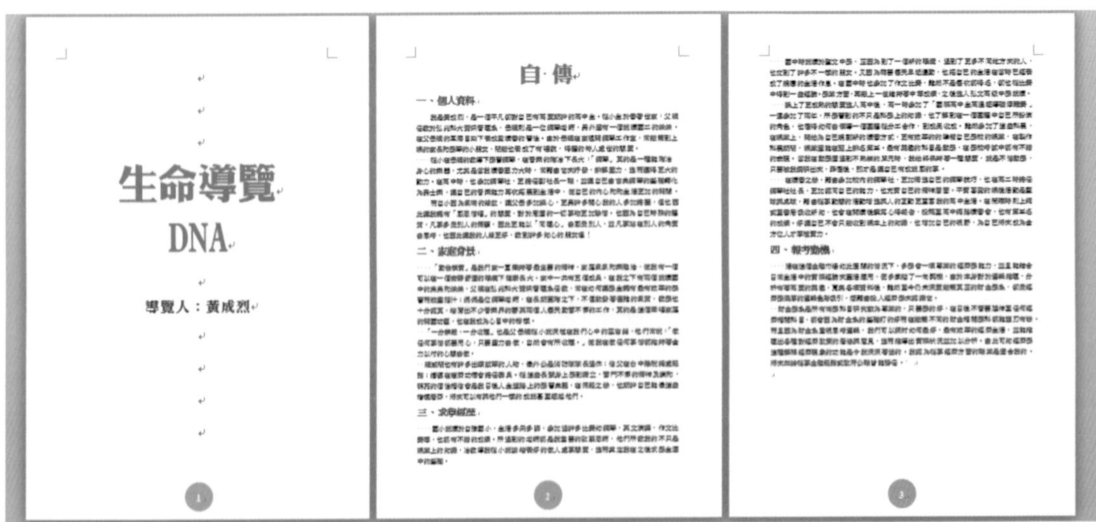

有些資料的第一頁要求需附上「封面」或「標題頁」，但它們通常不需要頁碼，可是你已經將各頁都標上頁碼了（如上圖所示），那要如何去除呢？

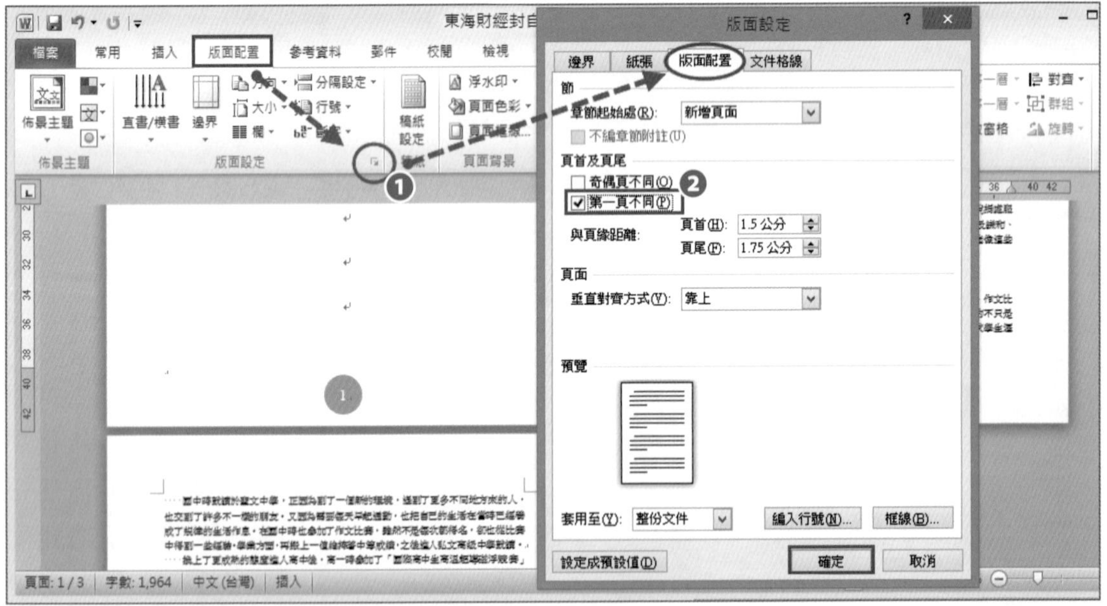

1 從【版面配置】頁籤中找到【版面設定】次頁籤，並右下角點選 ↘，將彈跳式選單顯示出來。

2 接著在【版面配置】選項中，將【第一頁不同 (P)】勾選起來，完成後記得點選【確定】鈕。

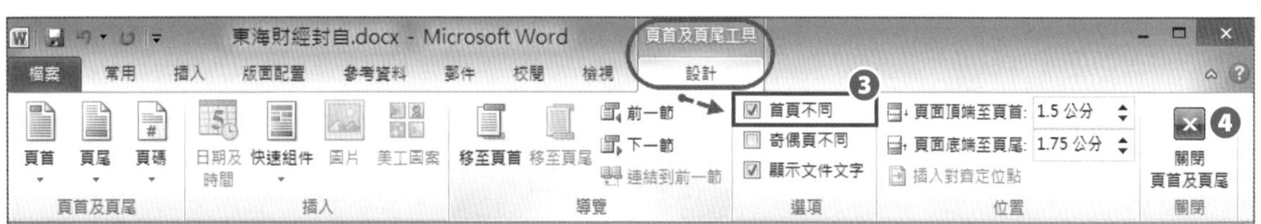

3 你也可以直接從【頁首及頁尾工具 - 設計】頁籤中利用【選項】項目，並勾選【首頁不同】。

4 完成後點選 X【關閉】鈕。

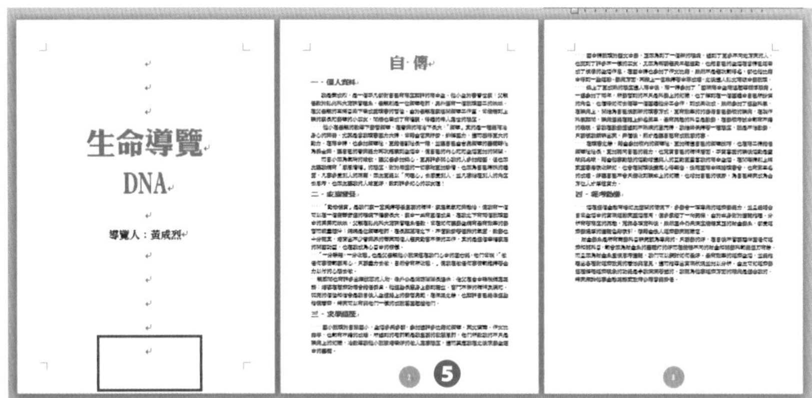

5 你就會發現：第一頁的頁碼已經直接移除完畢了！不過……第二頁以下不會主動更正頁碼，要自行更動，一定要特別留意唷！

請你這樣做 如何從其他頁（非第一頁）開始編號？

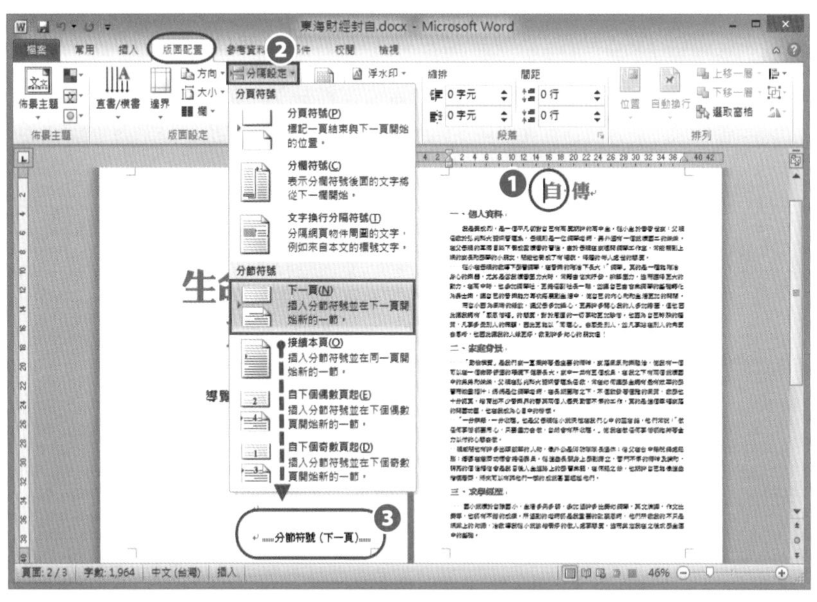

1 將游標放置在開始編號的頁面開頭。

2 點選【版面配置】頁籤中的【分隔設定】鈕，讓下拉式選單顯示出來。

3 在下拉式選單中點選【分頁符號】的【下一頁 (N)】選項，就會在前一頁的頁尾插入「分節符號（下一頁）」。

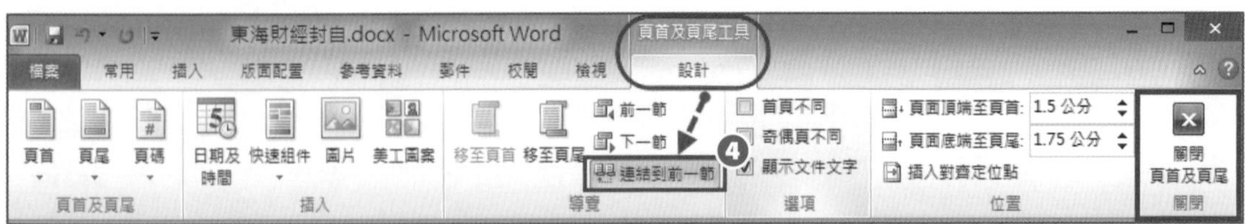

4 先在頁尾部分按左鍵兩下，使【頁首及頁尾工具 - 設計】頁籤顯示後，一定要將【連結到前一節】按鈕取消，以關閉連結。

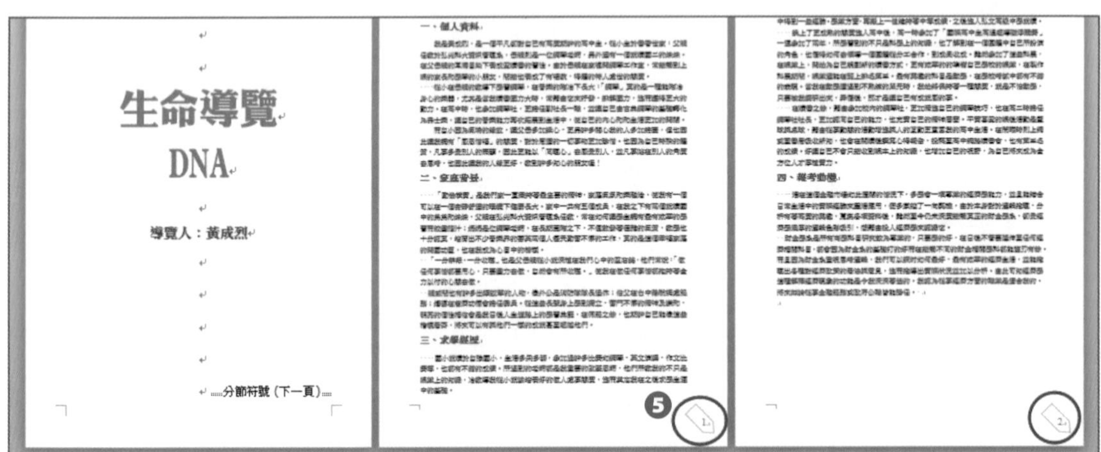

5 然後依照上面所說「如何在頁尾部分設定頁碼」的方式設定頁碼。就完成了！

小試身手

請同學將光碟「Word 暖身操作業檔 03.docx」檔案，設定成合乎下列格式要求。

1.「頁首」左側請標著報考校系名稱：「銘傳財務金融系」；右側標著報考人姓名：「吳荷娜」，均為 10pt 標楷體、顏色使用「自動 (A)」。
2.「頁尾」使用頁碼之「圖形三角形 2」。

學習重點：

1. 設定頁首文字大小、字型與顏色
2. 設定頁尾頁碼
3. 設定首頁無頁碼狀態
4. 設定首頁不同狀態

Word 製作超 easy

「自傳」是審查資料中最核心的必備文件。攤開簡章，無論是哪一類型的學群，審查資料欄中都是不可或缺的存在。所以自傳的製作，通常決定是否上榜的重要關卡。因此，本章教你如何輕鬆速成，產生具有績效的自傳，順利上榜！

審查資料是甄選學校與考生第一次的親密接觸，因此，大多會針對各校系的特質或屬性，提出不同需求。但現行制度為了改善學生經濟壓力與推行環保概念，所以目前實施所謂的「線上書審」制度。不過……除了有些學校要求需「手寫後掃瞄上傳」之外（如：國立暨南國際大學歷史學系），所有上傳資料最好仍建議以電腦文書格式處理，較為整齊美觀。

國立暨南國際大學歷史學系簡章

國立暨南國際大學 歷史學系		學測、英聽篩選方式 第一階段			甄選總成績採計方式及佔總成績比例 第二階段					甄選總成績同分參酌之順序
		科目	檢定	篩選倍率	學測成績採計方式	佔甄選總成績比例	指定項目	檢定	佔甄選總成績比例	
校系代碼	058062	國文	均標	7	*1.00	30%	審查資料	--	20%	一、面試 二、審查資料 三、社會學科能力測驗 四、國文學科能力測驗
招生名額	19	英文	均標	6	*1.00		面試	70分	50%	
性別要求	無	數學	--	--	--					
預計甄試人數	57	社會	均標	3	*1.00					
原住民外加名額	2	自然	--	--	--					
離島外加名額	無	總級分	--	--	--					
指定項目甄試費	1200	英聽	--	--	--					
寄發(或公告)指定項目甄試通知	104.3.26	指定項目內容	審查資料	項目：高中(職)在校成績證明 20 %、自傳(學生自述) 20 %、讀書計畫(含申請動機) 20 %、成果作品 20 %、其他(手寫短文1篇) 20% 說明：1.短文題目不拘，以中文或英文手寫500字文章，掃描成檔案後上傳。2.審查資料為指定項目面試時參考用，請於規定期限前上傳清晰可辨識之資料。						
繳交資料收件截止	104.3.31									
指定項目甄試日期	104.4.10 至 104.4.11									
榜示	104.4.24		甄試說明	1.通過第一階段篩選者，請於3月26日中午12:00起至http://www.exam.ncnu.edu.tw/大學個人申請入學考試下載相關規定並繳交甄試費用。2.面試：文史知識、讀書計畫、成果作品及短文等審查內容。3.面試評分標準：言辭10%、才識30%、反應能力20%、組織與分析能力40%。4.本系第2階段甄試日期暫定2天(4/10-4/11)，實際將以報名人數再行調整作業。5.優先錄取低收入戶考生1名。						
甄選總成績複查截止	104.4.30									
離島外加名額縣市別限制		(無)								
備註		一、本系著重十五世紀以後東西文明互動下，社會、經濟與文化的變遷。據此規劃中國經濟史、社會文化史、海洋發展史、海外華人史、台灣社會文化史及世界文明史等六大領域。 二、本系網址：http://www.his.ncnu.edu.tw,e-mail:cnhis@ncnu.edu.tw。 三、聯絡電話：049-2910960分機2673廖小姐。								

1 要求「手寫短文一篇，題目不拘，中英文均可，掃瞄後上傳」，夠清楚了吧！

2 雖然「題目不拘」，內容當然也要與歷史、文化、社會有關係，才能有加分效果且不離題唷！千萬不要附上一則隨意手抄的文章，那只會讓人產生輕忽、不重視的不良感受，一定要多留心。

但是，如何能製作出一份閱讀舒適且簡單好製作的審查資料呢？如果你會使用 LaTex 專業排版軟體，當然能在看慣極品論文的審查委員面前，奪得先機；如果你還不會，甚至還未能上手，那就千萬不要浪費時間在這個部分上，直接使用 Microsoft Word 2010 並依照以下筆者所建議的步驟，一樣能輕鬆達到美觀的需求唷！

7-1 如何製作分隔頁？

為了讓閱讀者能在文件中輕易找出內容，使用「分隔頁」是最簡單的方式。所以，分隔頁的設計除了美觀之外，「明確顯示出標題」才是最重要的事；其中不僅可以利用文字變化設計或插圖來增進閱讀親切感，如果還能附上「側標籤」，那就更完備了！那要如何製作出簡單又美觀的「分隔頁」呢？

7-1-1 製作直書文件

因為現行的打字閱讀習慣多為「橫寫文字」安排，當然也可以直接運用橫寫文字在「分隔頁」中。但是既然分隔頁的目的是為了要明確區分前後內容，那……如果使用與內文相反的「直寫文字」樣式，不就更顯突出與不同？

▲「橫寫文字」設計

▲「直寫文字」安排

Q&A 要如何製作「直書」的效果呢？

請你這樣做 插入直書文字

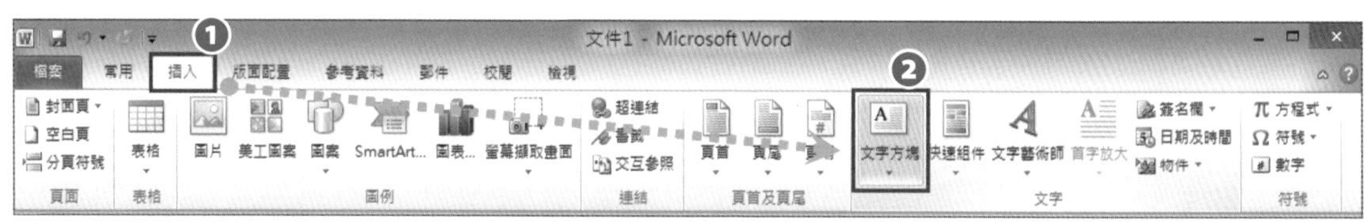

1. 從 Word 2010 上方【工具列】選取【插入】頁籤。
2. 在【文字】項目中點選【文字方塊】按鈕，即可展開選單。

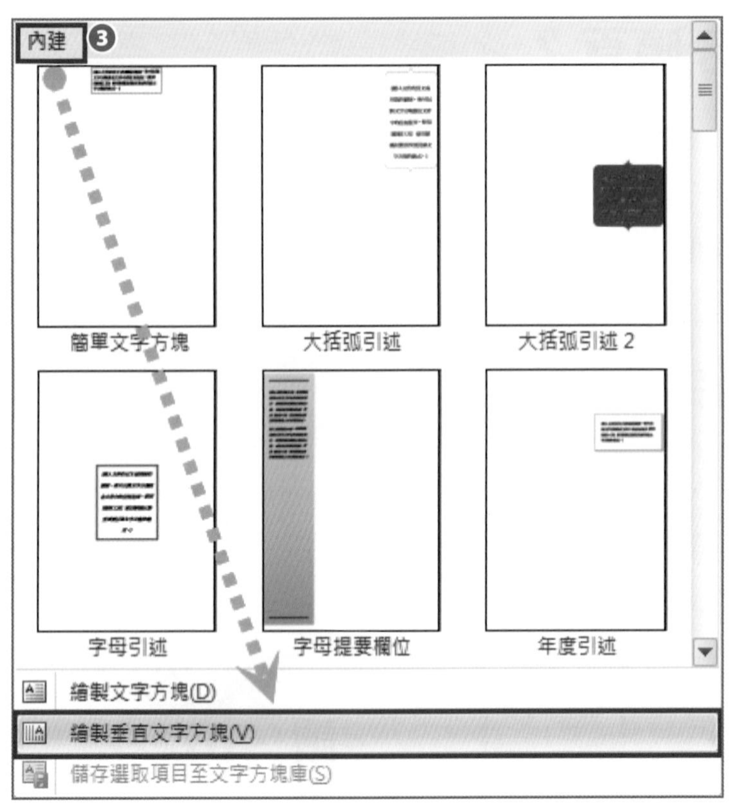

3 選單中有許多「內建」的格式可供參考利用。但如果要製作「直書文字」，則要選擇下方【繪製垂直文字方塊 (V)】才行。

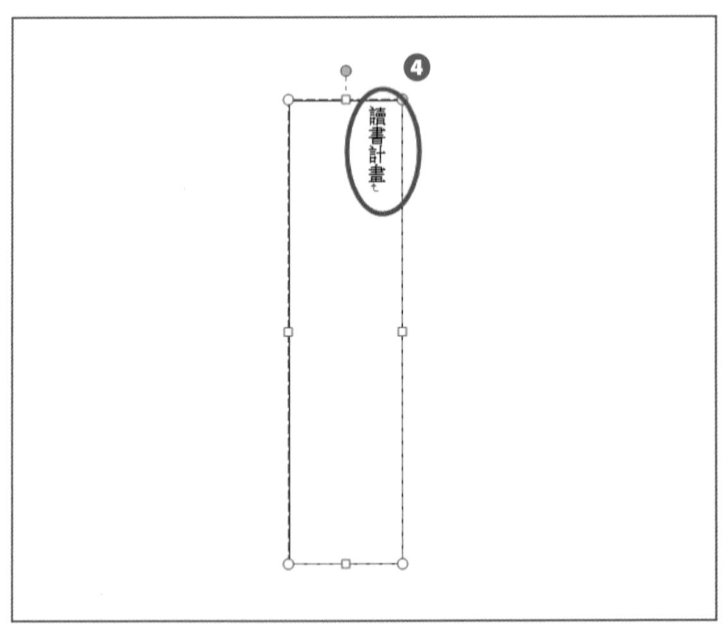

4 點選【繪製垂直文字方塊 (V)】之後，就會在文件中出現「虛線方塊」，在游標上直接輸入文字就大功告成了，非常方便！

學會如何插入「直行文字」之後，你可以直接使用，設計出「簡約版」的分隔頁面。

請你這樣做 直接使用直書文字之佈局

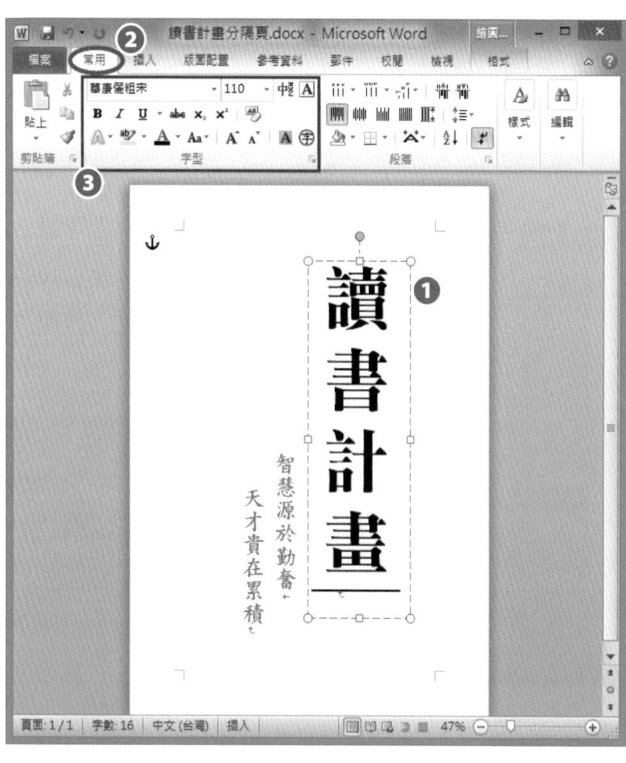

1 先使用上述「製作直書文字」將預先安排的文字 -「讀書計畫」四字輸入進去

2 再從 Word 2010 上方【工具列】選取【常用】頁籤。

3 在【字型】項目中更換文字字型、大小與顏色即可。

但插入的文字框有預設實線的固定安排，那要如何去除文字框線呢？

請你這樣做 去除文字框

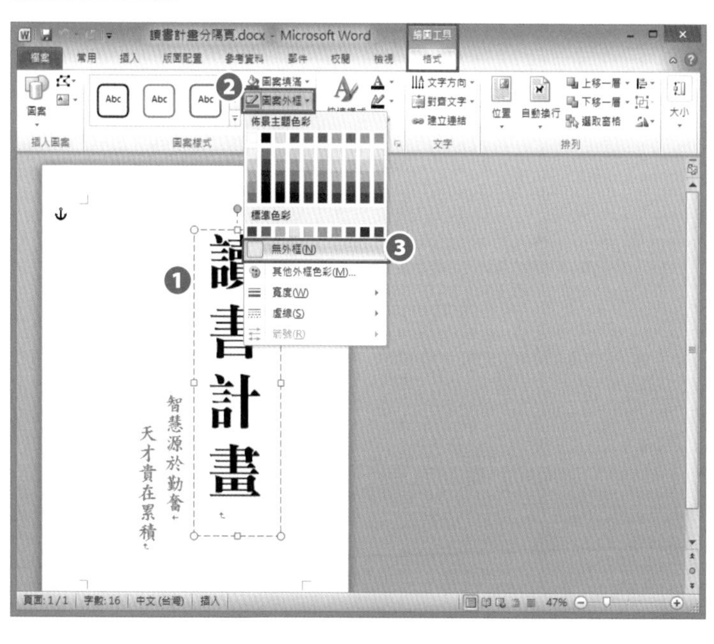

1 先將游標定在文字框上，就會在 Word 2010 上方【工具列】出現【繪圖工具】頁籤。

2 在【圖案樣式】項目中點選【圖案外框】按鈕，即可展開選單。

3 從中選取【無外框 (N)】選項，即可消除預設的黑色文字框唷！

請你這樣做　更換文字顏色

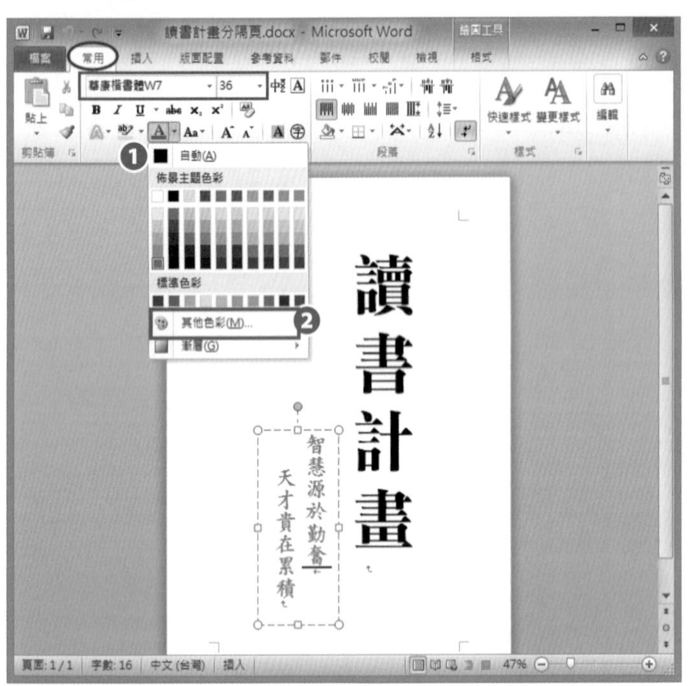

1 如果不喜歡預設的黑色字體，從上方【工具列】選取【常用】頁籤後，除了能更換你所喜愛的字型、大小外，甚至點選展開【字型色彩】下拉式選單，就可以自行選擇你要的顏色，非常方便！

2 如果從「佈景主題色彩」或「標準色彩」中，仍然找不到你所喜愛的顏色，那你也可以選取【其他色彩(M)】，就會彈跳出【色彩】對話框，就可以從中製造出你所喜愛的顏色了！

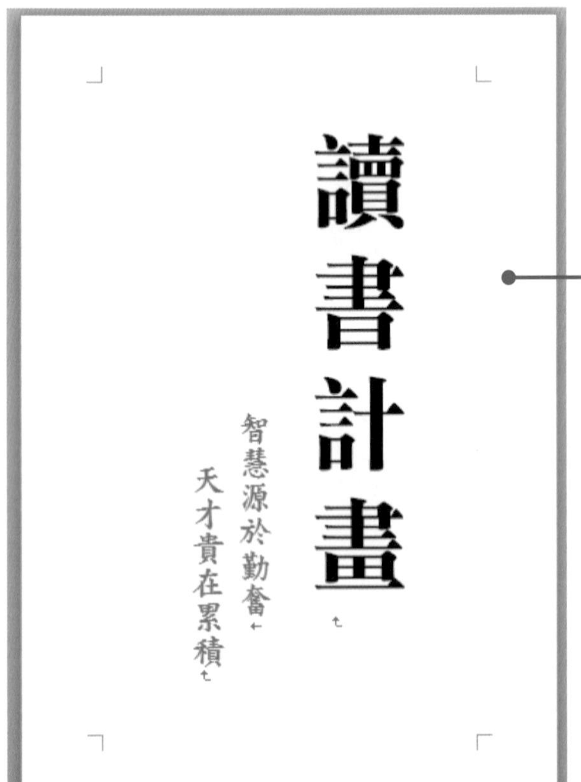

依照上述 1-9 步驟，就可以輕鬆完成簡單又不失莊重的分隔頁了！

除此之外，你也可以將「插入直書文字」的方式，再搭配「更換頁面色彩」的方式加以利用。例如：

請你這樣做 更換頁面色彩＋直書文字之佈局

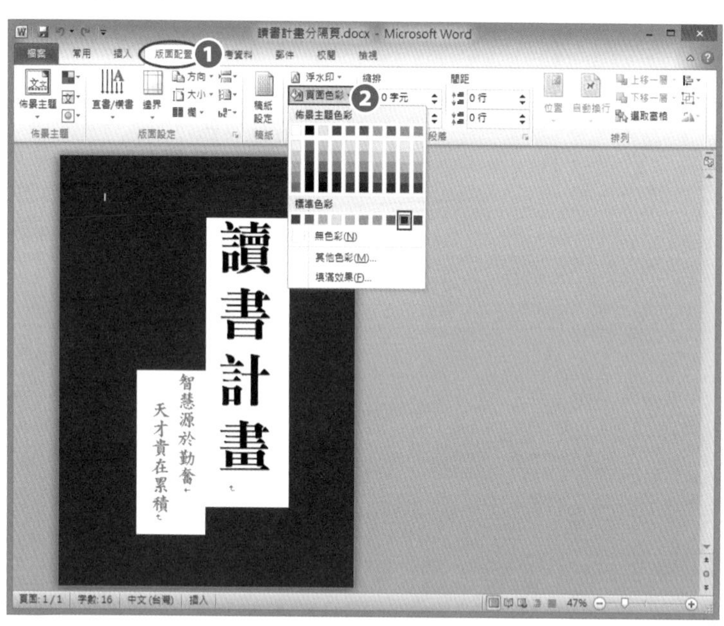

1 與上述「簡約版」一樣的步驟完成之後，點選【版面配置】頁籤。

2 在【頁面背景】項目中點選【頁面色彩】按鈕，即可在展開選單中，選取自己喜歡的紙張色彩。

但是……先行設定的文字框會出現白底色塊。那要如何去除它呢？

請你這樣做 去除文字框白底色塊

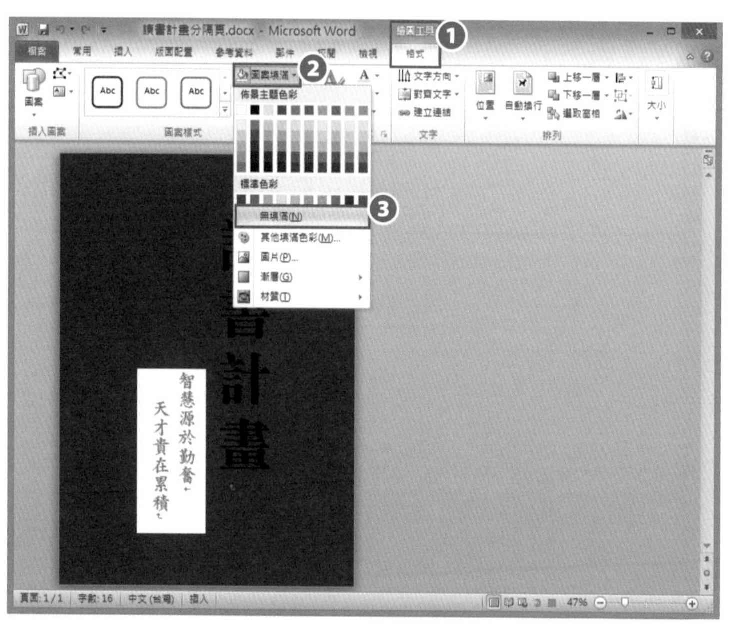

1 先將游標定在文字框上，就會在 Word 2010 上方【工具列】出現【繪圖工具】頁籤。

2 在【圖案樣式】項目中點選【圖案填滿】按鈕，即可展開選單。

3 從中選取【無填滿 (N)】選項，即可消除文字框中的白底色塊唷！

不過……如果自己沒有美感，又找不出適合的顏色搭配，該怎麼辦？還好 Word 2010 有貼心延續「佈景主題」的設計可以提供幫忙喔！

請你這樣做 選擇「佈景主題」安排

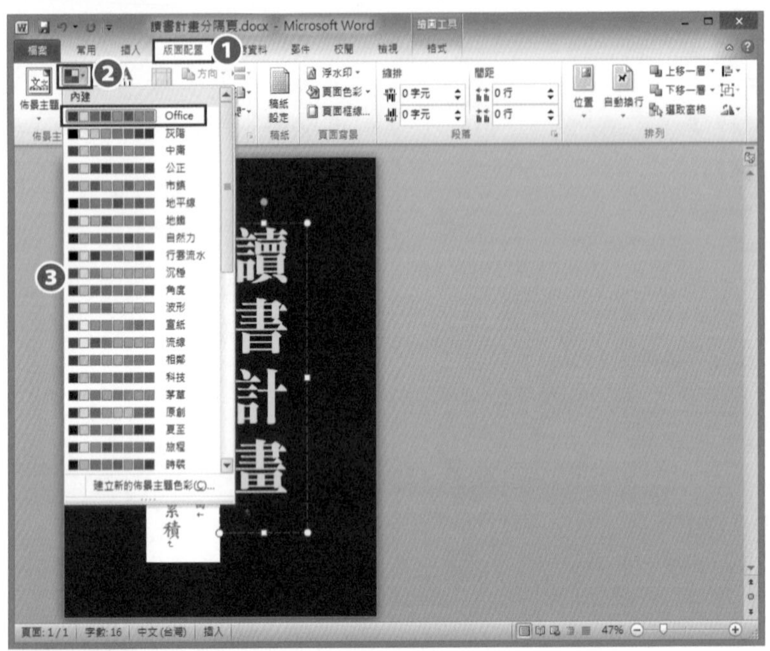

1 在 Word 2010 上方【工具列】點選【版面配置】頁籤。

2【佈景主題】項目點選【色彩】按鈕，即可展開選單。

3 從中有許多內建的風格主題色彩可選擇，非常方便喔！

請你這樣做 示範版本完成

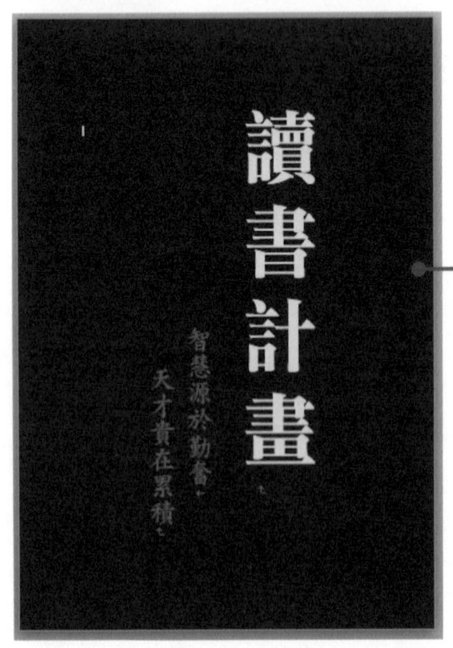

依照上述步驟，就可以輕鬆完成換個顏色且具個人風格的分隔頁了！

小試身手

請同學將光碟「Word 分隔頁作業檔 01.docx」檔案，設定成合乎下列格式要求。

1. 佈景主題色彩為「基本」，頁面色彩為「紅色、文字 2」。
2. 「大標題文字（治學之道）」為 110pt 華康儷粗宋、顏色為「金色、輔色 2、較淺 40%」。
3. 「次標題文字（學海無涯勤是岸，青雲有路志為梯）」為 40pt 華康楷書體 W7、顏色為「深黃褐、背景 2、較深 40%」。

學習重點：

1. 設定佈景主題色彩
2. 設定頁面色彩
3. 插入直書文字
4. 去除文字框與文字框色塊

7-1-2 美化文字效果

如果改變頁面色彩或字型已無法滿足追求完美的要求，那可以試著使用「變更文字效果」、「設定網底色彩」、「增加文字漸層」或其他方式，來加強文字的立體度喔！

請你這樣做 增加文字漸層

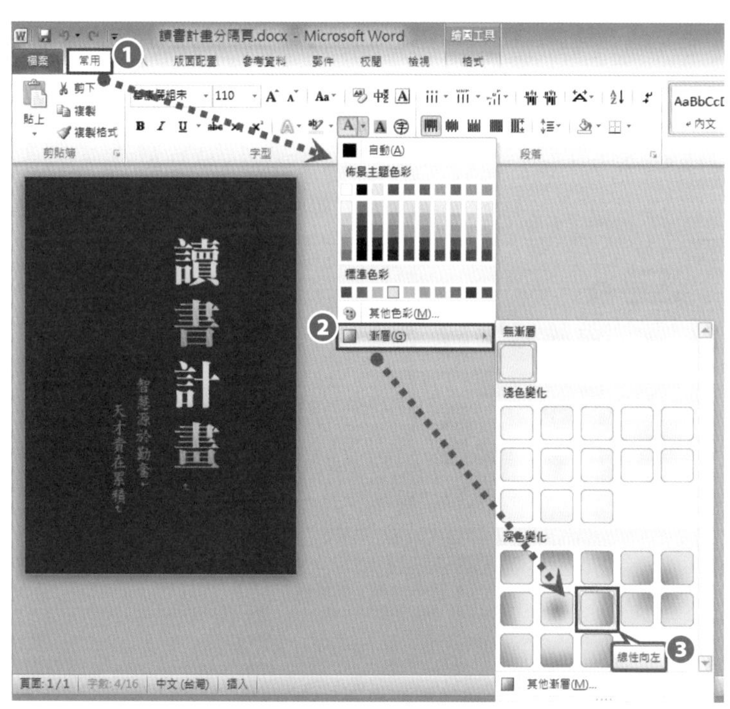

1 選取標題文字「讀書計畫」後，點選【常用】頁籤。

2 在【字型】項目中點選【字型色彩】按鈕，即可展開選單，並從中選取【漸層(G)】選項，就會展開選單。

3 你可以從中選擇合適需求。例如：「線性向左」就是漸漸向左呈現你所設定的文字顏色。

如果你覺得單色文字不夠突顯標題文字，可以利用「雙色」甚至「彩色」來搭配。

請你這樣做 多色文字漸層

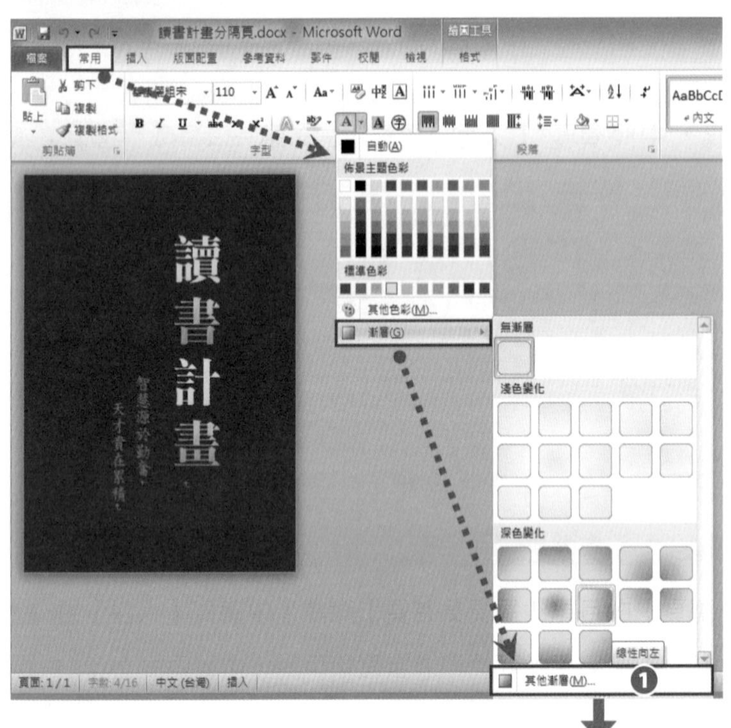

1 如果要使用多色漸層，就要在【常用】頁籤→【字型色彩】→【漸層 (G)】的選單中，點選【其他漸層 (M)】。

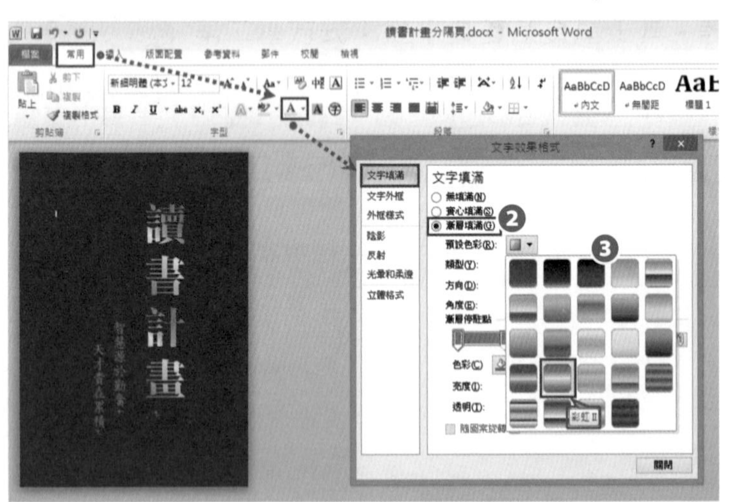

2 在彈跳出來的【文字效果格式】對話框中，選取【實心填滿 (G)】後，就會顯示可供設定的選項。

3 其中點選【預設色彩 (R)】按鈕，就有 20 多種預設風格可供選擇，顏色也已搭配完成，可以盡情利用。

你也可以「更改文字外框」的方式，讓文字看起來更加繽紛。

請你這樣做 文字外框更改

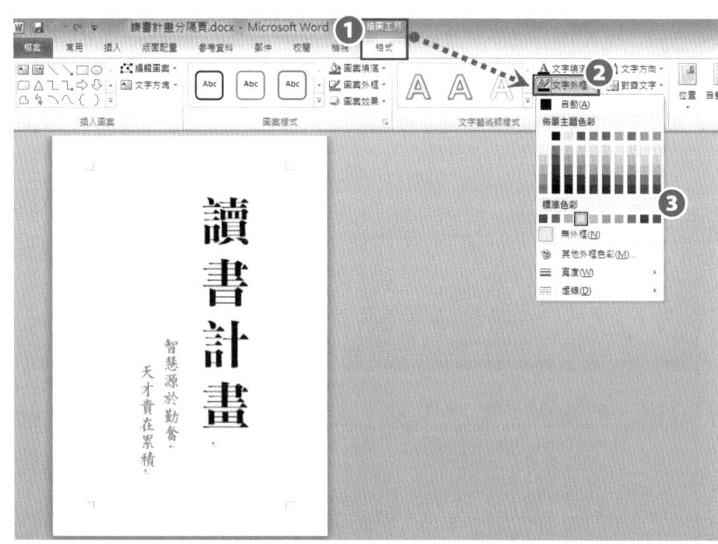

1 先選取想要更改的文字「讀書計畫」，就會在 Word 2010 上方【工具列】出現【繪圖工具】頁籤。

2 在【文字藝術師樣式】項目中點選【文字外框】按鈕，即可展開選單。

3 從中你想要的顏色，就會在原有的文字顏色中出現外框顏色唷！

你更可以藉由「設定網底色彩」的方式，讓文字突顯出來，進而顯示標題內容。

請你這樣做 設定網底色彩

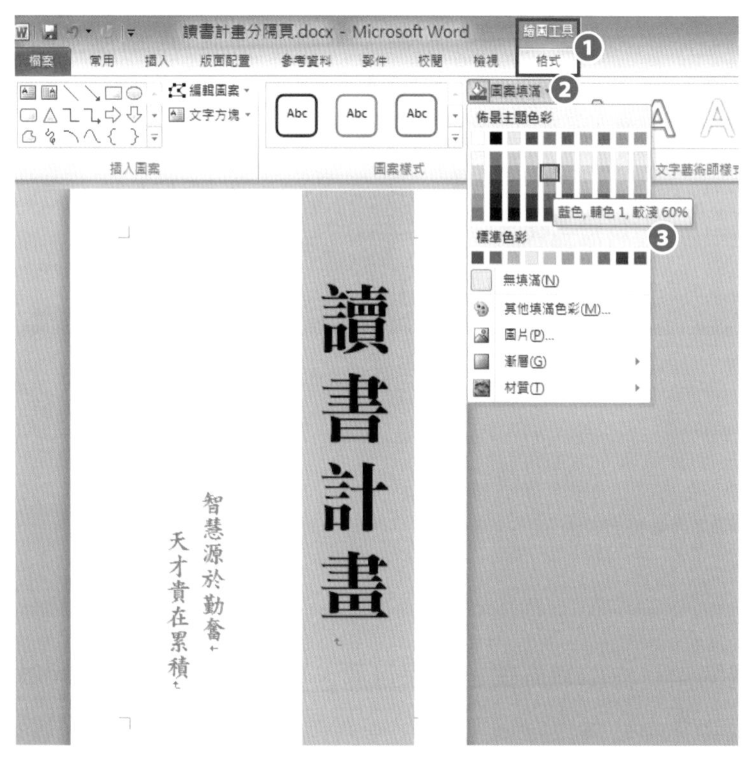

1 將游標定在文字框中，會在 Word 2010 上方【工具列】出現【繪圖工具】頁籤。

2 在【圖案樣式】項目中點選【圖案填滿】按鈕，即可展開選單。

3 從中選取你想要的顏色，就會在文字框中顯示出所設定的顏色。

請你這樣做 漸層網底設定

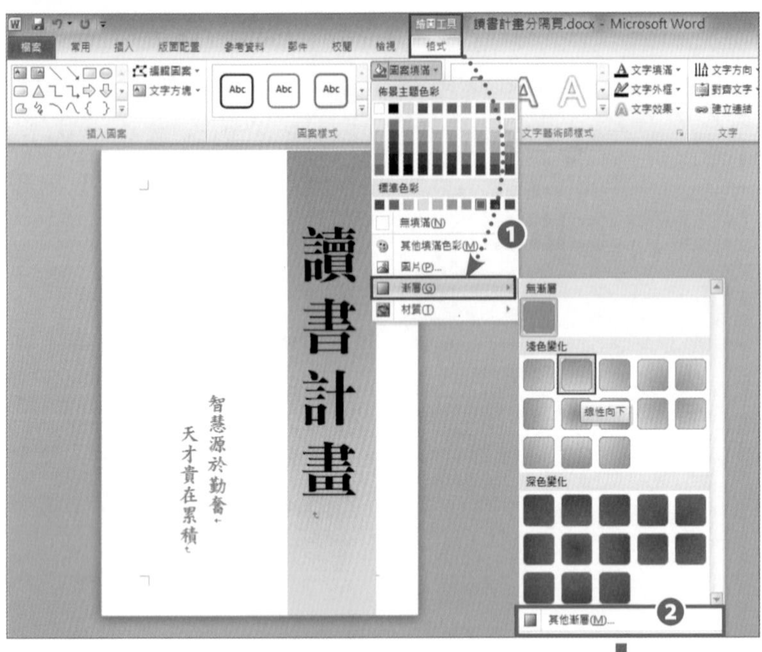

1 如果你覺得單色網底太過單調，你也可以依序使用【繪圖工具/格式】→【圖案填滿】的方式將網底先設定色塊後，再選擇【漸層(G)】，讓色塊有不同的變化。

2 如果在【漸層(G)】的選單中，點選【其他漸層(M)】，就會出現【格式化圖案】對話框。

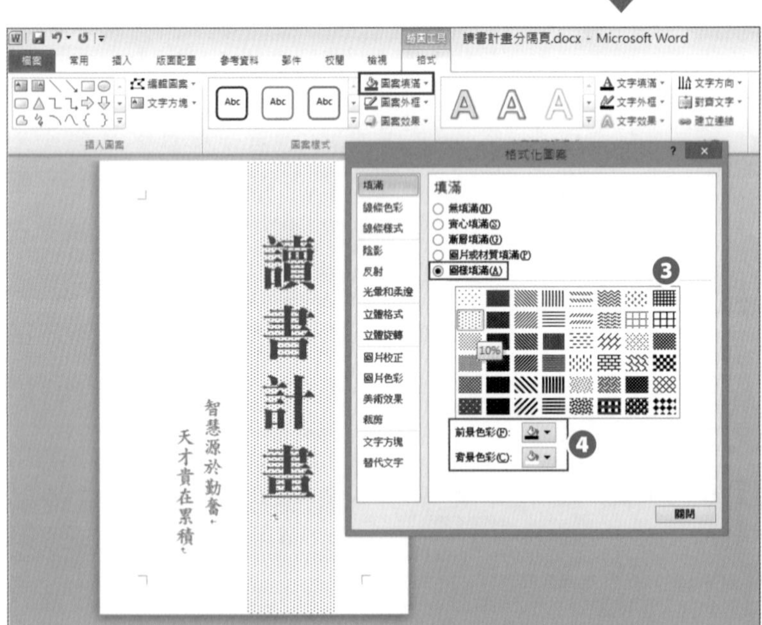

3 從中有許多設定可供選擇。例如選擇【圖樣填滿(A)】，就會出現許多圖樣可供選擇，非常方便。

4 你也可以利用設定【前景色彩(F)】或【背景色彩(C)】的方式，更換圖樣顏色唷！

請你這樣做 材質網底設定

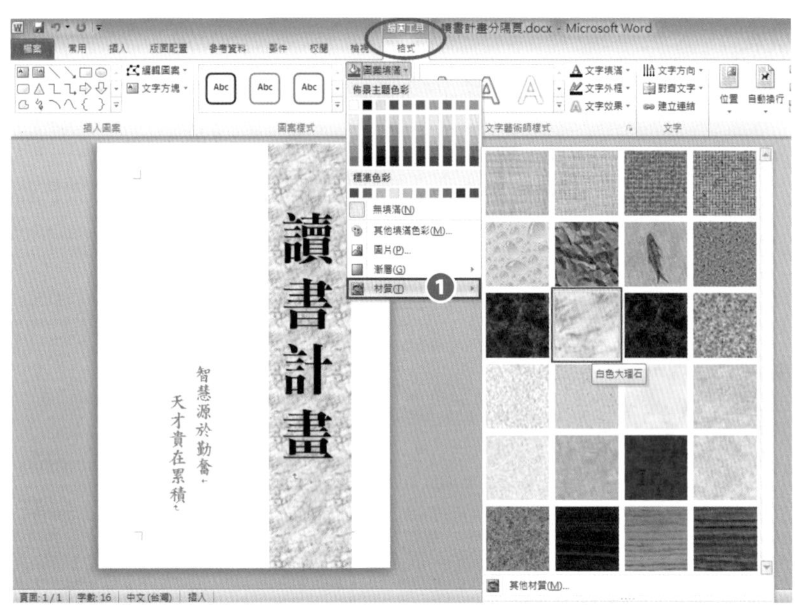

1 你也可以在【圖案填滿】的下拉式選單中，直接選取【材質(T)】，就會有預設的各種材質圖案可供選擇，非常便利唷！

小試身手

請同學將光碟「Word 分隔頁作業檔 02.docx」檔案，設定成合乎下列格式要求。

1. 佈景主題色彩為「波形」，頁面色彩為「材質 - 畫布」。
2. 「大標題文字（治學之道）」為 105pt 華康儷粗宋、顏色為「藍色、輔色 2、較淺 60%」；文字背景框為「藍色、文字 2、較淺 60%，漸層深色變化、從左下角」。
3. 「次標題文字（學海無涯勤是岸，青雲有路志為梯）」為 40pt 華康楷書體 W7、顏色為「藍綠色、輔色 6、較深 25%」。

學習重點：

1. 更改佈景主題色彩
2. 設定頁面色彩
3. 設定網底色彩
4. 設定文字框色塊

7-1-3 文字藝術師

文字藝術師是 Word 2007 推出時的一種文字樣式圖庫功能。如果上面兩節的內容仍無法滿足追求極致的你，那……2010 版的文字藝術師絕對是值得推薦的選項。因為新版的文字藝術師不僅強化原有功能，並使用「文字效果」取代舊版「變更圖案」功能，讓文字在變更圖樣的同時，還可設定陰影、反射、光暈、浮凸、立體旋轉、轉換等效果，讓變化更豐富。

你可以直接使用「文字效果設定」的方式，讓文字做出漂亮的特效。

請你這樣做 文字效果設定

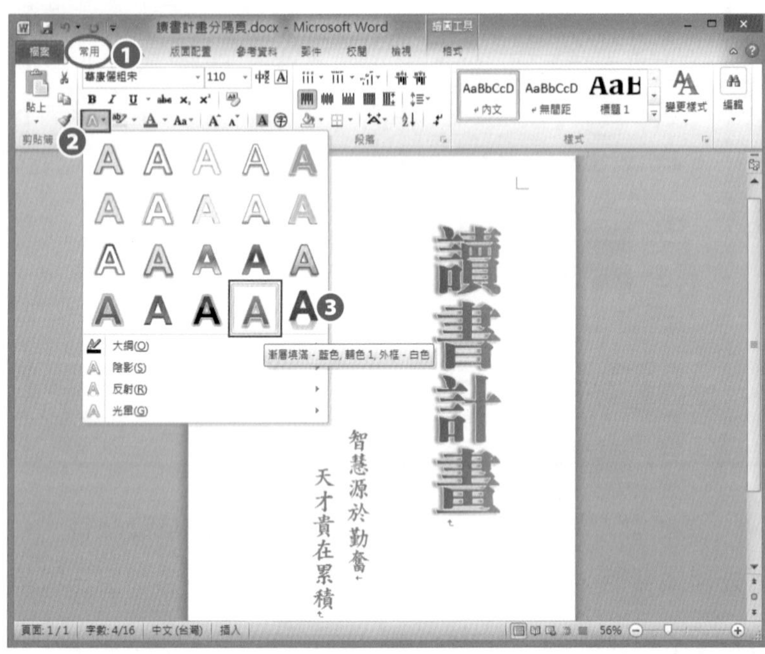

1 先選取要更改的文字 -「讀書計畫」，並點選 Word 2010 上方【工具列】的【常用】頁籤。

2 在【字型】項目中點選【文字效果】按鈕，即可展開選單。

3 從中選取你想要的顏色與效果，就會在原有的文字上顯現效果了。

你也可以再加上「文字藝術師 - 轉換」的方式，讓文字看起來更活潑。

請你這樣做 文字藝術師 - 轉換方式 1

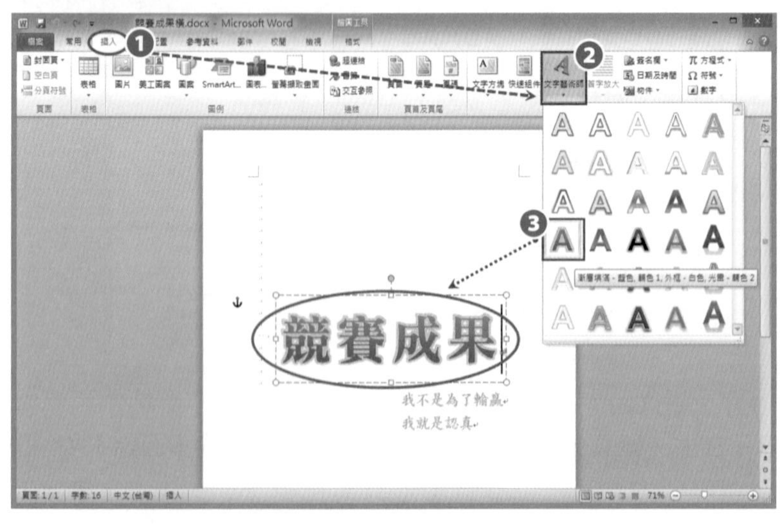

1 先選取要更改的文字 -「競賽成果」，並點選 Word 2010 上方【工具列】的【插入】頁籤。

2 在【文字】項目中點選【文字藝術師】按鈕，即可展開選單。

3 再從選單中選取你想要的「文字效果」。

請你這樣做 文字藝術師 - 轉換方式 2

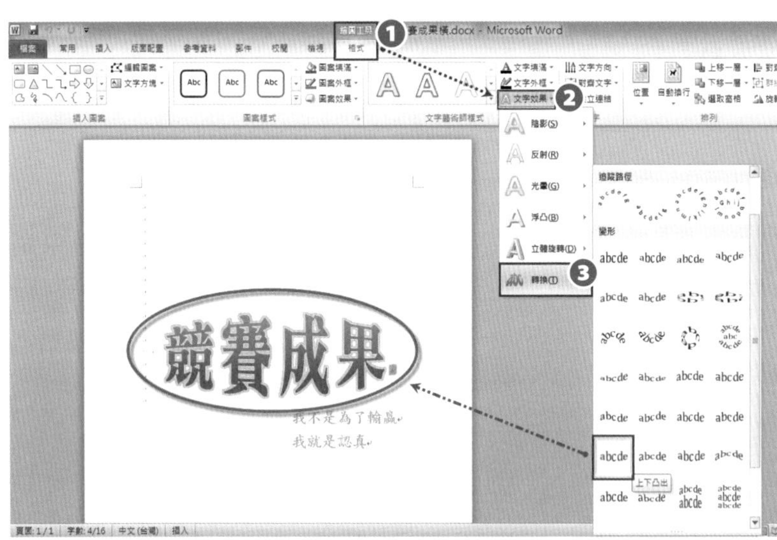

1 重新將游標定在文字框中，會在 Word 2010 上方【工具列】出現【繪圖工具格式】頁籤。

2 在【文字藝術師樣式】項目中點選【文字效果】按鈕，即可展開選單。

3 從中選取【轉換(T)】，並在展開的選單中選取你要的文字變形樣式，就會讓文字顯示出所設定的樣式了。

除此之外，如果重複使用「文字效果」的方法，就可以製造出專屬自己的特效文字，讓文字看起來更加潮炫。

請你這樣做 光暈 + 反射效果設定

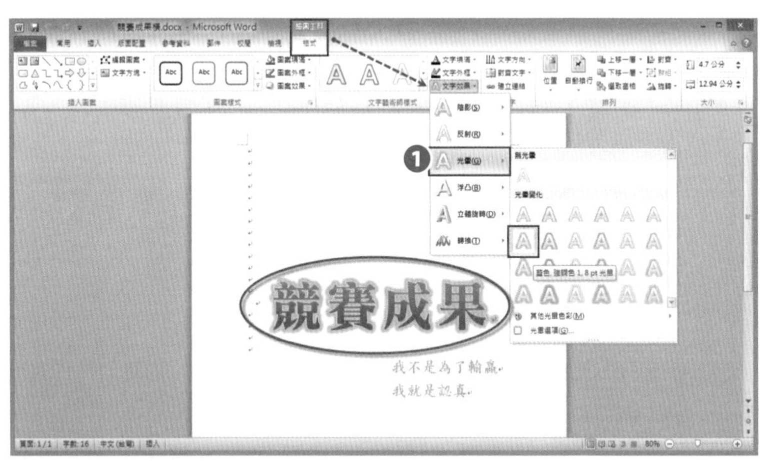

1 先選取要更改的文字 -「競賽成果」，並依序點選 Word 2010 上方【工具列】的【繪圖工具格式】頁籤→【文字藝術師樣式】項目的【文字效果】按鈕→從中使用【光暈 (G)】效果，並在下拉式選單中選取「光暈變化」的樣式，先行設定好光暈效果與顏色。

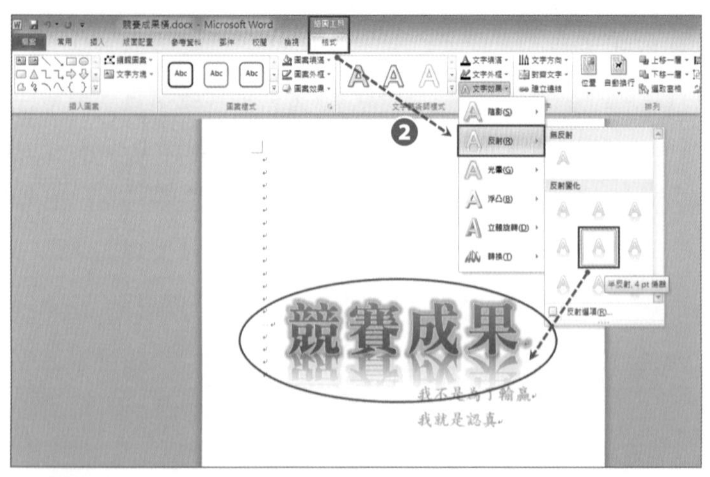

2 再次使用點選「文字效果」的方法：依序點選【工具列】的【繪圖工具格式】頁籤→【文字藝術師樣式】項目的【文字效果】按鈕→這次使用【反射(R)】效果，並在下拉式選單中選取「反射變化」的樣式，就會在文字下方出現「湖光水面」的反射設定效果。

專家小叮嚀

你是否發現：當文字效果產生時，就連「段落標記」也一併修正的一樣漂亮，卻「很礙眼」呢？

沒關係！只要使用下面小撇步就可以去除唷！

請你這樣做 去除段落標記

1 自 Word 2010 上方【工具列】點選【檔案】頁籤，並從中點選【選項】項目，就會彈跳出【Word 選項】對話框。

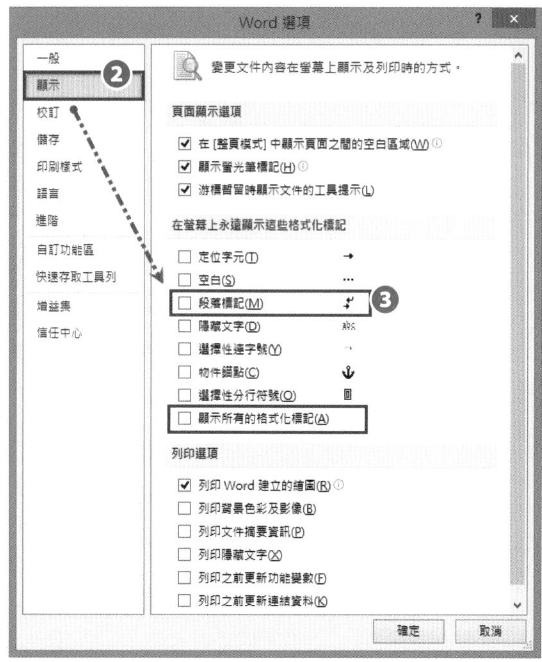

2 在彈跳式對話框中選擇【顯示】項目。

3 在勾選項目中，留意【段落標記 (M)】或【顯示所有的格式化標記 (A)】是否取消打勾（如圖示），一定要去除勾選才有效果唷！

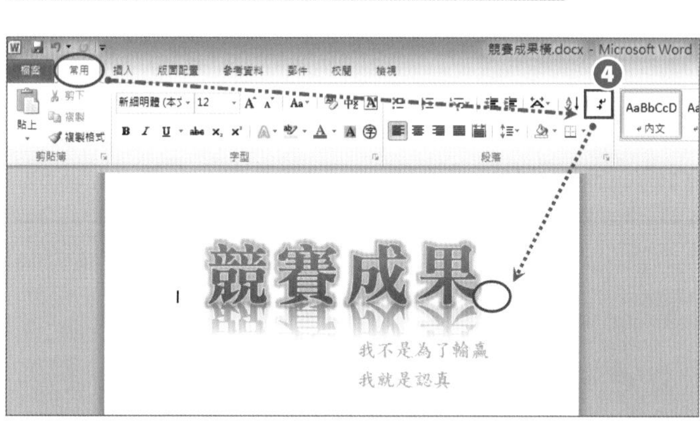

4 然後在【常用】頁籤中，找到【顯示 / 隱藏編輯標記】按鈕，使其沒有被按下的狀態，就可以將「段落標記」去除，看起來效果更完美了！

學習重點：

1. 使用文字藝術師之文字效果
2. 去除段落標記

小試身手

請同學將光碟「Word 分隔頁作業檔 03.docx」檔案，設定成合乎下列格式要求。

1. 佈景主題色彩為「Office」，頁面色彩為「白色」。
2. 「大標題文字（治學之道）」為 120pt 華康儷粗宋；顏色為「文字效果：漸層填滿 - 藍色，輔色 1，外框 - 白色，光暈 - 輔色 2」；文字藝術師樣式為「光暈 - 橙色、強調色 6、8pt 光暈」和「立體旋轉 - 極左側透視圖」。
3. 「次標題文字（學海無涯勤是岸，青雲有路志為梯）」為 36pt 華康楷書體 W7、顏色為「白色、背景 1、較深 50%」。
4. 去除段落標記。

除此之外，你也可以應用不同的紙張材質，或直接使用由網路精心挑選圖片，簡單設計出標示明確的分隔頁。以下舉幾個例子供大家參考。

（一）應用精選圖片加以設計：在挑選的圖樣上，再加上文字藝術師的文字特效，就可以完成簡潔美觀的樣式。

應用精選圖片的分隔頁範例及製作說明

1 先準備好自己所喜愛的圖樣格式。

2 將使用「文字藝術師」設計的文字，避開原有的設計花樣之後，列印出來即可。

（二）利用不同紙質加以規劃：坊間有許多不同樣式的美工用紙，例如：粉彩紙、雲彩紙、雪花紙、手揉紙等等可供使用。直接利用紙質上的紋路，直接將文字列印其上，也可以完成如圖素雅的樣式。但要注意：紙質纖維愈長，愈會因紙張顏色混淆原有的文字設計安排，也會因「毛細現象」而產生「毛邊」，所以如果使用「噴墨印表機」，一定要多準備幾張紙待用或先行考量所產生的變化，以免徒增困擾。

應用紙張的分隔頁範例及製作說明

二、

家人與我...

我愛我的家人
因為他們
給我很多的鼓勵和支持

1 先挑選好自己喜愛的材質紙張（本範例為楮皮稻草紙）後，將設計的文字，列印出來即可。

（三）使用精心手繪稿件加以設計：先行在紙張上手繪出自己獨創的安排設計，再將它掃瞄並列印出來，更能展現最佳誠意。

手繪稿件加以掃瞄的分隔頁範例及製作說明

▲ 範例一

▲ 範例二

1 先在紙張上畫出所設計之樣式安排。

2 將設計之後的原稿件，掃瞄並列印出來即可。

總之，只要肯用心，努力的成果絕對會令人滿意！但在使用上，仍有幾項小建議提醒大家：

★再次強調：「明確顯示出標題」是分隔頁首要功用，千萬不要為了創意或設計而模糊了標題，喪失了應有的目的與功能。

★分隔頁的紙張磅數最好比原文件多一些，「手感」較佳，也才有「區隔」的效果。

✪ **NG** 版分隔頁範例（一）：背景不同的比較

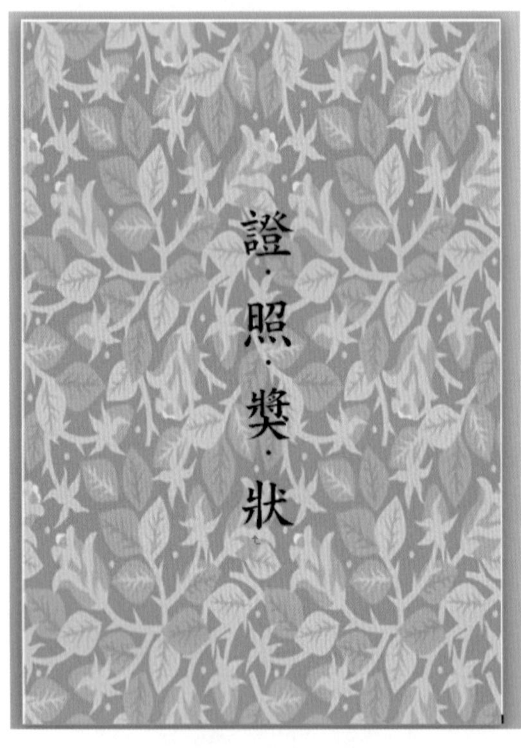

▲ 背景紛亂且太過花俏，
較不易突顯標題文字的存在感

▲ 字型相同、大小一致，
但因背景較為簡單，更能顯示標題存在感

✪ NG 版分隔頁範例（二）

圖形具有深刻含意，但因畫面太過「紛亂」，再加上字體大小不夠明顯、突出，仍有喪失聚焦的感受。

7-2 如何製作簡歷表？

為了讓審查委員短時間內認識一個人，製作一份一目了然、能涵蓋所有學經歷與事蹟的「報告書」，就是最好的方式。如果你還停留在「只要把過去的學經歷、課外活動、個人專長與得獎事蹟等全部列出來即可」的「流水帳式」安排，從網路或學長姐的資料中，直接使用的「移花接木」打算，那絕對是落伍且錯誤的想法！畢竟，一個忙碌的審查委員要不是沒有耐心看完它，就是看完之後「不知所云」。因此，如何製造出「簡潔、清楚、易讀並且賞心悅目」，而且明確表達出自己「該有的我都有，別人沒有的我也有」的專屬內容，就是不可小覷的事！

那……要如何製作「簡歷表」呢？

7-2-1 表格暖身操

「表格」在 Word 文件中使用的相當頻繁，因為它不僅可以清晰呈現資料的關連性，更能使複雜的文字或數值更易於理解與閱讀。因此，一定要善加利用才行。

那要如何製作表格呢？首先，必須瞭解「表格工具列」有哪些功能：

Q&A 如何設定「表格工具列」？

請將游標放在表格中，就會在【工具列】上出現【表格工具】頁籤。其中內含兩個「次頁籤」:【設計】與【版面設計】。以下依「項目」順序先説明【設計】次頁籤的內容與功能：

1【表格樣式選項】子功能表單：可以用「複選」的方式來控制表格所呈現的樣式。

2【表格樣式】子功能表單：有制式設定的樣式可供選擇，可免去繁複的設計過程。(使用方式請見本書 CH7-2-2 基本款設計技巧內容）也可藉由旁邊的【網底】和【框線】的下拉式選單，更改制式表格中的背景色與框線樣式。

3【繪製框線】子功能表單：

A 線條樣式 - 可選擇線條樣式，如：實線、虛線……等等線條樣式。

B 線條粗細 - 可選擇線條粗細，如 1/2、1 點……等等。

C 線條色彩 - 可選擇線條色彩，如紅、藍、黃……等等。

D 手繪表格 - 以手動的方式增加格線。

E 清除 - 以手動的方式清除不需要的格線。

接下來依「項目」順序說明【版面配置】次頁籤的內容與功能：

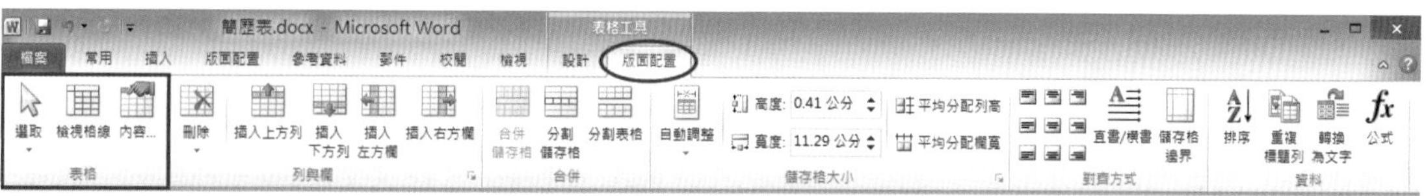

1【表格】子功能表單：

A　選取 - 以點選的方式來選取儲存格、欄、列或整個表格。

B　檢視格線 - 顯示或隱藏表格內的格線。

C　內容 - 點選後會彈跳出「表格內容」選單，就可直接在上面設定你的設計唷！

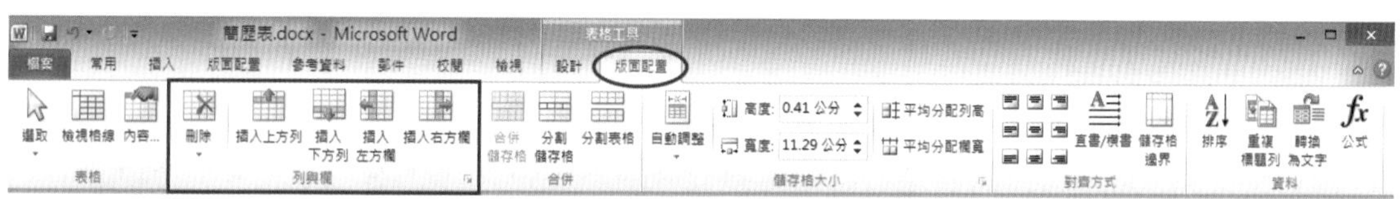

2【列與欄】子功能表單：就如同按鈕的文字而言，可任意插入或刪除欄列。

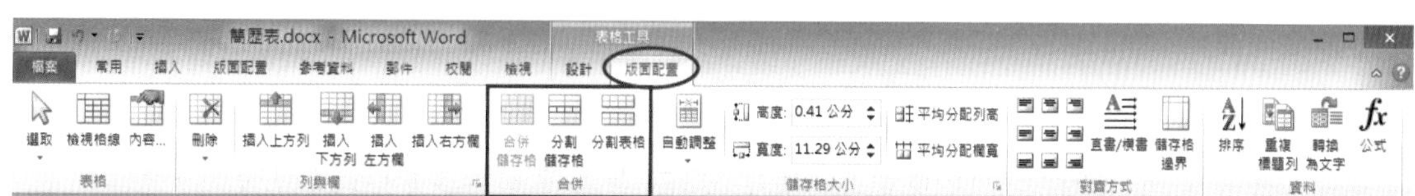

3【合併】子功能表單：如同按鈕上的文字而言，可任意合併或分割儲存格或表格。

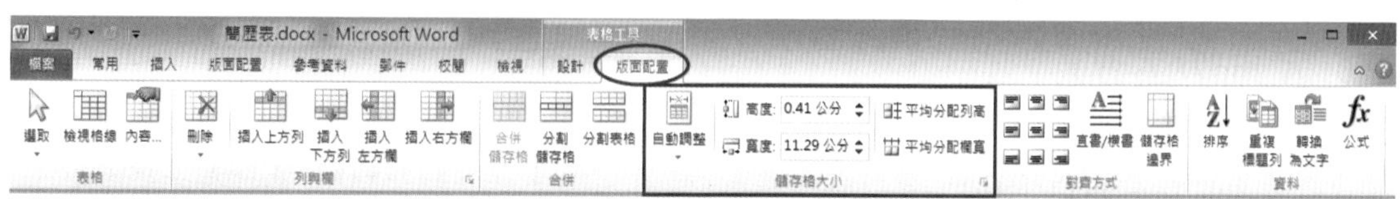

4【儲存格大小】子功能表單：

A　自動調整 - 有自動調整內容、視窗與固定欄寬共三種下拉式選單可供選擇。

B　高度、寬度 - 直接以數字方式設定高度與寬度。

C　平均分配列高 - 可選擇數列來平均分配列高。

D　平均分配欄寬 - 可選擇數欄來平均分配欄寬。

5【對齊方式】子功能表單：

A 文字對齊 - 以「點選」方式，調整文字在儲存格中的位置。如：靠上對齊、置中對齊……等等。

B 直書 / 橫書 - 直接更換儲存格中的文字方向。

C 儲存格邊界 - 以「數字」方式來設定儲存格邊界。

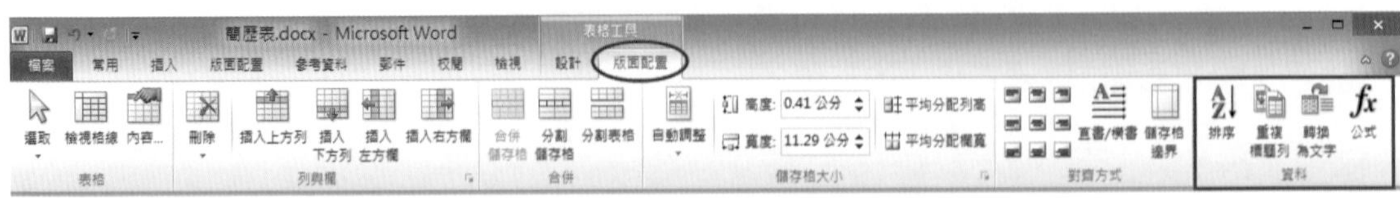

6【資料】子功能表單：

A 排序 - 可將表格中的資料，依照欄位的安排，呈現出你所要遞增或遞減的順序樣式唷！

B 重複標題列 - 可讓跨頁的表格，自動重複一樣的標題列。

C 轉換為文字 - 可將選取的表格文字轉換成純文字，而且還可以選擇區隔文字的符號樣式（段落符號、定位點、逗號……）唷！

D fx 公式 - 不用透過 Excel，就可以直接在 Word 上使用公式運算，非常方便。

Q&A 那要如何插入新增的表格呢？

一般而言，有兩種方式：一種是直接使用滑鼠「拖曳」出想要的樣式：

請你這樣做 使用滑鼠拖曳插入表格

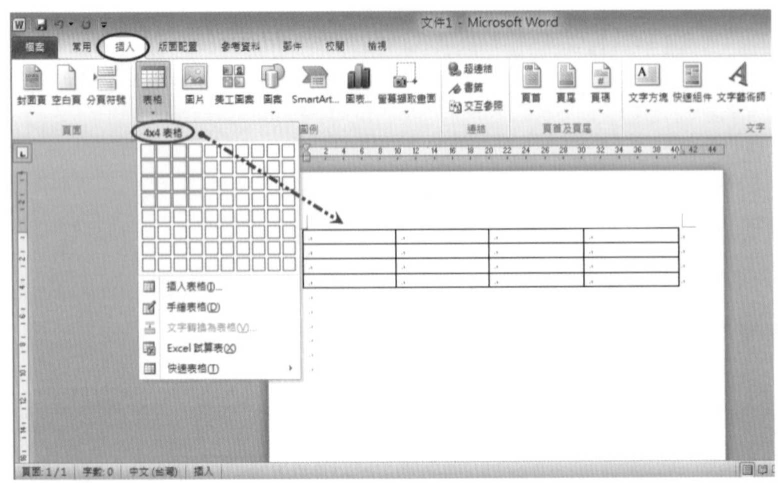

1 點選 Word 2010 上方【工具列】的【插入】頁籤。

2 直接點選【表格】項目按鈕，即可展開選單。

3 利用拖曳滑鼠繪出適當大小的表格即可。

另一種則是使用數字「設定」想要的表格：

請你這樣做 使用數字設定插入表格

1 一樣點選 Word 2010 上方【工具列】的【插入】頁籤，並點選【表格】項目按鈕，展開選單。

2 點選【插入表格 (I)】後，就會彈跳出【插入表格】對話框。

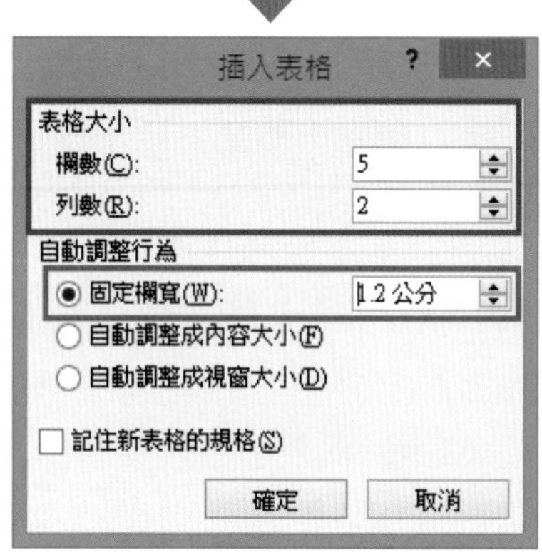

3 直接在【欄數 (C)】與【列數 (R)】選擇的欄數與列數，再點選【確定】鍵，即可在游標處插入指定的表格。其中點選「正三角形」就可以「增加」數量；點選「倒三角形」則會減少數量。

4 如果選擇【固定欄寬 (W)】，就可以從中設定固定的欄寬唷！

但如果要製作十欄八列或更多欄列的表格，就只能使用第二種方式唷！

然而，表格常常因為資料額外增添或過期，需要增添或清除，所以表格中的欄、列或儲存格，當然也都可以依照需求隨時加以增刪。但……要如何操作呢？

Q&A 如何插入左右表格呢？

請你這樣做 插入左右表格

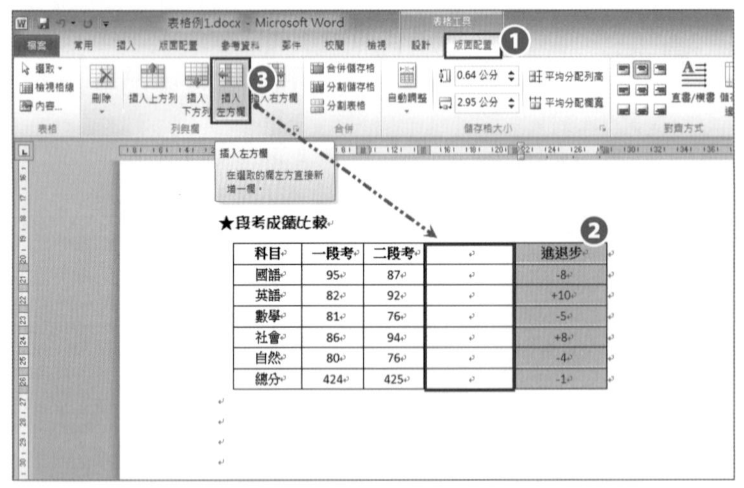

科目	一段考	二段考		進退步
國語	95	87		-8
英語	82	92		+10
數學	81	76		-5
社會	86	94		+8
自然	80	76		-4
總分	424	425		-1

1 將游標放在表格上，就會在 Word 2010 上方【工具列】出現【表格工具】頁籤，需點選其中的【版面配置】次頁籤。

2 按壓滑鼠左鍵選取做基準的欄位。

3 如果要插入「左方欄」，就要點選【插入左方欄】項目，就會在基準欄位的「左邊」出現插入的欄位。

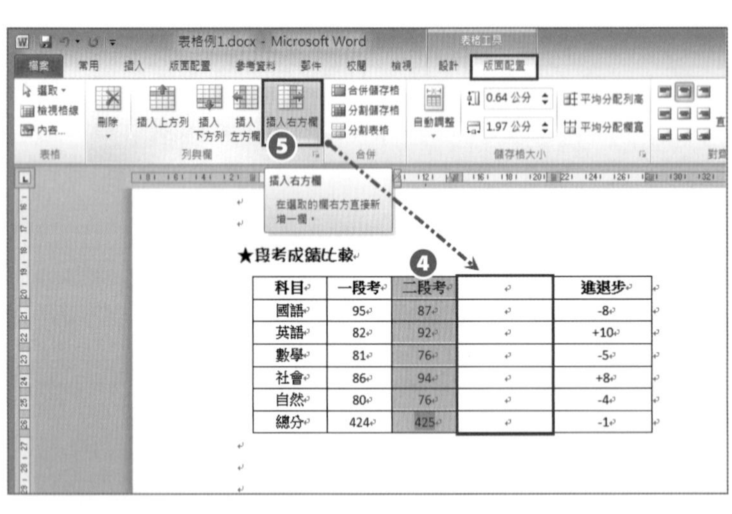

科目	一段考	二段考		進退步
國語	95	87		-8
英語	82	92		+10
數學	81	76		-5
社會	86	94		+8
自然	80	76		-4
總分	424	425		-1

4 如果要插入「右方欄」，也一樣要先按壓滑鼠左鍵選取基準欄位。

5 再點選【插入右方欄】項目，就會在基準欄位的「右邊」出現插入的欄位。

Q&A 如何插入上下表格呢？

請你這樣做 插入上下方列

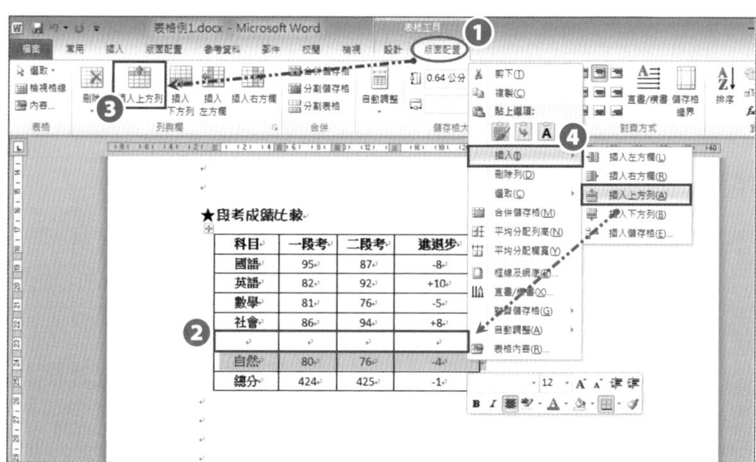

1 如同插入左右欄一樣：先將游標放在表格上，讓【工具列】出現【表格工具】頁籤後，點選其中的【版面配置】次頁籤。

2 按壓滑鼠左鍵選取做基準的列位。

3 如果要插入「上方列」，就要點選【插入上方列】項目，就會在基準列位的「上方」出現插入的列位。

4 但你也可以將基準列位選取後，按滑鼠右鍵，就會彈跳出「對話框」；從中選取【插入(I)】後，就會展開選單，只要選擇【插入上方列 (A)】，就一樣會在基準列位的「上方」出現插入的列位。

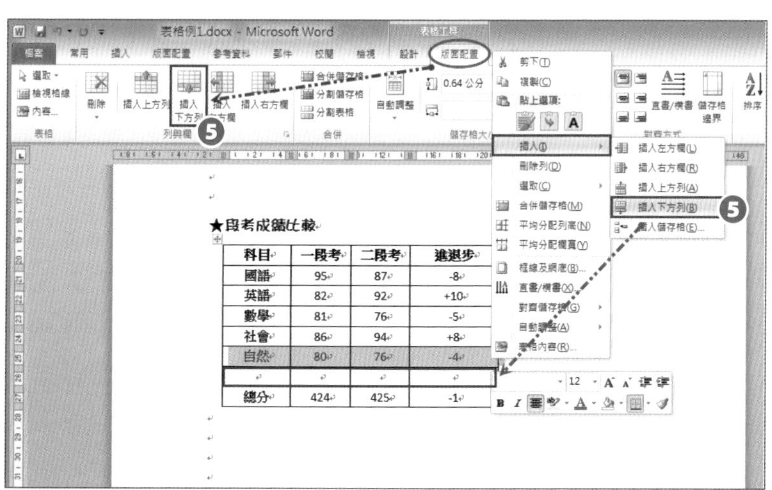

5 如果要插入「下方列」，方式如同插入上方列一樣：你可以從【表格工具】頁籤中點選【版面配置】次頁籤，並從中點選【插入下方列】項目，就會在基準列位的「下方」出現插入的列位；或是按滑鼠右鍵，從彈跳出「對話框」中，依序選擇【插入 (I)】和【插入下方列 (B)】，就能輕鬆在基準列位的「下方」出現插入的列位唷！

一般而言，如果能善用【表格工具】頁籤的「插入表格」按鈕，就可以建立出簡單的表格。至於較複雜、特殊，或是修改表格中任何項目或要求（欄列、框線、背景色 ......），那就必須使用「手繪表格」直接繪製或進行修改了。

Q&A 如何使用「手動」的方式，增加 / 刪除或更改格線樣式呢？

請你這樣做 使用手繪表格增加格線與更改線條樣式

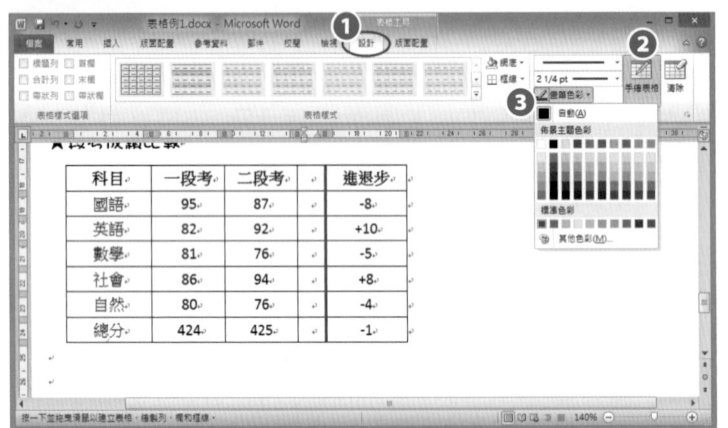

1 將游標放在表格上，就會在 Word 2010 上方【工具列】出現【表格工具】頁籤，需點選其中的【設計】次頁籤。

2 選擇【手繪表格】鈕後，就會出現 ✎ 形狀，按壓滑鼠左鍵並直接拖曳出所要增加的格線或儲存格，就大功告成了！

3 如果要更改原有設定的框線「樣式」、「粗細」或「畫筆色彩」，可以先行在【工具列】上點選下拉式選單，直接選擇，再按壓滑鼠左鍵並拖曳出所要增加的線條或活儲存格，就完成了！

請你這樣做 使用手動方式刪除格線

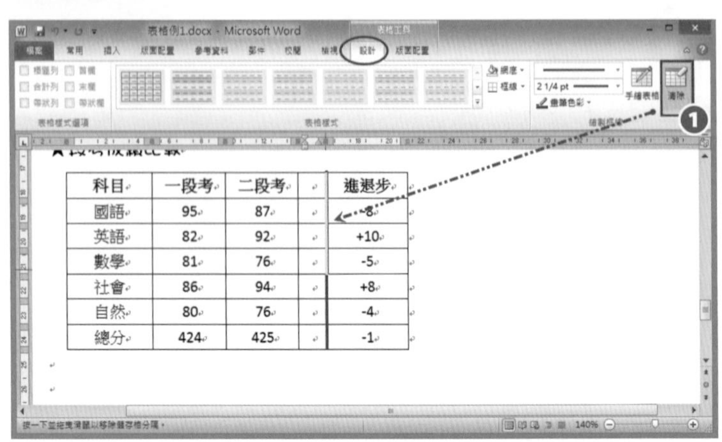

1 如果要刪除框線或合併儲存格，只要點選【清除】按鈕，然後按滑鼠左鍵拖曳要清除的部分，就完成了，非常容易！

Q&A 如果要將同一個表格內的資料，切割成多個表格，那該有哪些步驟呢？

★歷年學測五標

年度	科目	國文級分	英文級分	數學級分	社會級分	自然級分	總級分
104學年度	頂標	13	14	12	14	13	63
	前標	13	12	10	13	11	57
	均標	11	9	7	11	9	47
	後標	10	6	4	9	6	36
	底標	8	4	3	7	5	28
103學年度	頂標	13	14	13	14	13	65
	前標	12	12	11	13	11	59
	均標	11	10	8	11	9	49
	後標	9	6	5	9	6	37
	底標	7	4	3	8	5	28

1 將游標放置在想要分割的分隔列。

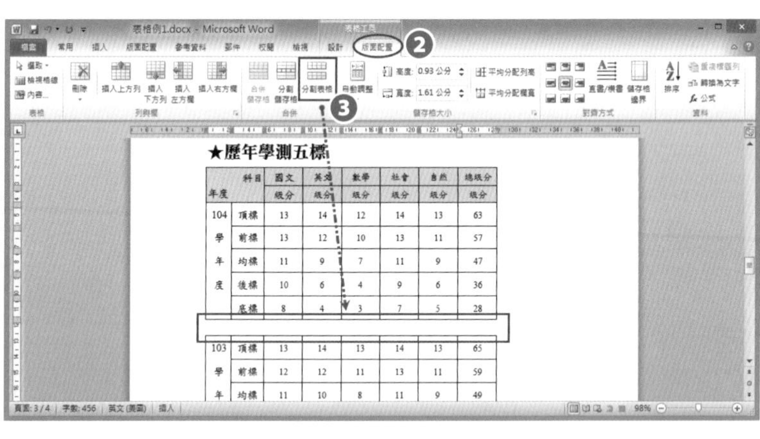

2 在【工具列】中依序點選【表格工具】頁籤，與其中的【版面配置】次頁籤。

3 點選【分割表格】鈕之後，就會在剛才放置的游標處，出現空白行，一鍵搞定！

Q&A 如果要將兩個不同表格合併為一，那又該有哪些步驟呢？

★歷年學測五標

年度	科目	國文級分	英文級分	數學級分	社會級分	自然級分	總級分

104學年度	頂標	13	14	12	14	13	63
	前標	13	12	10	13	11	57
	均標	11	9	7	11	9	47
	後標	10	6	4	9	6	36
	底標	8	4	3	7	5	28

1 合併的表格中間必須要有一列空白行。

2 將游標放置在要合併的表格空白分隔列中。

★歷年學測五標

科目 年度		國文	英文	數學	社會	自然	總級分
		級分	級分	級分	級分	級分	級分
104 學 年 度	頂標	13	14	12	14	13	63
	前標	13	12	10	13	11	57
	均標	11	9	7	11	9	47
	後標	10	6	4	9	6	36
	底標	8	4	3	7	5	28

3 按下【Delete】按鍵，刪去中間的空白分隔列，就會合併完成唷！

小試身手

請同學將光碟「Word 簡歷表作業檔 01.docx」檔案，設定成合乎下列格式要求。

1. 請將 2015.07.20 ~ 07.26 台北市、新竹市與台中市三個不同城市的「白天」天氣預報圖表格合併成同一個表格。
2. 請刪除多餘的資料行列。
3. 標題列只要開頭使用即可。
4. 請記得統一使用相同框線。

學習重點：

1. 合併表格
2. 插入與刪除表格
3. 設定統一框線

7-2-2 基本款設計技巧

表格的功能與效果既然成效優異且不容置喙，若依照本書「CH7-2-1 表格暖身操」步驟所做出來的「純表格」又顯得很制式……那要如何做出又美觀、又富設計感的表格樣式呢？其實，Microsoft Word 2010 早就內建數十種表格樣式，大大簡化「美化」的動作，而且文字內容如果原是「文字檔」，還可以直接轉化成表格，再套入精美表格樣式，就會非常美觀唷！

Q&A 如何套用表格樣式呢？

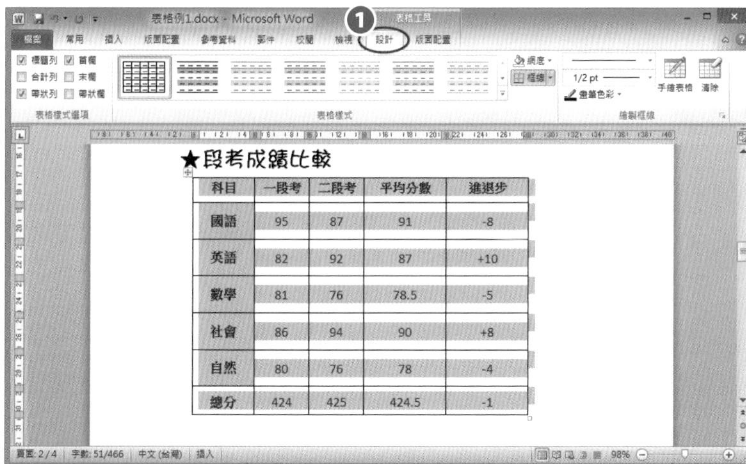

科目	一段考	二段考	平均分數	進退步
國語	95	87	91	-8
英語	82	92	87	+10
數學	81	76	78.5	-5
社會	86	94	90	+8
自然	80	76	78	-4
總分	424	425	424.5	-1

1 選取整份「段考成績比較」表格，然後點選【表格工具】頁籤中的【設計】次頁籤。

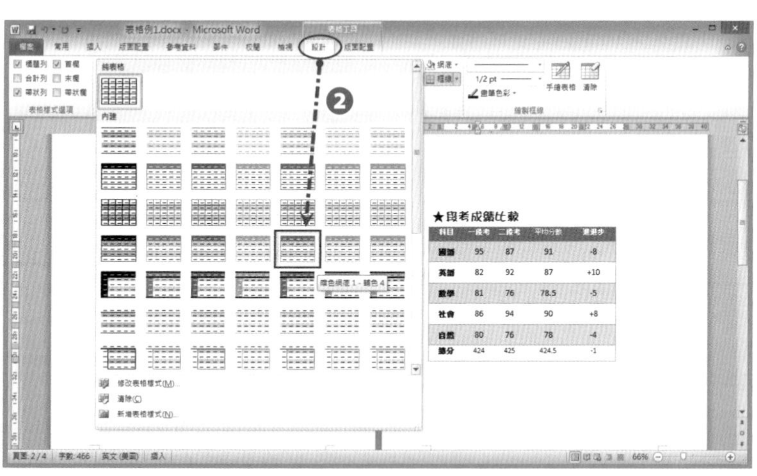

2【表格樣式】項目的下拉式選單中，有數十種可供選擇的樣式，只要從中點選你喜愛的表格樣貌，就完成囉！

Q&A 如何調整表格樣式呢？

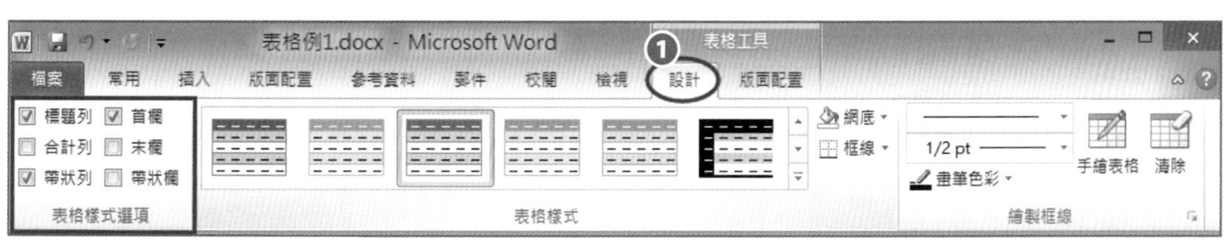

1 你可以藉由【表格工具】頁籤中的【設計】次頁籤，並在【表格樣式選項】項目裡，以「勾選」的方式更改表格樣式。

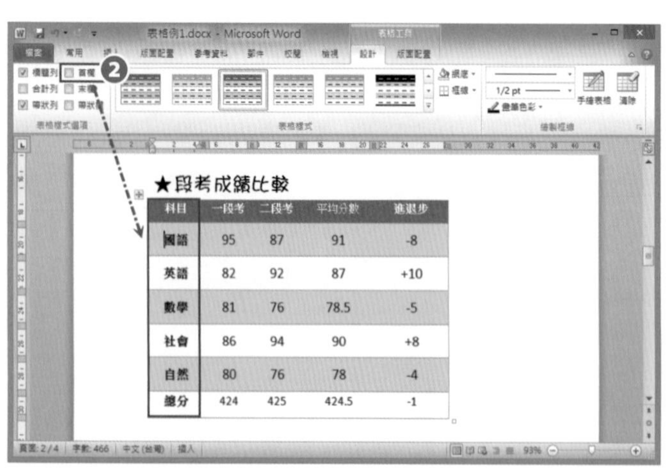

2 例如：如果將「首欄」部分去除勾選，表格首欄 - 科目部分，就會取消原有設定好字型加粗的設計，輕鬆上手唷！

小試身手

請同學將光碟「Word 簡歷表作業檔 02.docx」檔案，設定成合乎下列格式要求。

1. 套用「暗色網底 2- 輔色 1」格式。
2. 將套用格式之「首欄」樣式刪除。
3. 以 1/2pt 畫出格線。

學習重點：

1. 套用表格樣式
2. 調整表格樣式與設定格線
3. 標題列文字置中

Q&A 如何將文字檔轉換成表格呢？

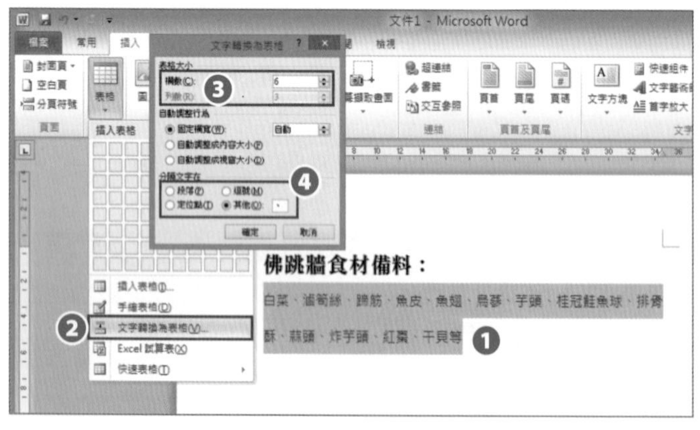

1 先選取想要轉換的文字。

2 在【工具列】選取【插入】頁籤中的【表格】項目，並在下拉式選單中選取【文字轉換為表格(V)】，就會有彈跳式選單出現。

3 在【文字轉換為表格】的彈跳式選單中，設定表格「欄數」即可，因為「列數」會自動計算，很方便！

4 別忘了提前設定「分隔文字在」的內容，以免轉換時的麻煩。

佛跳牆食材備料：

白菜	滷筍絲	蹄筋	魚皮	魚翅	烏蔘
芋頭	桂冠鮭魚球	排骨酥	蒜頭	炸芋頭	紅棗 ❺
干貝等					

5 先行選取的文字，就會自動轉換成表格囉！不必再重新插入表格和打字，真方便！

請你這樣做 將「表格轉換成文字」

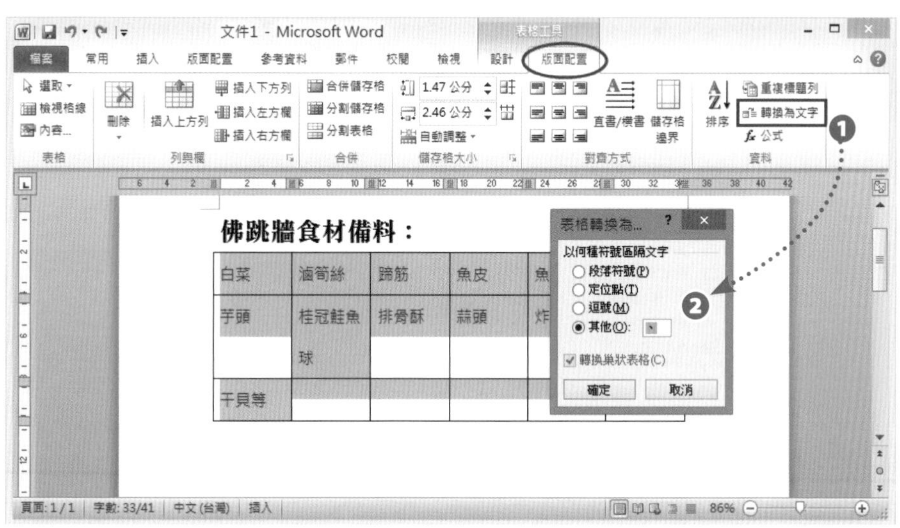

1 但是，如果要將「表格轉換成文字」，一樣要先選取想要轉換的表格，然後在【表格工具】頁籤選取【版面配置】次頁籤，並選取【資料】項目中的【轉換為文字】按鈕，讓彈跳式選單出現。

2 在【表格轉換為】的彈跳式選單中，選定分隔文字內容後，才會恢復原來的純文字樣式囉！

小試身手

請同學將光碟「Word 簡歷表作業檔 03.docx」檔案，設定成合乎下列格式要求。

1. 以「定位點 (T)」為分隔點，設定成「一欄」樣式。
2. 套用「淺色網底 - 輔色 1」之表格樣式。
3. 設定表格欄寬為 26 字元。

學習重點：

1. 文字更改成表格
2. 套用表格樣式
3. 更改欄寬

Q&A 如何平均分配所有欄寬或列高呢？

一般而言有以下兩種方式：

請你這樣做 第一種方式

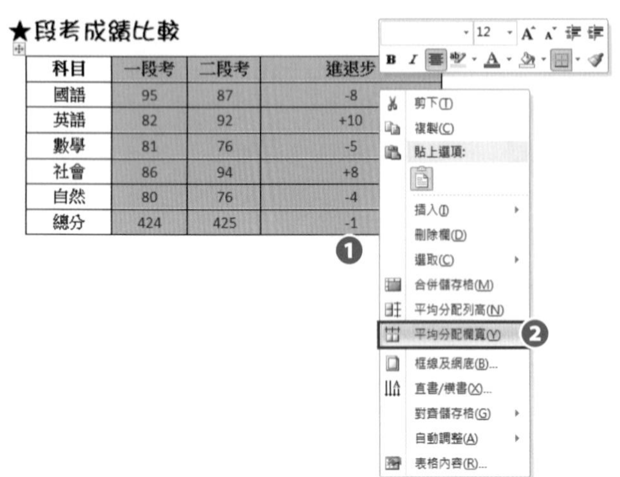

1 選取將要處理的欄位後，按滑鼠「右鍵」彈跳出選單。

2 自選單中選取【平均分配欄寬 (Y)】就會自動完成平均分配欄寬了。

請你這樣做 第二種方式

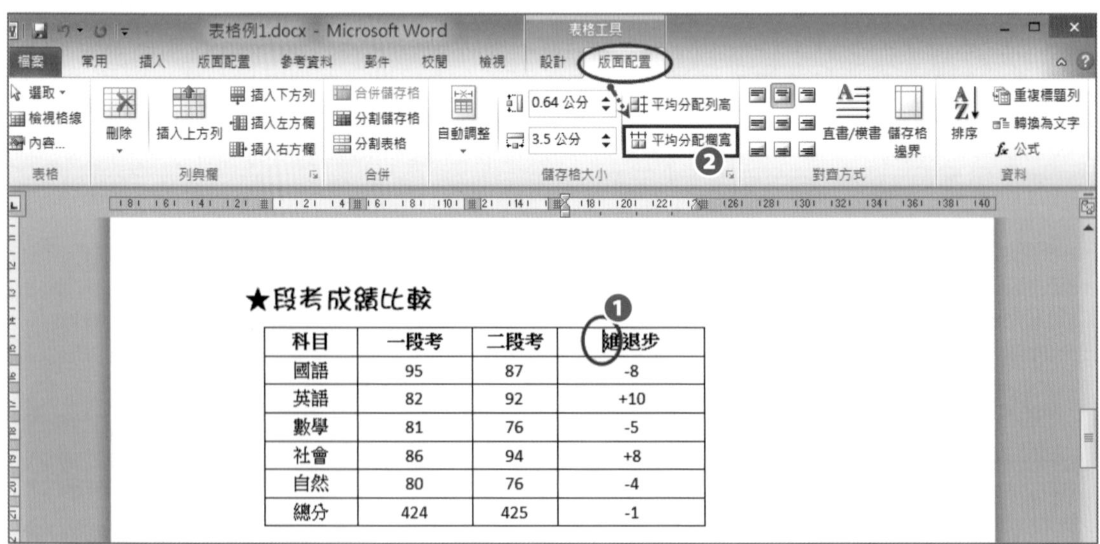

1 或是將游標放置在表格中，選取【表格工具】頁籤中的【版面配置】次頁籤。

2 然後在工具列中選用【平均分配欄寬】的按鈕，一樣會自動完成平均分配欄寬的指令囉！

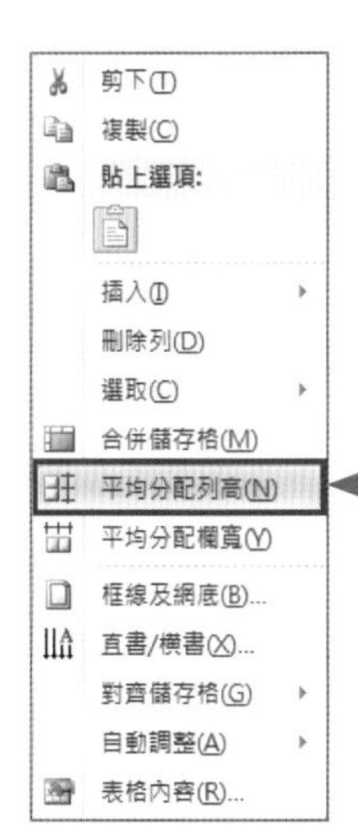

3 同理可證：在平均分配欄寬的方法中，如果你使用第一種方式，在【平均分配欄寬 (Y)】的上方，就有【平均分配列高 (N)】可供選擇；如果你使用第二種方式，在【平均分配欄寬】的上方也有【平均分配列高】可供使用，非常便利！

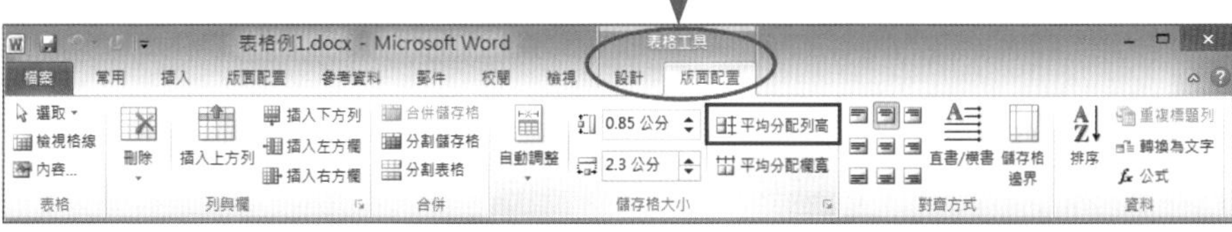

小試身手

請同學將光碟「Word 簡歷表作業檔 04.docx」檔案，設定成合乎下列格式要求。

1. 請將表格中所有的欄寬與列高平均分配。
2. 表格內文字均套用「對齊中央」樣式。
3. 表格中數字部分，請使用「標楷體 14pt」字型。
4. 首欄與標題列文字，請變更為深紅色的粗體字。

學習重點：

1. 平均分配欄寬與列高
2. 設定儲存格位置
3. 更改字型

Q&A 如果欄寬或列高各不相同，除了「點選滑鼠左鍵直接移動線條」之外，還可以如何調整表格「欄寬」或「列高」呢？

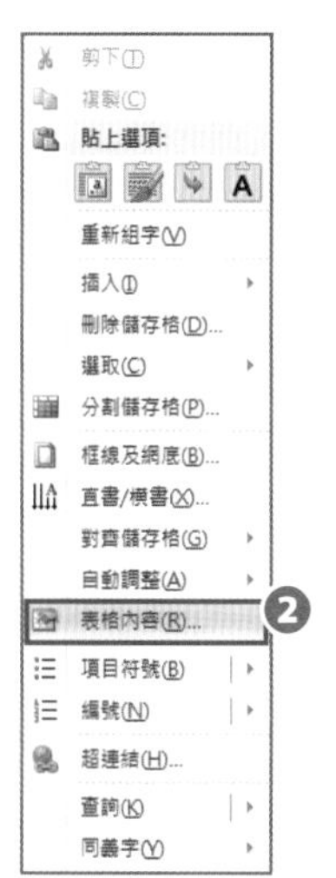

1 先將游標放置在想要更改的表格內，按滑鼠「右鍵」後，就會彈跳出對話框。

2 在對話框中選取【表格內容 (R)】。

3 在彈跳的【表格內容】選單中選取【欄 (U)】項目，就可以從中設定「欄寬」要求了。

4 其中「寬度」有「百分比」與「公分」兩種單位可供選擇。

5 可以利用【前一欄 (P)】與【下一欄 (N)】按鈕，依序設定表格中各個欄寬的大小，非常方便唷！

6 完成後不要忘了點選【確定】鍵結束動作。

7 同理：在彈跳的【表格內容】選單中選取【列 (R)】項目，就可以從中設定「列高」要求了。

8 不僅可在【大小】項目中設定高度，一樣可以利用【上一列 (P)】與【下一列 (N)】按鈕，更動表格中各個列高的高低唷！

9 完成後也不要忘了點選【確定】鍵結束動作。

小試身手

請同學將光碟「Word 簡歷表作業檔 05.docx」檔案，設定成合乎下列格式要求。

1. 將表格依序設定「欄寬」為：1.4、2.1、2.1、1.4、6、1.4，單位為「公分」。
2. 設定標題列高為 1.5 公分，其餘列高均為 0.8 公分。
3. 標題列文字請加粗，位置為「對齊中央」。

學習重點：

1. 設定欄寬與列高
2. 更改文字樣式

Q&A 如何在 Word 表格中編號，而不用一個一個輸入呢？（表格自動編號）

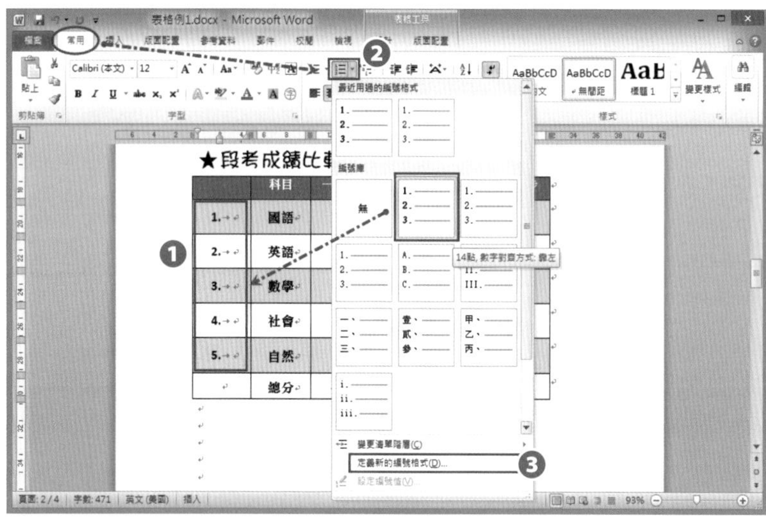

1 先選取想要插入編號的欄位。

2 在【工具列】選取【常用】頁籤，並在【編號】的下拉式選單中選取【編號庫】裡的樣式，就輕鬆完成了！

3 如果在【編號庫】中找不到你要的樣式，那就要點選【定義新的編號格式 (D)】，會有新的對話框出現。

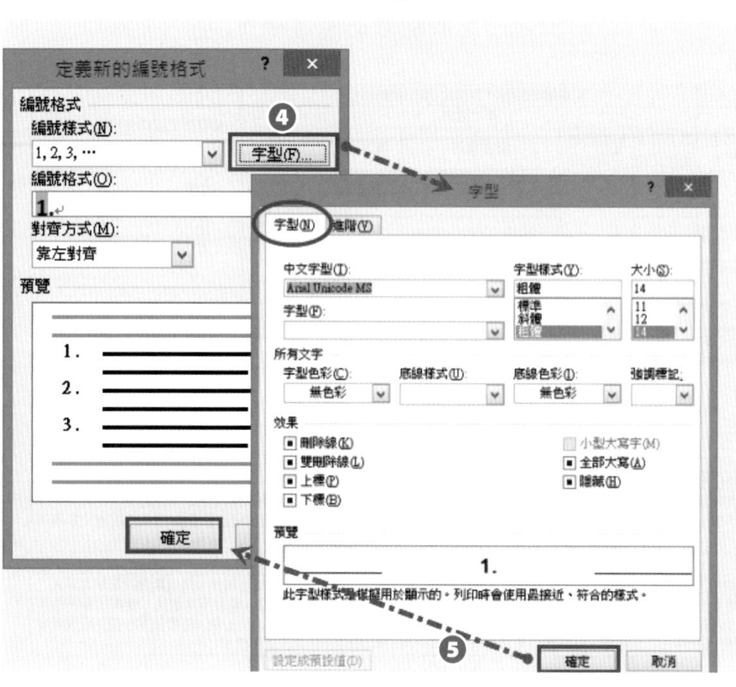

4 在【定義新的編號格式】對話框中，如果點選【字型 (F)】鈕，就會有更細部的選項可供選擇。

5 完畢後連續兩次【確定】，就會在【編號庫】中出現新的設定樣式囉！

小試身手

請同學將光碟「Word 簡歷表作業檔 06.docx」檔案，設定成合乎下列格式要求。

1. 在表格最前面插入名稱為「編號」的新欄框，位置為「對齊中央」，字體請加粗。
2. 在「編號欄」中依序設定 1-6 數字列，文字使用為「標楷體、14pt、加粗」且位置為「置中對齊」的樣式。

學習重點：
1. 插入欄框
2. 設定數字編號

Q&A 如何針對審查資料內容，製作專屬自己的個人簡歷表呢？

根據研究：審查委員察看一份審查資料的時間僅有 **3-5 分鐘**，針對審查資料的內容，創造出專屬自己一目了然的呈現表格，當然比較切合個人需要。但如果學校已經提供「自製表格」，如台北醫學大學醫學系（如附件一）或國立中央大學法國語文學系（如附件二）所示，就直接依下載表格要求填寫內容即可，不需再另行設計。

臺北醫學大學 醫學系		學測、英聽篩選方式			甄選總成績採計方式及佔總成績比例					甄選總成績同分參酌之順序
		第一階段			第二階段					
		科目	檢定	篩選倍率	學測成績採計方式	佔甄選總成績比例	指定項目	檢定	佔甄選總成績比例	
校系代碼	109012	國文	前標	3	*1.00	10%	審查資料	--	20%	一、面試 二、英文學科能力測驗 三、國文學科能力測驗 四、學科能力測驗總級分
招生名額	82	英文	前標	10	*1.25		面試	--	70%	
性別要求	無	數學	前標	3	*1.25					
預計甄試人數	246	社會	前標	10	*1.00					
原住民外加名額	無	自然	前標	3	*1.25					
離島外加名額	無	總級分	--	--	--					
指定項目甄試費	1200	英聽	--	--	--					

		指定項目內容		
寄發(或公告)指定項目甄試通知	--		審查資料	項目：自傳(學生自述)、讀書計畫(含申請動機)、競賽成果(或特殊表現)證明、英語能力檢定證明、個人資料表、學習檔案 說明：審查資料項目之自傳(含個人簡歷)，個人簡歷表格請至招生組之最新消息下載，並上傳至系統。
繳交資料收件截止	107.4.9			
指定項目甄試日期	107.4.20 至 107.4.23			
榜示	107.4.27		甄試說明	1.面談內容將包含考生之醫學適性、語言溝通表達能力、邏輯思考能力、醫學人文關懷、人格特質、學習態度及相關基本知識等。2.面談時間為四天共八個時段，提供考生擇一時段進行甄試面談。考生須於本校第二階段指定項目甄試報名系統進行網路報名。3.本學系優先錄取低收入戶或中低收入戶考生至多一名。4.甄試時間請詳見甄試報到單(網路報名完成後，方得下載列印)。
甄選總成績複查截止	107.4.30			
離島外加名額縣市別限制		(無)		
備註		1.本學系教育目標為培養人文關懷、服務熱誠、多元學習、全球視野、領導能力、團隊合作、思辨創新、追求真理的醫學專業人才。2.身心健康狀況會影響學習及照顧病患者，宜慎重考慮。3.107.03.28起，請自行至大學甄選入學委員會網頁，確認是否通過本學系第一階段學科能力測驗篩選，本校不另紙本通知。4.通過第一階段篩選之考生，請於107.03.29上午九時起至本校招生組網頁申請第二階段指定項目甄試轉帳帳號並繳費，完成繳費者可於107.03.29下午一時起開放選填甄試梯次。		

（附件一）

國立中央大學 法國語文學系		學測、英聽篩選方式 第一階段			甄選總成績採計方式及佔總成績比例 第二階段					甄選總成績同分參酌之順序
		科目	檢定	篩選倍率	學測成績採計方式	佔甄選總成績比例	指定項目	檢定	佔甄選總成績比例	
校系代碼	016032	國文	均標	6	*1.00	40%	審查資料	--	0%	一、筆試 二、面試 三、英文學科能力測驗
招生名額	14	英文	均標	3	*1.00		面試	--	20%	
性別要求	無	數學	--	--	--		筆試	--	40%	
預計甄試人數	42	社會	均標	10	*1.00					
原住民外加名額	1	自然	--	--	--					
離島外加名額	無	總級分	--	--	--					
指定項目甄試費	1100	英聽	--	--	--					

寄發(或公告)指定項目甄試通知	107.3.28	指定項目內容 審查資料	項目：其他(詳說明) 說明：1.考生請至法文系網頁下載「法文系考生資料表」，填寫後上傳至甄選委員會審查資料上傳系統。本資料表不計分，但未繳交者不予錄取。2.曾修習且通過各大學開設之高中法語預修班，並出具成績證明者得於面試酌予加分。請於107年4月3日前（郵戳為憑）將開班單位出具之成績證明寄至本系（無者免寄）。
繳交資料收件截止	107.4.3		
指定項目甄試日期	107.4.14		
榜示	107.5.4	指定項目內容 甄試說明	1.面試：評量考生對文化認識的掌握及個人的學習性向。 2.筆試：評量考生的英文閱讀能力及中文表達能力，就現場發下的英文文章做中文摘要。
甄選總成績複查截止	107.5.7		
離島外加名額縣市別限制		(無)	
備註		本系一者隸屬文學院而非外語學院，二者擁有國立大學唯一法文系的身份，三者站在國際水平的基礎上自我要求，課程設計講求兼顧「活用語言」和「深層文化」，教學方式注重小班互動，並且廣開國際大門，致力推展雙邊交流。其他詳情與筆試考古題可參考本系網站：http://in.ncu.edu.tw/fr。電話：03-4227151轉33300。	

（附件二）

只是……如果學校未提供相關資料，而且對所要呈現的內容仍然一頭霧水、不知如何是好的人來說，如果能先選用「好的範本」再加以「改造」、「美化」一番，就是最容易上手的選擇。例如以下是某大學所提供的「個人資料表」：

個人資料表

學生姓名		性別		
聯絡電話		出生地		
電子信箱		出生日期		
通訊地址				
學歷	高中			
	國中			
	小學			
專長興趣				
社團經歷	（條列式列舉）			
榮譽事蹟	（條列式列舉）例：曾參與過海外交流經驗			
語文能力證明	（條列式列舉）例：多益測驗(TOEIC)成績或全民英檢證書…			

其中，沒有一眼內能看出的亮點，而且能顯示的資料有限、又顯得貧乏。因此，如果我們能就以上所教授的技巧加以發揮，就可以呈現多種與眾不同又吸睛的樣貌喔！例如：

個人簡歷表

姓名	江也憐	出生地	台灣、台北		貼兩吋半身照
出生期	86,10,25	性別	男		
電子信箱	Happy@gmail.com				
通訊地址	台北市重慶北路四段1號				
學習經歷	高中---------台北市神話高中				
	國中---------台北市富都國中				
	小學---------台北市首都國小				
曾任職務	學校幹部	一年級下學期-------------巡會大隊長 三年級上下學期-----------班級聯誼會主席			
	班級幹部	一年級上學期--------------衛生班長 二年級上下學期----------- 康樂股長			
	社團幹部	一年級上下學期-----------排球社活動組長 二年級上下學期-----------棒壘社器材組長			
	科目小老師	二、三年級上下學期-----英文小老師			
	義工	一、二年級上下學期-----學校圖書館義工 二年級下學期-----------國中會考考場服務生			
語言能力	語言	讀	寫	說	聽
	國語	V	V	V	V
	臺語			V	V
	英語	V	V	V	V
	阿美族語			V	V
專長興趣	學習興趣：英文、數學 活動專長：打球、閱讀、遨遊網路、塗鴉寫作				
個人展望	抱著熱愛科學的心及對於幫助人們的心態，所以我選擇申請 貴系就讀，希望能將貴系的相關經驗和臨床做連結並且學以致用。我常秉持負責任的態度，只要投入工作，就要要求自己盡全力完成，以求進一步達到最佳的成績與標準。因為奶奶生病，我也有長期照顧病人及小孩的經驗，也擁有極佳的「情緒智商」；對於醫護工作，我期許：只要身為醫療團隊的一員，就要做到「以病患為第一、以服務好為目標」，能站在病患的角度思考、為他人設身處地…為目標。只要能進入 貴校系就讀，我一定會醫護領域中不斷的學習、付出，讓自己朝各方面均衡發展。				

直接擴增自己比較優異的項目，加以顯現！

不知道要寫什麼的時候，把「報考動機」或「個人展望」等和報考校系相關的內容填上就是了！一定要把就讀的「渴望」顯現出來就對了！

小試身手

請同學開啟光碟「Word 簡歷表作業檔 07.docx」檔案，做出一模一樣的表格內容。

學習重點：

1. 表格合併
2. 套用並調整表格樣式

小試身手

請同學開啟光碟「Word 簡歷表作業檔 08.pdf」檔案，做出一模一樣的格式，並符合下列格式要求。

1. 佈景主題色彩為「自然力」;「大標題文字（我的生命地圖）」為 30pt 華康儷粗宋、顏色為「深紅色」;「次標題文字（社團經歷等四項）」為 18pt 華康行書體、顏色為「淺藍、背景 2、較深 50%」。
2. 「次標題文字（社團經歷等四項）」的網底為「藍色、輔色 1、較淺 60%」。

學習重點：

1. 設定佈景主題色彩
2. 設定文字樣式
3. 設定網底顏色
4. 合併表格

7-2-3 設計款設計技巧 - SmartArt 教學

所謂的「SmartArt」，就是以「圖形」增加視覺化的方式來呈現資料，將不同的概念或構想，以個別圖形來表示，更能有效達成表達的需求。例如下圖所示：

純文字格式	SmartArt 樣式
個人資料表的內容，約略可包含三部分：基本資料、簡歷與報考動機。其中，「基本資料」部分要將姓名、就讀學校與聯絡方式呈現出來；「簡歷」部分則要將自己的社團經歷、幹部經驗與參賽活動說明清楚；「報考動機」部分則要將自己「專屬」該校系的「特質」或「能力」，再次強調。例如報考原因理由、錄取實力展現與相關進修規劃，都可以名列其中。	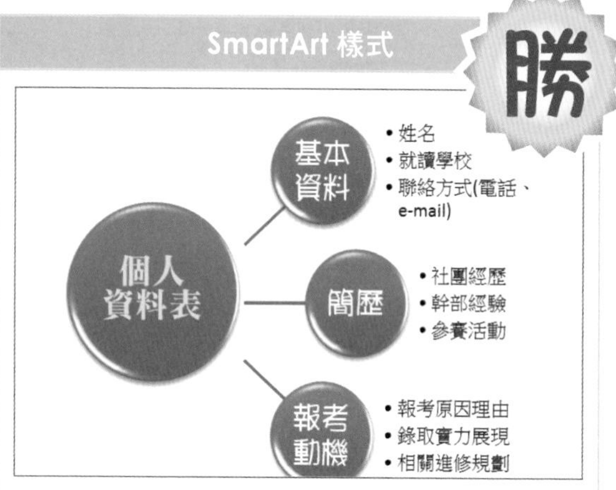

由上圖表格明顯可以發現：使用 SmartArt 樣式確實能「一目了然」，且更具設計感，何樂而不為？

而簡歷表除了以「純文字敘述」或「表格」呈現之外，當然也可以使用內建的 SmartArt 工具來加以突顯說明。但……儘管使用圖表能加強理解、幫助記憶，但要建立如同設計師水準的作品就是一件富有挑討戰性的工作了。不過只要有了 SmartArt 工具，只要按幾下滑鼠按鈕，就可以輕鬆完成「完美」的作品了。那……要如何操作呢？

Q&A 如何插入內建的 SmartArt 樣式呢？

請你這樣做 **Word 頁面佈局**

1 點選【工具列】上方的【插入】頁籤後，接著點選【圖例】次頁籤。

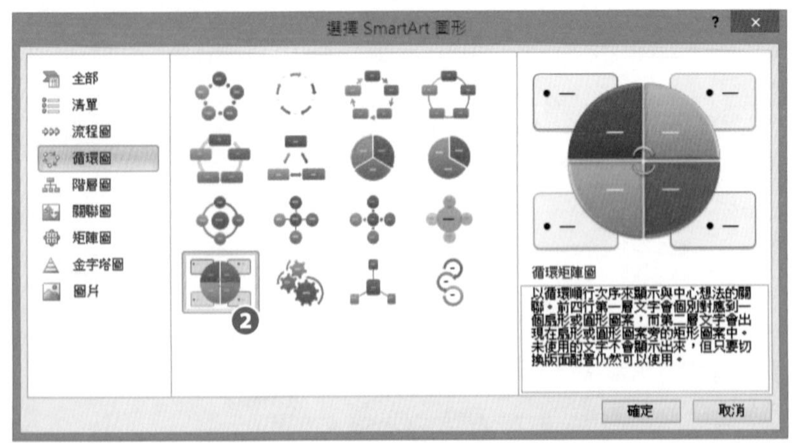

2 從彈跳出來的【SmartArt 圖形】對話框中，選擇你所想要的圖形；點選完畢之後，記得按【確定】鍵。

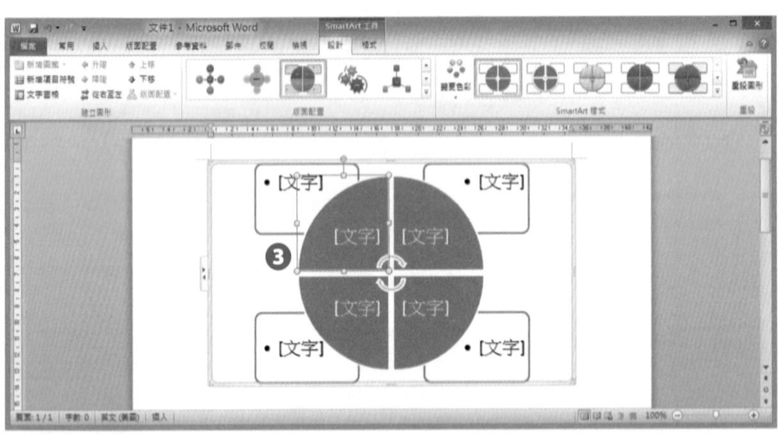

3 然後你就可以在標註「文字」的部分，輸入你想要的內容文字之後，接著按下【Enter】鍵，就大功告成了！

Q&A 如何新增圖形中的文字？

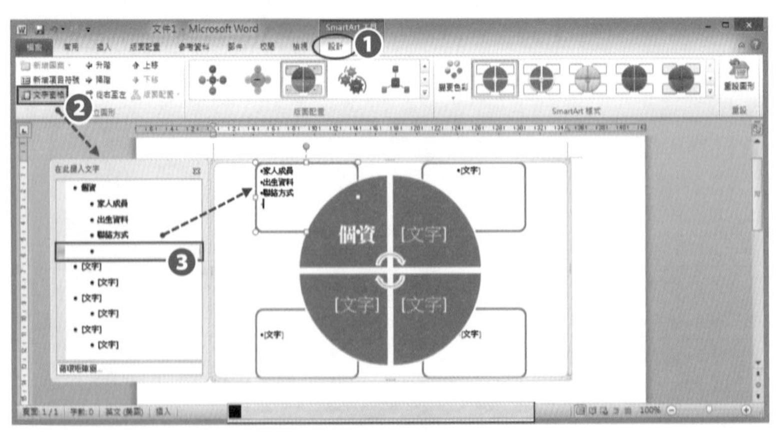

1 插入 SmartArt 樣式後，會出現【SmartArt 工具】頁籤，請從中選取【設計】次頁籤。

2 在【建立圖形】項目中，選取【文字窗格】項目，就會彈跳出【在此鍵入文字】對話框。

3 在對話框中，有層層可輸入文字的「空白方塊」；如果文字方塊項目不足，直接按下【Enter】鍵或選取【新增項目符號】，就會出現新的方塊了。

小試身手

請同學將光碟「Word 簡歷表作業檔 09.docx」檔案，設定成合乎下列格式要求。

1. 使用「連續區塊流程圖」，並以文字說明：國小、國中以及高中三部分求學階段。
2. 在國小階段新增「班長」及「直笛隊隊長」兩項目；國中階段新增「總務股長」與「英文小老師」兩項目；高中階段新增「副班長」、「環保股長」與「物理小老師」三項目。
3. 「標題文字（求學階段）」請設為 28pt 標楷體、顏色為「深紅」。

學習重點：

1. 設定 SmartArt 樣式
2. 設定文字內容
3. 新增項目符號

Q&A 如何新增 / 刪除圖形數量呢？

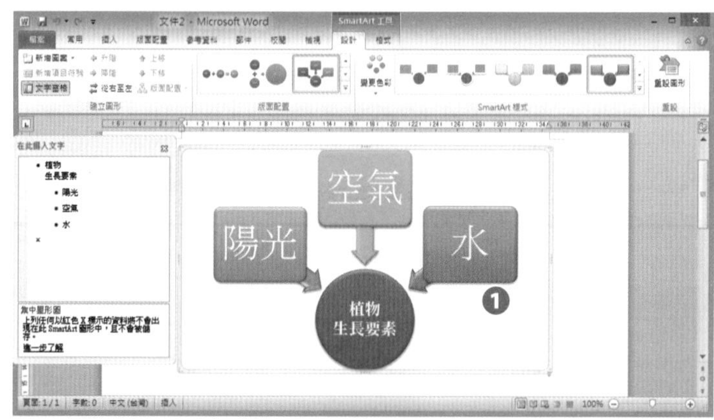

1 我們以「植物生長要素」的關聯圖為例，從圖中明顯可看出有「三大要素」：陽光、空氣和水。

2 但……如果要新增另一個「土壤」項目，該如何新增新圖形與數量呢？

3 先選取想要新增的圖形後，才能進一步選擇【SmartArt 工具】頁籤中的【設計】次頁籤。

4 在【建立圖形】項目中，選取【新增圖案】後，就會出現下拉式選單。

5 你可以在下拉式選單中，選擇新增的圖形位置（本案例是選擇【新增後方圖案 (A) 樣式】）。

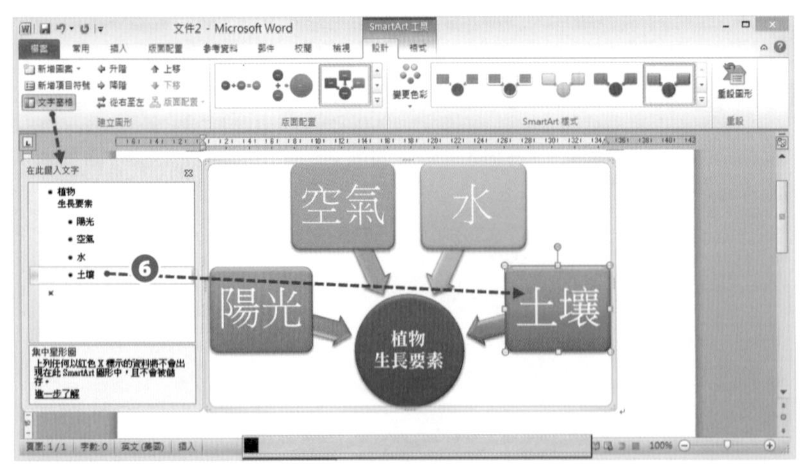

6 先選取想要輸入文字的圖形後，依序選取【文字窗格】，在【在此鍵入文字】的彈跳對話框中，輸入文字就完成了。

Q&A 如何移動圖形順序或位置呢？

如果以「植物生長要素」的關聯圖為例：要如何將「土壤」項目挪動至「陽光」和「空氣」中間的位置呢？

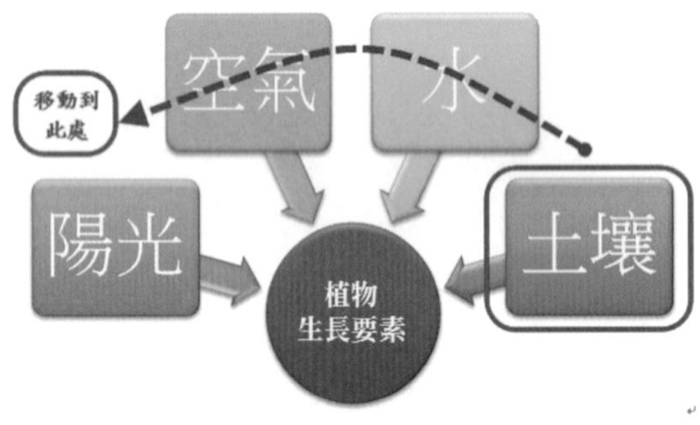

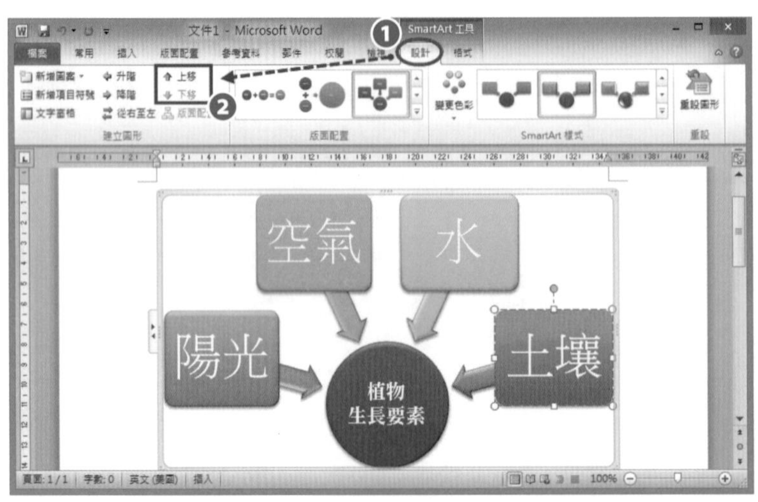

1 先選取「土壤」項目，讓【SmartArt 工具】頁籤顯現出來，並從中選取【設計】次頁籤。

2 藉由在【建立圖形】項目中，【上移】或【下移】的選項，加以調整位置。

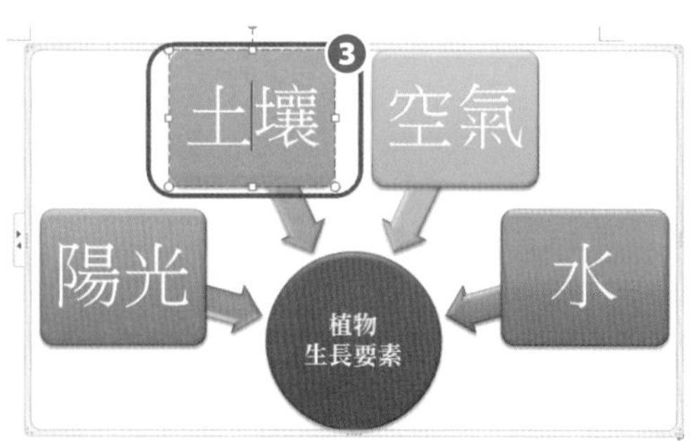

3 就可以把「土壤」項目挪移至你所想要的位置上了。

但是……你會發現：僅有「文字」部分更改順序，圖形未變動。那要如何「一起」更動圖形的順序與位置呢？那只能靠「拖曳」的方式處理了：

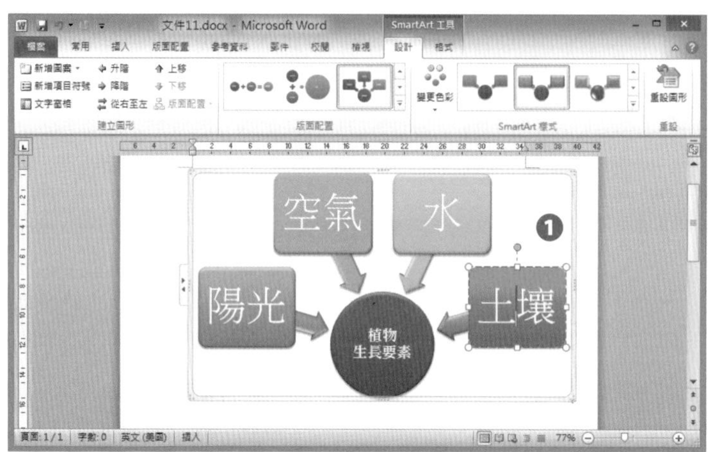

1 先選取想要移動的圖形，並讓「十字游標」顯現出來。

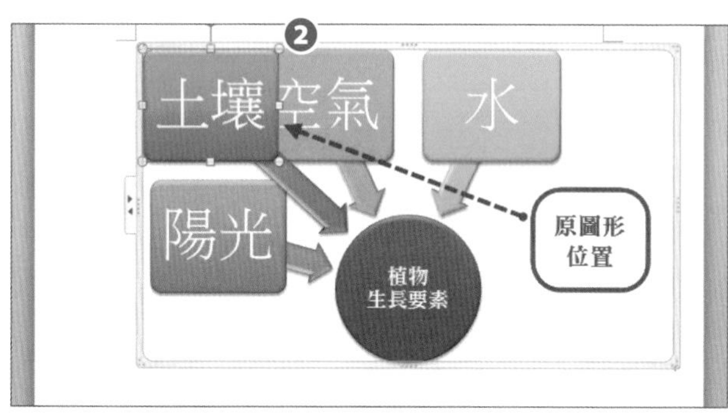

2 直接用「拖曳」的方式將圖形放置在設計的位置上。

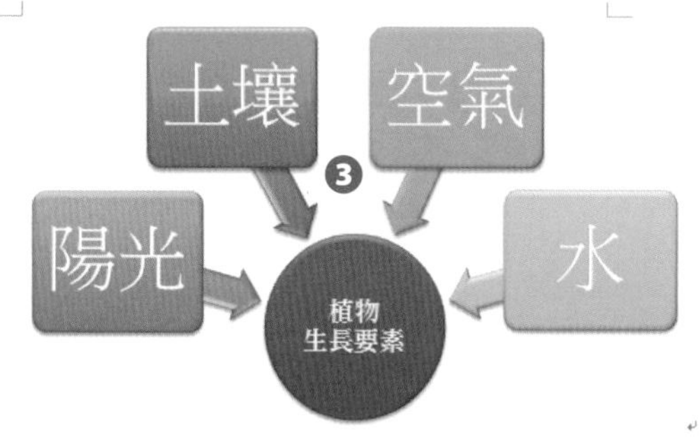

3 稍加更動後，就會變成圖形與順序「一體」變動的樣式囉！

如果你想要將所有圖形方向「從左變更至右」或「從右變更至左」，不用像上述所言一個個變動，只要 One Touch 就夠了：

在【SmartArt 工具】頁籤中選取【設計】次頁籤，並從【建立圖形】項目中選取【← →從右至左】選項，One Touch 就完成所有圖形的方向變更，非常容易！

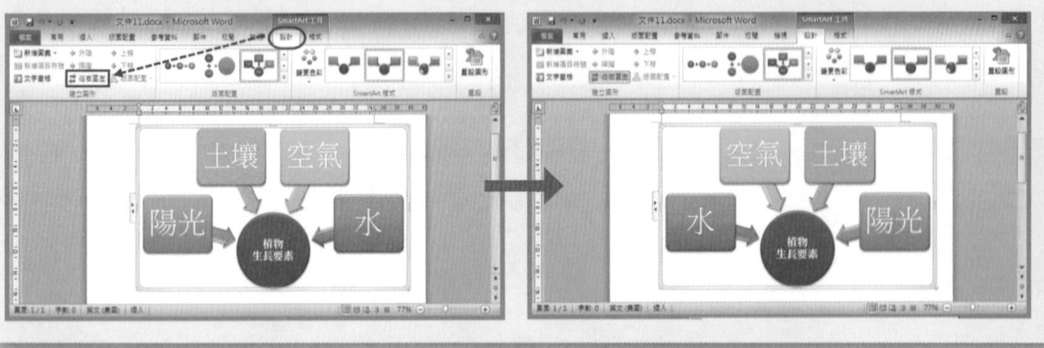

Q&A 如何變更 SmartArt 圖形樣式與色彩與方向呢？

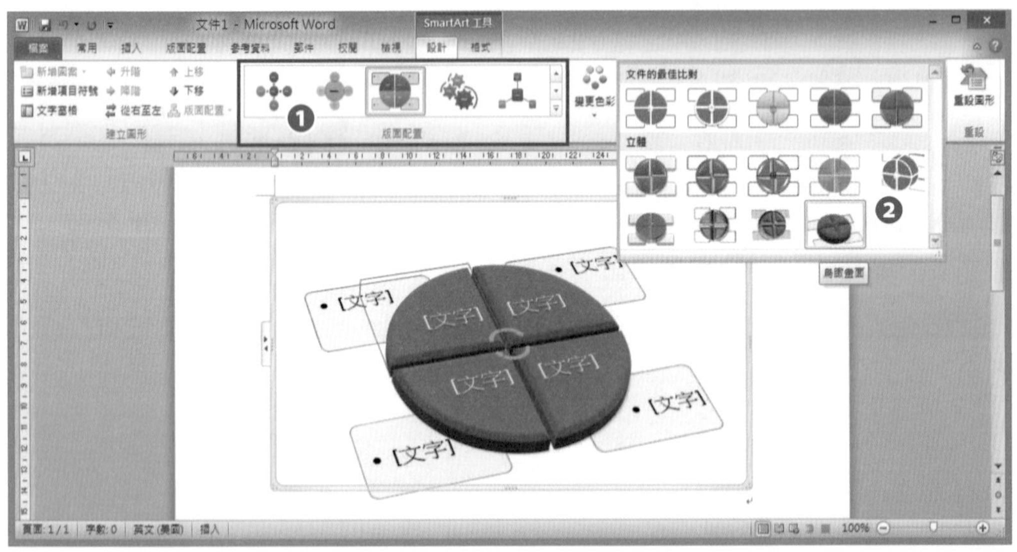

1 內建的 SmartArt 中，也有許多設計好的格式可供使用。例如：你可以在【SmartArt 工具】頁籤中選取【設計】次頁籤，並在【版面配置】項目中，更改你的圖形樣式。

2 也可以透過旁邊【SmartArt 樣式】選項的下拉式選單中，更改成「立體」或「轉動」的模樣。

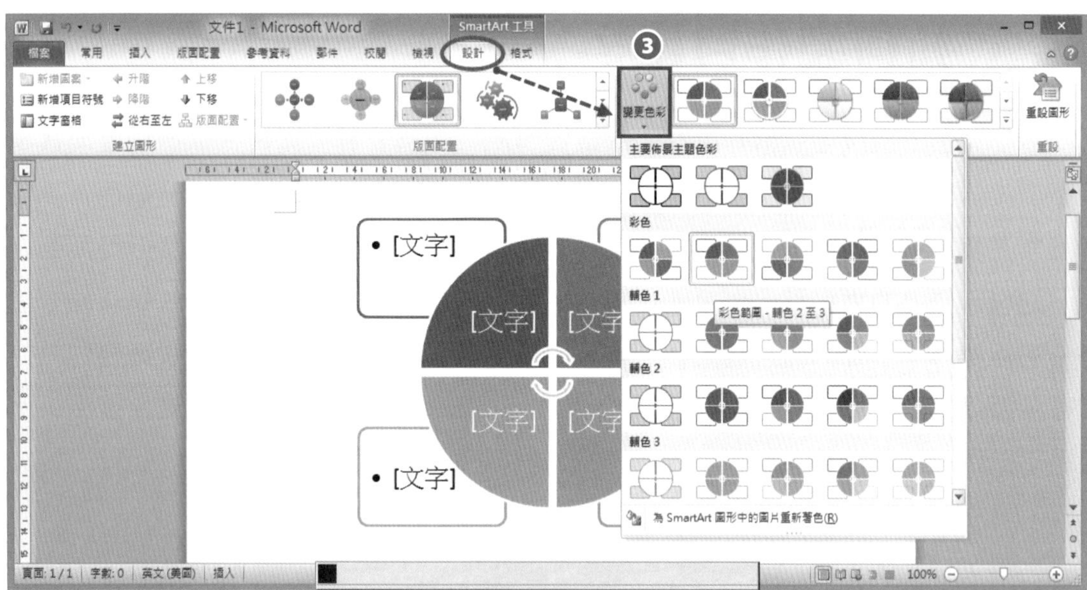

3 更可以在【SmartArt 工具】頁籤中選取【設計】次頁籤，並從【變更色彩】的下拉式選單中，選取你所喜歡的色彩樣式，就能讓單一色塊變成繽紛色彩囉！

雖然 Word、Excel 和 PowerPoint 都有 SmartArt 的功能，不過只有 PowerPoint 有提供「文字直接轉換成 SmartArt」的功能，其他都只能用「插入」的方式才能成功唷！

小試身手

請同學將光碟「Word 簡歷表作業檔 10.docx」檔案，設定成合乎下列格式要求。

1. 使用「區段循環圖」，依序說明「幹部經驗」、「社團經驗」、「檢定證明」與「得獎記錄」四項目。
2. SmartArt 樣式選擇「磚塊畫面」。
3. 設定「主題色彩」為彩色範圍 - 輔色 4-5；「大標題四項文字」為 16pt 華康流隸、顏色黃色；「次標題文字」為 7pt 新細明體、顏色為白色。

學習重點：

1. 設定 SmartArt 樣式
2. 新增項目符號
3. 設定文字樣式

7-3 如何製作目錄？

當面對數十頁以上、精心設計的備審資料時，審查委員要如何快速、精確地找出想要閱讀的部分呢？一份結構清楚的「目錄」當然是不可遺漏的部分。一般而言，目錄通常是資料完成後才開始編排，然而，內容一經調整或更改、所謂「牽一髮而動全身」之後，全部的章節頁碼也會隨之產生變動……那要如何不因此而發生錯誤呢？當然你可以選擇「手動」的方式一個個進行更新作業；但如果能學會以下所傳授的「自動產生目錄」步驟，將來靠著點選「更新目錄」，讓 Word 系統直接幫你套用變更，而且絕不出錯，更是方便唷！

7-3-1 手動建立目錄

如果文件標題未使用內建標題樣式，或文件內容簡短且不會再更動的情況下，直接一面輸入文字、一面進行檢視的「手動建立目錄」是比較容易上手的一種方式。不過……常常在想要「對齊」一些數字或字元時，拼命移動尺規或空白鍵，是不是總是「差了那麼一點」？尤其在製作目錄時，為了閱讀方便，總會在文字後方加上一排「……」以利查詢頁碼，但這些「……」是不是老是和頁碼對不齊？只要善用「定位點」功能，就迎刃而解囉！

Q&A Word 2010 的「尺規」在哪裡？

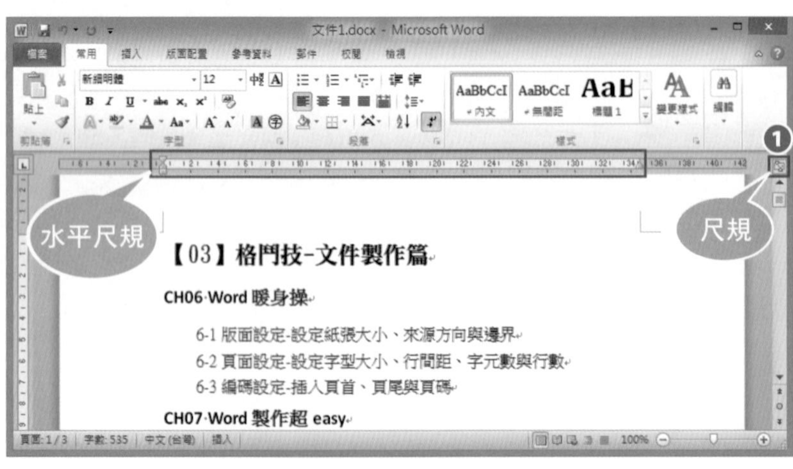

1 開啟 Word 2010 後，點選右上方後，就能開啟「水平尺規」。

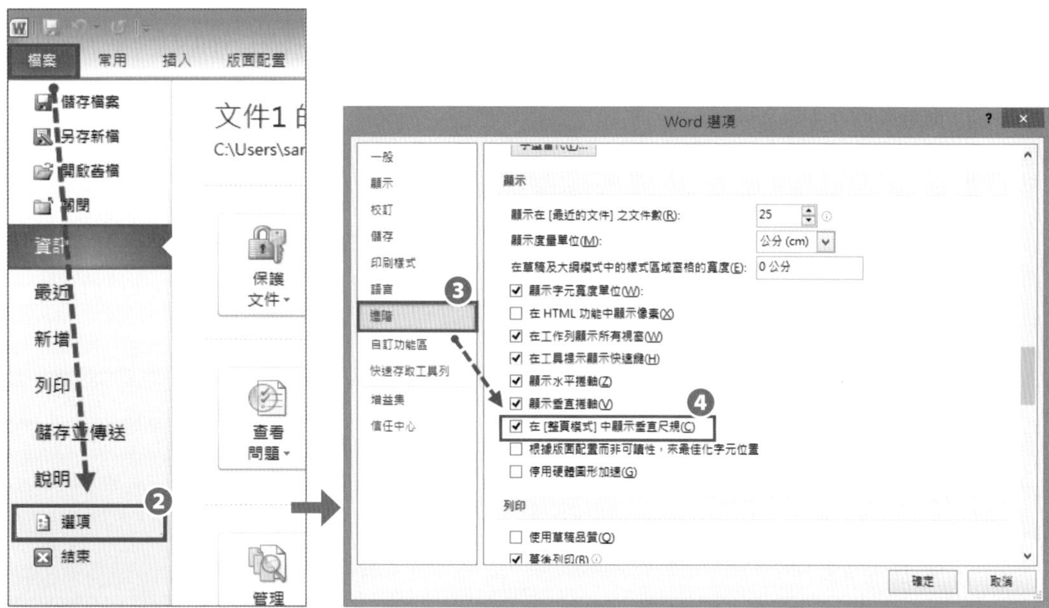

2 如果要開啟「垂直尺規」，則必須從【檔案】頁籤中選取【選項】項目。

3 在彈跳的【Word 選項】選單中，選取【進階】項目。

4 藉由捲軸找出【顯示】項目，並從中勾選【在 [整頁模式] 中顯示垂直尺規 (C)】，就能開啟「垂直尺規」了。

專家小叮嚀

一般而言，尺規的顯示單位為「字元」，但不如常用的「公分」來的順手。那……要如何更改「單位」呢？

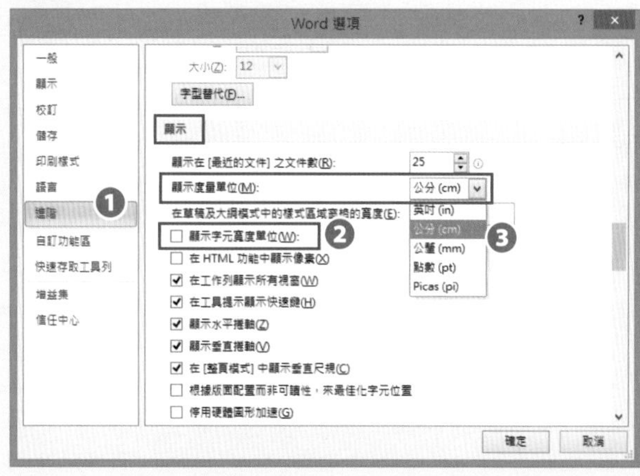

1. 一樣透過【檔案】頁籤中選取【選項】項目，接著在彈跳的【Word 選項】選單中，再選取【進階】項目。
2. 藉由捲軸找出【顯示】項目後，取消勾選【顯示字元寬度單位】。
3. 接著在【顯示度量單位 (M)】項目的下拉式選單中選取「公分 (cm)」，就完成了！

Q&A 「定位點」在哪裡？「對齊方法」有哪些？

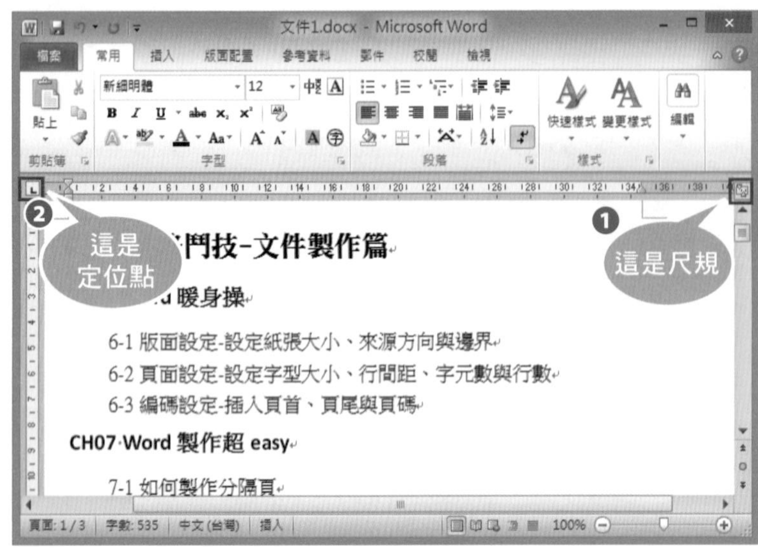

1 整個頁面中，如上所示「尺規」的相對應地方，就是「定位點」。

2「定位點」的對齊方式有以下七種：

A. 首行縮排：在水平尺規上半部，按一下適當的段落首行起始位置。

B. 首行凸排：在水平尺規下半部，按一下段落第二行與後面各行的適當起始位置。

C. 靠左對齊：輸入時，文字由定位點向右移動。

D. 置中對齊：輸入時，文字以這個位置做為中心點。

E. 靠右對齊：輸入時，文字由定位點向左移動。

F. 對齊小數點：定位點會以小數點為準對齊數字，不論數字位數多寡，小數點都會位於同一個位置。

G. 分隔線：定位點不會設定文字位置，而會在定位點位置插入垂直線。

請你這樣做 設置「定位點」的操作說明

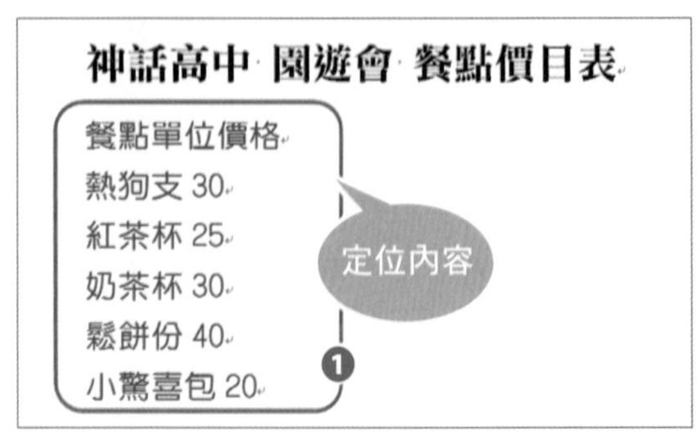

1 將想要定位的內容，去除所有格式設定。

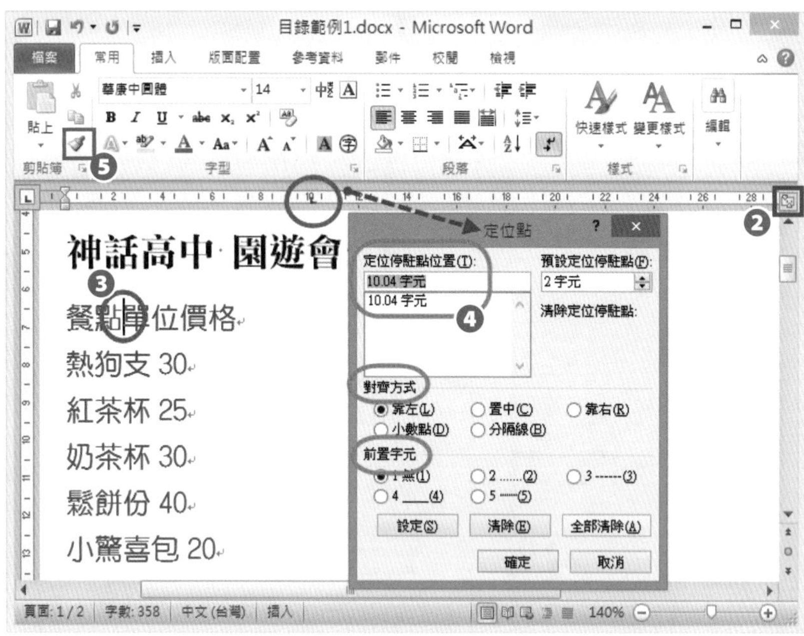

2 將尺規顯現出來。

3 將游標放置在想要區隔的位置，並在尺規上任意按滑鼠左鍵兩下，就會彈跳出【定位點】選單。

4 你可以由【定位點】選單中，設定任何你對定位點所想要的「位置」、「對齊方式」與「前置字元」樣式唷！

5 選取設定好定位點的樣式，並將之後的餐點價目，以【常用】頁籤的【複製格式】工具，複製成全部相同的樣式。

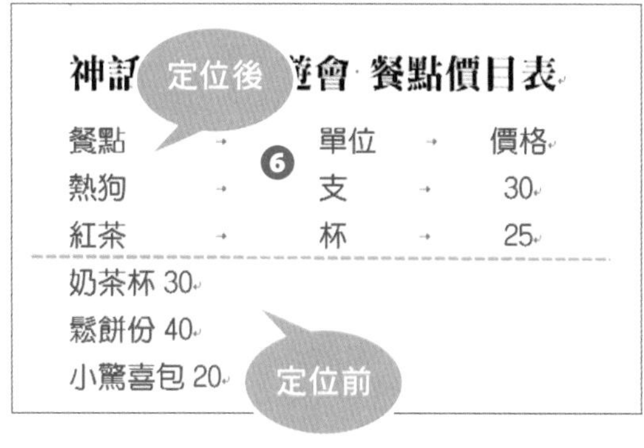

6 然後在各個定位點的地方按下【Tab】鍵，就會完成所設定的樣式價格表囉！

本範例預設位置為：單位 -10.04 字元 - 置左 - 無前置字元；價格 -18.04 字元 - 置中 - 無前置字元。

專家小叮嚀

何謂「前置字元」與「對齊方式」？

1. 所謂「前置字元」，是指定位點之間的顯示樣式，以供對齊內容資訊，共有五種樣式可供選擇唷！
2. 所謂「對齊方式」，是指：以「定位點」為基準，設定內容對齊的方式。以製作書籍目錄而言，仍以「靠左」較為普遍。

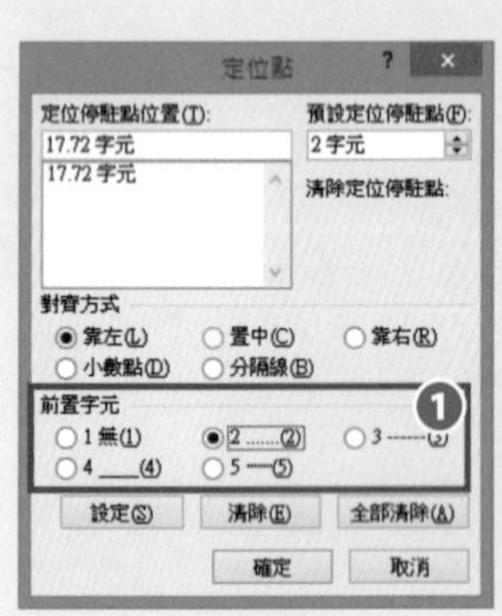

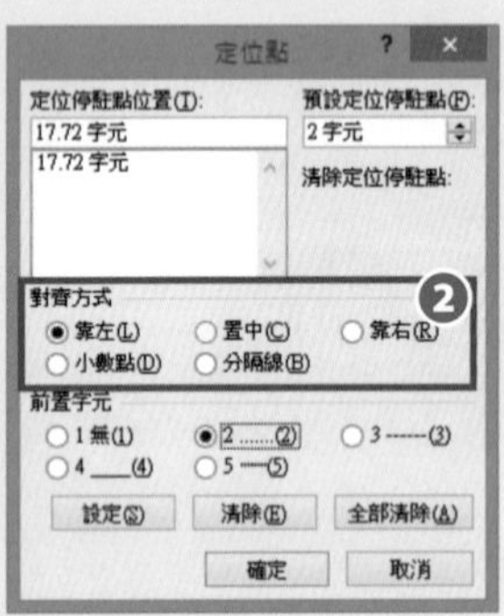

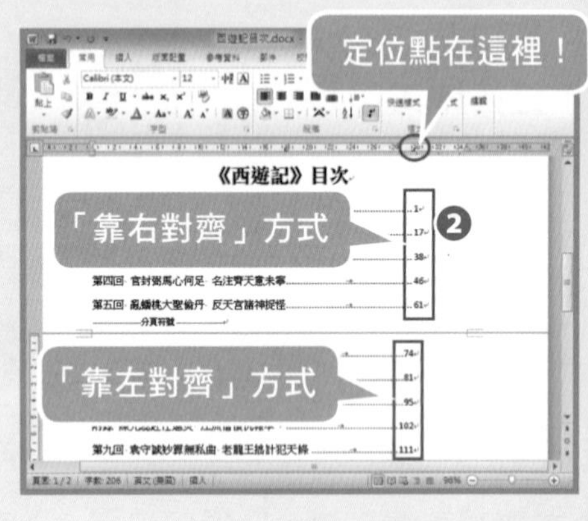

小試身手

請同學將光碟「Word 目錄作業檔 01.docx」檔案，以「設定定位點」的方式，依照下列格式要求，幫《水滸傳》前十五回做出排列整齊的目次。

1. 各回起始頁碼依次為：第一回 01 頁、第二回 12 頁、第三回 19 頁、第四回 27 頁、第五回 32 頁、第六回 39 頁、第七回 43 頁、第八回 52 頁、第九回 65 頁、第十回 81 頁、第十一回 94 頁、第十二回 102 頁、第十三回 116 頁、第十四回 127 頁、第十五回 141 頁。
2. 請以「回目」定位點 6.14 字元、前置字元無 (1)、靠左對齊；「頁數」定位點 32.14 字元、前置字元 (3)、靠左對齊的方式安排格式。

學習重點：
1. 設定定位點
2. 設定對齊方式與前置字元

Q&A Word 2010 難道沒有內建完成的「手動目錄」可供使用嗎？

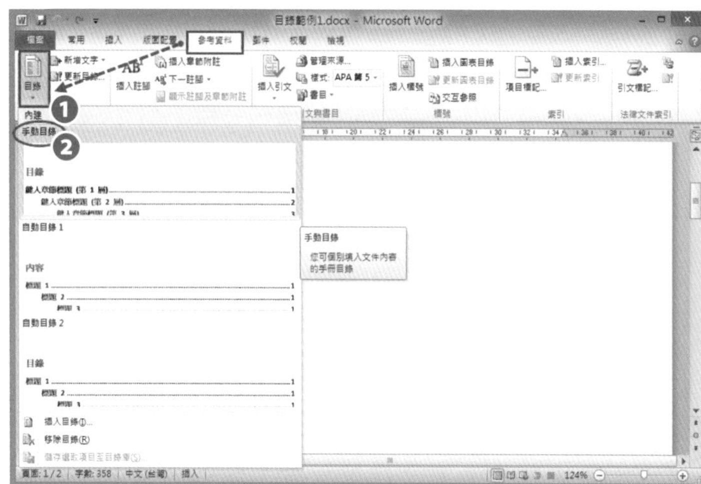

當然有！請你這樣做：

1 透過【參考資料】頁籤中選取【目錄】項目。

2 接著在下拉式選單直接選取【手動目錄】，就會顯現三層次可鍵入章節標題的格式。

目錄

鍵入章節標題 (第 1 層)........1

鍵入章節標題 (第 2 層)........2

鍵入章節標題 (第 3 層)........3

鍵入章節標題 (第 1 層)........4

鍵入章節標題 (第 2 層)........5

鍵入章節標題 (第 3 層)........6

3 直接在上面輸入標題或更改頁碼即可。

4 你也可以經由【參考資料】頁籤中【目錄】的下拉式選單中，選取【插入目錄(I)】。

5 然後在彈跳出來的【目錄】選單中，經由【目錄(C)】項目進行設計或安排，也一樣方便唷！

內建

手動目錄

目錄

鍵入章節標題 (第 1 層)........1

鍵入章節標題 (第 2 層)........2

自動目錄 1

內容

標題 1........1

標題 2........1

自動目錄 2

目錄

標題 1........1

標題 2........1

插入目錄(I)...

移除目錄(R)

儲存選取項目至目錄庫(S)...

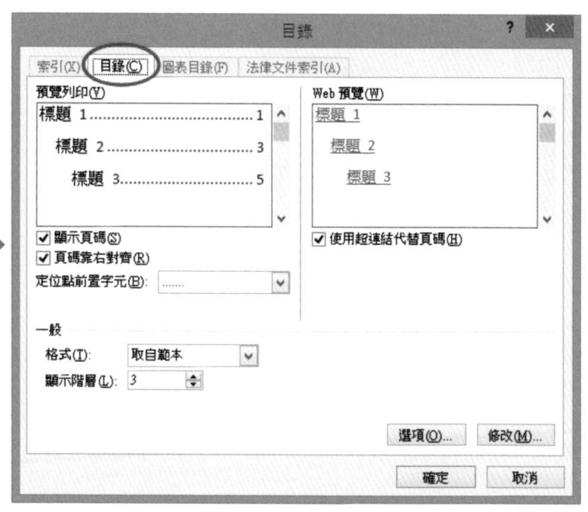

6 如果要增加其他目錄階層文字，則要使用「複製現有的項目」再轉貼到目錄中想要的位置，就大功告成了。

小試身手

請同學打開光碟「Word 目錄作業檔 02.docx」檔案，以使用「Word 2010 內建『手動目錄』」的方式，製作出相同的目錄樣式。

學習重點：

1. 使用內建手動目錄格式
2. 增加目錄階層文字

7-3-2 自動建立目錄

一般而言，目錄大多是最後才編排的動作，但在資料校正或更改的情況下，目錄頁碼常常會因忽略而忘記修改；如果在審查資料上傳或印製之前，能將所有圖文資料全部整理在「同一個檔案」內的話，就可以直接使用 Word「自動建立目錄」的功能，讓系統自動產生目錄並更新，那就更完善了。

請你這樣做 如何讓 Word 自動建立目錄呢？

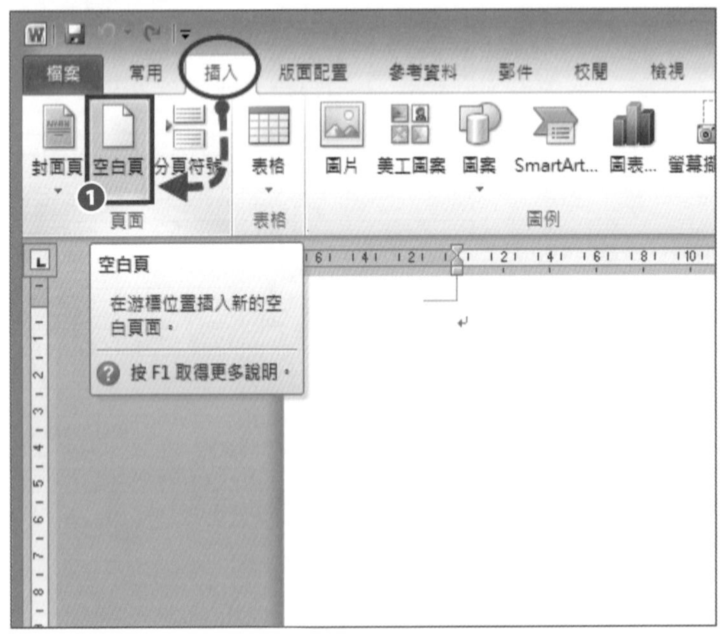

1 通常目錄大多放置於文件的前一頁開頭，所以必須先製造一個「空白頁」：從【插入】頁籤中選取【空白頁】，以免新增的目錄會接續原有資料或出現在資料最前面。

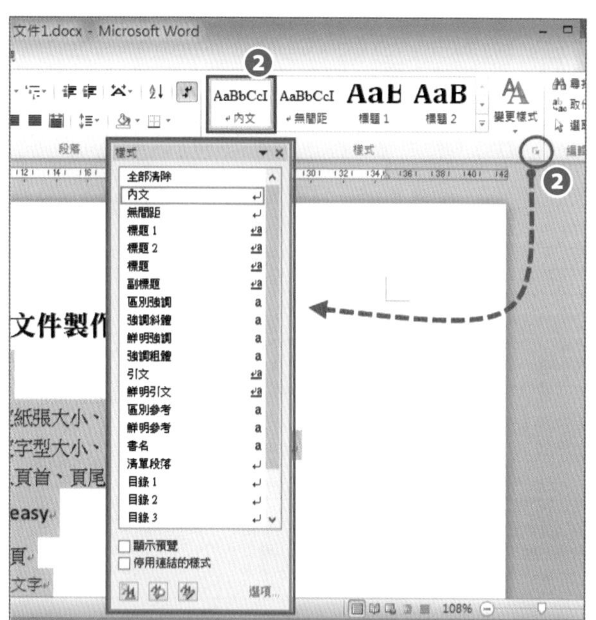

2 將資料全選後，從【常用】頁籤中【樣式】項目中，先設為「內文」樣式；或點選【樣式】項目中 ，從【樣式】下拉式選單中設定也行。

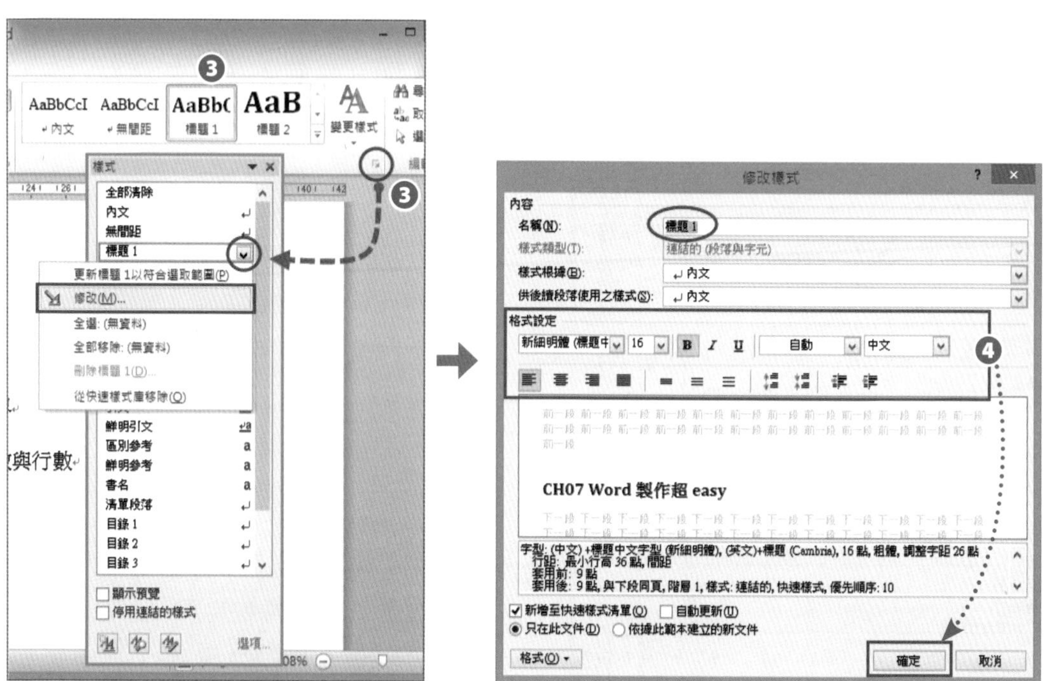

3 依照先行設計的架構樣式，可直接從【常用】頁籤中【樣式】項目中，使用內建的「標題 1」等樣式，或從【樣式】下拉式選單中點選【修改 (M)】，讓【修改樣式】下拉式選單彈跳出來。

4 可直接在選單中設定「標題 1」的相關樣式，同樣步驟也可依照自己標題的編排方式向下設定「標題 2、3、4…」，完成後別忘了按【確定】鍵。

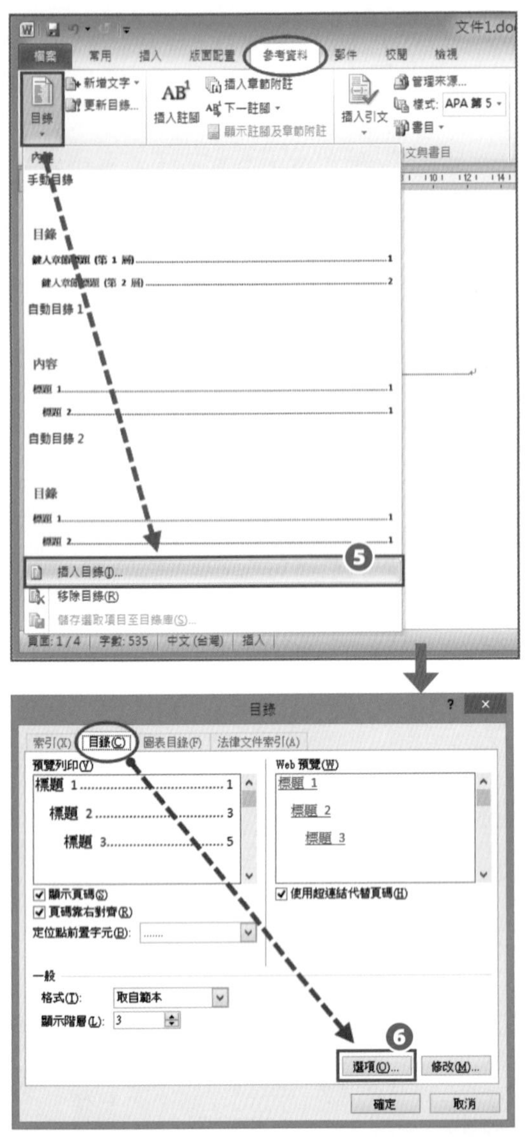

5 將游標放置在 1 先前預定的空白頁中，從【參考資料】頁籤中點選【目錄】項目，並自下拉式選單中選取【插入目錄 (I)】。

6 在彈跳出的【目錄】選單中，選取【目錄 (C)】頁籤，並點選【選項 (O)】。

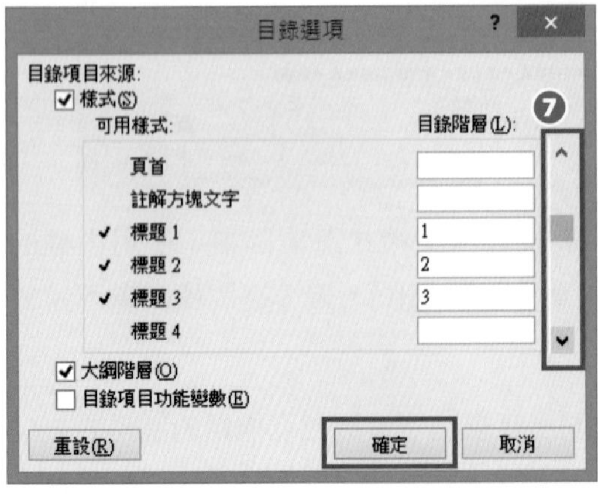

7 從彈跳出的【目錄選項】選單中，就可設定目錄的樣式層級和內容。如果分成 3 層，可以在【目錄階層 (L)】標示數字（數字越小，層級越大），完成後按下【確定】鍵。

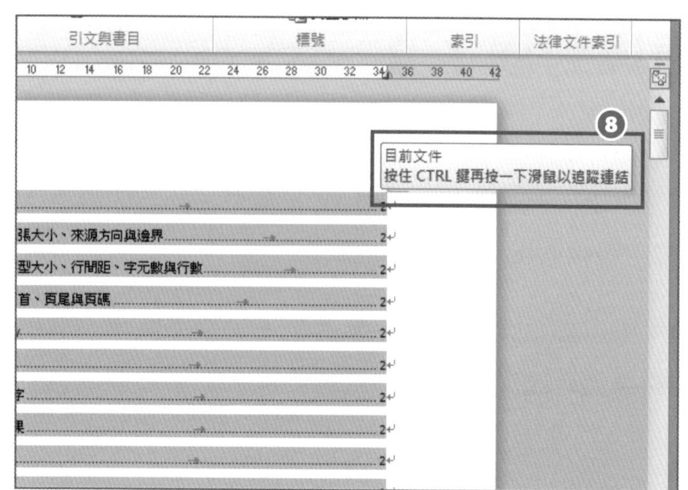

8 完成目錄會出現在 1 的新頁面中；將游標移到頁碼上，再點選【Ctrl】鍵，就會自動連結，更新頁碼囉！

專家小叮嚀

所有的文件結尾處，都一定需要使用【Enter】來產生新段落並進行換行，否則，如果僅使用【Shift】+【Enter】所產生的「強制換行」，文件內容仍屬於同一段落，製作目錄時，會將整段文字都視為標題喔！所以，如果能在製作前多加留意，就能免去許多不必要的麻煩事唷！

·7-3 如何製作目錄？

當面對數十頁以上、精心設計的備審資料
找出想要閱讀的部分呢？一份結構清楚的
一般而言，目錄通常是資料完成後才開始編
所謂「牽一髮而動全身」之後，全部的章

·7-3 如何製作目錄？

當面對數十頁以上、精心設計的備審資料時，
想要閱讀的部分呢？一份結構清楚的「目錄」當
目錄通常是資料完成後才開始編排，然而，內容
而動全身」之後，全部的章節頁碼也會隨之產生

小試身手

請同學打開光碟「Word 目錄作業檔 03.docx」檔案，以使用「Word 2010 內建『自動目錄』」的方式，於封面與內文之中，插入一個自動建立的目錄樣式。

學習重點：

1. 使用內建自動目錄格式
2. 增加目錄階層文字
3. 插入空白頁

7-4 如何製作封面與封底？

俗話説的好：「人要衣裝、佛要金裝。」如果説：內文是一份資料的靈魂，那「封面」就代表著整份文件的精華濃縮！所以，一份包裝精美、設計感十足的封面設計，絕對是在幾百人的審查資料裡，能夠「脱穎而出」的最佳選擇！

但是……在現今大學個人申請使用「審查資料上傳系統」之下，還需要精心準備封面嗎？事實上，自 103 學年度全面線上書審開始，大學甄選委員會針對這個問題，曾有過一次正面回答：

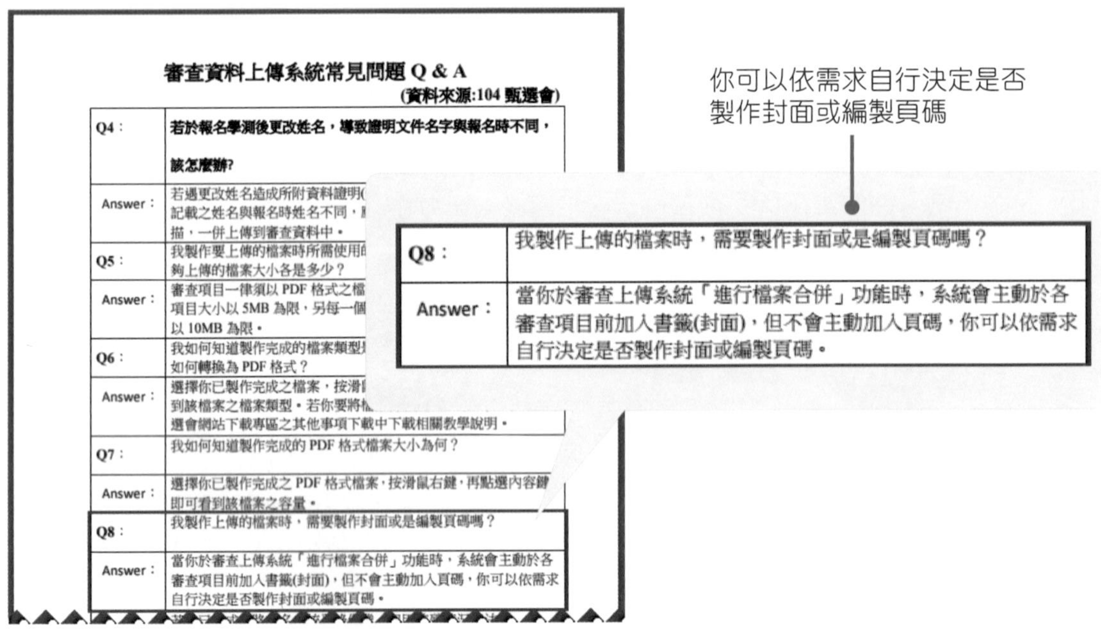

審查資料上傳系統常見問題 Q & A

(資料來源:104 甄選會)

Q4：	若於報名學測後更改姓名，導致證明文件名字與報名時不同，該怎麼辦?
Answer：	若遇更改姓名造成所附資料證明(記載之姓名與報名時姓名不同， 描，一併上傳到審查資料中。
Q5：	我製作要上傳的檔案時所需使用的 夠上傳的檔案大小各是多少？
Answer：	審查項目一律須以 PDF 格式之檔 項目大小以 5MB 為限，另每一個 以 10MB 為限。
Q6：	我如何知道製作完成的檔案類型 如何轉換為 PDF 格式？
Answer：	選擇你已製作完成之檔案，按滑 到該檔案之檔案類型。若你要將 選會網站下載專區之其他事項下載中下載相關教學說明。
Q7：	我如何知道製作完成的 PDF 格式檔案大小為何？
Answer：	選擇你已製作完成之 PDF 格式檔案，按滑鼠右鍵，再點選內容鍵即可看到該檔案之容量。
Q8：	我製作上傳的檔案時，需要製作封面或是編製頁碼嗎？
Answer：	當你於審查上傳系統「進行檔案合併」功能時，系統會主動於各審查項目前加入書籤(封面)，但不會主動加入頁碼，你可以依需求自行決定是否製作封面或編製頁碼。

而且，在上傳審查資料之後，會自動形成「不編碼的封面」，並不會影響閱讀與理解，所以，如果時間緊迫或份數太多時，事實上可以將製作封面時間省下來，多在「自傳」部分下功夫！但如果是「設計類」、「資訊類」或是需要寄發資料的校系，仍建議不要省下這道功夫：除了能展現誠意，還能顯示「電腦資訊能力」，真是一舉數得！而且線上書審是「分項目」上傳的資料檔，如果能在每個項目前都做一個「封面」，檔案合併之後，會形成有如「分隔頁」的形式，更能讓審查委員更清楚各項目的分類，也是一個不錯的「加分小心機」唷！

那要如何製作「封面與封底」呢？製作之前，有些事你不能不知道……

7-4-1 封面封底設計要素

一般而言，封面構成的三要素——指就是「圖像」、「文字」與「色彩」。所以，能利用這三要素設計出「清楚傳達報考人的資訊」與「吸引審查委員閱讀的興趣」，就是封面製作的首要目的；至於排版精美、或是絢麗的美編技巧，則是附加的能力加分表現，當然能有最好！然而，一份用心設計的精美「封面」，應該包含哪些元素呢？

（一）資料清晰

在封面上一定要註明的項目有：

1. 參加甄選大學校系的名稱（可加上英文）
2. 畢業學校（如果是相關科別，可加註）
3. 學生姓名

其中，其「重點」依序為：

為了顯示「敬重」，當然要以「報考校系名稱」為最重要的部分，當然也就是要使用最大字型、最高彩來引人注目！所以在字體大小、強調顏色與設計重心等等安排時，一定要多加留意、讓人「一眼看清」，千萬不可畫蛇添足、本末倒置。

專家小叮嚀

1. 如果報考校系為「國立」學校，一定要以「全稱」呈現；但如果是私立校系，就可以直接省略，以免尷尬。
2. 學校科別，除了高中（普通科）可以直接省略，否則除非是「相關」校系（例如商經科報考商業群、電機科報考電子相關科系……），仍建議巧妙掩飾突兀的部分，以免在口面試時招來麻煩。

（二）專屬設計

使用「純文字」並加上三隻釘書針，當然可以固定文件而且達到「資料清晰」的要求，但絕對無法再眾多審查資料中，吸引任何人閱讀的慾望！（如圖 1）但如果能使用本書「CH7-4-3 快速製作封面的小撇步」加以美化，或是加上一點「頁面色彩」與「色塊」（如圖 2），還是插入一張「校系所特色建築物」（如圖 3）或再加上「校系徽章」與「相關照片」（如圖 4）……只要多留心並融入一些有關報考校系的「元素」，就能突顯出「旺盛的入學企圖」，當然也能大大提升雀屏中選的機會囉！

▲ 圖 1　▲ 圖 2　▲ 圖 3　▲ 圖 4

（三）展現創意

所謂的「創意」，不就是要超越界線，跳離現有框架，「天馬行空」的展現自己的想法嗎？所以「展現創意」可以視為前一項「專屬設計」的「進階版」！它絕對不是「無中生有」或一味賣弄自己的本事，所以基本上還是要與「製作審查資料」的方向有所關連，才不會讓審查委員摸不著頭緒、不知所云。正所謂：「一張照片勝過千言萬語。」利用「照片」的顏色與內容來增添審查資料的「豐富度」與「吸睛度」，絕對是個好方法。例如：

科學家愛因斯坦 + 地球 + 名言 = 完全符合「大氣科學」校系相關方向	意境圖片 + 報考校系活動資訊＝渴望的就學意圖→那一句：「只好站在顯眼的地方 / 讓你找到了」更是「一語雙關」，能不多拿點「同情」分數嗎？
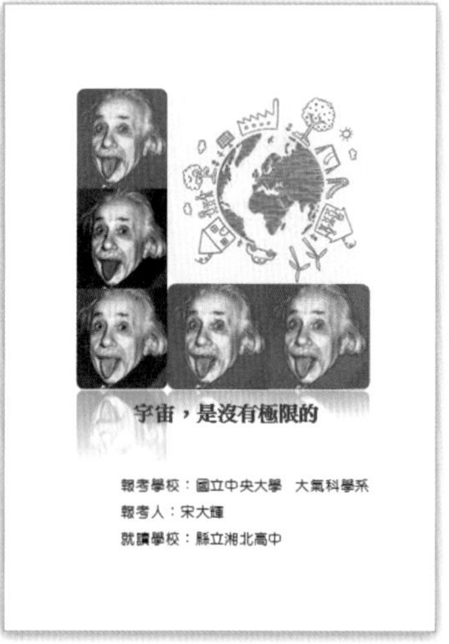 ▲ 圖 5	 ▲ 圖 6

特別加碼

如果是報考「設計」學群與「資訊」學群，「耍心機、搏吸睛」更是必要手段！所以在此特別加碼、偷偷告訴你一個簡易製作「普普風圖樣」的好方法：

如果你會使用 PhotoShop 繪圖軟體，只要先設定好「前景色」與「背景色」之後，先使用「濾鏡平面化」圖像，再稍微調整「亮度」與「平滑度」，就可以隨著安排的步驟，形成相似但顏色不同有如「圖 5」的愛因斯坦圖像的樣貌！

前景色 : #e10000 紅

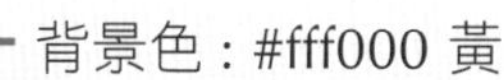

前景色 :#b62424 棗紅

背景色 : #ffc470 米

但如果你連 PhotoShop 是什麼都不知道，那網路上也有「BIG HUGE LABS 線上影像特效處理」的免費網站可供使用：

1 先連結至 http://www.bighugelabs.com/flickr/warholizer.php 網站。

2 點選【Pop Art Poster】。

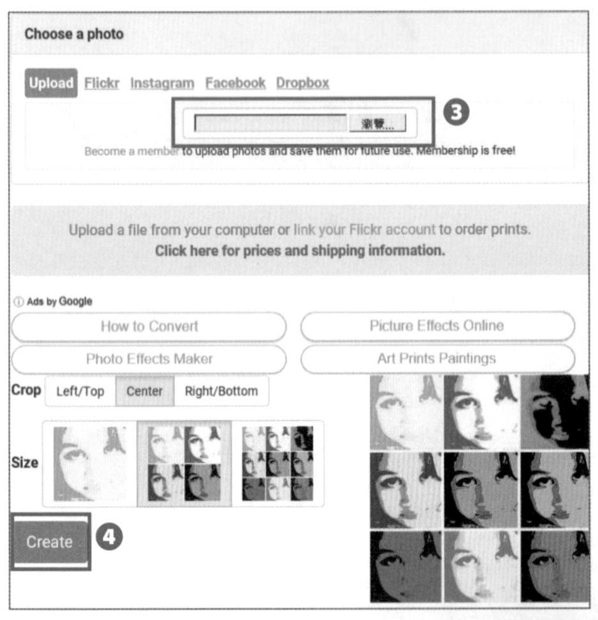

3 點選【瀏覽】，選擇你所要使用的圖片。

4 接著點選左下角 Create 鍵，啟動製作系統。

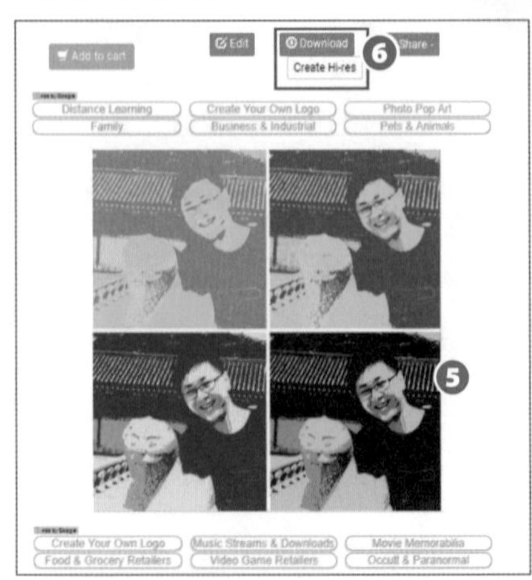

◀ 完成圖

5 幾秒鐘後，就會呈現處理好的「普普風照片」，不用大費周章地去調整色系與其他功能，非常方便！

6 也可使用【Download】鍵，把圖片儲存起來以利使用唷！

1. 所有的字型與字體最好不要超過 2 種以上，且盡量「置中」安排，以免太過分雜紊亂。
2. 使用的字型建議以「宋體」與「黑體」為主，以免字體過細，無法突顯資料的重點。
3. 圖片使用要留心尺寸大小與解析度，以免影響美觀。

一份完整的審查資料，除了內文的自傳、讀書計畫等校系要求的內容外，當然還要包含封面封底的「包裝設計」，才算的上是「精美完整」。那……「封底」的設計要注意哪些元素呢？

一般而言：封底當然要與封面設計方向一致，設計要素也應相同，不過不需要太花俏，只要「乾淨清楚」、「素雅」就好，以免搶了封面的焦點，那就可惜了！

素雅版	個人創意版	紊亂 NG 版
你可以直接到該校網頁尋求素材，並加以設計唷！（素材來源：成功大學 簡報檔案 PPT 樣版）	此屬個人自由創意的發揮，只要能突顯「個人風格」並保持「乾淨素雅」的原則，就可以了！	雖有校舍圖片與校徽，符合設計關連性，但顏色紛雜、無聚焦感，如果再與前面的封面結合，會更顯突兀，千萬別把所有的元素都集中在一起唷！

小試身手

1. 請同學利用自己的一張照片，並使用「BIG HUGE LABS 線上影像特效處理」，製作出專屬自己個「普普風照片」。
2. 請打開光碟「Word 封面封底製作作業檔 01.docx」檔案，利用裡面所提供的素材，幫碁峰高中的鄭允浩製作出報考「國立中央大學物理學系」的封面。(不需完全使用所有素材，亦可另添新意唷！)

學習重點：

1. 使用 BIG HUGE LABS 線上影像特效處理。
2. 利用專屬照片設計封面。
3. 利用相關素材，製作封面。

7-4-2 美化圖片的小技巧

一張好照片不僅能震撼人心，還能藉由裡面的景色、人物來訴說故事。所以，放置在審查資料裡的照片 / 圖片，絕對是精心挑選、萬中選一，而且深具含意的。當然更要加以美化與設計，才能在一瞬間抓住閱讀者的眼球、產生共鳴。

在 Word 2010 系統操作之下，有哪些美化圖片的小技巧？

請你這樣做

(一) 增加邊框

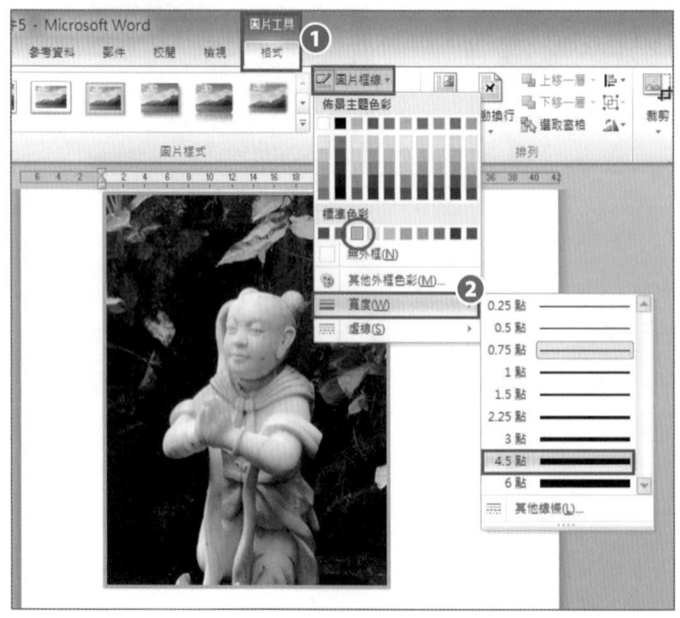

1 先在圖形上按滑鼠左鍵，就會顯現【圖片工具 - 格式】頁籤。並從工具列中選擇【圖案樣式】的次選項中，選擇【圖片框線】，讓下拉式選單出現。

2 可從下拉式選單中【標準色彩】與【寬度 (W)】選項中改變「框線顏色」與「線條粗細」唷！

也可以利用「文字框」的概念加以變化：

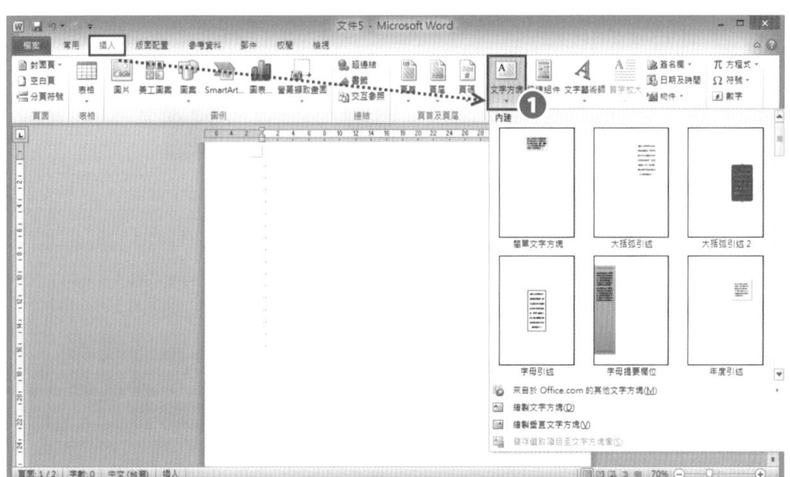

1 先從 Word 2010 上方【工具列】選取【插入】頁籤，並點選【文字】項目中【文字方塊】的「▼」，即可展開下拉式選單，就有許多「內建」樣式可供使用（本次示範使用「簡單文字方塊」版）。

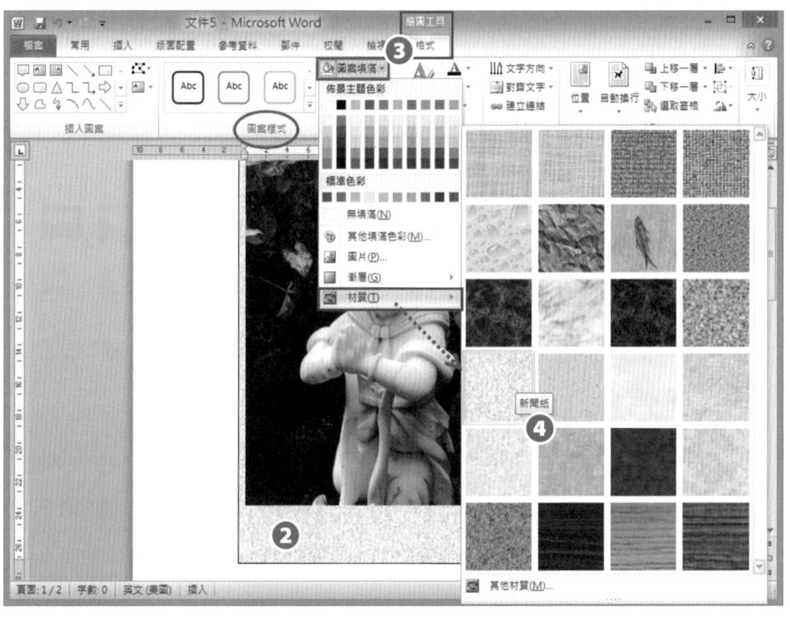

2 將圖片用「插入」或「複製」的方式置於「文字框」內。

3 在文字框上按滑鼠左鍵，就會顯現【繪圖工具 - 格式】頁籤。並從工具列中選擇【圖案樣式】的次頁籤中，選擇【圖案填滿】，讓下拉式選單出現。

4 而下拉式選單中【材質 (T)】的側選單裡，也有許多「內建」樣式可供使用（本次示範使用「新聞紙」版）。

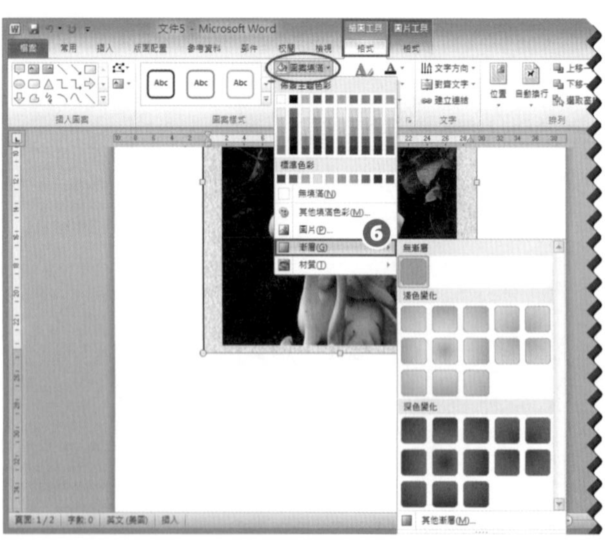

5 然後就可以藉著調整「圖片」或「文字框」的方式，來設計自己的圖片邊框樣式囉！

PS. 當然也可以利用【圖案填滿】下拉式選單中的【色彩】選項與【漸層 (G)】的側選單裡進行改造唷！

（二）改變樣式

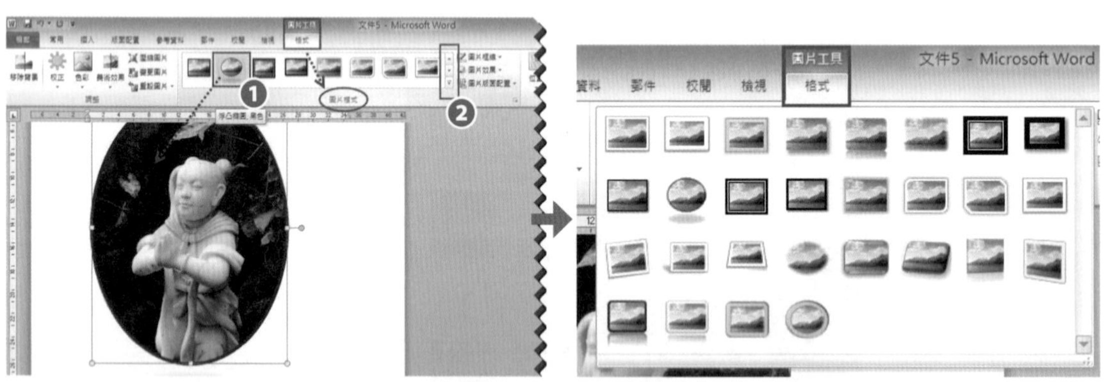

1 先在圖形上按滑鼠左鍵，就會顯現【圖片工具 - 格式】頁籤。透過【圖案樣式】的下拉式選單，就有多種已設計好的圖案樣式可供選擇。（示範款：浮凸橢圓，黑色）

2 圖案框線也可以藉著上面「增加邊框」之步驟 2 的方式，從【圖片框線】的下拉式選單中，更改「顏色」與「線條粗細」唷！

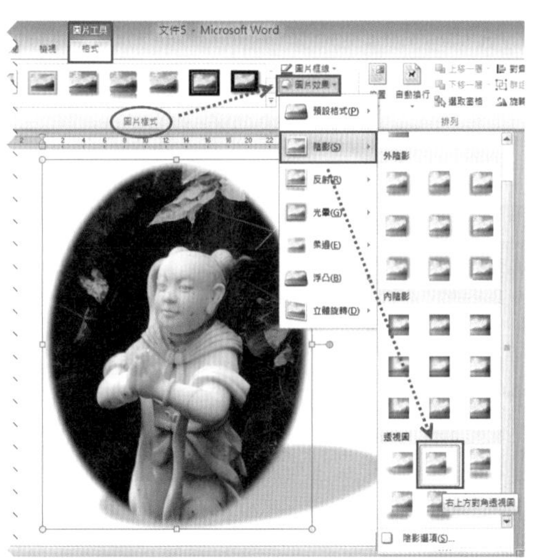
▲（示範款：【陰影】右上方對角透視圖）

3 你也可以藉由【圖片效果】的下拉式選單中，「陰影」、「反射」、「光暈」、「柔邊」、「浮凸」與「立體旋轉」等方式，設計出你屬意的樣式！（原示範圖片已先經過「柔邊橢圓形」之圖片樣式處理）

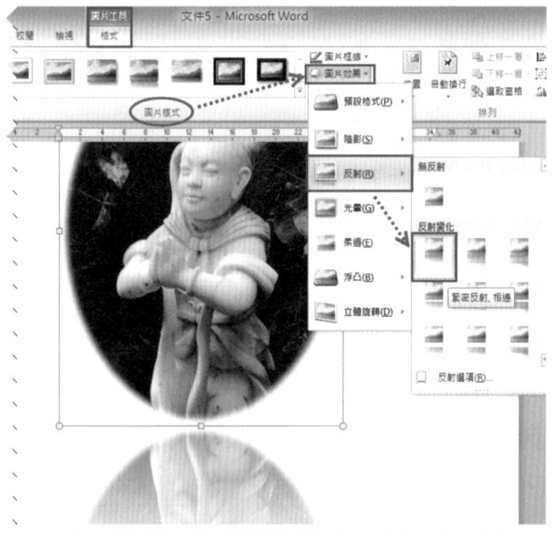
▲（示範款：【反射】緊密反射，相連）

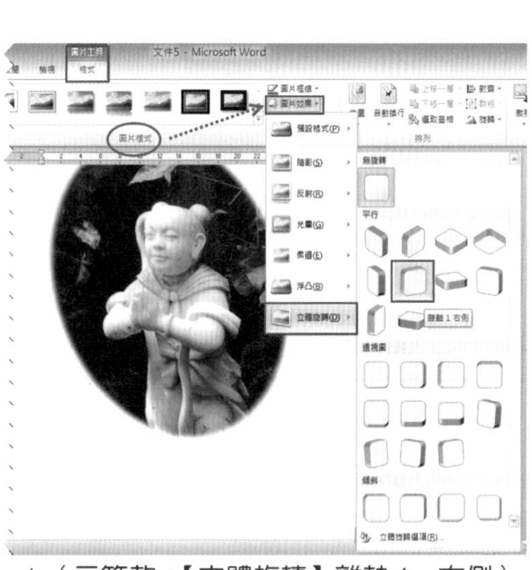
▲（示範款：【立體旋轉】離軸 1，右側）

（三）調整顏色與效果

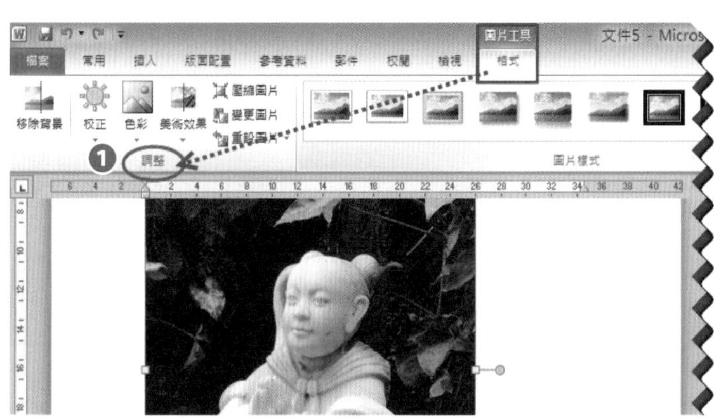

1 先在圖形上按滑鼠左鍵，讓【圖片工具 - 格式】頁籤出現。其中的【調整】的次選項中，有「移除背景」、「校正」、「色彩」、「美術效果」等多選項可供選擇。

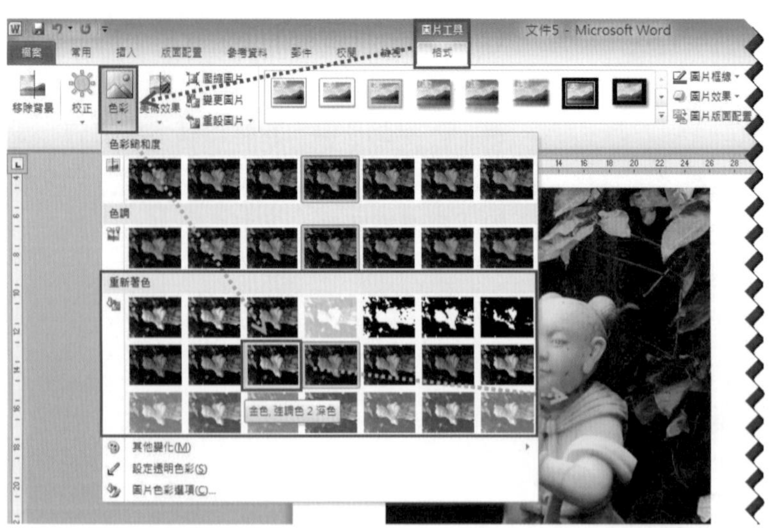

2 如果你想要「更換圖片顏色」，可以點選【調整】項目中【色彩】次頁籤的「▼」，即可展開下拉式選單，並在【重新著色】選單中，選擇你想要的顏色之後，圖片就會變成你選擇的顏色。（本次示範使用「金色，強調色 2，深色」版）

3 如果你想要「更換圖片效果」，可以點選【調整】項目中【美術效果】次頁籤的「▼」，即可展開下拉式選單，就有許多「內建」樣式可供使用（本次示範使用「馬賽克泡泡」版）。

專家小叮嚀

【美術效果】是一組工具，在【調整】次頁籤中的功能，還包括「移除背景」、「校正」和「色彩」等工具，你可以在任何已套用美術效果的圖片上，再增加任何額外的效果，進而設計出自己的模式唷！

(四)改變外型形狀

1 先在圖形上按滑鼠左鍵，就會顯現【圖片工具 - 格式】頁籤。透過點選【大小】項目中【裁剪】次頁籤的「▼」，讓下拉式選單出現。

2 從【裁剪】的下拉式選單中，繼續選擇【裁剪成圖形 (S)】項目，就會出現可供選擇的圖形選單。

(示範款：【箭號圖案】五邊形)

3 藉由點選圖形的方式，就能將四方形的圖片，更換成你所屬意的樣式囉！

(示範款：【流程圖】顯示)

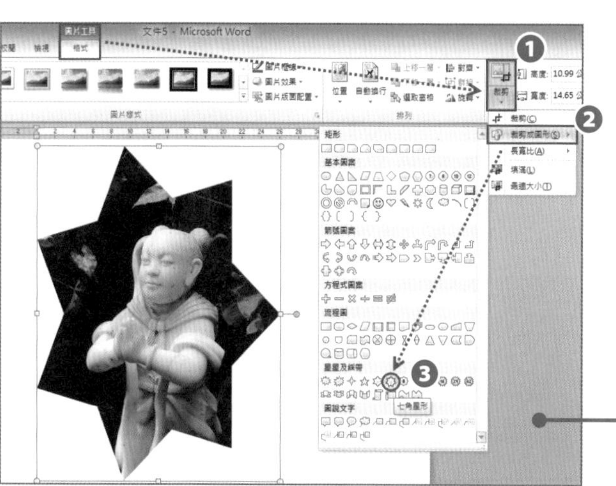

(示範款：【星星及綵帶】七角星形)

小試身手

請同學打開光碟「Word 封面封底製作作業檔 02.docx」檔案，利用裡面所提供的圖片素材，依序更改成以下三種圖片樣式：

1. 改變圖片外型為「流程圖：打孔紙帶（ ）」。
2. 調整色彩飽和度 300% 並加上「美術效果：塑膠覆膜」效果。
3. 更改圖片樣式為「剪去對角，白色」，並將外框改為「橄欖綠，輔色 3，較淺 40%」的顏色。

學習重點：

1. 使用【圖片工具 - 格式】項目更改圖片樣式

7-4-3 快速製作封面的小撇步

如果因為時間有限，無法製作出精美並具設計感的封面，但卻又想讓第一頁的封面好看一些，那該怎麼辦呢？直接為封面添加「藝術邊框」，美化一下版面，絕對是個速成的好建議！其製作步驟說明如下：

請你這樣做

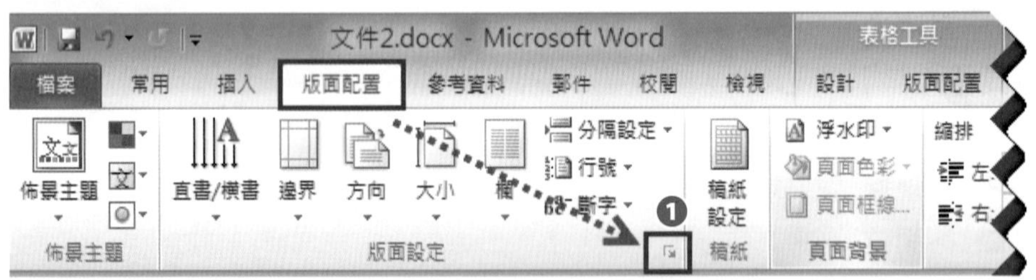

1 從 Word 2010 上方【工具列】選取【版面配置】頁籤，並點選【版面設定】次頁籤左下角的 ⊡ 項目，即可展開【版面設定】的下拉式選單。

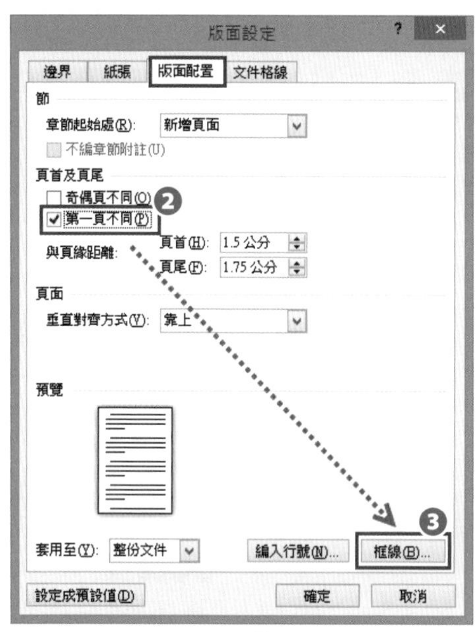

2 在下拉式選單中選擇【版面配置】項目，並勾選【第一頁不同 (P)】。

3 接著點選右下角【框線 (B)】選項，讓彈跳式【框線及網底】選單出現。

4 在彈跳式選單中選擇【頁面框線 (P)】項目，並在設定中選擇【方框 (X)】選項。

5 在下面【花邊 (R)】選項的下拉式選單中，有多種花邊可供選擇，你可以依據你的設計要求，加以點選。

6 除此之外，也要在【套用至 (L)】的下拉式選單選擇你要的安排：建議使用「此節 - 只有第一頁」的模式，才會只有第一頁有此邊框設計，否則整份文就件會顯的太過花俏唷！

7 最後，別忘了按下【確定】鍵唷！

8 結果就會變成只有首頁有裝飾邊框的「封面」樣式囉！是不是非常容易？

小試身手

請同學打開光碟「Word 封面封底製作作業檔 03.docx」檔案，將裡面的文件加上一個你喜歡的花邊框線。

學習重點：

1. 設定並使用「花邊框線」
2. 能依據素材，設計具美感的安排

事實上，Word 2010 系統也早已內建一些封面頁的設計可供選擇。只要透過選取樣式、輸入文字，就可以輕輕鬆鬆獲得美觀又附設計感的封面成效。當然要善加利用才行。

其製作步驟說明如下：

請你這樣做 如何使用內建的「封面頁」樣版呢？

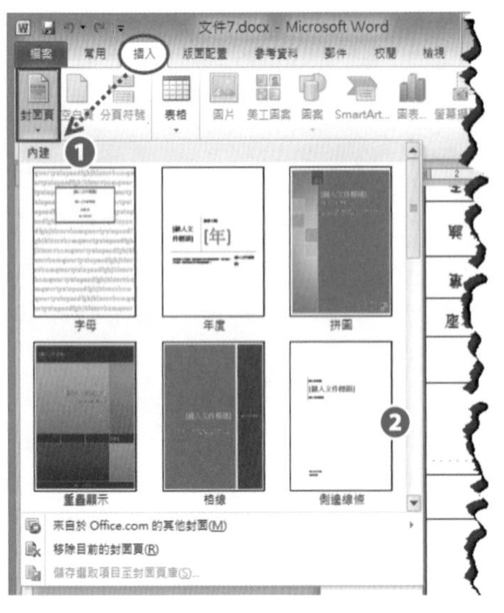

1 先將游標放置在想要插入封面的下一頁，然後從 Word 2010 上方【工具列】選取【插入】頁籤，並點選【封面頁】項目，即可展開下拉式選單。

2 在下拉式選單中就有多種設計好的封面樣式可供選擇。

▲ 原版型

▲ 更正後

3 本次示範以「移動」模組為例：原版型早就安排好照片、色塊與文字的位置，所以我們只要依據位置加入所想要的文字與圖片，就可以快速設計出符合報考校系需求的封面。

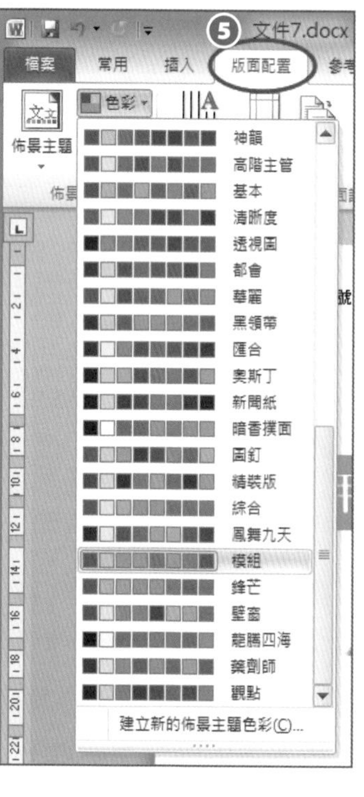

4 如果想要更改版面顏色，也可以透過 Word 2010 上方【工具列】選取【版面配置】頁籤，並在【佈景主題】次頁籤中點選【佈景主題】下拉式選單，就可以馬上擁有多種配色完美的範本主題，可供選擇唷！

5 你也可以透過【版面配置】頁籤，並在【佈景主題】次頁籤中點選【色彩】下拉式選單中加以選擇，一樣能得到滿意的配色範本。

6 正所謂：「先求有，再求好。」這樣的方式，是不是比從頭使用插入圖片或文字的方式，更快速與美觀呢？（本範本使用的「佈景主題」為「模組色彩」樣式。）

小試身手

請同學使用 Word 2010 內建封面樣版，製作出自己心儀校系的封面。（請自由發揮創意唷！）

學習重點：

1. 能使用內建封面樣版
2. 能設計出具美感且符合需求的安排

7-4-4 如何壓縮圖片大小？

正所謂：「一張照片等同於一個故事！」再加上可讓「吸睛度」大增，當然得要好好利用！但是，有些資料文件也會因為使用太多圖片或圖表，導致超過 10M，而讓郵件無法寄出或傳輸速度太慢；再加上在現行上傳審查資料要求「精簡」的情況之下，所有檔案都有各項目不得超過 5M、總容量不得超過 10M 的檔案限制。如果因此超過檔案容量，不僅超過的地方會直接刪減，更會讓資料不夠完整，那就得不償失了！所以，如何適時的將圖片檔案「瘦身」，就是件重要且一定要學習的事！

在 Word 2010 系統操作之下，要如何壓縮圖片大小呢？

請你這樣做

(一) 更動圖片尺寸（使用「附屬應用程式」的「小畫家」）

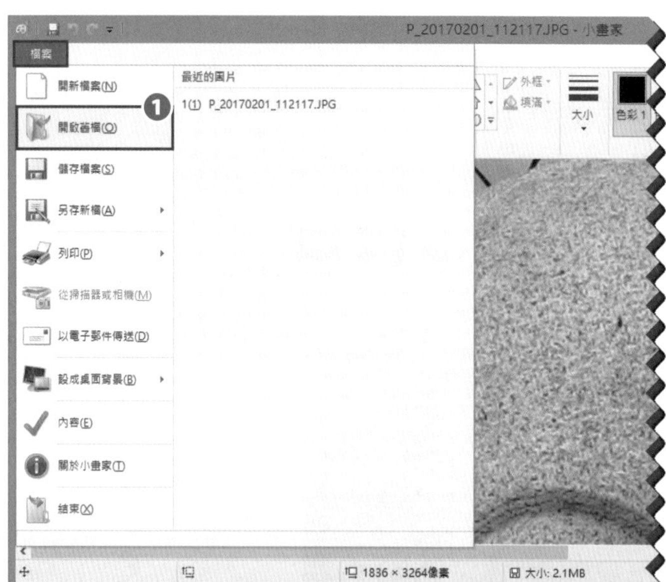

1 首先依照【開始】→【所有程式】→【附屬應用程式】的步驟，打開【小畫家】程式，並【開啟舊檔 (O)】將圖片插入其中。

2 藉由【工具列】中的「項目」頁籤中，點選【調整大小】，讓彈跳式【調整大小及扭曲】視窗顯示出來。

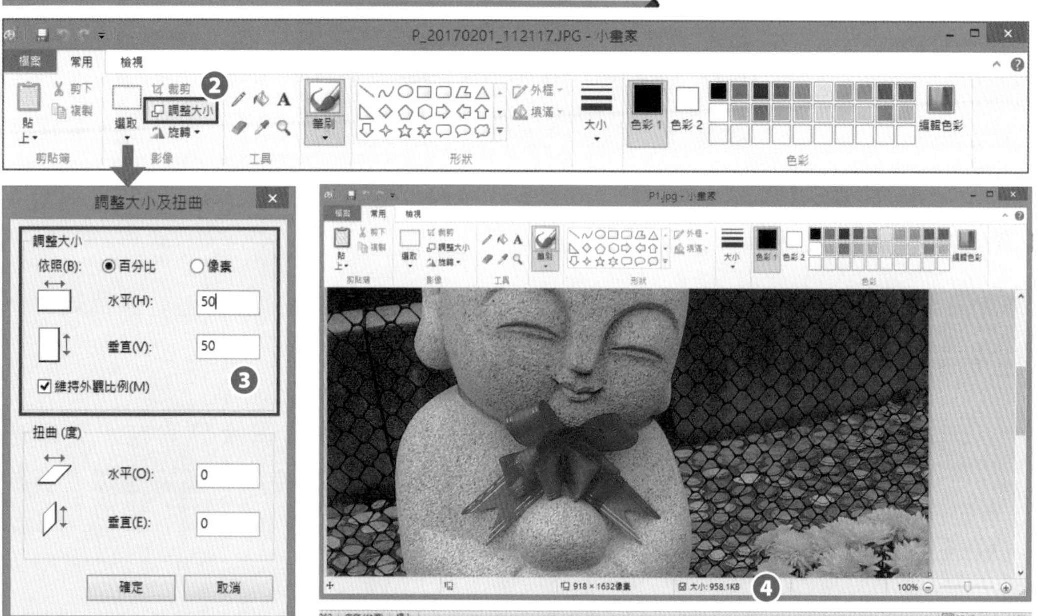

3 藉由「調整大小」項目來修改「水平 / 垂直」的百分比例（一般縮小到 50%），然後按【確定】。

4 另存新檔後，你就會發現：不僅是「像素」變低，連「檔案大小」也明顯「縮水」許多唷！

專家小叮嚀

1. 修改「百分比例」時，水平與垂直的比例需相等，否則圖片會變形唷！
2.「像素變低」會影響圖片品質，所以一定要審慎考慮變更狀態。

（二）壓縮瘦身法（使用 Word「圖片工具」）

1 先在圖形上按滑鼠左鍵，讓【圖片工具 - 格式】頁籤出現。並在【調整】的次選項中，選擇【壓縮圖片】項目，讓彈跳式視窗顯現出來。

2 如果你只要壓縮所選的這一張圖片，就要記得勾選「只套用到此圖片 (A)」，否則會一次壓縮整個文件的圖片唷！

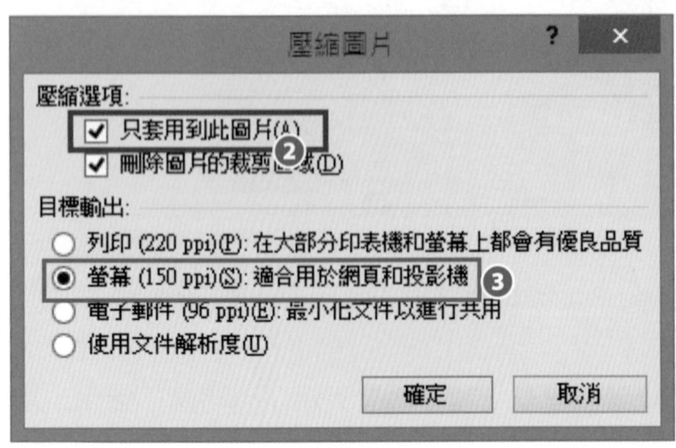

3 如果你的圖片只需在「上傳審查資料」時使用，那請選擇「螢幕（150ppi(S)）」選項。

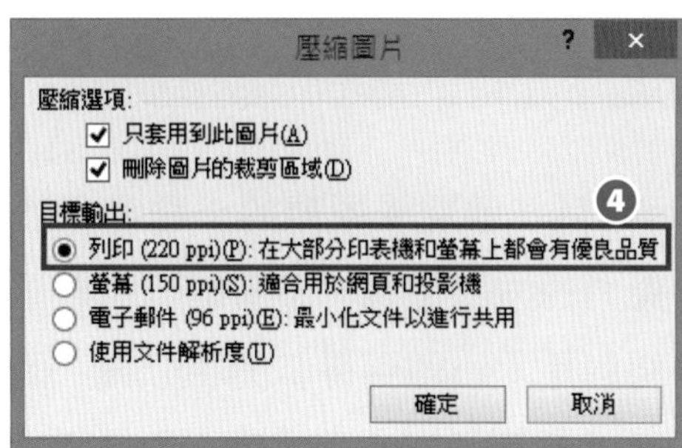

4 如果你的圖片不只要在「上傳審查資料」時使用，還需要列印寄送的話，為了美觀度與解析度的考量，那請選擇「列印（220ppi(P)）」選項。

這兩者的差別在哪裡？從儲存的檔案大小就可見端倪：

- 文件 13：原始圖片大小
- 文件 14：經由步驟 3，選擇「螢幕」選項壓縮後的檔案大小
- 文件 15：經由步驟 4，選擇「列印」選項壓縮後的檔案大小

經由步驟 3，選擇「螢幕」選項壓縮後的檔案，明顯檔案縮小許多；反倒經由步驟 4，選擇「列印螢幕」選項的檔案，為了提升解析度，反而變大檔案。所以，除非要列印，**否則仍建議以選擇「螢幕（150ppi(S)）」選項為主唷！**

7-5 如何製作刊頭橫幅？

所謂的「刊頭橫幅」是指在文件頂端用來表示篇目、版別或標題的一種點綴性裝飾。如果能從中將必要的信息，用設計新穎且有魅力的方式呈現，不僅能吸引審查委員的目光，更能因此顯現出自身電腦基本能力，絕對是「一舉兩得」的小心機！因此，以下僅使用 Word 2010 的方式，帶領大家製作出「標題清楚」且「吸引力無窮」的刊頭橫福。

7-5-1 文字顯示款 - 文字藝術師

「標題」在 Word 文件中扮演「提示重點」的角色，如果能多加變化且加以利用，更能具有突顯的效果。如果僅使用文字上基本變化的「字體加粗、加大」或是「更改字型顏色」，效果有限；但若要利用反射或波浪排列等活潑元素，那……強烈建議非得使用「文字藝術師」不可！（如下圖所示）

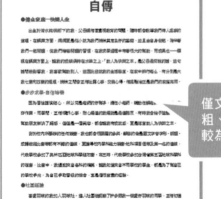

由此可知：Word 內建的文字藝術師具有多種不同風格的文字樣式，只要透過選取樣式、輸入文字，就可以輕輕鬆鬆達到美化且強調標題的成效。因此，一定要善加利用才行。

但……要如何使用「文字藝術師」的效果呢？

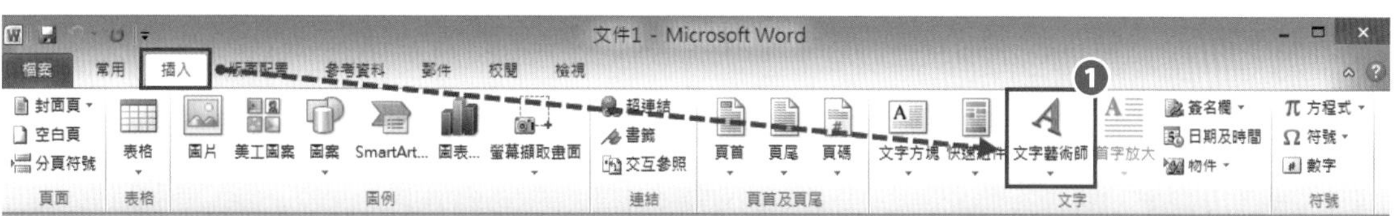

1 從 Word 2010 上方【工具列】選取【插入】頁籤，並點選【文字】項目中【文字藝術師】的「▼」，即可展開下拉式選單。

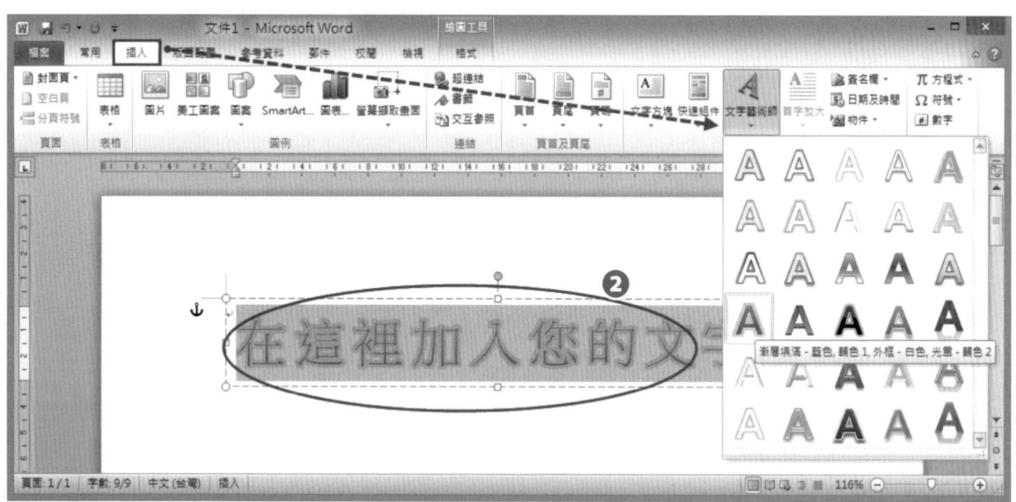

2 點選「▼」下拉式選單選擇自己喜歡的文字樣式後，就會在插入點的位置，彈跳出可以輸入文字的文字框，甚至連會產生的文字模樣都一同出現喔！

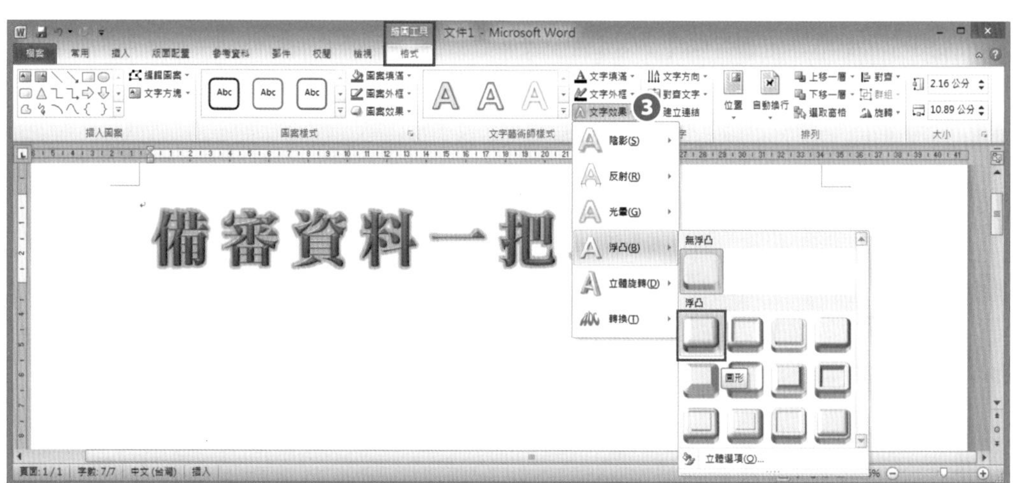

3 你也可以藉由工具列中【繪圖工具 - 格式】頁籤裡的功能來調整樣式，尤其是【文字效果】中有許多功能（如：陰影、反射……），都能讓單調的文字更具魅力唷！

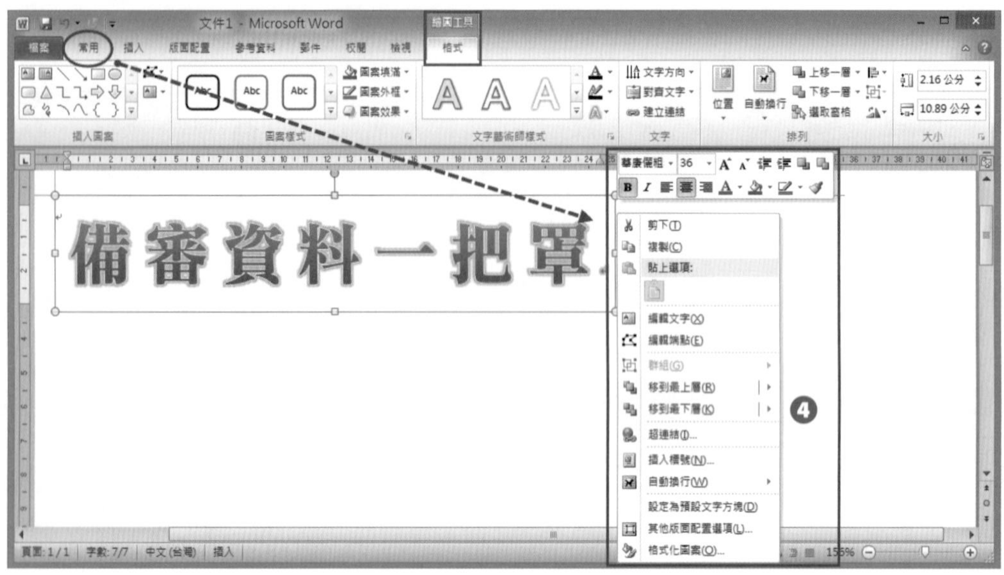

4 或是選取文字框後按滑鼠右鍵，直接從彈跳出的「常用文件工具列」，加以變更設計，也能一樣快速上手！

Q&A 如果想要使用 Word 2007 或更早版本的「舊款文字藝術師」樣式，應該要有哪些步驟？

「文字藝術師」新舊款樣式比較：

▲ 舊款

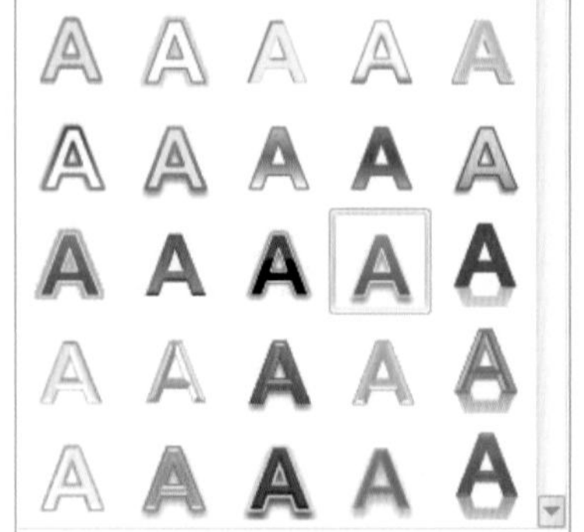

▲ 新款

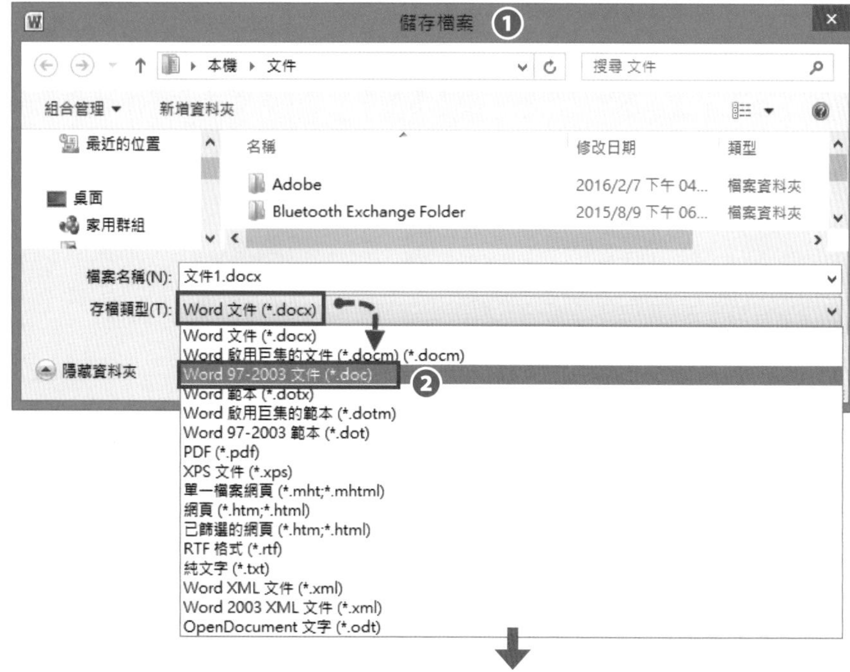

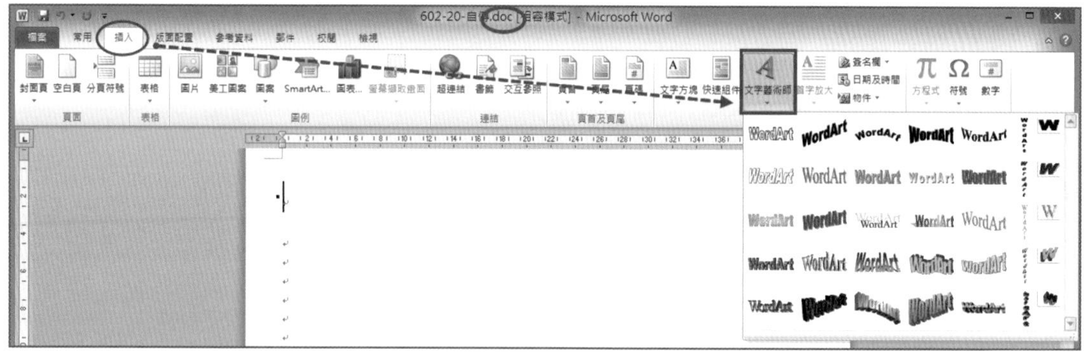

1 如果已經有慣用或鍾愛的「舊款文字藝術師」樣式，只要從 Word 2010 上方【工具列】選取【檔案】頁籤，並點選【另存新檔】項目，就會彈跳出【儲存檔案】的對話框。

2 將 Word 2010（*.docx）文件，另存成 Word 97-2003（*.doc）格式後，再一樣由【插入】頁籤中【文字藝術師】的「▼」，即可展開舊版的下拉式選單可供使用囉！

專家小叮嚀

如果已經使用【文字效果】之後，還想要更改文字排列的形狀（套用【文字效果】中的【轉換 (T)】樣式）時，一定要先移除先前設定的效果後，再套用效果中最上方的「無反射」(或無陰影、無光暈）等樣式，才不會顯得不自然喔！

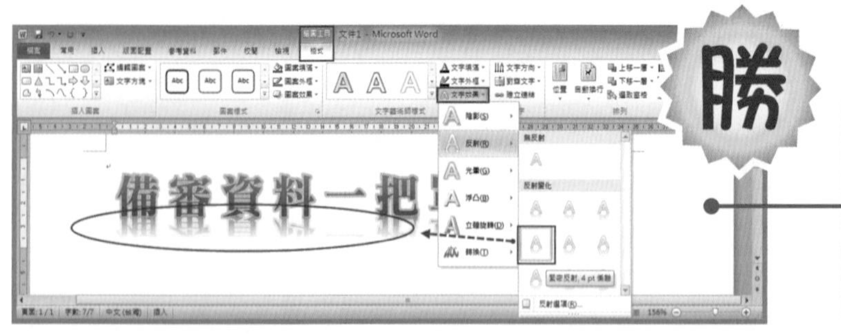

勝

文字樣式：使用「文字效果 - 反射」狀態

【說明】樣式簡潔、文字清楚

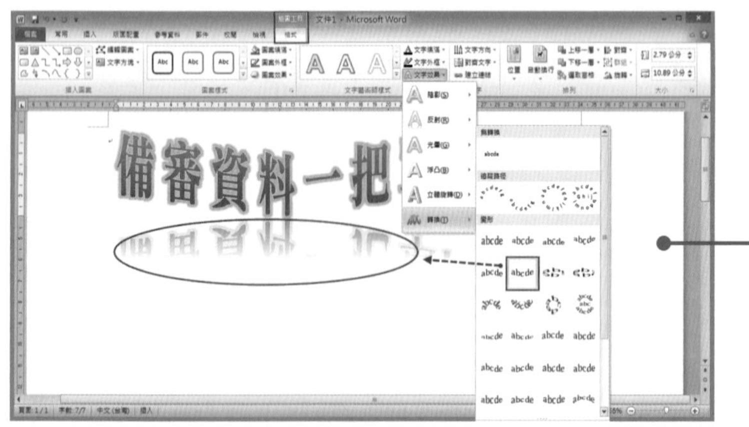

文字樣式：使用「文字效果 - 浮凸」+「文字效果 - 文字變形」狀態

【說明】樣式紊亂，且反射效果突兀，**未有**加成效果

小試身手

請同學依照下列要求，做出正確的樣式。(Word 刊頭橫幅作業檔 01.docx)。

1. 請自行使用「文字藝術師」設計出「學校名稱」、「班級」與「自己名字」各 2 組

題目	學校名稱	班級	自己名字
答案 1			
答案 2			

2. 複製上一題「班級」的文字藝術師，做出要求的字型變換

題目	原型	標楷體	華康儷粗宋體
答案			

3. 請將「備審資料一把罩」的文字，做出以下要求的樣式：
   * 字形：華康海報體 W12，36pt
   * 文字外框：深藍，文字 2，較淺 40%
   * 文字填滿：漸層填滿 - 藍色，輔色 1
   * 文字效果：半反射，8pt，偏離

學習重點：

1. 使用文字藝術師
2. 更換字形樣式
3. 使用相關文字效果

7-5-2 圖塊顯示款 - 插入圖案與文字

如何使用現有的 Word 系統資料，來增加標題的美觀度呢？只要藉著常用圖案再加上說明文字就可以輕鬆達到右圖的文字樣貌了！其製作步驟說明如下：

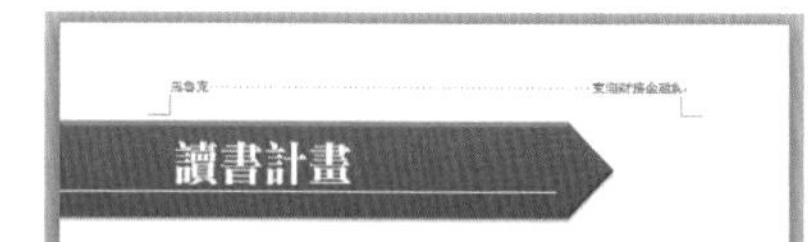

請你這樣做

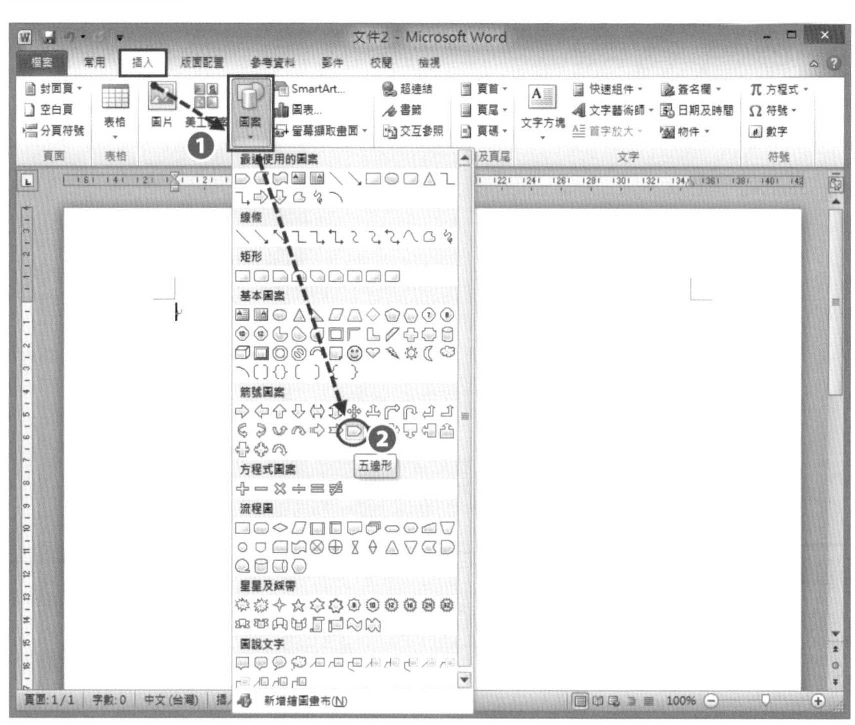

1 從 Word 2010 上方【工具列】選取【插入】頁籤，並點選【圖案】項目，即可展開下拉式選單。

2 在下拉式選單中選擇【箭號圖案】裡的「五邊形」圖形。

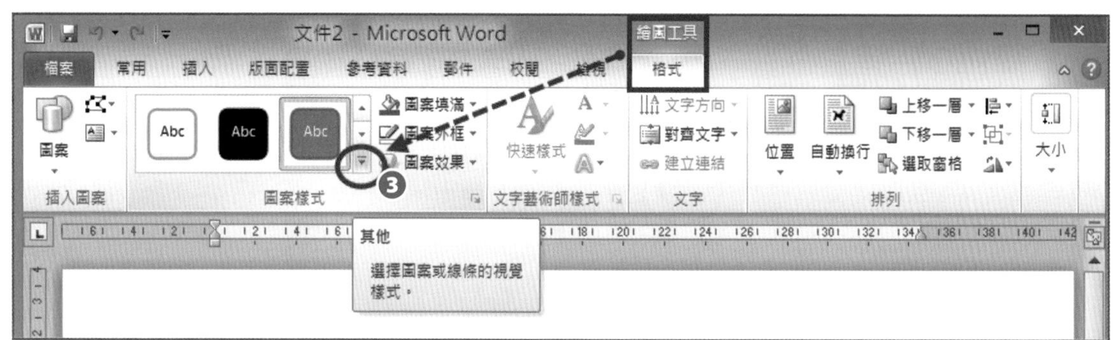

3 在圖形上按滑鼠左鍵，就會顯現【繪圖工具 - 格式】頁籤。再從工具列中選擇【圖案樣式】，點選 ▾ 符號，讓下拉式選單顯示出來。

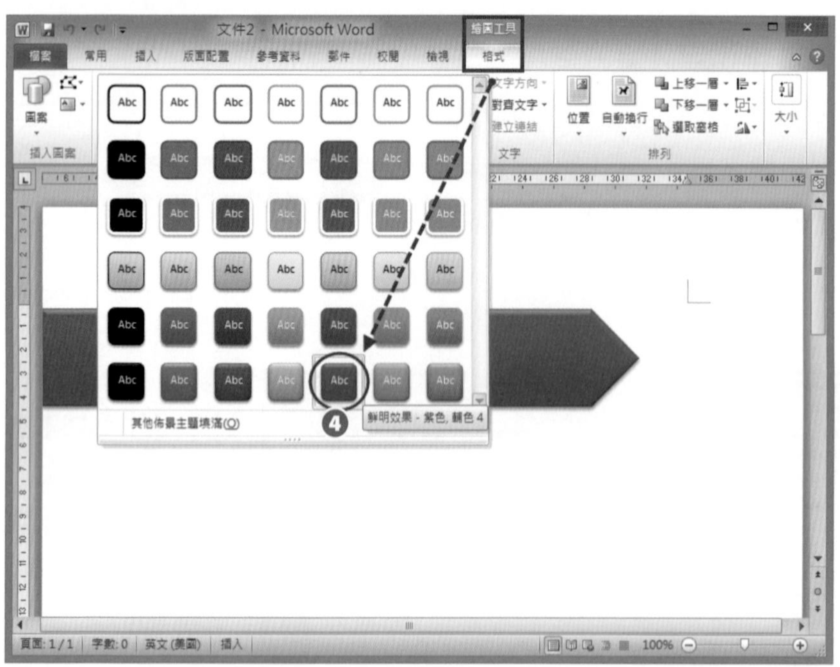

4 在下拉式選單中選取「鮮明效果 - 紫色，輔色 4」項目，就可以馬上擁有漂亮的箭形設計圖框了！

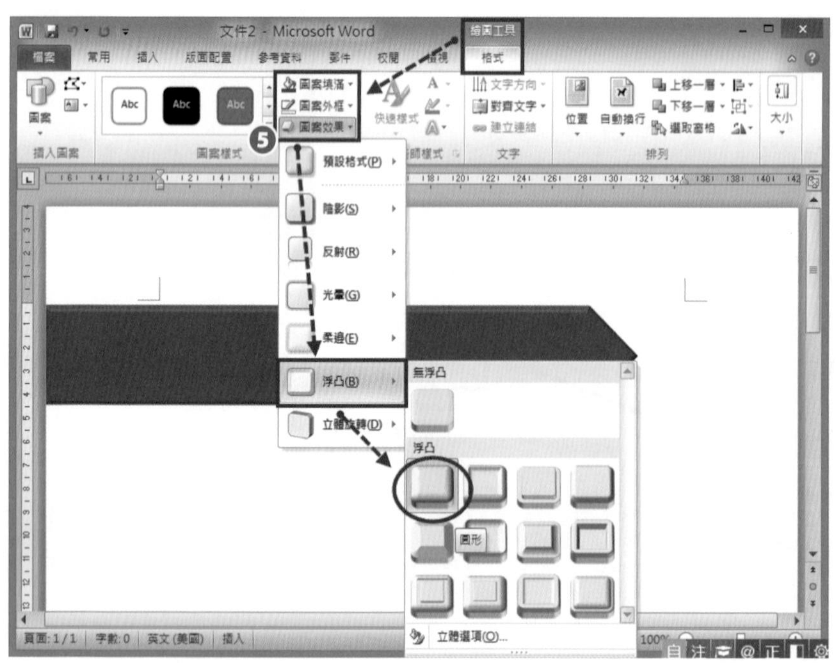

5 如果你不想使用現有的設計樣式，那也可以「手動」設計自己想要的樣貌 - 從【圖案樣式】的次選項中，依序選擇：【圖案填滿】使用紫色；【圖案外框】使用「藍色，輔色 1」；【圖案效果】使用【浮凸（B）】中的「圓形」樣式，即可完成箭形長條。

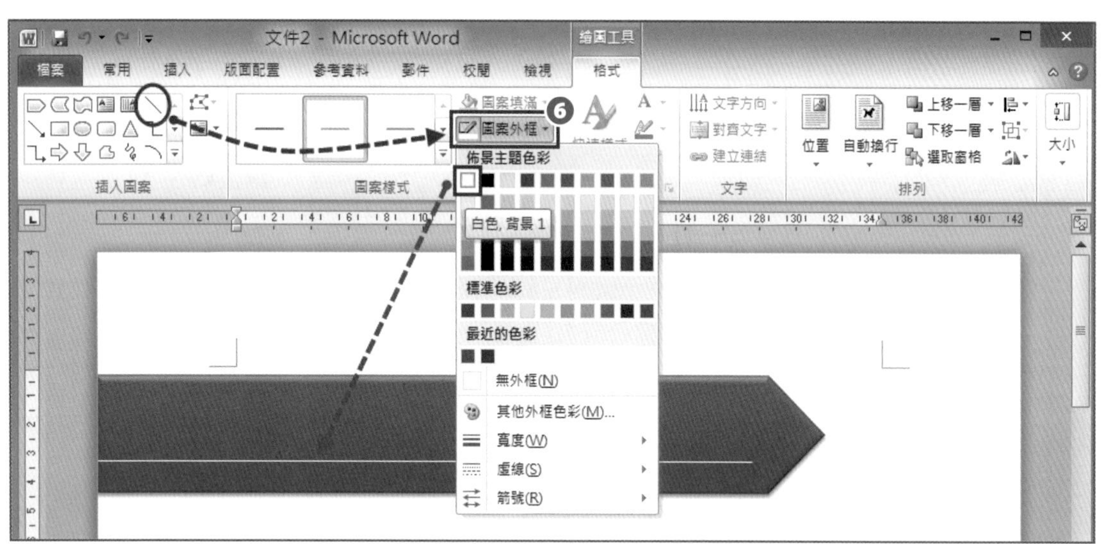

6 在箭形長條上，選擇【插入圖案】中的「線條」，並在【圖案外框】部分，選擇「白色，背景 1，寬度 1.5 點」，成為白色粗線條，就完成基本橫幅底圖條狀設定了。

請你這樣做 那要如何在圖塊上輸入文字呢？

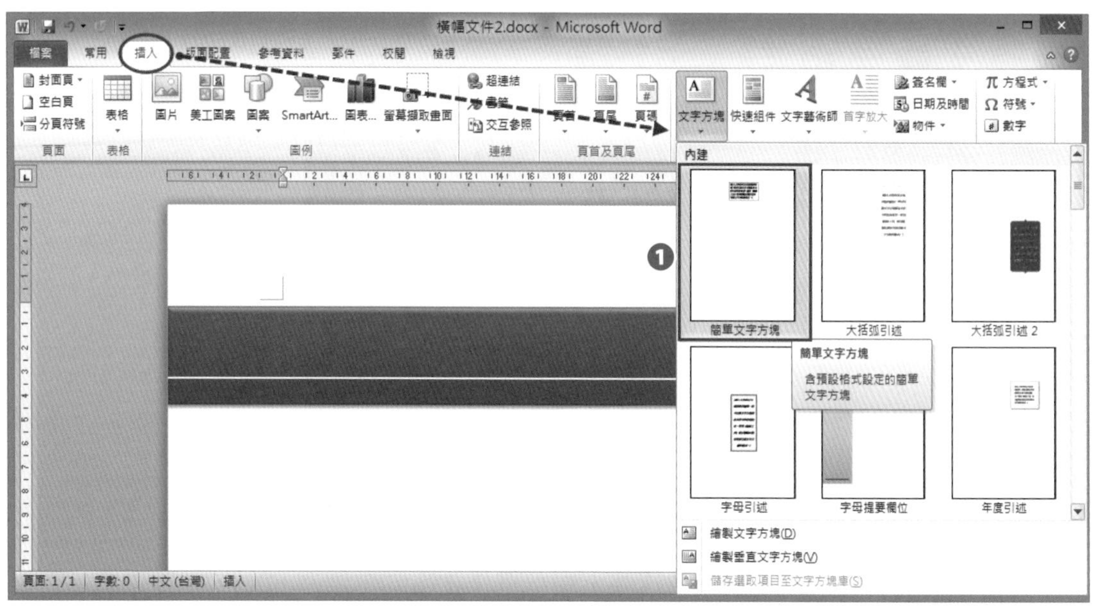

1 從 Word 2010 上方【工具列】選取【插入】頁籤，點選【文字方塊】項目，並在下拉式選單中選取「簡單文字方塊」。

2 在「文字方塊」中輸入你想要的文字（本範例為「讀書計畫」四字）。

3 並在文字框上按滑鼠右鍵後，就會出現「常用工具列」中有關更改「文字」的工具鈕，就可以進行設計變更了！

請你這樣做 本範例除了將「字型」設定為華康儷粗宋、36pt、「顏色」設為白色、「文字外框」改為「無框線」之外，文字框中如何「去除白底」呢？

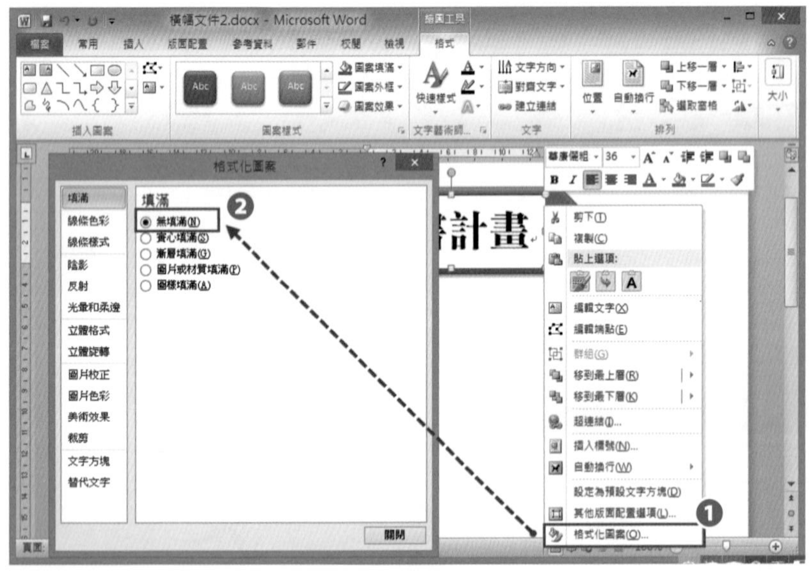

1 在按滑鼠右鍵後出現的「快顯功能表」中，選擇【格式化圖案 (O)】，就會彈跳出應用選單。

2 在填滿項目中選擇【無填滿 (N)】，就可以完成範例圖樣。

小試身手

請同學依照下列要求，幫蔡環真設計要報考「嘉義大學教育學系」的「自傳」刊頭。（Word 刊頭橫幅作業檔 02.docx）

1. A4 直向，左右邊界各 2 公分、上下邊界為 2.54 公分。
2. 使用 Word【圖案】中「流程圖 - 延遲」樣式，如圖示 ，且內容設為：【圖案樣式】為「鮮明效果 - 青色、輔色 5」；【圖案外框】為「綠色」。
3. 頁首需用細明體 12pt 黑色字型，以明示報考人姓名與應考校系。
4. 底圖條狀色塊除樣式如要求 2 所示之外，另需插入一條「黃色、線條」之安排。
5. 橫幅內容請設計為黃色、36pt 大小之標楷體加粗字型。

學習重點：

1. 設定紙張邊界與字型要求
2. 設定頁首文字
3. 插入圖案及文字
4. 去除文字框與文字框色塊

7-5-3 華麗設計款 - 搭配圖片與說明

如果想要在刊頭橫幅的設計中，多一些與報考學校相關的小心機，又或者想要突顯自己電腦的高深功力，就可以從各大學網頁中選擇合適的圖片，再從中加以變更，一定能做出更符合自身需要的樣式。

請你這樣做 如何使用 Word 製作出右圖的橫幅樣式呢？

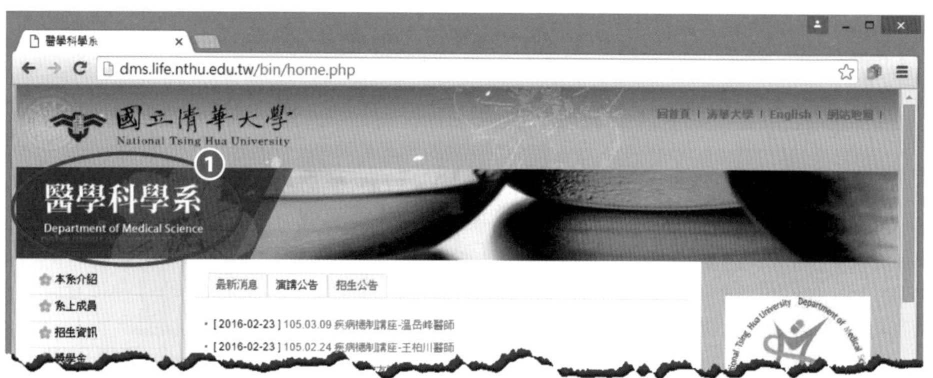

1 從報考校系的網站上，尋找適合的 LOGO、校徽或圖片。

2 加以剪裁之後，就可以成為設計中的素材。

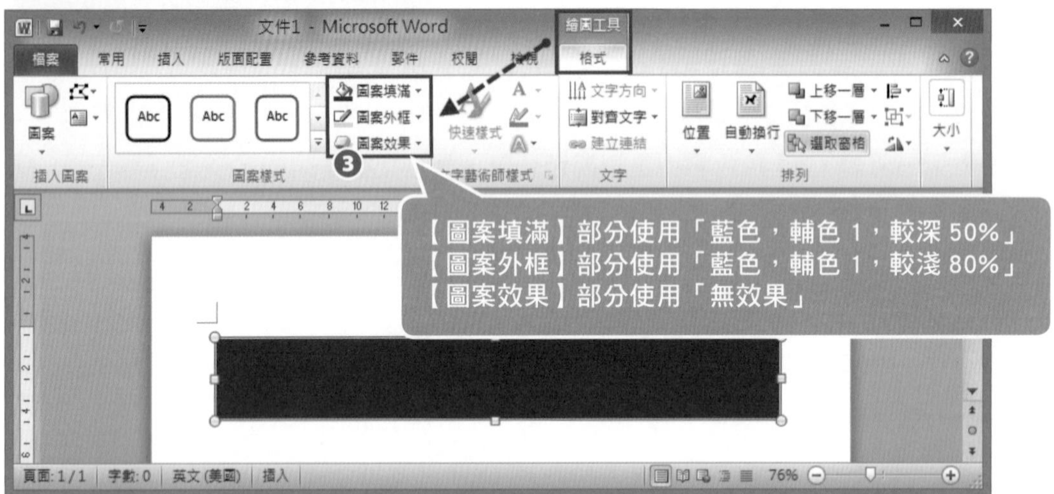

3 先在新增的 A4 文件中，使用本書 CH7-5-2 插入圖塊的方法，在【插入】頁籤的【圖案】中選擇「矩形 - 矩形」圖形，並依序在【圖案填滿】部分使用「藍色，輔色 1，較深 50%」、【圖案外框】部分使用「藍色，輔色 1，較淺 80%」、【圖案效果】使用「無效果」，畫出一藍色條狀圖塊。

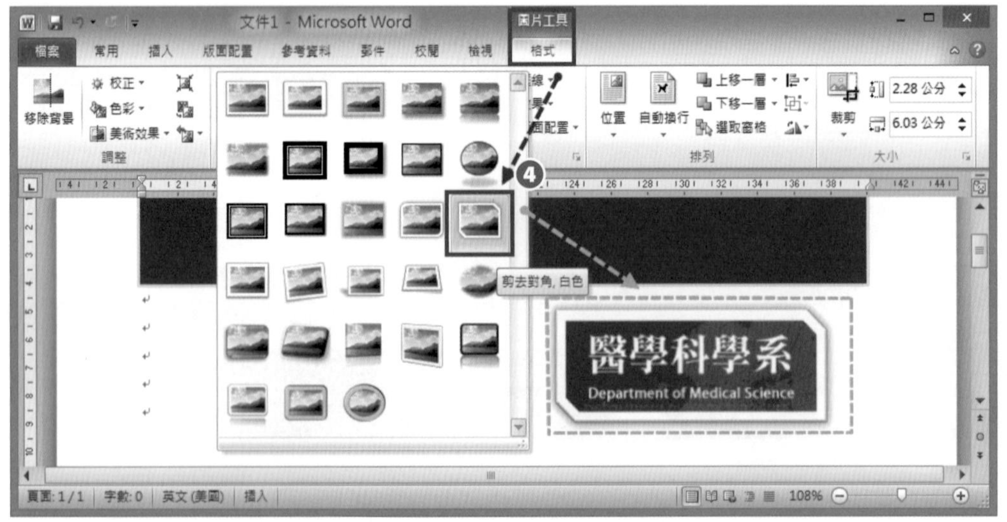

4 將步驟 2 剪裁後的素材，複製後貼於藍色條狀圖塊下，並使用【圖片工具 - 格式】頁籤中的【圖片格式】，點選「剪去對角，白色」，就會呈現較具設計感的樣式唷！

5 再使用本書 CH7-5-2 的技巧，加入白色線條與文字（本範例「校名」與「姓名」使用標楷體、16pt、「深黃褐，背景 2」色彩；「標題 - 簡歷表」則使用華康儷粗宋體、30pt、「深黃褐，背景 2」色彩），就會呈現範例的橫幅樣貌。

小試身手

請同學先至陽明大學網頁剪取相關圖片，並依照下列要求，幫林真心設計出與下圖相同的「陽明大學護理學系」的「幹部證照」刊頭。（Word 刊頭橫幅作業檔 03.docx）

學習重點：

1. 網頁圖片剪裁
2. 插入圖案及文字
3. 設定文字樣式

1.「條狀圖塊（底色）」樣式：淺色 1 外框；色彩填滿 - 青色；輔色 5。
2.「線條」樣式：線條寬度 -1.5 點；色彩填滿 - 青色，輔色 5，較深 25%。
3.「學校圖案」樣式：簡易框架，白色。
4.「系名」與「姓名」樣式：黃色、華康儷粗宋體、22pt。
5.「標題（幹部證照）」樣式：白色，背景 1、標楷體加粗、14pt。

7-6 如何美化內文設計？

當你能清楚明瞭審查委員如何在一天之中，要閱讀近兩三百份的審查資料之後，你會發現：編排一份能舒適閱讀且內文層次分明、井然有序的資料，是絕對有利的！如果還能順勢引導他能跟隨您所希望傳達的順序與重點，更是能大大加分的！所以，千萬 可忽視美編在排版與製作的重要性。那……又有哪些生動又舒適的「內文美化技巧」呢？

7-6-1 分節、分欄與分隔設定

當我們的資料輸入完成後，一般而言，會依照所設定的版面要求，將文字自動佈滿整個頁面。但為了美觀或設計的安排之下，有時也可以使用強制分欄或分頁的方式，讓整份文件更具整體性，並增加視覺美觀與舒適度。但首先，我們必須先瞭解「分節」、「分欄」與「分頁」的差異：

- 分節：所謂「節」，是指將一或數段文字以「分節符號」隔開的意思。其目的是讓一份長篇的文件中，為了區分不同的版面與格式設計，所先行使用的強制分離的動作。
- 分欄：為了增加版面豐富性，可以在節和節之間的文件中，依照需要分成數欄，其中的欄寬也可依要求設定。
- 分頁：為了讓資料或圖表顯示在「同一頁面」，進而保持「完整性」所進行的強制隔離動作。

由上可知：整份文件內的版面設定都可以從 Word 上面工具列統一規劃，但只要插入「分節」符號之後，每一「節」內的格式都是獨立的，後方所設定的格式都相同，但也僅會套用到那個「節」裡面，與其他節無關。

事實上，「分節符號」一共有四種方式，各有不同的用途：

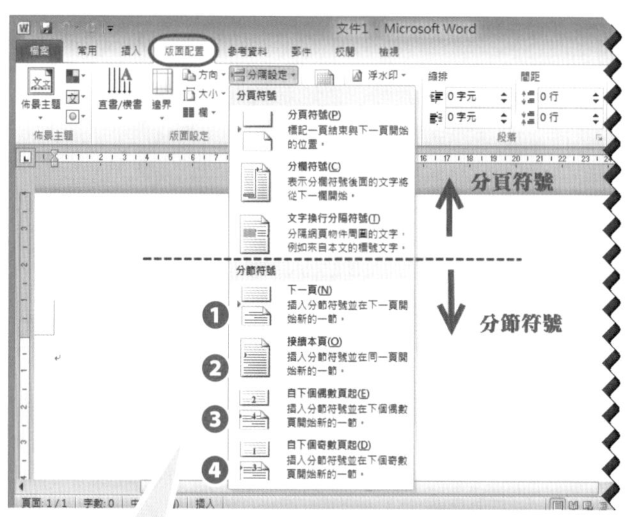

1 下一頁 (N)：最基本的插入方式，插入後會在新的一頁開啟新的一節。

2 接續本頁 (O)：插入分節符號，但不從新的一頁開始，而是直接從插入位置開始。例如：當你希望該頁上半部是單欄，下半部是兩欄的樣子時，就可以用這種分節符號做格式設定。

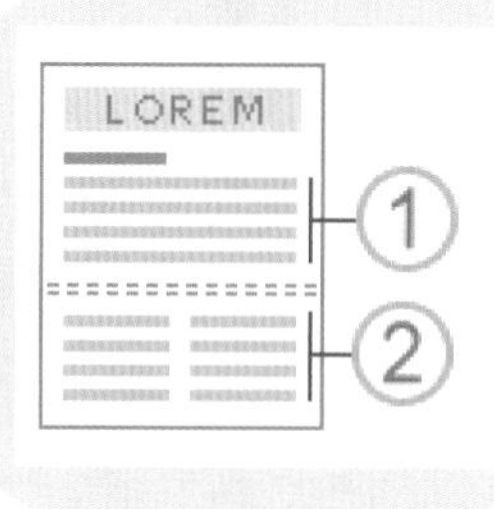

3 自下個偶數頁起 (E)：從下一個偶數頁插入分節符號。如果你在第二頁插入分節符號，那麼 Word 會新增第三頁為空白頁，並從第四頁開始新的一節。以論文為例，如果希望所有的章節都從偶數頁開始，就可以嘗試這樣設定，而不用自己手動數來數去一直用空白頁調。

4 自下個奇數頁起 (D)：原理同上，會讓你的論文都從奇數頁開始。

Q&A 如何插入「分節符號」呢？

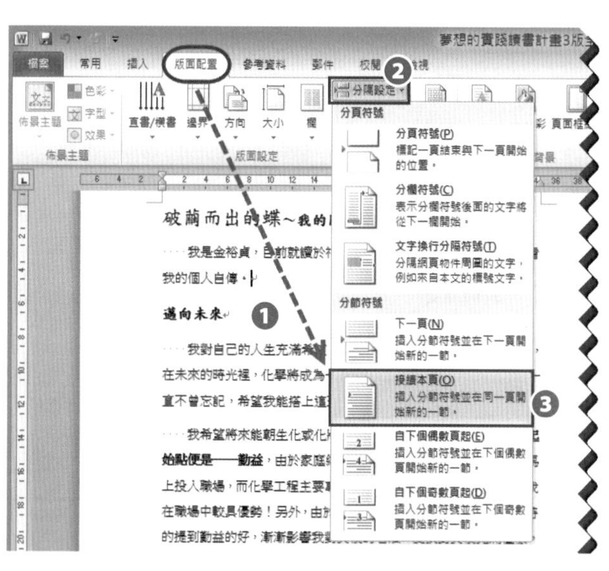

1 將游標放你所想要分割的第一列最後。

2 透過【版面配置】頁籤中的【版面設定】次頁籤內，選取【分隔設定】項目。

3 在下拉式選單中選取【分隔符號】的【接續本頁 (O)】選項。

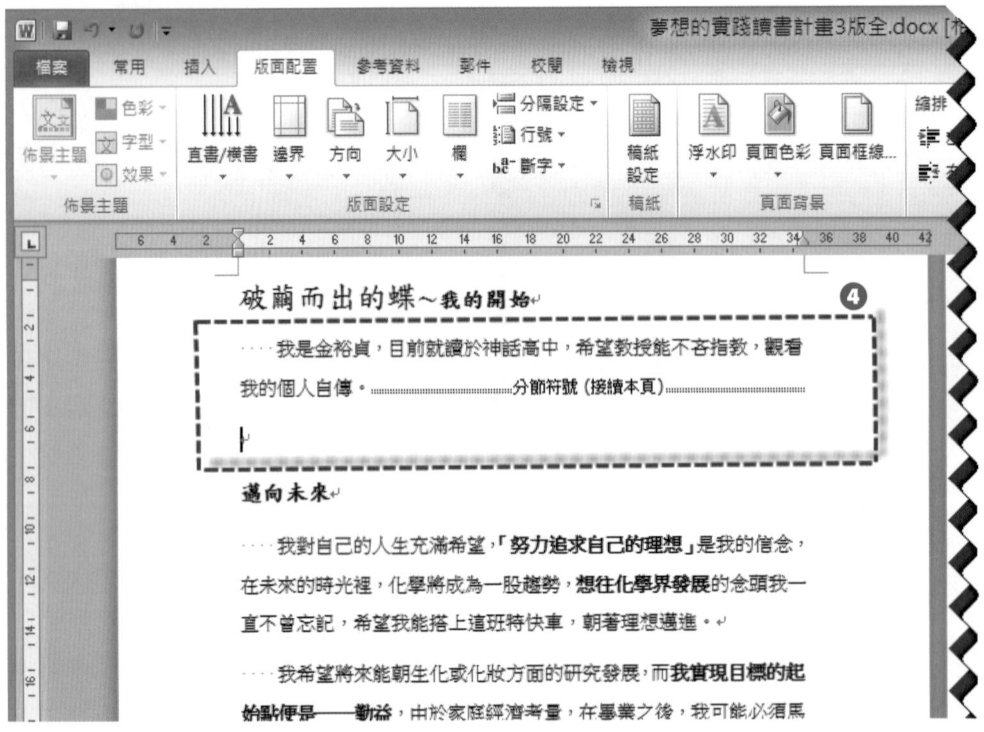

4 就會呈現如圖所示的分隔情況囉！

1.「分節符號（接續本頁）」等字與虛線，在列印時都不會顯現出來唷！
2. 一定要開啟工具列中【常用】頁籤中【段落】次頁籤裡的【顯示／隱藏編輯標記】選項，才會顯示頁面上所有的標記喔！

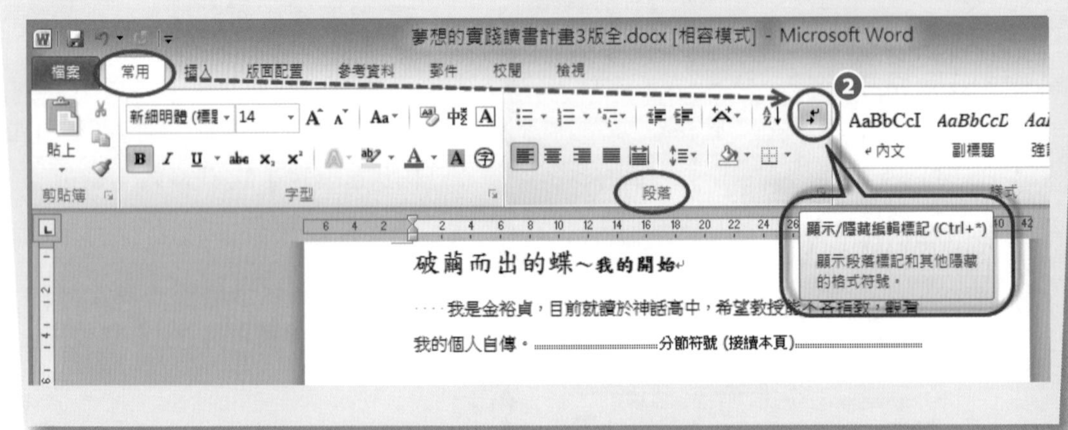

Q&A 如何進行「分欄」格式呢？

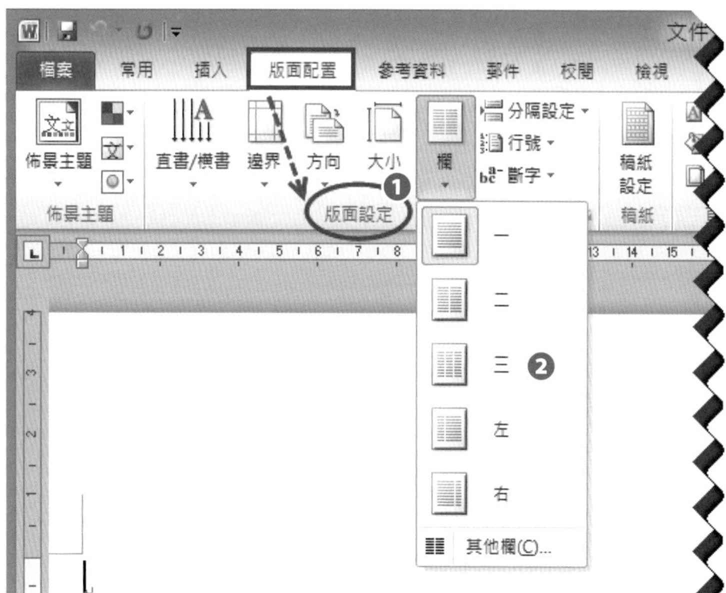

1 透過【版面配置】頁籤中的【版面設定】次頁籤中，選取【欄】項目。

2 接著在下拉式選單直接選取你要的欄數，就完成了。

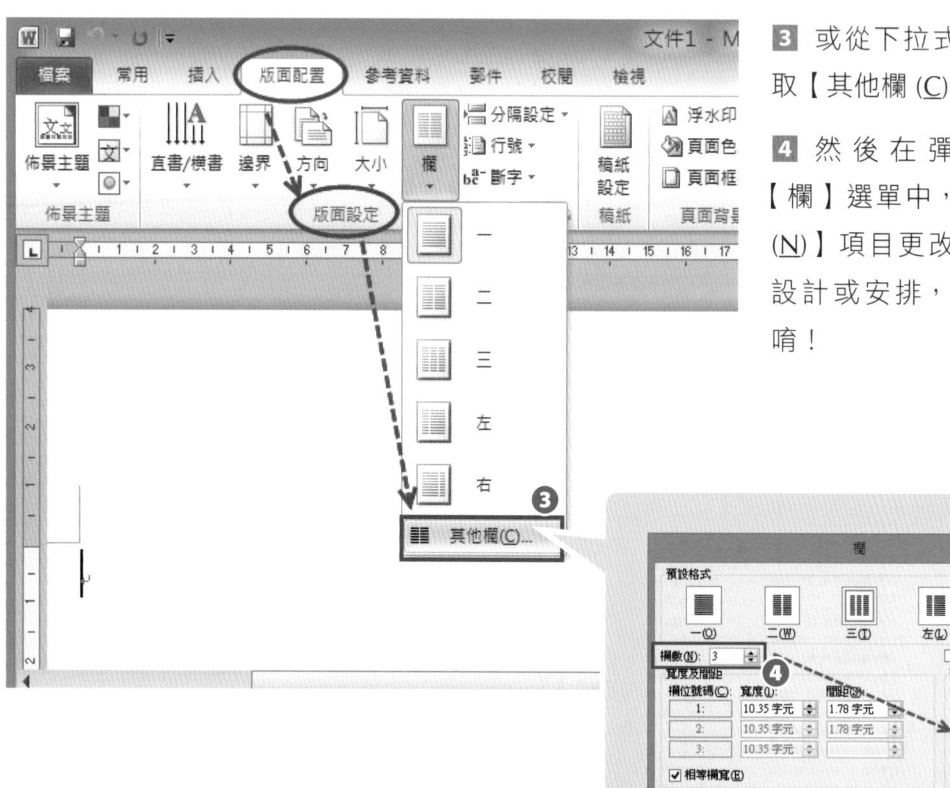

3 或從下拉式選單中，選取【其他欄 (C)】項目。

4 然後在彈跳出來的【欄】選單中，經由【欄數 (N)】項目更改欄數或進行設計或安排，也一樣方便唷！

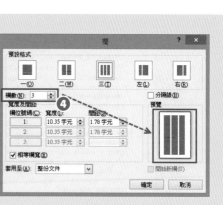

Q&A 如何讓同一頁面中，上半部是「單欄」，下半部是「兩欄」的格式時呢？

1 先用上述所教的「插入分節符號」的方式，在你所設計想要分成兩欄的範圍內，進行分割設定。

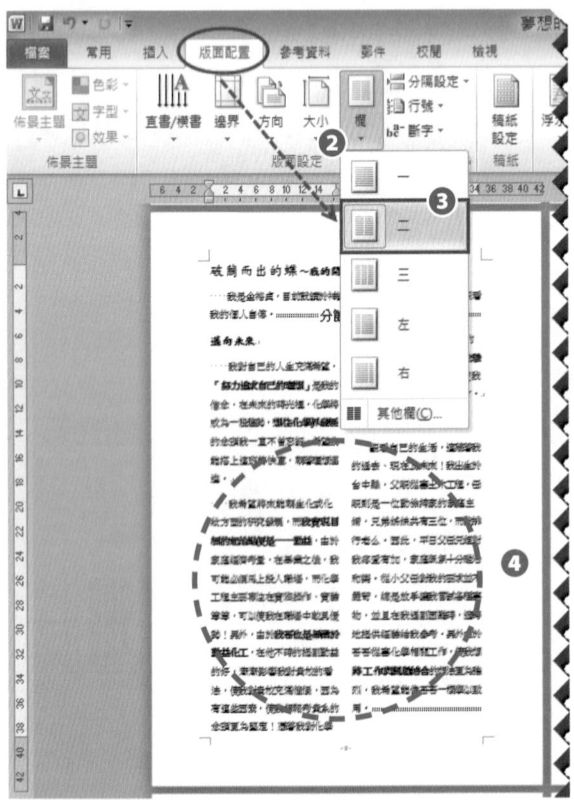

2 透過【版面配置】頁籤中的【版面設定】次頁籤內，選取【欄】項目。

3 在下拉式選單中選取【二】分成兩欄的選項。

4 游標所在的節內格式，就會呈現「兩欄」的樣貌，非常方便！

小試身手

請同學打開光碟「Word 內文美化作業檔 01.docx」檔案，將裡面的文件，使用「分節 - 接續本頁 (O)」的格式，將第三首曹操〈短歌行〉以下的詩作，用兩欄的格式呈現出來。

學習重點：

1. 使用「分節 - 接續本頁 (O)」的格式
2. 適時調整版面舒適度

Q&A 要如何進行「分頁」格式呢？

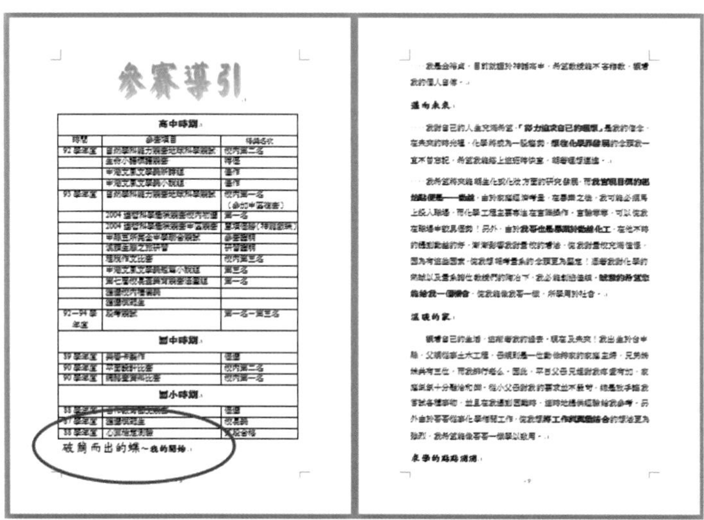

如圖所示，如果能讓表格自成一頁，絕對是最佳版面情況。那要如何讓「參賽導引」的表格與「個人簡介內文」**分屬不同頁面呢**？

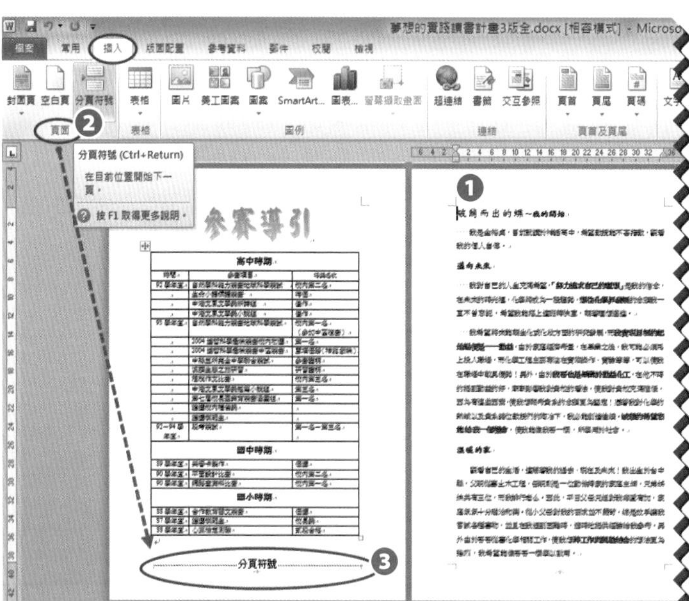

1 將游標放在「破繭而出的蝶」的「破」字前方。

2 透過【插入】頁籤中的【頁面】次頁籤內，選取【分頁符號】項目。

3 當出現「分頁符號」的虛線時，就會直接將前後部分，用不同的頁面呈現了，非常方便！

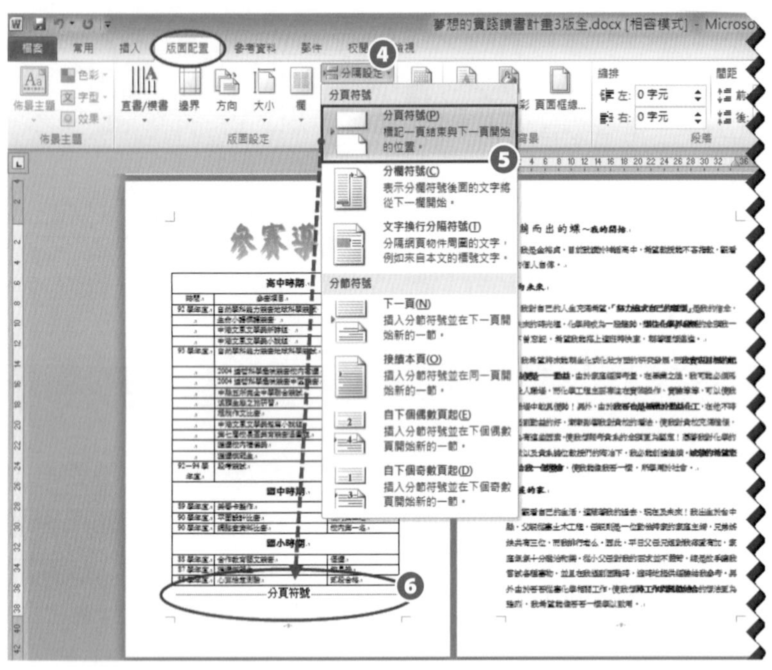

4 你也可以透過【版面配置】頁籤中的【版面設定】次頁籤內，選取【分隔設定】項目。

5 在下拉式選單中選取【分頁符號 (P)】分成上下兩頁的選項。

6 當游標所在的位置出現「分頁符號」的虛線時，就會直接將前後部分，用不同的頁面呈現了，一樣非常容易唷！

專家小叮嚀

再次提醒「同一節」裡的格式會相同，所以用此方法，如果遇到封面、圖表，需要有特別的列印需求或更動紙張大小時，都可以分別設定邊界、紙張大小等來調整版面設定。

小試身手

請同學打開光碟「Word 內文美化作業檔 02.docx」檔案，將裡面的文件中間第二頁，改成「橫向」之頁面格式。

PS. 還是要保持原來「三頁」型態，否則不計分！

學習重點：

1. 選擇並使用「分節符號」
2. 設定橫向頁面格式

小試身手

請同學打開光碟「Word 內文美化作業檔 03.docx」檔案，將裡面的文件第一頁，改成「橫向」、後兩頁仍為「直向」之頁面格式。

PS. 還是要保持原來「三頁」型態，否則不計分！

7-6-2 圖說不分離（文繞圖）

正所謂：「一張照片勝過千言萬語」，千萬別忽視它的影響力！再加上，面對一份完全都是「純文字」的審查資料，想要引起審查委員的耐心閱讀，那絕對是天方夜譚。因此，**「圖文並茂」的呈現方式，絕對是第一首選**。然而，看起來不難的圖片擺置，其實在作業時就會出現很多狀況：畢竟 Word 本來就不是排版軟體，圖片的擺置原本就會隨著上下段落增刪而移動，所以當然也會跟著文字的大更改、版面型式的更換、或是邊界的變動設定而有所變化。也就會常出現「圖片出沒不定」或是「每次改變圖片插入方式後，不是點不到圖，就是找不到圖片跑到哪裡去」的窘境。那……要如何改善呢？

首先，你要先瞭解插入圖片的方法。

(一) 如果你要插入電腦上已儲存的圖片

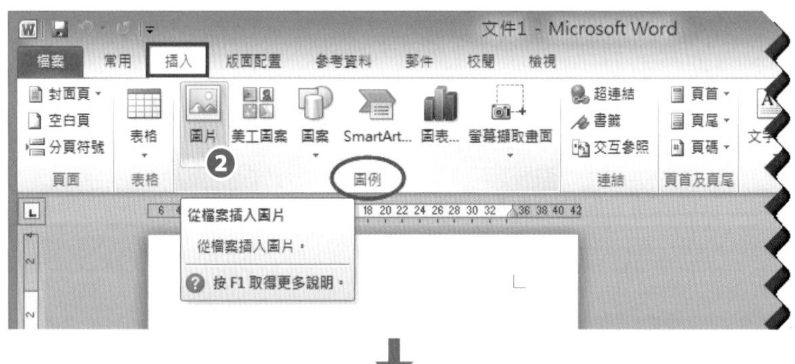

1 將游標放置在你想要插入圖片的位置。

2 透過【插入】頁籤中的【圖例】次頁籤內，選取【圖片】項目。

3 在彈跳出來的【插入圖片】視窗中，點選你要插入的圖片。

4 你可以在圖片上利用點選滑鼠左鍵兩次或直接點選【插入 (S)】鍵，讓圖片插入即可。

（二）如果你要插入原配備的美工圖案片

1 還是要將游標放置在你想要插入圖片的位置。

2 透過【插入】頁籤中的【圖例】次頁籤內，選取【美工圖案】項目後，版面右方就會出現【美工圖案】的工作視窗。

3 你可以透過工作視窗中的「搜尋」功能，輸入你想要的美工圖案字詞或檔名，並點選【搜尋】之後，就會出現符合要求的圖案。

4 你只要在選擇的圖片上利用點選滑鼠左鍵兩次，讓圖片插入即可。

Q&A 如何將圖片使用在文件中所謂「文繞圖」配置的方法？

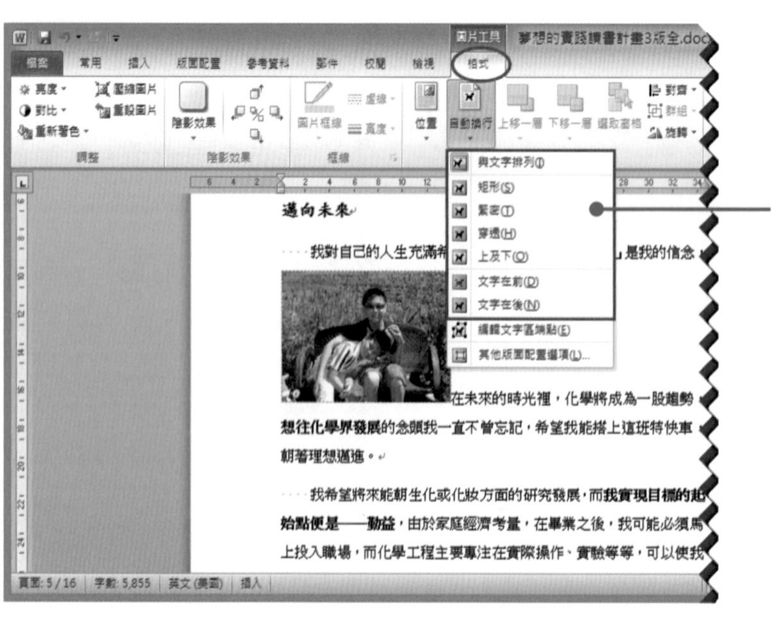

（一）你可以透過【圖片工具 - 格式】頁籤中，選取【自動換行】項目後，在下拉式選單中找到以下七種方式。

（二）或是選取【其他版面配置選項】項目後，在彈跳出來的【配置選項】視窗中，選擇你要的方式：

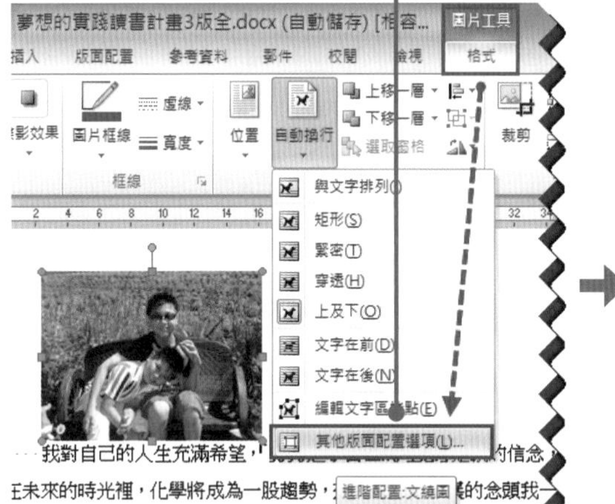

其中，「文繞圖」的七種方式：

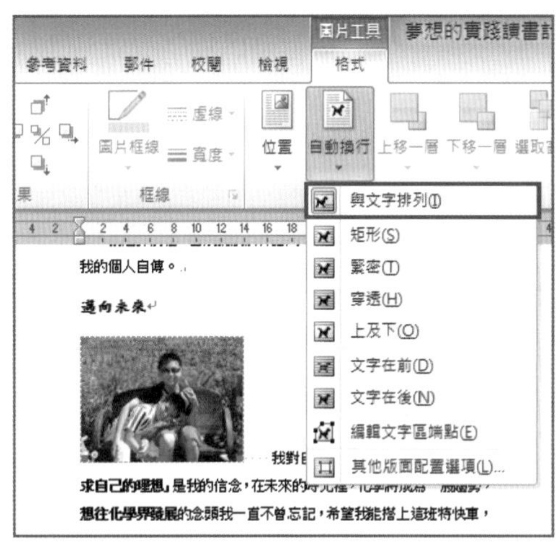

1 與文字排列：就是把圖片當成一個字，所以只可以在「草稿」模式下顯示圖片，其他方式則無法發揮功能。

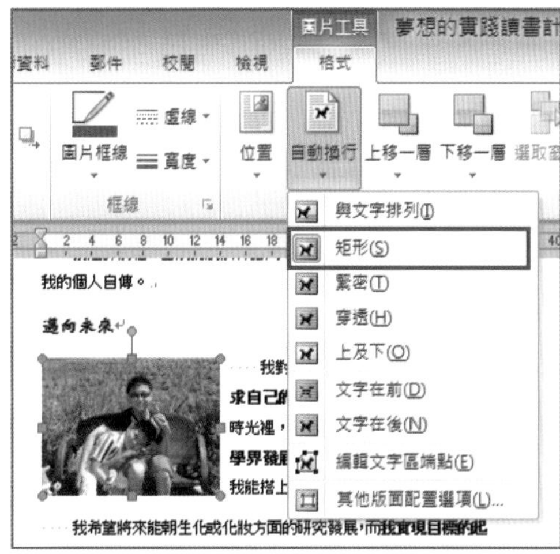

2 矩形：就是把圖片變成獨立的圖片框，無論圖片形狀為何，文字內容都會繞過圖片本身，並以矩形方式整齊排列在四周。

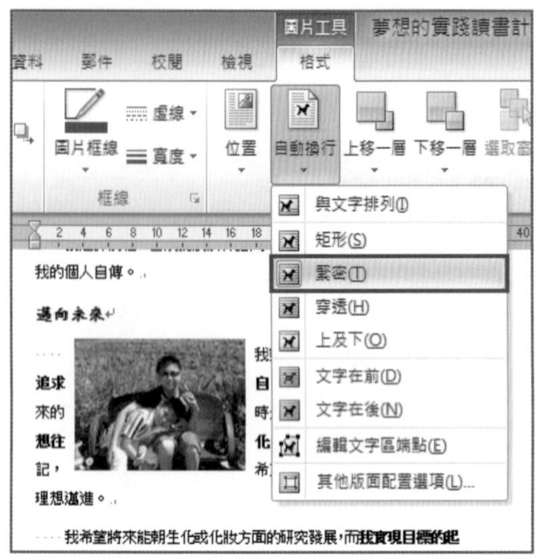

3 緊密：配置和「矩形」相似，但只有上下方向工整的排開文字，但左右方向則依圖片外圍排列（非方形時，會有曲線繞圖的情形），不一定是工整的矩形框。

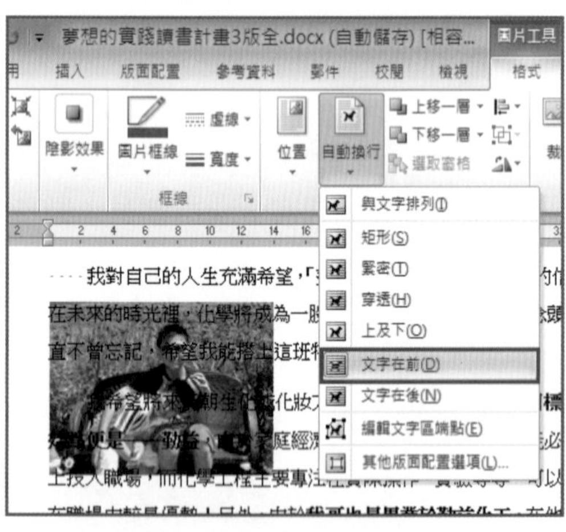

4 文字在前：顧名思義，就是文字會出現在圖片前面。這種方式多用於文件的背景圖片。

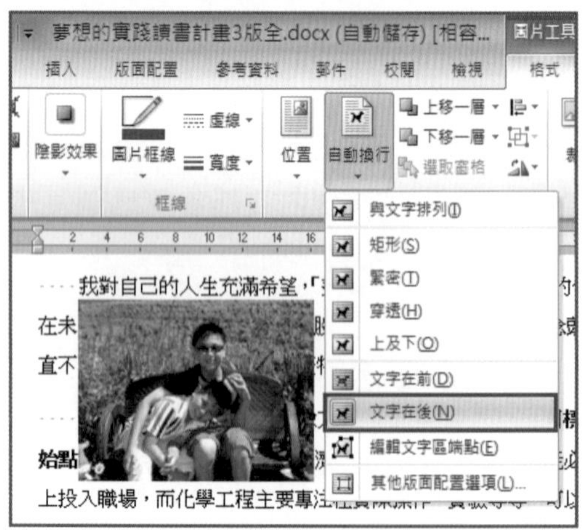

5 文字在後：圖片會遮住文字本身，與「文字在前」的方式正好相反；除非利用高透明或刷淡方式處理圖片，否則一般很少使用。

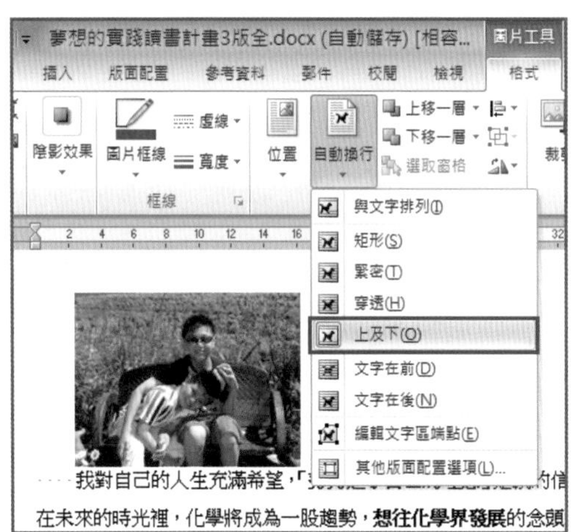

6 上及下：文字只能上下換行，圖片左右不會有字。可視為一個獨立段落，文字內容只能出現於圖片上下方。

7 穿透：配置和「緊密」相似，但文字不僅在圖片外圍繞，圖片內有空白的地方，文字也會出現。

總之，Word 的圖片放置雖有七種方式，但嚴格說來只有「三種類別」：將圖當成字、將圖當成段落、將圖當成移動物件。其中，除了「與文字排列」和「上及下」兩種方式之外，其他的圖片配置都會隨著版面改變而有所變化，當然難以預測，所以一定要多加謹慎與留意！

小試身手

請同學打開光碟「Word 內文美化作業檔 04.docx」檔案，將裡面之圖片，以使用「文繞圖 - 矩形」的方式，加以配置呈現。

學習重點：

1. 使用文繞圖配置
2. 移動圖片位置

小試身手

請同學自行至各大新聞網站，尋找相關至少新聞三則，且需包含兩張以上圖片，並符合以下版面要求：

1. B4 橫式紙張，單面印刷，分兩欄（需中線），全一頁。
2. 標題需以標楷體之粗體、斜體呈現。
3. 邊界均以 1.5cm 設定。

學習重點：

1. 搜索相關資料
2. 使用文繞圖配置
3. 使用版面設定格式

前面已經清楚瞭解使用圖片的方法和重要性，也時常在製作報告或論文的時候，使用圖表或圖片來增加說服力，更明白一定要遵守「圖文與圖說不能分離」的規定，以免造成閱讀障礙。但是，卻常常因為「分頁」的問題，卻讓圖片和圖說分割在上下兩頁，造成版面呈現「牛頭不對馬嘴」的狀況。此時，只要透過「分行與分頁」的設定，就能強制圖文不分離。那……該怎麼做呢？

請你這樣做　如何強制「圖文不分離」？

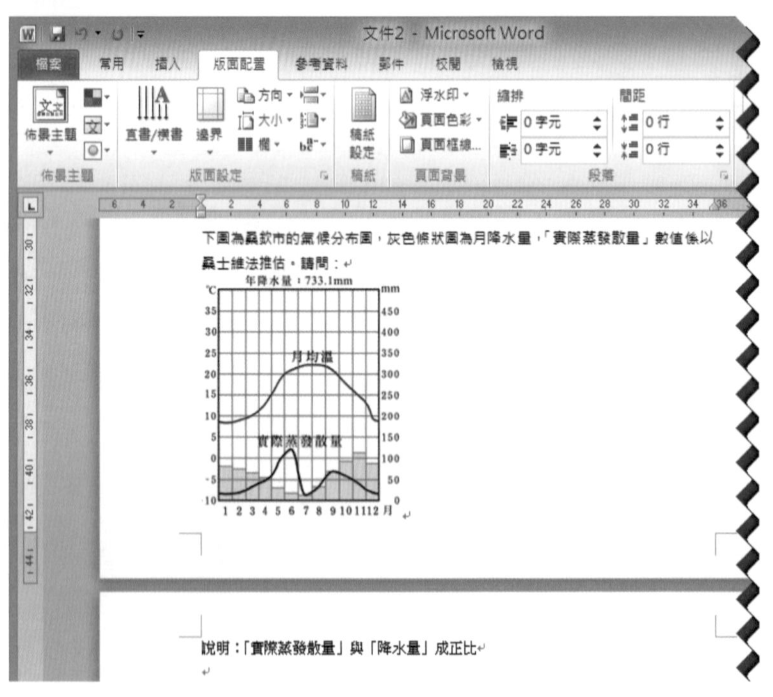

1 由圖可見：本分資料的圖表和下方的「說明」圖說被分離成兩頁格式。

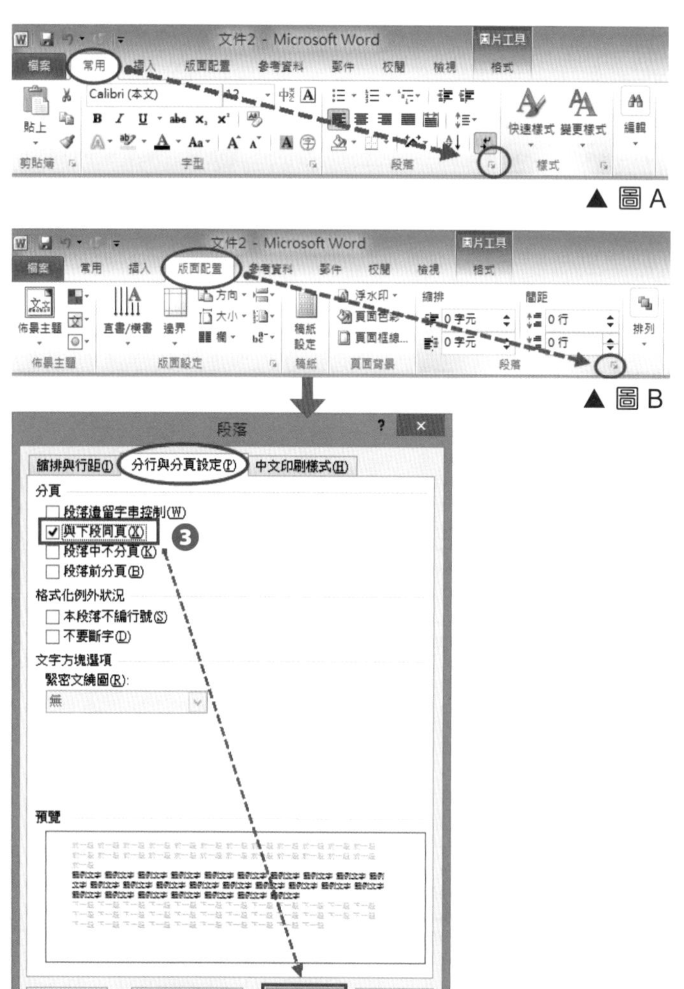

▲ 圖 A

▲ 圖 B

2 你可以先將游標放置在圖片尾端後，再經由點選【常用】頁籤中【段落】次頁籤右下方 ◲ 符號（如圖 A），或點選【版面配置】頁籤中【段落】次頁籤右下方 ◲ 符號（如圖 B），就會彈跳出【段落】設定視窗。

3 在彈跳出的【段落】設定視窗中，選取【分行與分頁設定(P)】頁籤後，勾選「與下段同頁」項目。結束之後，點選【確定】鍵。

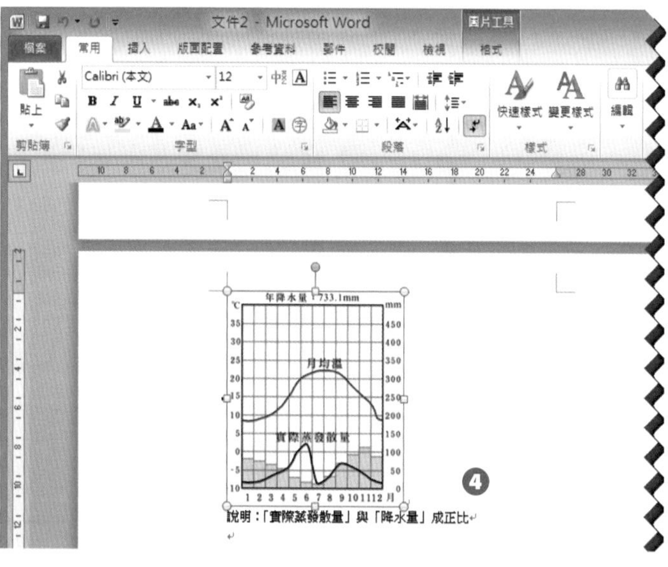

4 回到 Word 畫面後，就會看到上一頁的圖片自動跳到下一頁，與圖說文字呈現在同一頁面上，非常便利！

小試身手

請同學打開光碟「Word 內文美化作業檔 05.docx」檔案，將文件內的資料設定成一頁，並使圖文緊密不分離。

學習重點：
1. 使用分頁設定
2. 調整合適的版面配置

那如果要一次在表格中插入多張尺寸不一樣的照片，又不想一張張更改圖片大小，有沒有比較容易的方式呢？當然有！只要你依照下列方法步驟，就可以輕鬆完成囉！

請你這樣做 「自動縮小圖片尺寸以符合表格」的操作方式：

■ 原本因圖片尺寸大小不相同，相對也讓表格呈現不同大小樣貌。

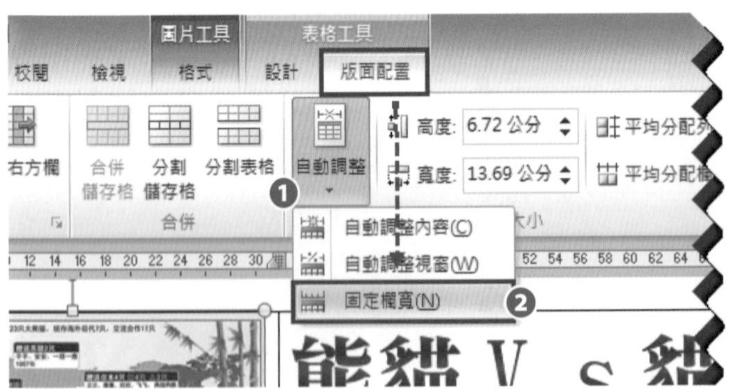

■ 要在插入圖片時，不影響表格欄位寬度，就要先從「**先調整固定表格**」開始：

1 將游標放置在表格中，再由【表格工具 - 版面配置】頁籤中【儲存格大小】次頁籤裡，點選【自動調整】選項。

2 由下拉式選單中，選取籤中【固定欄寬 (N)】選項。

3 設定完畢後，無論插入哪種不同尺寸的圖片，都會自動縮小尺寸以符合表格大小，非常方便省時唷！

小試身手

請同學打開光碟「Word 內文美化作業檔 06.docx」檔案，請利用所附的四張星座圖片，插入列高 7cm、欄寬 5cm 的四格表格樣式中。

學習重點：

1. 使用固定表格設定
2. 從檔案插入圖片

小試身手

請同學自行至各大免費圖庫網站，尋找與「咖啡」相關的圖片六張，並符合以下版面要求：

1. A4 直式紙張、四方邊界均設定 1.5cm。
2. 內容以 3x2 表格、指定列高為 8cm、且需平均分配欄寬的方式呈現。
3. 開頭需輸入標題文字為「留住幸福味」，並以標楷體之粗體、斜體呈現。

學習重點：

1. 搜索相關資料
2. 正確設定版面配置與字型安排
3. 學會使用「固定表格」模式

7-6-3 浮水印製作

「浮水印」，是置於文件中文字後方的文字或圖片，其最初的目的是希望透過文件紙張來辨別自家產品以「防止假冒」的一種手段。所以，各大專院校碩博士論文，也多會要求將其規定的浮水印標誌附加於上。例如：

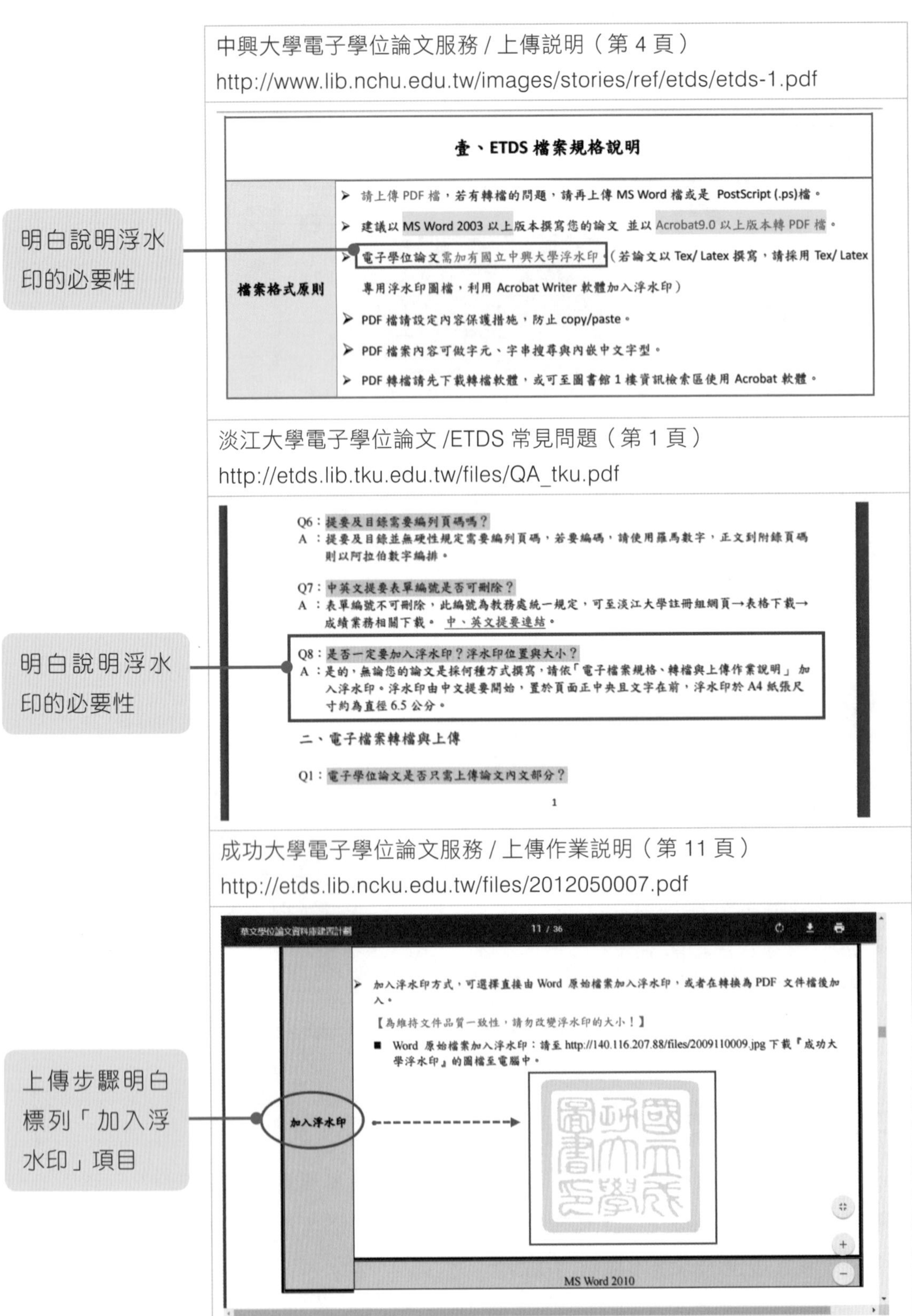

中興大學電子學位論文服務 / 上傳說明（第 4 頁）

http://www.lib.nchu.edu.tw/images/stories/ref/etds/etds-1.pdf

壹、ETDS 檔案規格說明

檔案格式原則	➢ 請上傳 PDF 檔，若有轉檔的問題，請再上傳 MS Word 檔或是 PostScript (.ps)檔。 ➢ 建議以 MS Word 2003 以上版本撰寫您的論文 並以 Acrobat9.0 以上版本轉 PDF 檔。 ➢ 電子學位論文需加有國立中興大學浮水印（若論文以 Tex/ Latex 撰寫，請採用 Tex/ Latex 專用浮水印圖檔，利用 Acrobat Writer 軟體加入浮水印） ➢ PDF 檔請設定內容保護措施，防止 copy/paste。 ➢ PDF 檔案內容可做字元、字串搜尋與內嵌中文字型。 ➢ PDF 轉檔請先下載轉檔軟體，或可至圖書館 1 樓資訊檢索區使用 Acrobat 軟體。

明白說明浮水印的必要性

淡江大學電子學位論文 /ETDS 常見問題（第 1 頁）

http://etds.lib.tku.edu.tw/files/QA_tku.pdf

Q6：提要及目錄需要編列頁碼嗎？
A：提要及目錄並無硬性規定需要編列頁碼，若要編碼，請使用羅馬數字，正文到附錄頁碼則以阿拉伯數字編排。

Q7：中英文提要表單編號是否可刪除？
A：表單編號不可刪除，此編號為教務處統一規定，可至淡江大學註冊組網頁→表格下載→成績業務相關下載。 中、英文提要連結。

Q8：是否一定要加入浮水印？浮水印位置與大小？
A：是的，無論您的論文是採何種方式撰寫，請依「電子檔案規格、轉檔與上傳作業說明」加入浮水印。浮水印由中文提要開始，置於頁面正中央且文字在前，浮水印於 A4 紙張尺寸約為直徑 6.5 公分。

二、電子檔案轉檔與上傳

Q1：電子學位論文是否只需上傳論文內文部分？

1

明白說明浮水印的必要性

成功大學電子學位論文服務 / 上傳作業說明（第 11 頁）

http://etds.lib.ncku.edu.tw/files/2012050007.pdf

華文學位論文資料庫建置計劃　11 / 36

加入浮水印

➢ 加入浮水印方式，可選擇直接由 Word 原始檔案加入浮水印，或者在轉換為 PDF 文件檔後加入。

【為維持文件品質一致性，請勿改變浮水印的大小！】

■ Word 原始檔案加入浮水印：請至 http://140.116.207.88/files/2009110009.jpg 下載『成功大學浮水印』的圖檔至電腦中。

MS Word 2010

上傳步驟明白標列「加入浮水印」項目

所以，當你想要讓專屬你的備審資料看起來比較正式、專業或展現出另一種資訊能力的話，使用浮水印標誌，也未必不失為讓人留下印象的好方法。那……要如何製作呢？

一般而言，浮水印有「文字」和「圖片」兩種呈現方式。先以「文字浮水印」而言，你可以使用：

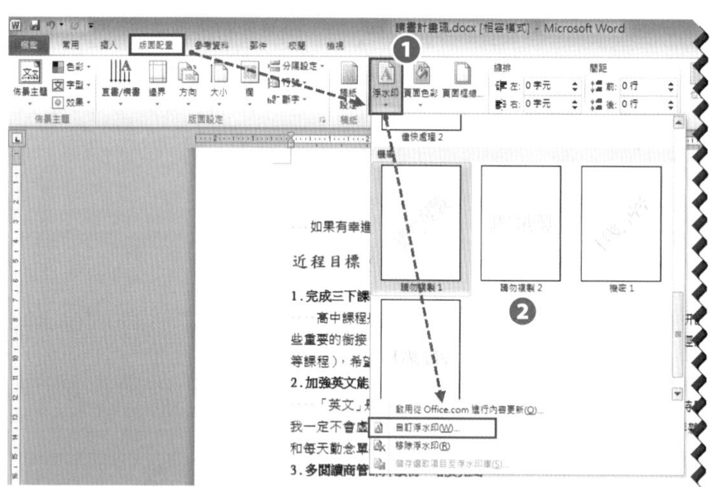

【方法一】

1 由【版面配置】頁籤中【頁面背景】次頁籤裡，點選【浮水印】選項。

2 由下拉式選單中，有「免責聲明」、「緊急」和「機密」三種項目、多種斜置或水平的樣式可供選擇。

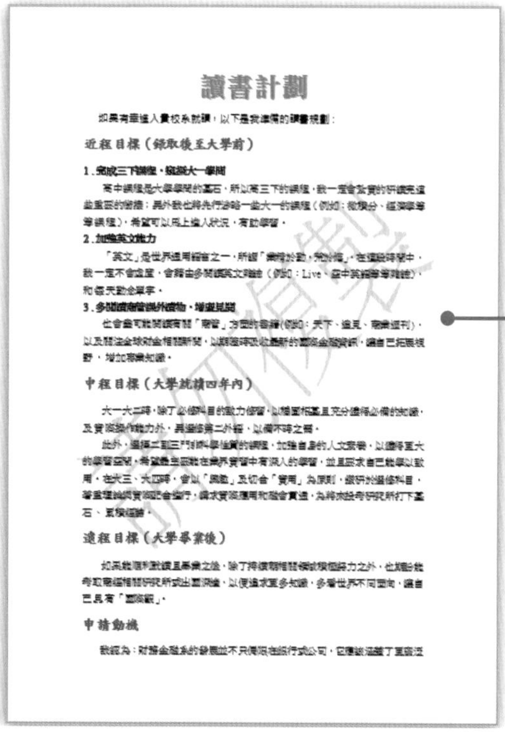

3 完成後，在文件中你就會看到淡淡浮水印標誌，非常方便！

如果你想要「自訂浮水印」來呈現文字的內容，請你和我這樣做：

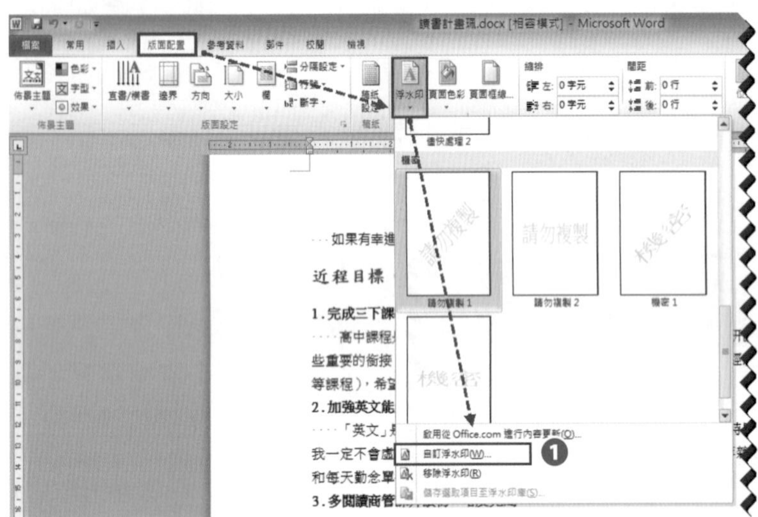

【方法二】

1 由【版面配置】頁籤中【頁面背景】次頁籤裡，點選【浮水印】選項，並由下拉式選單中，選取【自訂浮水印(W)】，就會彈跳出【列印浮水印】對話視窗。

2 在【文字浮水印(X)】中，可以任意設定你所要顯現的「文字浮水印」樣貌，非常方便上手唷！

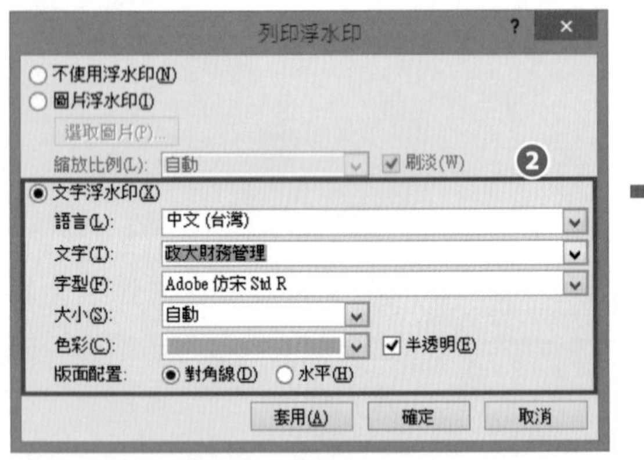

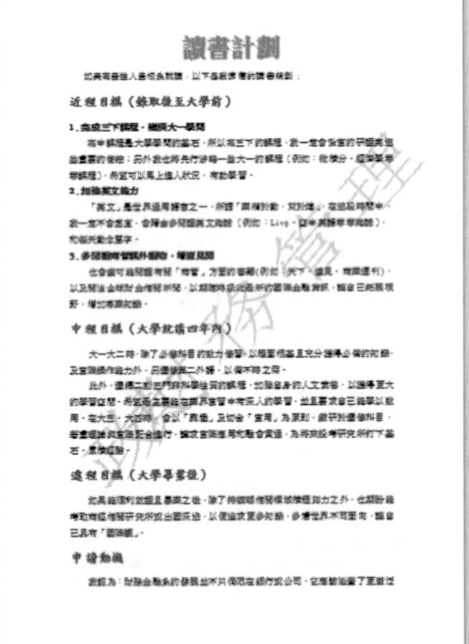

▲ 完成稿

小試身手

請同學打開光碟「Word 內文美化作業檔 07.docx」檔案，插入斜置、標楷體、深紅色的「請勿翻印」浮水印。

學習重點：

1. 插入文字浮水印
2. 調整浮水印文字內容格式

如果你想要使用「圖片浮水印」，請你和我這樣做：

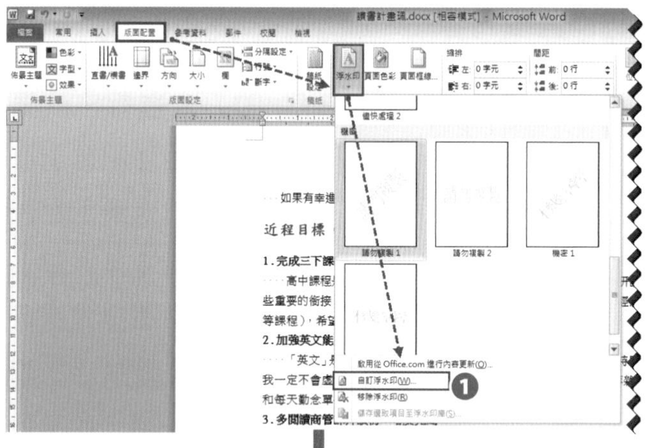

1 同「文字浮水印」一樣，先從【版面配置】頁籤中【頁面背景】次頁籤裡，點選【浮水印】選項，並由下拉式選單中，選取【自訂浮水印 (W)】，讓【列印浮水印】視窗彈跳出來。

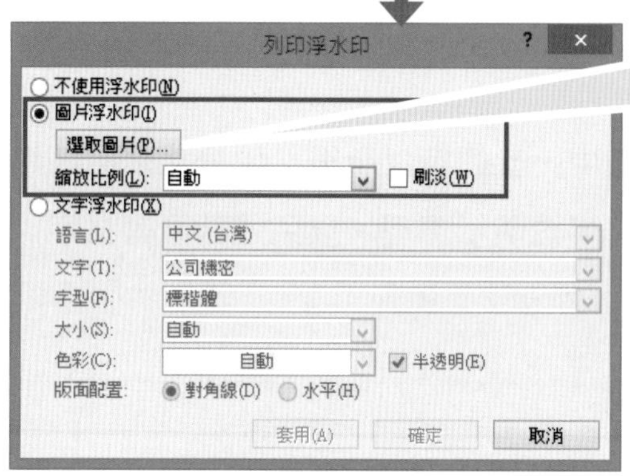

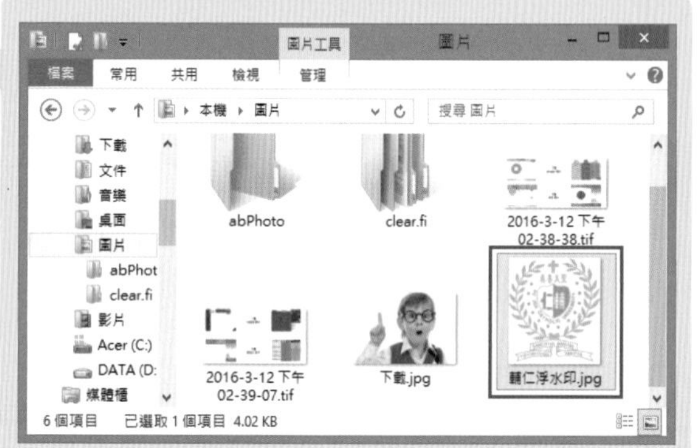

2 由【列印浮水印】視窗中點選【圖片浮水印 (I)】，並按壓【選取圖片 (P)】後，從彈跳出的視窗中選取你要插入圖形檔案。完成後別忘了按【確定】鍵。

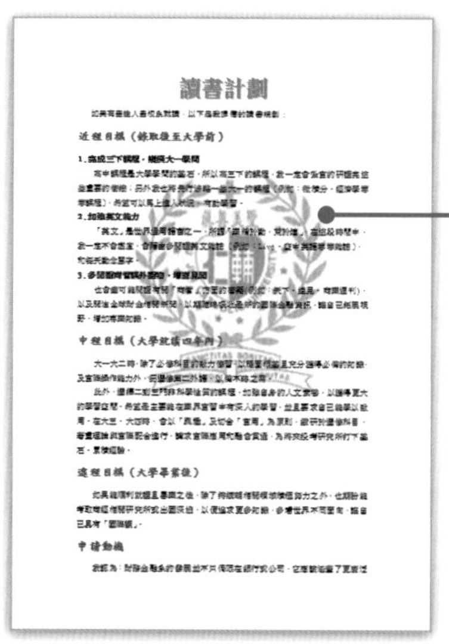

3 回到【常用】狀態，你就會發現：圖片浮水印標誌，出現在文件中了！

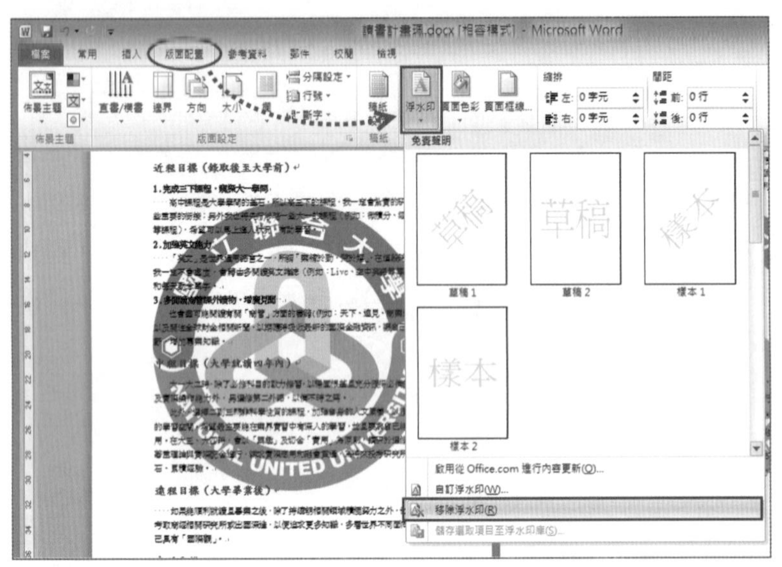

如果你想要刪除浮水印，完全不用從意想不到的【頁首/頁尾(H)】來進行，只要直接在【版面配置】頁籤中【頁面背景】次頁籤裡，點選【浮水印】選項，並由下拉式選單中，選取【移除浮水印(R)】即可刪除，非常容易唷！

但是……藉由下面的浮水印修改前後比較圖中，我們可以發現：如果文件中已經有了顏色安排，那浮水印最好要以「刷淡」或「半透明」處理，以免遮蔽原有文字，或者因顏色紛亂，導致破壞原文件的品質與美感，那就得不償失了！

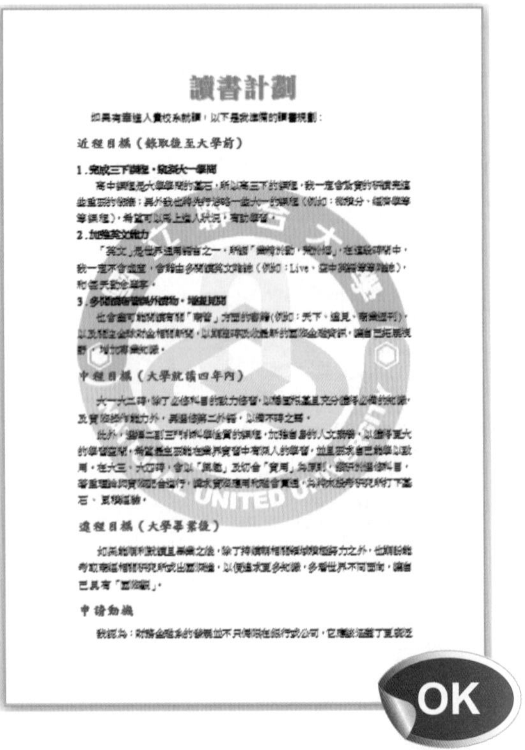

小試身手

請同學先行至網路下載「國立東華大學彩色校徽」，並以插入浮水印的方式，設計成「刷淡置中」樣式置於「Word 內文美化作業檔 08.docx」檔案之中。

學習重點：
1. 插入圖片浮水印
2. 調整浮水印文字內容格式

7-6-4 重點標示技巧

隨著閱讀習慣逐步電子化的狀態，以電腦文書處理來製作文件絕對是最佳選擇：除了整齊美觀之外，不僅能在文字中搭配圖表說明，還能藉此展現電腦資訊能力，實在是一舉數得！但是……千萬不要以為：「上傳電子檔」的審查資料一定就一定是使用「電腦打字」的唷！ NO ！有些學校會有其他「不同於一般」的規定，例如：

國立中正大學 化學工程學系		學測、英聽篩選方式 第一階段			甄選總成績採計方式及佔總成績比例 第二階段					甄選總成績同分參酌之順序
		科目	檢定	篩選倍率	學測成績採計方式	佔甄選總成績比例	指定項目	檢定	佔甄選總成績比例	
校系代碼	041182	國文	均標	--	*1.00	50%	審查資料	--	25%	一、自然學科能力測驗 二、審查資料
招生名額	17	英文	均標	12	*1.25		面試	--	25%	
性別要求	無	數學	均標	6	*1.25					
預計甄試人數	51	社會	--	--	--					
原住民外加名額	無	自然	均標	3	*1.25					
離島外加名額	無	總級分	--	--	--					
指定項目甄試費	1200	英聽	--	--	--					

項目	日期	指定項目內容		
寄發(或公告)指定項目甄試通知	106.3.17	指定項目內容	審查資料	項目：高中(職)在校成績證明 60 %、其他(自傳讀書計畫有利資料) 40% 說明：1.自傳（含申請動機）及讀書計畫分別以A4紙張親筆書寫後，掃瞄上傳。（最多2張共4頁）。2.有利資料包括：各種全國性（或國際性）數學、英語能力檢定成績證明、競賽[illegible]獎證明、專題作品等，以上各項有利資料無則免。
繳交資料收件截止	106.3.23			
指定項目甄試日期	106.4.14			
榜示	106.4.21		甄試說明	1.面試旨在評量學生有關本系相關知識以[illegible]）。 2.個人面試順序4/11(二)公告於系網頁後[illegible]五)下午4時前聯絡本系協調面試順序（日期恕不調整）[illegible]
甄選總成績複查截止	106.4.25			
離島外加名額縣市別限制	(無)			
備註	※甄試通知於3/17網路公告(不個別郵寄書面)，[illegible] 本系規劃領域以程序系統工程、污染防治、分子工程、生物技術、材料及電子半導體等尖端科技為主，並發展尖端奈米材料與生醫工程暨系統生物學兩個研究群，未來將以此兩個研究群為基礎。 本系網址：http://www.che.ccu.edu.tw/ 聯絡電話：(05)2720411轉23401			

1. 自傳（含申請動機）及讀書計畫分別以 A4 紙張親筆書寫後，掃描上傳。（最多 2 張共 4 頁）

※ 國立中正大學化學工程學系

【說明】

1. 「自傳」與「讀書計畫」各以 A4 紙 2 張為要求，才會符合「最多 2 張共 4 頁」的規定。
2. 一定要「親筆書寫」後，再「掃描上傳」。所以呈現出來的是「手寫文字」唷！
3. 既然沒有限定格式，在此處強力推薦：直接用空白 A4 紙以繪製「圖表」或「條列」的方式呈現；若以「文字敘述型」呈現，則建議直接使用坊間 A4 制式稿紙親筆橫寫，較能整齊優雅喔！

長庚大學 中醫學系		學測、英聽篩選方式			甄選總成績採計方式及佔總成績比例					甄選總成績同分參酌之順序
		第一階段			第二階段					
		科目	檢定	篩選倍率	學測成績採計方式	佔甄選總成績比例	指定項目	檢定	佔甄選總成績比例	
校系代碼	030022	國文	頂標	5	*1.50	50%	審查資料	--	10%	一、學科能力測驗總級分 二、自然學科能力測驗 三、英文學科能力測驗 四、國文學科能力測驗
招生名額	30	英文	頂標	3	*1.50		面試	--	40%	
性別要求	無	數學	頂標	6	*1.25					
預計甄試人數	90	社會	前標	8	*1.00					
原住民外加名額	無	自然	頂標	3	*1.50					
離島外加名額	2	總級分	--	--	--					
指定項目甄試費	1300	英聽	--	--	--					

寄發(或公告)指定項目甄試通知	106.3.16	指定項目內容：審查資料	項目：高中(職)在校成績證明 60 %、自傳(學生自述) 20 %、社團參與證明 20 % 說明：自傳請於中醫系網頁下載專區下載專用格式，列印後親筆書寫，限600字以內，再掃描後上傳。
繳交資料收件截止	106.3.22		
指定項目甄試日期	106.4.8		
榜示	106.4.20	指定項目內容：甄試說明	中醫學系於招生名額內提供1名弱勢學生
甄選總成績複查截止	106.4.24		
離島外加名額縣市別限制	1名限金門縣、1名限連江縣		
備註	1.視覺、辨色力、聽覺、語言、行動及精神有 。 2.中醫系聯絡電話:(03)211-8800分機5101、5102。 3.本系修業年限七年(含雙主修)。		

自傳請於中醫系網頁下載專區下載專用格式，列印後親筆書寫，限 **600** 字以內，再掃描後上傳。

※ 長庚大學中醫學系

【說明】

1. 先至該校網頁「下載並列印」專用格式後，再將自傳內容「親筆書寫」於格式之中。
2. 將寫好的【說明 1】內容，掃描後上傳。
3. 強烈建議自傳內容最好先行在 Word 中加以製作與修改，還可以順便在左下角確認「字數」，才不會超過「限 600 字以內」的要求喔！

總之，一定要再三詳讀簡章說明，並符合其規定與要求，不要等閒視之喔！

1. 除完全遵照各校系簡章規定與要求之外，手寫文字務必使用「正楷」書寫。
2. 需極力達到「保持字跡端正」、「維持紙面整潔」且「勿使用錯別字與簡體字」等三大原則。
3. 如需修改，宜擦拭乾淨或換紙書寫，以免留下不夠慎重或喜歡更改心意等負面印象。
4. 如果本身字跡不夠美觀，最好不要請別人代為謄寫：因為大多校系在口面試時會請應試生簽名，有可能是「誠信度」最佳驗證時機，千萬不可虛應以待！

但如果沒有特殊要求時，為求文件整齊美觀與提升閱讀舒適度，或是考量「線上書審上傳」的方便性，還是推薦以「電腦文書處理」為最佳選擇。根據 Word 系統的設計與安排，能標示重點的方式共有以下六種，但各有其缺憾處，所以以下用表格說明，並提供 1-5 分的「建議度」（數字越大合適唷！），以供大家參考使用：

方式	範例	缺憾處	建議度
字體加大且加粗	一恨**鰣魚多刺**，二恨**海棠無香**，三恨**《紅樓夢》未完**	形成間距不一，版面不平衡的視覺偏差，完全不建議！	0
加下標線	一恨鰣魚多刺，二恨海棠無香，三恨《紅樓夢》未完	雖然是還不錯的選擇，但容易與標注人名地名的「私名號」混淆……	3
標示斜體字（italic）	一恨*鰣魚多刺*，二恨*海棠無香*，三恨*《紅樓夢》未完*	中國字要求「頂天立地、四平八穩」，以此「傾斜」方式表示，更顯突兀，千萬不要嘗試！	0
更改字型顏色	一恨鰣魚多刺，二恨海棠無香，三恨《紅樓夢》未完	雖有突顯效果，但對「老師」而言，「錯誤標示」比「提示感」更加強（尤其是「紅色」）！所以使用在「標題」的效果，一定比使用在「內文」裡效果更優！	4
加字元框線	一恨鰣魚多刺，二恨海棠無香，三恨《紅樓夢》未完	明顯表達所要呈現的內容，但總顯太過突兀，沒能具備中國人「謙沖」美德，應該還有其他方式可以選擇……	3
使螢光筆功能	一恨鰣魚多刺，二恨海棠無香，三恨《紅樓夢》未完	要高效率在線上閱讀 Word 文件，快速獲取信息最好的方式，絕對是一劃重點！就像讀書時拿著「螢光筆」劃重點一般，讓人一眼就看到重點所在！	5

事實上，只要在一堆細明體文字中對重點字詞使用「加粗處理」（blod）或使用「中黑體字型」就能有顯著的效果了！（如右圖所示），真的不需再使用其他方式；而且如同上述表格的建議度分析所言：使用「電子螢光筆功能」來標示重點，在使用電腦閱讀審查資料的「舒適度」上，就如右圖所見，絕對更勝一籌。真心推薦給大家！

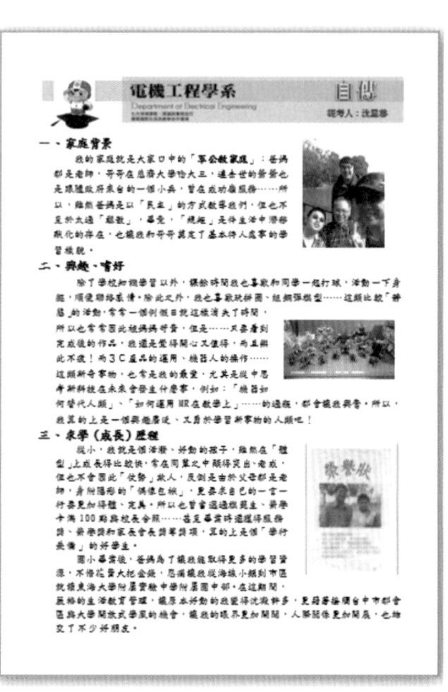

電機工程學系 自傳
Department of Electrical Engineering
報考人：[illegible]

一、家庭背景

我的家庭就是大家口中的「**軍公教家庭**」：爸媽都是老師，哥哥在慈濟大學唸大三，過去世的爺爺也是跟隨政府來台的一個小兵，曾在成功嶺服務……所以，雖然爸媽是以「民主」的方式教導我們，但也不至於太過「縱容」，畢竟，「規矩」是待生活中潛移默化的存在，也讓我和哥哥奠定了基本待人處事的學習模範。

二、興趣、嗜好

除了學校知識學習以外，課餘時間我也喜歡和同學一起打球，活動一下身體，順便聯絡感情。除此之外，我也喜歡玩拼圖、組鋼彈模型……這類比較「靜態」的活動，常常一個例假日就這樣消失了時間，所以也常常因此被媽媽叨唸，但是……只要看到完成後的作品，我還是覺得開心又值得，而且樂此不疲！而3C產品的運用、機器人的操作……這類新奇事物，也常是我的最愛，尤其是從中思考新科技在未來會發生什麼事，例如：「機器如何替代人類」、「如何運用 VR 在教學上」……的過程，都會讓我興奮，所以，我算的上是一個興趣廣泛、又勇於學習新事物的人類吧！

三、求學（成長）歷程

從小，我就是個活潑、好動的孩子，雖然在「體型」上成長得比較快，常在同輩之中顯得突出、老成，但也不會因此「仗勢」欺人，反倒是由於父母都是老師，身附隱形的「偶像包袱」，更要求自己的一言一行要更加得體、完美，所以也曾當選過模範生、榮學十滿 100 點與校長合照……甚至畢業時還獲得服務獎、榮譽獎和家長會長獎等獎項，算的上是個「學行兼備」的好學生。

國小畢業後，爸媽為了讓我能取得更多的學習資源，不惜花費大把金錢，忍痛讓我從海線小鎮到市區就讀東海大學附屬實驗中學附屬國中部，在這期間，嚴格的生活教育管理，讓原本好動的我變得沉穩許多，更藉著參與台中市都會區與大學開放式學區的機會，讓我的眼界更加開闊，人際關係更加開展，也結交了不少好朋友。

※標示重點的六種方法：

方式	範例	建議度
字體加大且加粗	一恨**鰣魚多刺**，二恨**海棠無香**，三恨**《紅樓夢》未完**	0
加下標線	一恨<u>鰣魚多刺</u>，二恨<u>海棠無香</u>，三恨<u>《紅樓夢》</u>未完	3
標示斜體字〈italic〉	一恨*鰣魚多刺*，二恨*海棠無香*，三恨*《紅樓夢》未完*	0
更改字型顏色	一恨鰣魚多刺，二恨海棠無香，三恨《紅樓夢》未完	4
加字元框線	一恨鰣魚多刺，二恨海棠無香，三恨《紅樓夢》未完	3
使螢光筆功能	一恨鰣魚多刺，二恨海棠無香，三恨《紅樓夢》未完	5

請你這樣做　如何使用「電子螢光筆」功能呢？

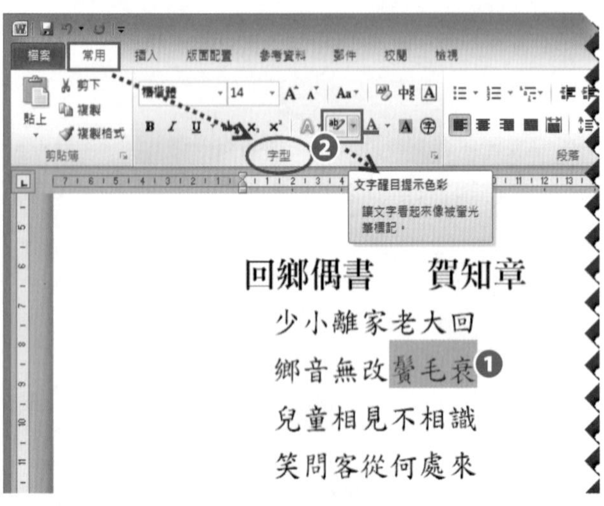

1 先選取將想要標示的字句。

2 再從【常用】頁籤中【字型】次頁籤裡，點選【文字醒目提示色彩】選項。

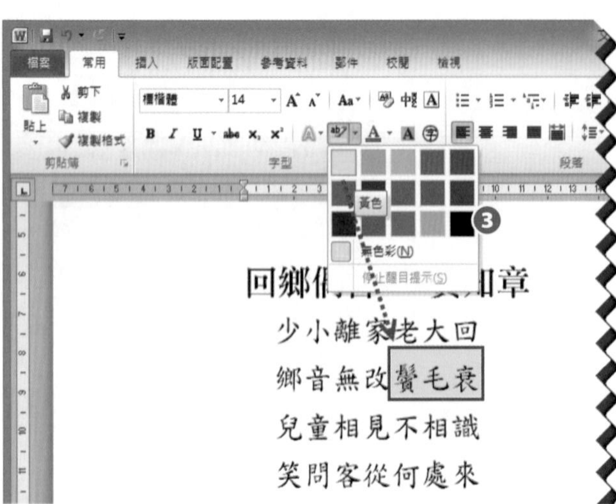

3 由其下拉式選單中，點選你想要的顏色，就會發現：【步驟 1】所選取的字句背景，就會呈現點選顏色的樣式，而且有多種顏色可供選擇，非常便利唷！

1. 過多的強調使用等同於沒有強調。強調最好是一個詞就好，非必要千萬不要使用。
2. 標示重點的方式多樣，但仍以「加粗處理（bold）」、使用「中黑字體」和「電子螢光筆」功能等三種方式為最佳選擇。
3.「更換顏色」的強調方式，最好使用在標題部分，以免過於花俏、雜亂混淆。
4. 如果要強調一個段落，可以使用「區塊」方式來加以分別。千萬別一整個段落文字全部都使用「強調」方式，以免產生用力過度、牽強附會等等負面感受，得不償失！

小試身手

請同學打開光碟「Word 內文美化作業檔 09.docx」檔案，達成下列要求：

1.「三期程標題」請使用標楷體 16 深紅色字型，並加粗（bold）處理。
2. 期程中的細項分類，請直接加粗（bold）處理。
3. 請在「申請動機」中，找出該校規劃的「三大學程」，並使用黃色螢光筆標註出來。

學習重點：

1. 能更改字型大小與顏色
2. 會使用加粗（bold）處理
3. 能使用螢光筆功能
4. 能閱讀內文並找出答案

有利資料排版與美編呈現

如前述章節，看得懂簡章、懂得文字的內容，懂得利用文書軟體後，審查資料的資料就需要版面的安排，讓圖片與文字相得益彰，爭取最高的視覺分數，這時資料的排版與美編呈現就會是大大加分的關鍵。

很多同學辛苦完成簡歷表、自傳、讀書計畫，也順利取得師長的推薦函，沒想到居然是在成績證明、證照、獲獎紀錄、社團參與、學生幹部等項目躊躇不前，首先卡住的就是不知道那些算是「其他有利資料」，照片算嗎？作文算嗎？作業算嗎？獎狀可以放哪些？國小的可以放嗎？完全沒有獎狀該怎麼辦？……這些林林總總的問題，誰可以回答呢？相信迫在眉梢的考生們，可能會急如星火，造成「樣樣都想放，各個沒把握」，但考試就是這麼現實的事，只有錄取和不錄取，那麼，相信本章將會是協助同學呈現「有利資料」的利器。

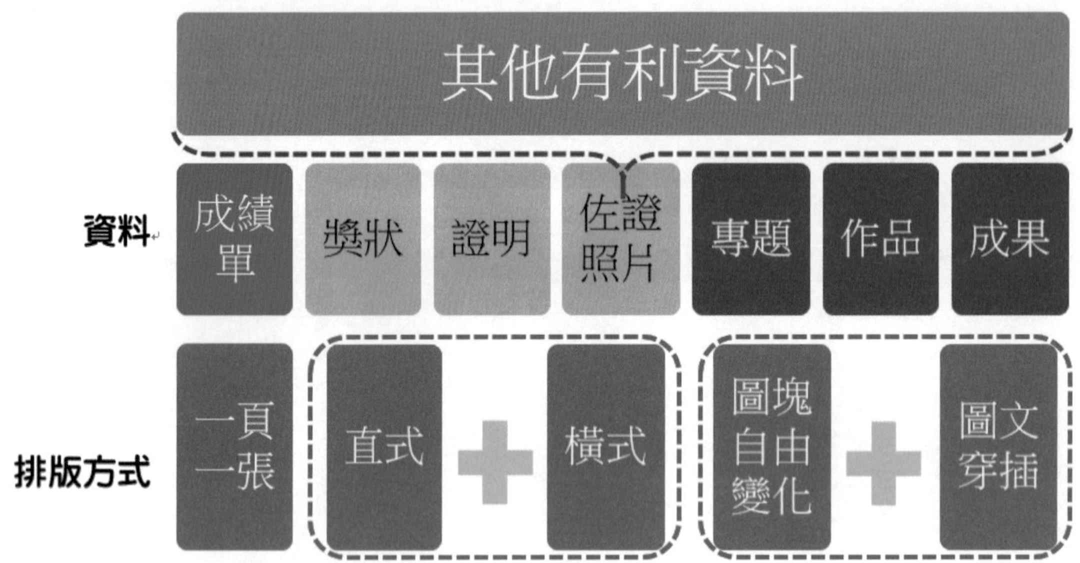

8-1 一頁成名之成績單

一張 A4 大小的正式證明文件就屬成績單最讓人愛恨交織。不同升學管道需要同學繳交的成績單並不相同，通常成績單也現實的可以，分數一拍兩瞪眼，也沒有什麼轉圜的餘地，但是適當的編排，利用文字的陳述，可以替考生爭取更多上榜的機率，因此，同學對於成績單的編排不可不重視。

成績單的形式，可以是在校成績、各科百分比成績、學測成績、統測成績、檢定成績、測驗成績等。成績單上的數字具有絕對的意義，所以若是這一類的證明文件，呈現的關鍵就是要清晰、正確與正本相符，不可以塗改造假。

大學個人申請的高中三年成績單已從學校註冊系統轉到大學端的資料庫，考生要做的事情是檢查是否正確，而四技申請入學則是要求考生提供正本成績單（加註證明章）在規定的時間之內寄到各校系。除此之外，要將成績單放入審查資料時，可以透過編排與美編使得整份審查資料更加美觀有系統。

Q&A　沒有掃描器時該怎麼辦？

過去，同學想要在 Word 放入文件得先將成績單「掃描」存檔，另外存成圖檔，以前需要使用到掃描器，但是如果沒有掃描器的時候，以手機、平板上的照相功能，用掃描 app 來製作即可。

切記，不能只是用手機、平板的相機功能，與使用相機直接拍照將文件拍成圖片，若用這樣的方式，會因為照片無法與正本相同比例，而造成資料看起來有「不正式」、「隨便」的觀感。

審查資料的基本編輯，就是要插入成績單的圖片，這個功能在前面第七章已經有詳細的說明，若是同學忘記，可以往前翻閱，幫助自己在最快的時間之內完成編排。只要從 Word 上方的功能列，選擇「插入」的功能→從檔案插入【圖片】即可。

一般而言，為了呈現成績單的公信力，不需要特別在成績單上標示顏色或框起來，如【圖 8-1-1】，若是學科與該報考的科系相關性高，可以特別標示，倘若成績單裡，有特別突出的成績，像是單科的國文、英文、數學⋯，或是在班上成績名列前茅的時候，可以適當的在該項目中標示出來，如【圖 8-1-2】，不過，要讓版面有一致性，建議可以插入刊頭橫幅，使成績單，和其他審查資料有整體性，如【圖 8-1-3】。

【圖 8-1-1】成績單基本排版方式

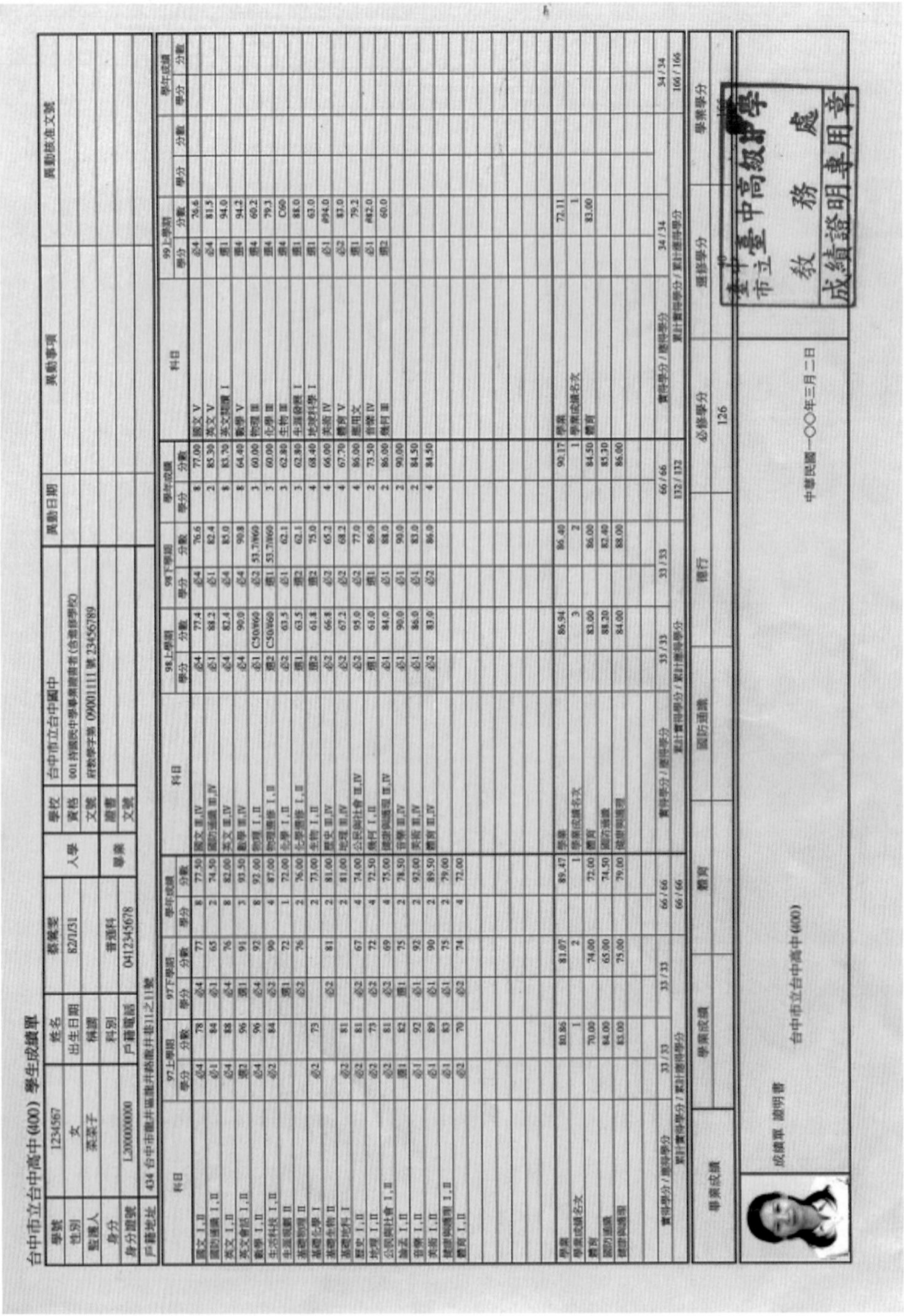

將成績單的掃描檔直接，從 word 選擇「插入」的功能→從檔案插入【圖片】。

【圖 8-1-2】成績單標示的基本排版方式

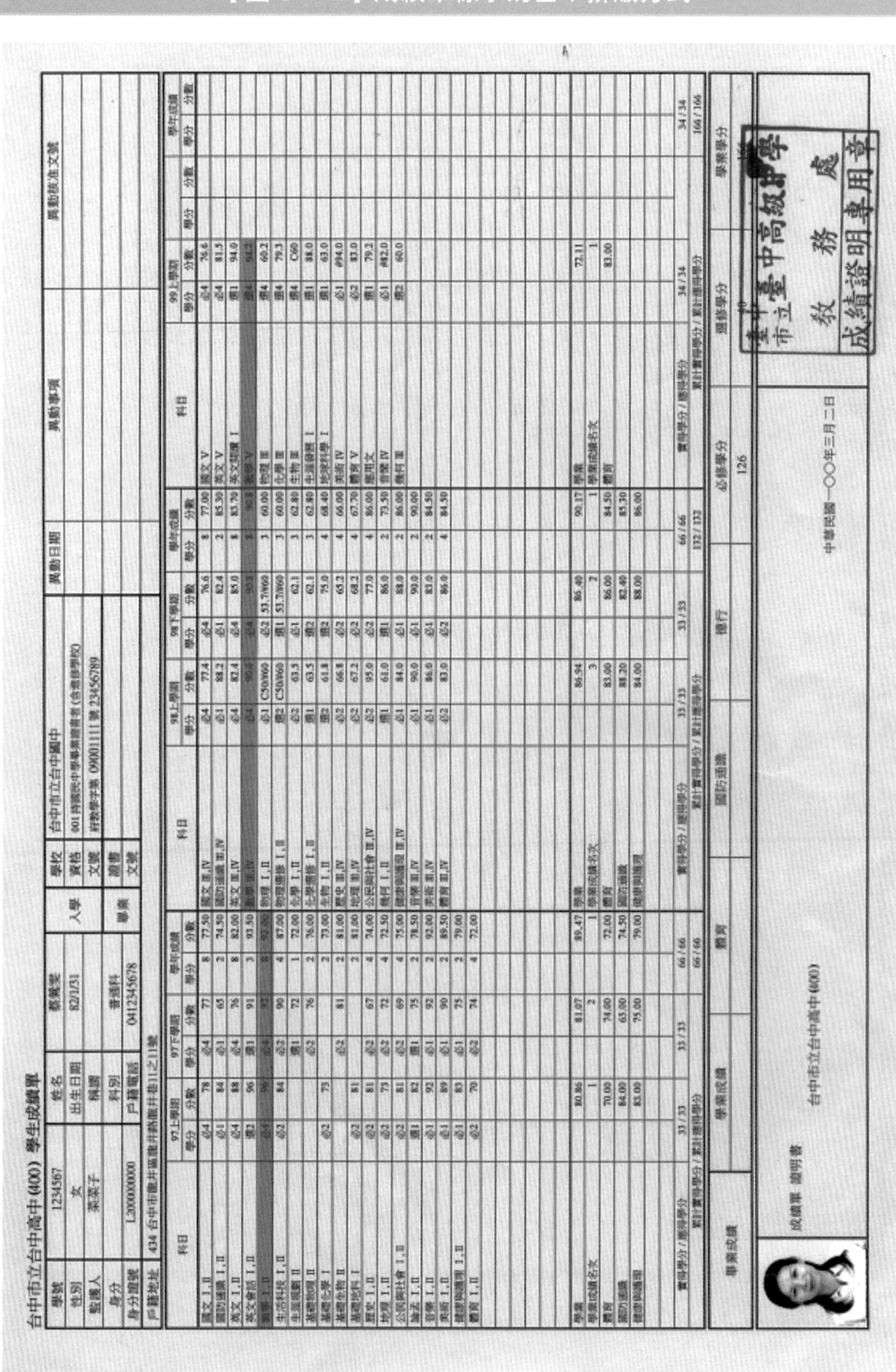

台中市立台中高中(400) 學生成績單

學號	1234567	姓名	蔡蕙雯	入學	學校	台中市立台中國中	異動日期	異動事項	異動核准文號
性別	女	出生日期	82/1/31		資格	001 持國民中學畢業證書者(含進修學校)			
監護人	菜菜子	稱謂			文號	府教學字第 09001111 號 23456789			
身分		科別	普通科	畢業	證書				
身分證號	L2000000000	戶籍電話	0412345678		文號				
戶籍地址	434 台中市龍井區龍井路龍井巷11之11號								

科目	97上學期 學分	97上學期 分數	97下學期 學分	97下學期 分數	學年成績 學分	學年成績 分數
國文 I,II	必4	78	必4	77	8	77.50
國防通識 I,II	必1	84	必1	65	2	74.50
英文 I,II	必4	88	必4	76	8	82.00
英文會話 I,II	選2	96	選1	91	3	93.50
數學 I,II	必4	96	必4	92	8	92.00
生活科技 I,II	必2	84	必2	90	4	87.00
生涯規劃 II			選1	72	1	72.00
基礎物理 II			必2	76	2	76.00
基礎化學 I	必2	73			2	73.00
基礎生物 II			必2	81	2	81.00
基礎地科 I	必2	81			2	81.00
歷史 I,II	必2	81	必2	67	4	74.00
地理 I,II	必2	73	必2	72	4	72.50
公民與社會 I,II	必2	81	必2	69	4	75.00
論孟 I,II	選1	82	選1	75	2	78.50
音樂 I,II	必1	92	必1	92	2	92.00
美術 I,II	必1	89	必1	90	2	89.50
健康與護理 I,II	必1	83	必1	75	2	79.00
體育 I,II	必2	70	必2	74	4	72.00
學業		80.86		81.07		89.47
學業成績名次		1		2		1
體育		70.00		74.00		72.00
國防通識		84.00		65.00		74.50
健康與護理		83.00		75.00		79.00
實得學分 / 應得學分	33 / 33		33 / 33		66 / 66	
累計實得學分 / 累計應得學分					66 / 66	

科目	98上學期 學分	98上學期 分數	98下學期 學分	98下學期 分數	學年成績 學分	學年成績 分數
國文 III,IV	必4	77.4	必4	76.6	8	77.00
國防通識 III,IV	必1	88.2	必1	82.4	2	85.30
英文 III,IV	必4	82.4	必4	85.0	8	83.70
數學 III,IV	必4	90.6	必4	90.8	8	90.8
物理 I,II	必1	C50/#60	必2	53.7/#60	3	60.00
物理選修 I,II	選2	C50/#60	選1	53.7/#60	3	60.00
化學 I,II	必2	63.5	必1	62.1	3	62.80
化學選修 I,II	選1	63.5	選2	62.1	3	62.80
生物 I,II	選2	61.8	選2	75.0	4	68.40
歷史 III,IV	必2	66.8	必2	65.2	4	66.00
地理 III,IV	必2	67.2	必2	68.2	4	67.70
公民與社會 III,IV	必2	95.0	必2	77.0	4	86.00
幾何 I,II	選1	61.0	選1	86.0	2	73.50
健康與護理 III,IV	必1	84.0	必1	88.0	2	86.00
音樂 III,IV	必1	90.0	必1	90.0	2	90.00
美術 III,IV	必1	86.0	必1	83.0	2	84.50
體育 III,IV	必2	83.0	必2	86.0	4	84.50
學業		86.94		86.40		90.17
學業成績名次		3		2		1
體育		83.00		86.00		84.50
國防通識		88.20		82.40		85.30
健康與護理		84.00		88.00		86.00
實得學分 / 應得學分	33 / 33		33 / 33		66 / 66	
累計實得學分 / 累計應得學分					132 / 132	

科目	99上學期 學分	99上學期 分數	學分	分數	學年成績 學分	學年成績 分數
國文 V	必4	76.6				
英文 V	必4	81.5				
英文閱讀 I	選1	94.0				
數學 V	選4	94.2				
物理 III	選4	60.2				
化學 III	選4	79.3				
生物 III	選4	C60				
生涯發展 I	選1	88.0				
地球科學 I	選1	63.0				
美術 IV	必1	#94.0				
體育 V	必2	83.0				
應用文	選1	79.2				
音樂 IV	必1	#82.0				
幾何 III	選2	60.0				
學業		72.11				
學業成績名次		1				
體育		83.00				
實得學分 / 應得學分	34 / 34				34 / 34	
累計實得學分 / 累計應得學分					166 / 166	

畢業成績	學業成績	體育	國防通識	德行	必修學分	選修學分	畢業學分
					126	40	166

成績單 證明書

台中市立台中高中(400)

中華民國一〇〇年三月二日

臺中市立臺中高級中學 教務處 成績證明專用章

1 插入已用繪圖軟體標示的成績單圖檔。

2 調整圖片大小在適切位置。

【圖 8-1-3】有刊頭橫幅的成績單排版

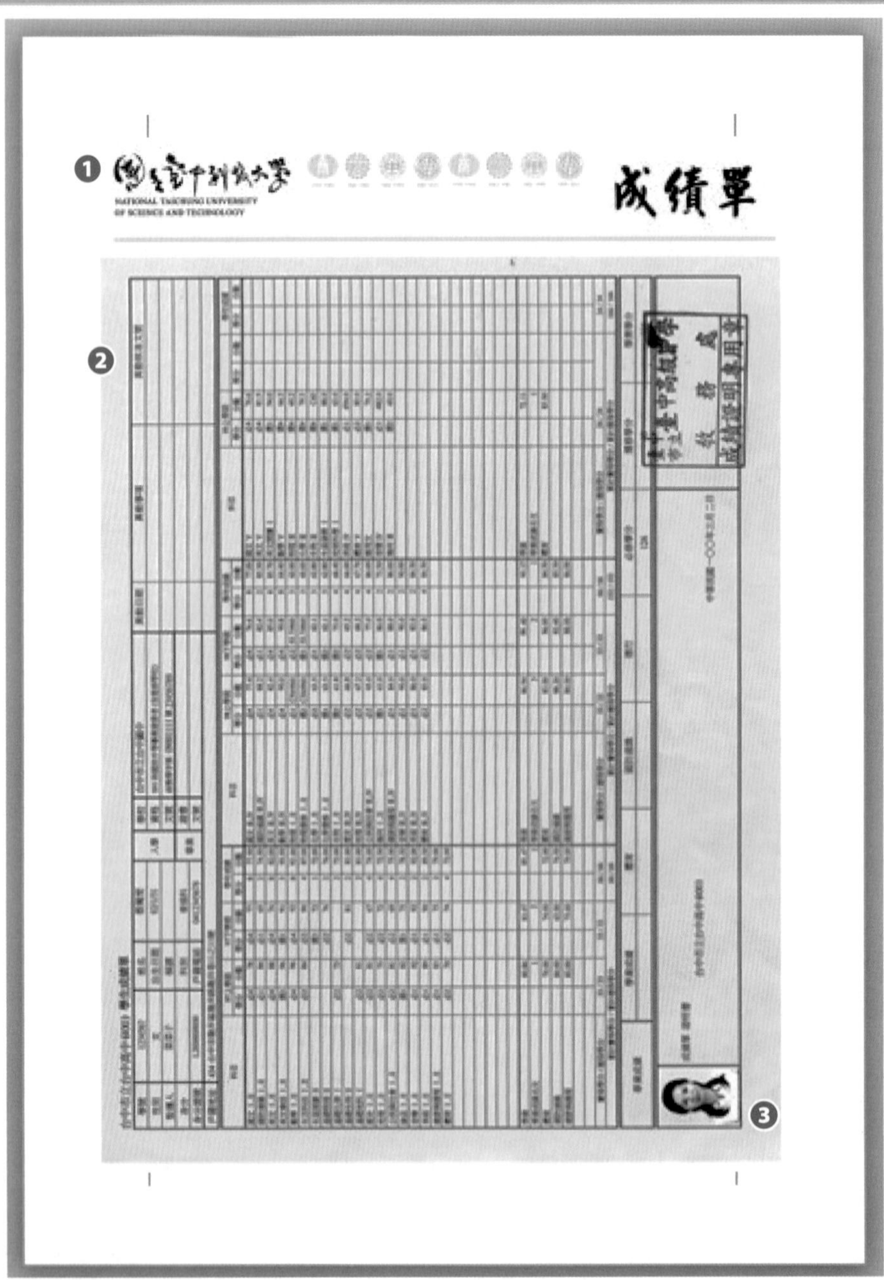

1 調整刊頭大小。

2 從上方功能列選取「插入」→點選【圖片】→【從檔案】，選擇「成績單」→按【插入】確定。

3 調整成績單圖檔大小，使成績單與刊頭橫幅對齊。

Q&A 沒有繪圖軟體時該怎麼標示、劃記？

有的同學擅長用繪圖軟體，就可以直接在成績單的圖檔上劃記存檔，但是對於沒有繪圖軟體的同學，Word 的功能也可以完成標記。步驟如下：

1. 插入成績單圖檔之後。
2. 從 Word 的工具列選擇「插入」→點選【圖案】→「矩形」，按滑鼠左鍵，選取適當的區域。再從功能列中的「繪圖工具」功能中，點選格式中的【圖案填滿】、【圖案外框】修改成自己喜歡的顏色。
3. 利用「快取圖案格式」，點選【色彩及框線】，在功能選項中調整「填滿」中的【透明度】。

專家小叮嚀

利用第七章學到的技巧，我們在排版加上一些框線、文字、小插圖，並在文字上變化內容，或略述心得，或者強調成績名次與比例，補充成績單上沒有的訊息，可以使得「成績單」顯得更別出心裁、有設計感，就可以輕易地抓住書審委員的目光。

8-2 獎狀、證明與照片排排讚

除了像成績單這樣的文件是用一張圖檔來編排，大多版面編排的方式是兩張以上的文件圖檔，像是證照、證書這一類重要的文件，正反兩面都必須成現在審查資料中，又或者同類型的獎狀也可以兩兩陳列在 A4 的版面裡，因此同學得先將自己手上的資料先進行內容性質概括性的分類，同樣式的儘量擺在一起，就知道哪些是可以一起呈現，而哪些又是得單獨自己一張放一頁的。

獎狀、證明與照片都是長方形，既然是長方形，就可以依據橫放與直放，進行簡單又不失有設計感的編排。一頁的編排，我們可以橫式的放一頁，直式的放一頁，若是同時包括橫式和直式時，也可以利用單邊對齊的方式，再利用插圖或是文字將空缺的版面補齊。

至於同學可能會疑惑圖片是否應該設計為一樣尺寸，倒是不一定，只是在視覺感官上，要注意到圖片面積的比例，或是輕重的安排，但如果這些對沒有設計概念的同學而言覺得困難，那就以比例差不多的長寬大小作為設定，很容易達成

簡單俐落又清晰的效果，突顯重心，也不會顯得雜亂。以下以各種簡單實用的版面安排，供同學參考，同學可依自己的能力與規劃進行設計。

8-2-1 橫式版面設計

遇到橫式圖片的版面安排問題，可以嘗試先排排看位置是否適切，通常會放置在審查資料的內容，都需具有代表性，所以除了成績單是單獨一頁之外，二到四頁的資料掃描圖片是最常見的，也是最基礎的，因此，只要掌握這樣的原則，審查資料就可以藉由排版顯得出考生的特質，書面審查委員，從同學的編排與設計上可以瞭解考生的邏輯概念與電腦文書能力，所以整理自己的個人資料是很重要的事情。

有了簡單的版面配置概念之後，我們再將圖片放置在適當的位置，首先，插入刊頭橫幅，在剩下的空間中，平分成為兩個部分，在相對的位置上放上所需的掃描圖片。可以使在放置正反兩面的證照，正反排列在一起，可以讓人一目瞭然證照的內容。

大抵上，除了美工、設計、傳播等科系外，整齊俐落的版面設計是最舒服的。過度使用插圖與美編，會令人看的眼花撩亂，甚至顯得雜亂無章，反而顧此失彼，所以沒有絕對最優的書面資料美編設計，卻有最適切、令人加分的視覺感受，因此製作審查資料一定要符合自己的能力與學科的性質，來進行版面的設計。

為了方便同學製作審查資料，利用【圖 8-2-1】的版面配置圖，將兩張橫式的圖片放入，可以呈現出【圖 8-2-2】的效果。因為一張 A4 版面，放置兩張的圖片，必須輔以文字描述，這時同學可以利用其他空白處加以説明，或是發表你自己的看法與心得，使得你的優良事蹟，更受注目。至於字體的大小和顏色，得與整份審查資料的風格相近，使審查資料具有一致性。

【圖 8-2-1】兩張橫式的版面配置圖

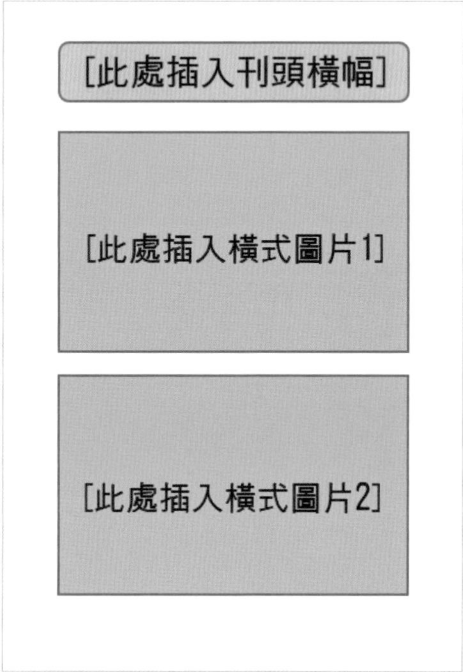

[此處插入刊頭橫幅]

[此處插入橫式圖片1]

[此處插入橫式圖片2]

【圖 8-2-2】兩張橫式的版面配置實例

在【圖 8-2-2】的實例中，因為證照是具有公信力的審查資料，即使沒有其他的文字說明，仍具有重要的證明性。但是若是改為兩張照片，未加說明的錯誤審查資料如【圖 8-2-3】，與【圖 8-2-2】的排版方式一樣，但是放上兩張照片，僅以開頭橫幅中的標題「活動企劃」，很難達成作為證明的用途，書面審查委員便無法從中得知考生想要證明什麼，因五必須輔以文字描述，可以利用其他空白處加以說明，或是發表你自己的看法與心得，使得自己想要用來證明的資料更受矚目。至於字體的大小和顏色，得與整份審查資料的風格相近，才會讓審查資料具有一致性。

【圖 8-2-3】兩張橫式的版面配置錯誤 (NG) 示範

有了簡單的版面排版概念之後，我們可以嘗試放入三張橫式的圖片，版面配置的方式可以像【圖 8-2-4】，但是【圖 8-2-4】會造成剩餘空白的空間太多，所以勢必要以文字的編輯平衡空間的空洞配置。以【圖 8-2-4】為例，若圖片左側切齊刊頭橫幅，文字的說明就要放在右側的空白空間中，可以平衡視覺畫面，使閱讀者感覺舒適，達成閱讀審查資料的意義。

【圖 8-2-4】左側切齊刊頭橫幅的三張橫式版面配置圖

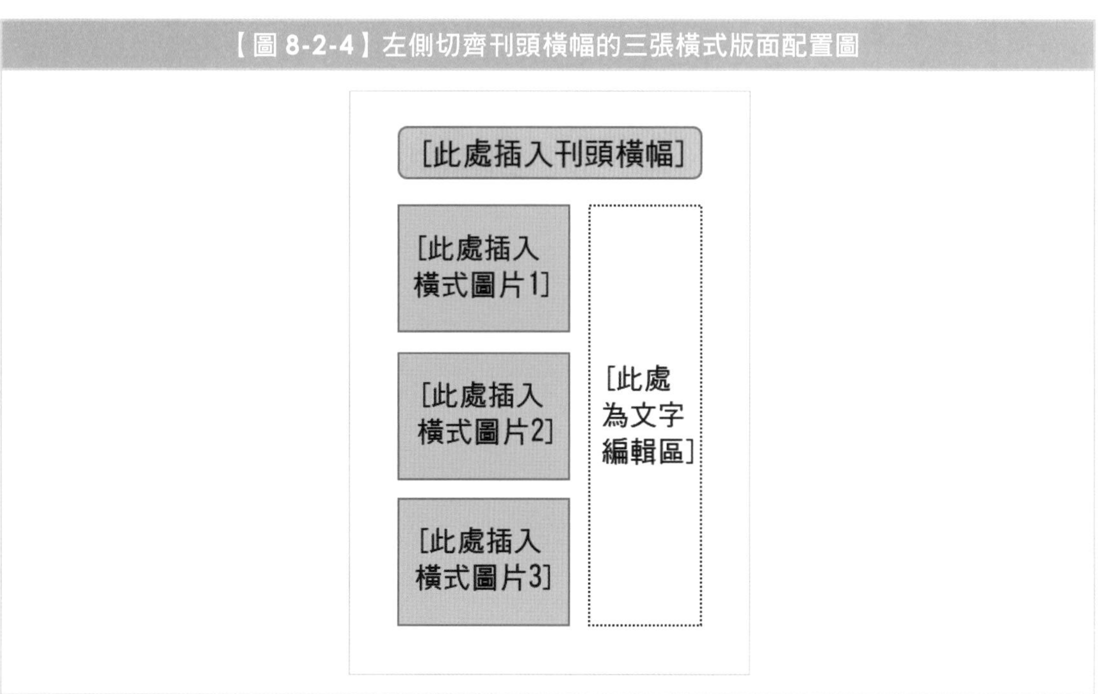

三張圖片不見得一定要一起與刊頭橫幅左側切齊，可以有變化的方式，將第二張圖片與刊頭橫幅右側切齊，比較有變化，也能錯落有致，【圖 8-2-5】將【圖 8-2-4】中的圖片 2 和文字編輯 2 互調，可以有比較活潑的版面。

【圖 8-2-5】變化的三張橫式版面配置圖

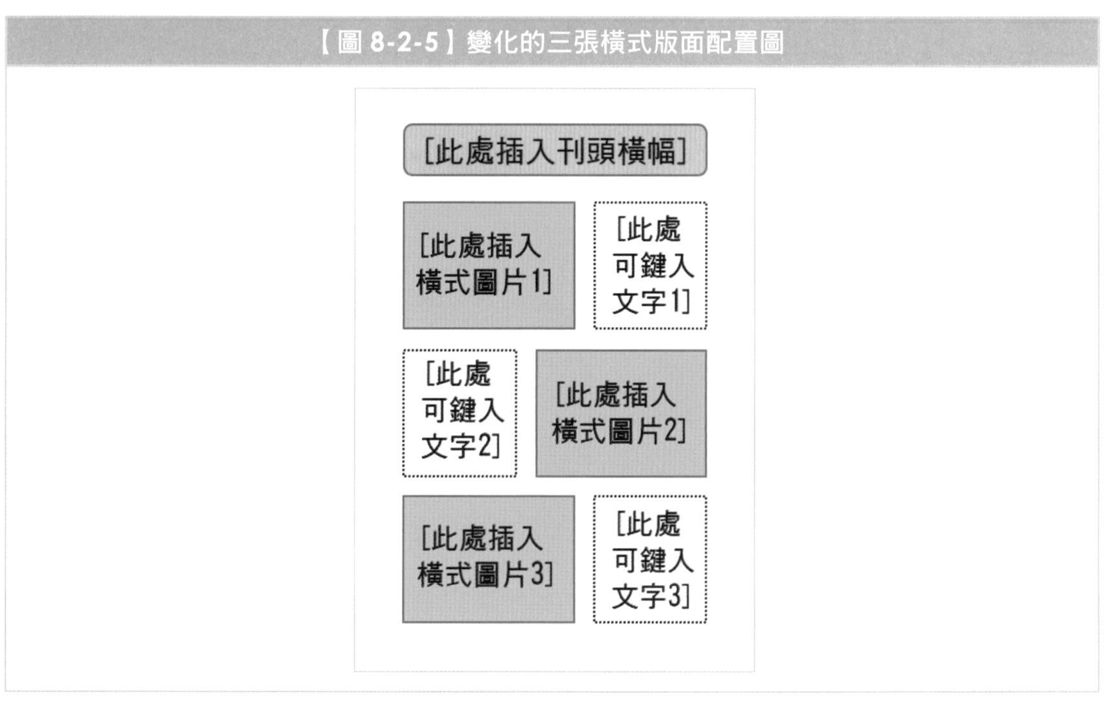

至於四張圖片的安排，除了將版面分成四等分之外，文字編排的區域就會是版面設計的重點了，在【圖 8-2-6】的版面配置中，我們將四張橫式的圖片集中在 A4 版面的上方，這四張圖片的性質需要是相似的內容，或是同一系列的資料，或是同一個活動的照片，如此，只需要利用下方的文字區，便可以將這四張圖片的內容陳述出來。

【圖 8-2-6】集中的四張橫式版面配置圖

[此處插入刊頭橫幅]

[此處插入橫式圖片1] [此處插入橫式圖片2]

[此處插入橫式圖片3] [此處插入橫式圖片4]

[此處可鍵入文字]

我們也可以利用一排圖片，一排文字的方式來呈現審查資料，如【圖 8-2-7】，這樣的排版方式可以滿足文字和圖片的對應，在視覺上也能呈現豐富感。當然若是同學的審查資料的內容豐富，可以嘗試運用不同的編排方式，使得閱讀的感受有不同的視覺刺激。

【圖 8-2-7】文圖穿插排列的四張橫式版面配置圖

[此處插入刊頭橫幅]

[此處插入橫式圖片1] [此處插入橫式圖片2]

[此處可鍵入文字]

[此處插入橫式圖片3] [此處插入橫式圖片4]

[此處可鍵入文字]

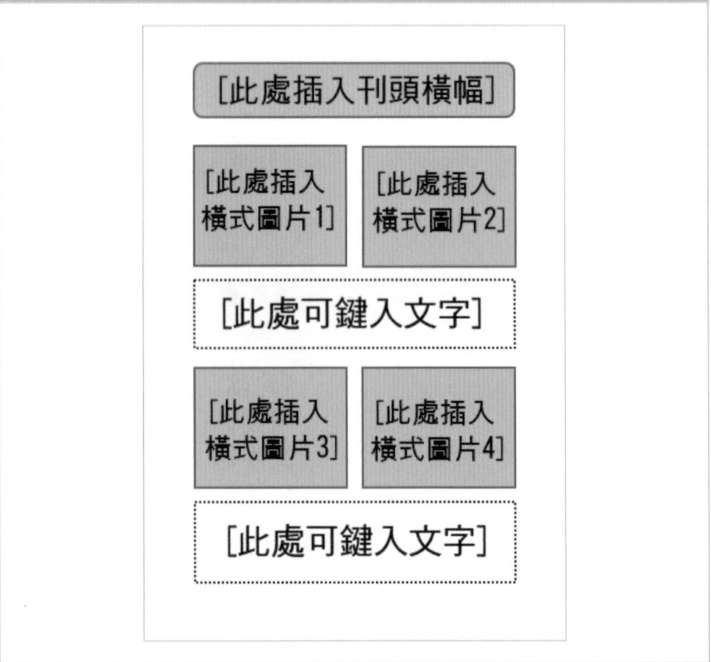

8-2-2 直式版面設計

排版上，當橫式變成直式之後，空間的運用就會與橫式的排版大相逕庭，所以仍需讓同學清楚版面的配置，如此才可以讓自己的審查資料成為加分的關鍵。審查資料為直式 A4 尺寸的文件，要放入兩張直式的圖片，如【圖 8-2-8】，空間上有圖片的一邊會顯得比較擁擠，另外空出來的部分，文字說明的空間就會比較多。有些時候同性質的獎狀一張放一頁，會顯得為了充頁數、充版面，若將兩張直式的獎狀、證照、證書…放在一起時，得多花點時間在版面上加以文字說明或註解。

【圖 8-2-8】兩張直式的版面配置圖

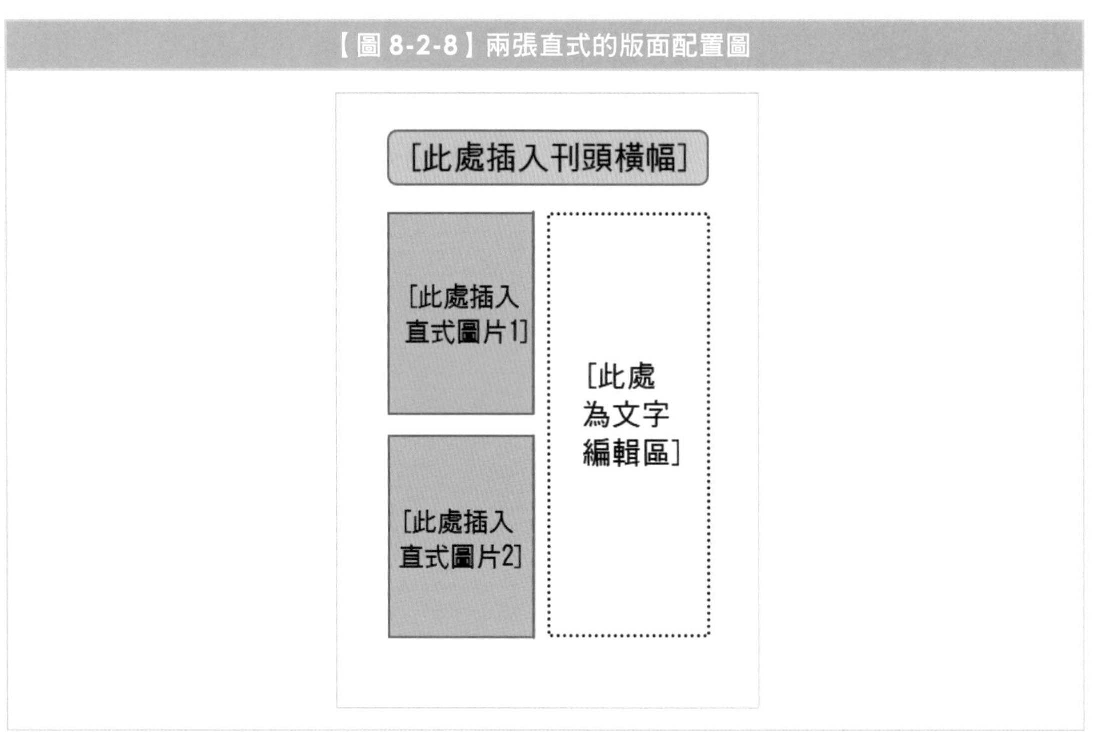

以【圖 8-2-9】為例，因為左半部的空間已經被兩張直式獎狀佔滿，所以文字的部分就得移到右半部來處理，所以在右半部的地方，可以切割成上下兩個部分，文字說明也可以分別依兩張圖片性質書寫。需要注意的地方是整個版面的整齊度，在文字說明上儘量字數差不多，或者將字數較多的部分安排在下半部，會讓整張 A4 的重心在下，比較不會覺得頭重腳輕。

當然千萬一定要與整份備審資料的設計相契合，不然只會顯得這個部分看起來很紊亂，或是太過突兀，都沒有加分的效果。

【圖 8-2-9】兩張直式圖片編排範例

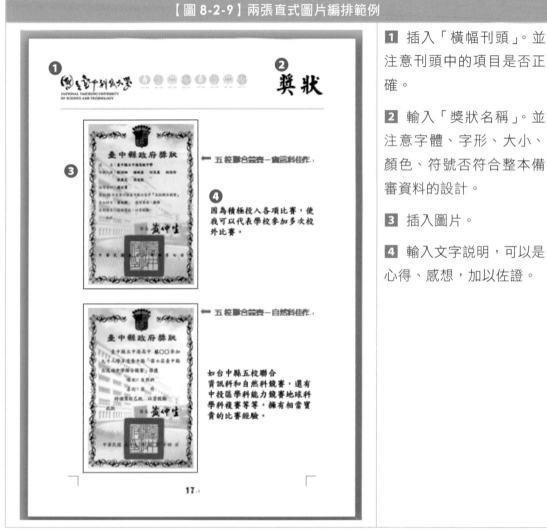

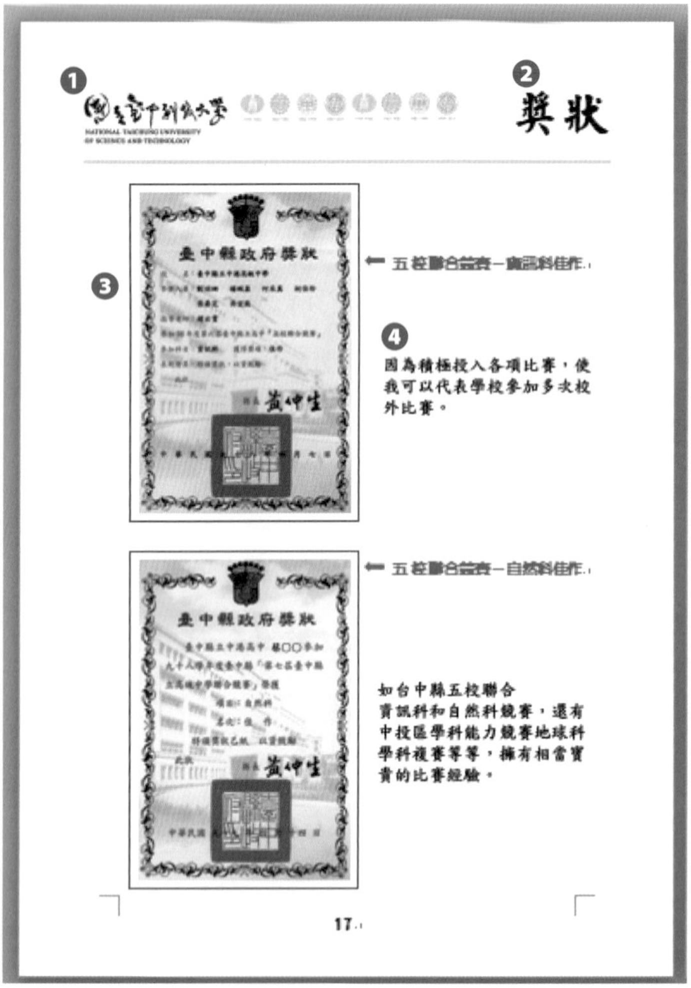

❶ ❷ 獎狀 ❸ 臺中縣政府獎狀 ← 五校聯合競賽—資訊科佳作 ❹ 因為積極投入各項比賽，使我可以代表學校參加多次校外比賽。 臺中縣政府獎狀 ← 五校聯合競賽—自然科佳作 如台中縣五校聯合資訊科和自然科競賽，還有中投區學科能力競賽地球科學科複賽等等，擁有相當寶貴的比賽經驗。 17	1 插入「橫幅刊頭」。並注意刊頭中的項目是否正確。 2 輸入「獎狀名稱」。並注意字體、字形、大小、顏色、符號否符合整本備審資料的設計。 3 插入圖片。 4 輸入文字説明，可以是心得、感想，加以佐證。

當然【圖 8-2-8】的基本版面配置可以隨著考生的需求調整，像【圖 8-2-10】修改了【圖 8-2-8】可能會有一邊留下空白的問題，將直式兩張證書並排，並試著有前後的空間錯置，一樣切齊刊頭橫幅，使得版面和諧，也不會覺得留了太多的空間需要進行文字的書寫。若同學在設計上考慮採取此種編排方式，像【圖 8-2-11】，得注意到是否能達成和諧又吸睛的效果。

獎狀的編排以清晰明確為首要的考量，所以在排版的時候獎狀的字樣要清楚，因此編排的時候獎狀一張圖的比例不要小於 8 分之一，位置的擺放也以直橫兩種方式，不考慮傾斜或花邊等效果。

【圖 8-2-10】兩張直式調整的版面配置圖

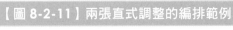

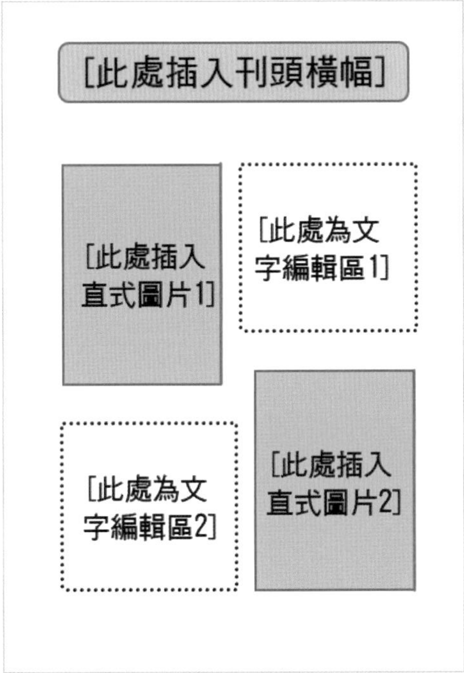

[此處插入刊頭橫幅]
[此處插入直式圖片1]
[此處為文字編輯區1]
[此處為文字編輯區2]
[此處插入直式圖片2]

【圖 8-2-11】兩張直式調整的編排範例

實踐大學
服飾設計與經營
獎狀
106 學年參加國語文競賽
榮獲書法比賽第三名
獎狀
106 學年參加國語文競賽
書法比賽第二名

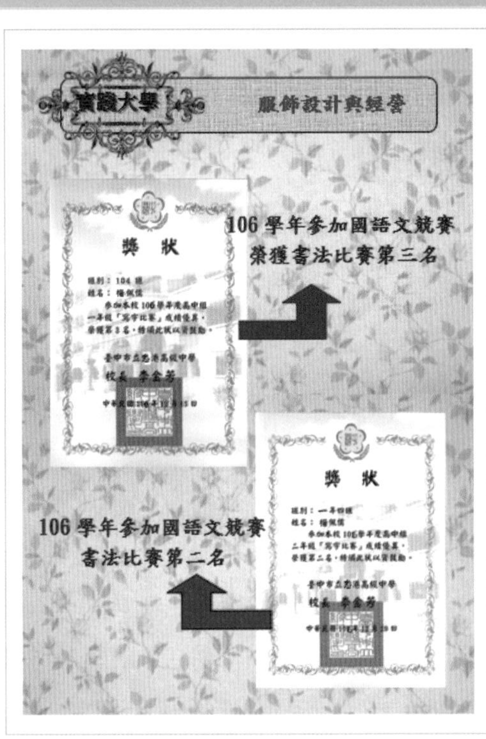

8-2-3 直式與橫式混用的版面設計

實際在編排的時候，有時就是會剛好遇到同一個版面中有直式和橫式的圖片，卻又沒有必要為了拆開這些資料讓它們單獨一頁，這時候就可以試著將直式和橫式的圖片組合在一起，好的組合強調重點，可以讓人為之一亮，我們就試著用一張直式和橫式的簡單組合方式來看看可以進行的版面配置，有直式在上方，如【圖 8-2-12】，或是直式在下，如【圖 8-2-13】，兩種組合也沒有絕對的好與壞，也是得視同學實際排版的需求來決定。

【圖 8-2-12】直式在上的圖片版面配置圖

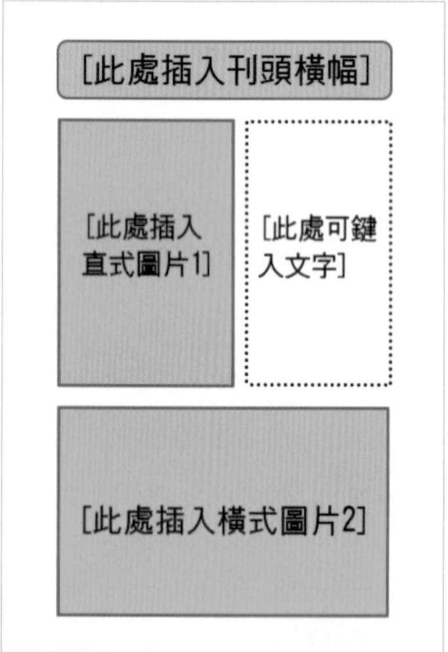

1 先插入直式，再插入橫式圖檔，依版面調整兩張圖片大小，以符合前後的邊界一致。

2 並將兩張圖片靠左側對齊排列。

3 虛線方塊的區域為文字編輯部分。

Q&A 要怎樣將 Pdf 檔插入到 Word 裡來編輯呢？

自從線上書審系統開始，大學端要求高中端透過申請系統上傳學生的成績單之後，高中端的成績學務系統也成為同學監控自己學習情況的一個窗口，想要申請自己的幹部證明時，有些學校開放學生自己從平台載下，這樣的檔案格式通常是 Pdf，因此也會有同學發現 Pdf 無法直接插入於 Word 裡編排，於是就審查資料就會卡關，其實別擔心，可以利用線上轉檔將 Pdf 轉成圖檔，或是運用頁面截圖的方式取得圖檔，就能順利編輯。

【圖 8-2-13】橫式在上的圖片版面配置圖

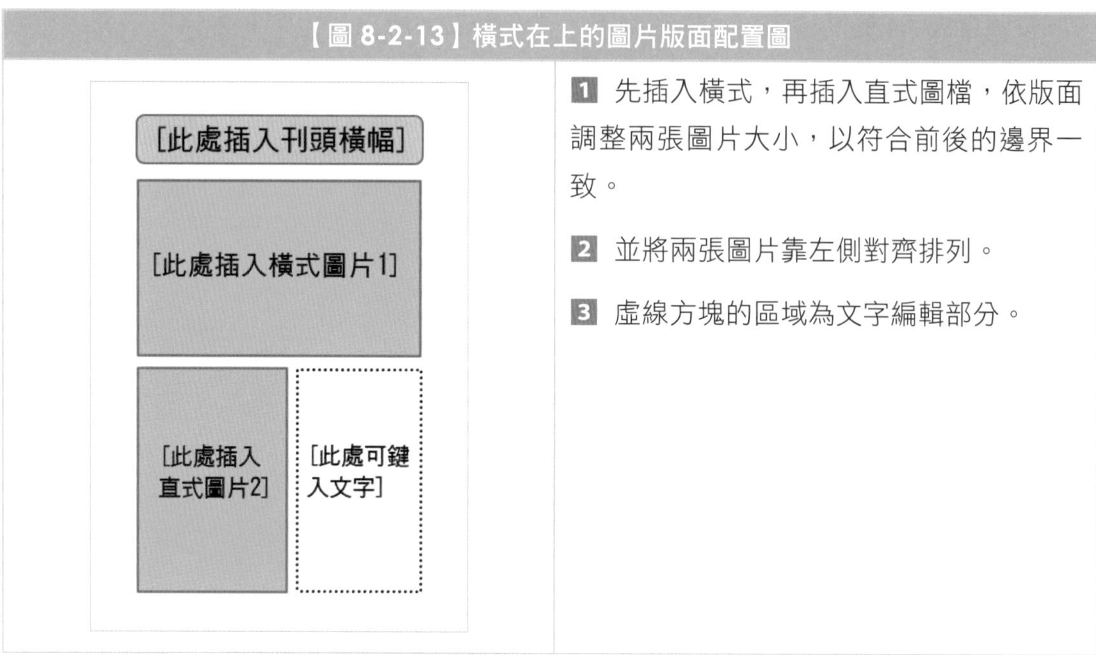

1 先插入橫式，再插入直式圖檔，依版面調整兩張圖片大小，以符合前後的邊界一致。

2 並將兩張圖片靠左側對齊排列。

3 虛線方塊的區域為文字編輯部分。

利用【圖 8-2-14】的版面配置，可以設計出【圖 8-2-14】的證明書版面，在【圖 8-2-14】之中的直式結業證明書圖片是版面中的重點，而橫式的受訓內容圖片為輔，符合閱讀的動線，讓閱讀的審查委員可以一眼看到考生的重點，也可以從橫式的補充圖片中獲得相關的訊息，增添專業的說服力。

【圖 8-2-14】直式在上的圖片編排範例

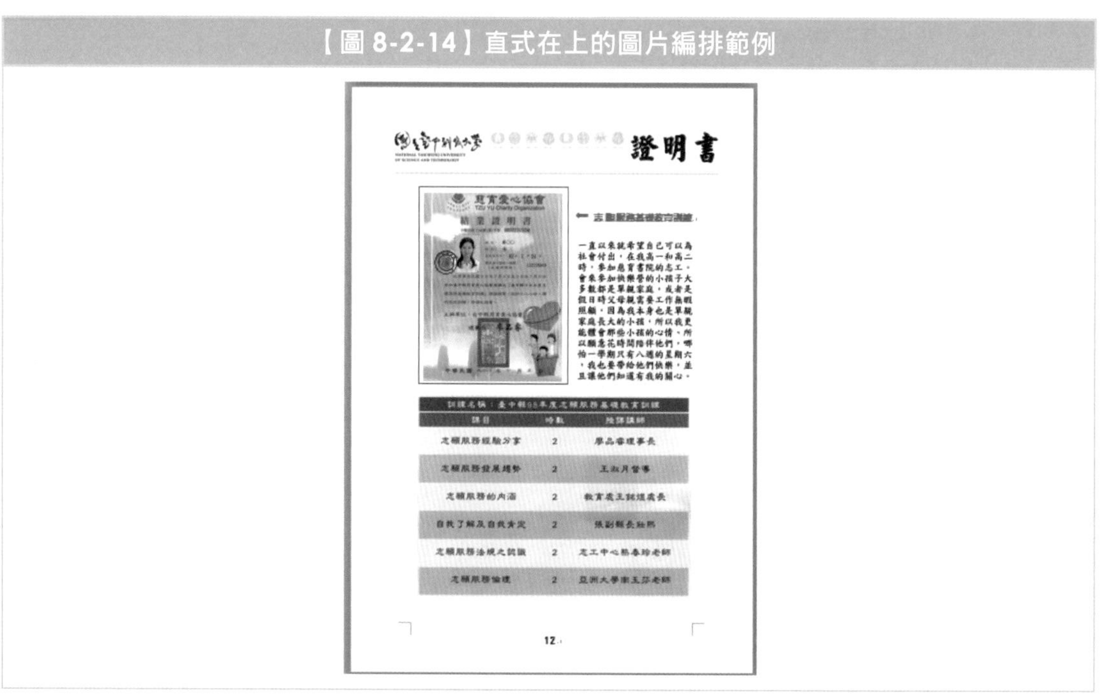

證明書

慈育愛心協會

TZU YU Charity Organization

結業證明書

← 志願服務基礎教育訓練

一直以來就希望自己可以為社會付出，在我高一和高二時，參加慈育書院的志工。會來參加快樂營的小孩子大多數都是單親家庭，或者是假日時父母親需要工作無暇照顧，因為我本身也是單親家庭長大的小孩，所以我更能體會那些小孩的心情，所以願意花時間陪伴他們，哪怕一學期只有八週的星期六，我也要帶給他們快樂，並且讓他們知道有我的關心。

訓課名稱：臺中縣98年度志願服務基礎教育訓練		
課目	時數	授課講師
志願服務經驗分享	2	廖品睿理事長
志願服務發展趨勢	2	王淑月督導
志願服務的內涵	2	教育處王銘煌處長
自我了解及自我肯定	2	張副縣長敏郎
志願服務法規之認識	2	志工中心縣春玲老師
志願服務倫理	2	亞洲大學謝玉芬老師

12

按照直式 A4 的閱讀流線，從上到下，從左到右，所以在【圖 8-2-14】中閱讀重點是上方的靠左直式圖片，而【圖 8-2-15】的閱讀重點也會放在上方的靠左橫式圖片。所以同學可以掌握圖片的內容，決定要採取直式在上，還是橫式在上。【圖 8-2-15】有兩份證明書，一張中文、一張英文，以中文的內容最為清楚時，便可以選擇以中文證明書為重點的編排。

【圖 8-2-15】橫式在上的圖片編排範例

8-3 專題、作品與成果「拼」未來

雖然，大部分的學生都沒有設計相關的背景，但是每個人閱讀時，仍會因為版面配置得當、設計得宜，而感受到美，因此美觀的審查資料更能幫助閱讀，也才能真正的成為一份有利的上榜輔助工具。

先前我們已經談論過純直式或是純橫式的版面配置，因為整齊的擺放，簡單俐落，不過若是整份審查資料都是一樣的排版方式，卻也顯得過分呆板、無趣，為了使版面更有變化性和跳躍感，以圖片說故事的功力就得要靠適當的版面配置來達成，我們一樣先分析手頭上的資料是橫式還是直式，再將同性質的資料分類好，還有重要與較不重要的先後順序，接著我們就可以著手設計審查資料的呈現了。

1. 可以利用「●」、「▲」、「★」等實心的符號放置在說明文字的前方，更能有標示、提醒的作用。
2. 除了利用圖形符號之外，也可以改變字體的大小、字型、顏色，可以有畫龍點睛的效果。

實際上審查資料的排版方式是五花八門的，有些人如果只是放入大量的圖片，編排起來會像是畢業紀念冊，看起來雖然豐富，但是雜亂，找不到重點，自然也對升學沒有加分的作用。同學進行相關資料的編排，不一定要花俏，也不一定是寫了一大段的文字，就可以獲得審查委員的青睞。前提式，同學要能推銷自己、突顯自己，展現自己的企圖心，告訴委員們「我是最棒的，請錄取我！」。

「他山之石，可以攻錯」，這一節我們可以看到一些版面編排的設計，透過這些設計，同學可以學習到不同的版面配置，也可以學習到適合自己的方法，或是從中獲取靈感。

有些時候，想要呈現的圖片資料，也可以運用編輯的技巧，重新賦予生命，如【圖 8-3-1】，蝴蝶圖案原本是卡片封面，利用圖片的複製、旋轉、大小比例的排列，放置在同一個色塊的背景上，加上文字與圖塊，就可以成為展現創作能量的作品如【圖 8-3-2】。

【圖 8-3-1】自製的卡片照片

【圖 8-3-2】靈活運用圖片編輯軟體的編排範例

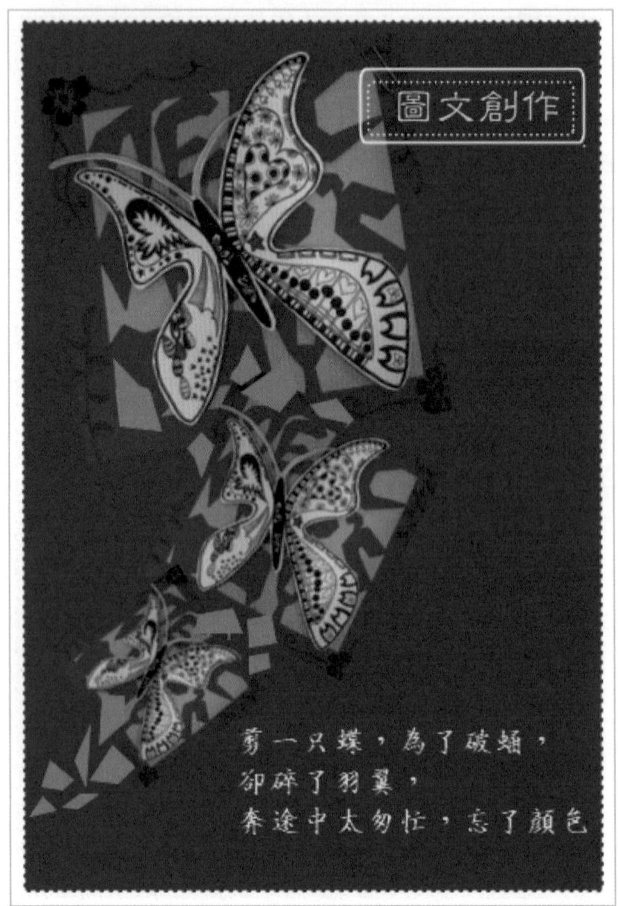

先前的章節我們已經學過基礎的版面配置，也學過文件處理的技巧，接下來，我們應該思考如何使自己的審查資料有令人耳目一新的感覺，【圖 8-3-3】未經任何編排的小論文圖檔，如果將小論文的作品直接編到審查資料中，會造成小論文的資料與其他資料沒有辦法形成一個系統，閱讀起來也會覺得突兀，而同學就要思考，放這張小論文內容的意義是什麼？

如果是強調文字運用能力的學系，或許整篇小論文放置在審查資料中有加分效果，如果是其他與小論文主題並不相干的學系，或許一張小論文獎狀，更勝小論文的內容圖片。假設，我們要在審查資料中放置小論文內容圖片，加入刊頭橫幅，是最快使得小論文與整本審查資料具有一致性的方法，像是【圖 8-3-4】，就可以立刻使得審查委員理解放入該圖片或文件的意義。

【圖 8-3-3】小論文圖檔

【圖 8-3-4】加入刊頭橫幅的小論文範例

1 在【圖 8-3-3】裡的編排，僅是插入一張小論文的圖片而已。

2 插入刊頭橫幅之後，立刻使得審查資料有一致的格式。

3 利用插入文字方塊，鍵入「小論文」，便可以讓審查委員一眼就明白你的重點。

在高中生涯中有很多的機會可以展現考生的能力，這些能力並不是只是為班上奉獻完心力就而已，付出的過程也可以拿出來作為審查資料的一部分，例如【圖 8-3-5】就是同學設計好的服裝樣式，但是放在審查資料之中，除了將圖案排列整齊之外，要如何展現班服的風格與設計是獨具匠心呢？這時候要思索的是，班服的目的是穿著身上，展現班級的風格，因此，搭配穿著班服的照片，會使得班服的樣式充滿生命力，如【圖 8-3-6】，就是利用同學穿著班服的表情，彰顯班服的設計感。

【圖 8-3-5】班服樣式設計

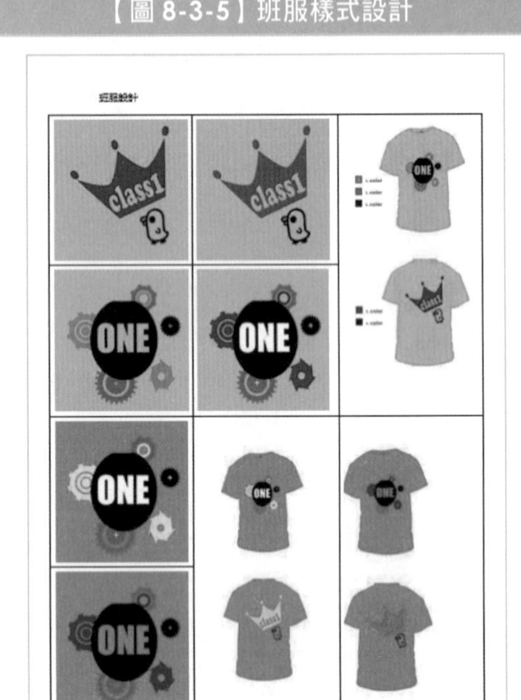

【圖 8-3-6】加入刊頭橫幅的小論文範例

專家小叮嚀

有些同學貪多，便在一頁的 A4 版面裡塞滿了一大堆的圖檔，這些圖檔本身沒有經過分類，特別是有些照片完全沒有辦法呈現重點，或是與同學自己訂的主題沒有關聯，倘若放了過多紛雜的圖檔，反而造成扣分，得不償失。因此建議同學將競賽的、活動的、研習的，個人的、團體的，有層次的將資料整理分類。記得懂得取捨、分類、突顯重點，才是審查資料勝負的加分關鍵。

有些時候只有圖片的堆砌，其實是看不出來這一頁審查資料的意義，以【圖 8-3-7】來說，我們只能看到有哪些實驗，但是為什麼要放入這些實驗課程的照片？目的是為了什麼？可能在 A 考生用了【圖 8-3-7】的審查資料，B 考生也一樣，那麼這頁的審查資料，就沒有推薦的獨特意義。

此外【圖 8-3-7】中還有一個問題，就是刊頭橫幅使用的圖片是一個鮮明的色塊，在編排的時候，會造成整體畫面不和諧，而【圖 8-3-8】修改了【圖 8-3-7】的缺點，先將刊頭橫幅換掉，將實驗課程字樣移到刊頭橫幅右側，將相似實驗的圖片放置在上下空間，使畫面呈現閱讀的流動性，中間放置考生的上課情況，剩餘的空間可以用來添加文字說明，在【圖 8-3-8】版面多了豐富性，也增加了審查資料的說服力。

【圖 8-3-7】實驗課程紀錄

【圖 8-3-8】實驗心得的編排範例

1 【圖 8-3-7】雖然有加入刊頭橫幅，但是圖塊的顏色太重，顯得不協調。

2 雖然將所有的實驗課程照片都排在一起，沒有文字說明會讓人不清楚意義何在。

3 試著將本頁的大標題放在右側上方，有作為標籤的效果。

4 放入有自己的照片，輔以說明，會使自己的資料更有說服力。

有些同學想在其他有利資料放上自己的專長，以【圖 8-3-9】來說，考生想要用自己做的甜點來展現自己，不過在【圖 8-3-9】裡，放置的兩份作品無法彰顯放在審查資料中的目的，也看不出來這個作品的製作歷程，因此沒有故事性，缺乏説明，因此完全沒有加分的效果，反而還會讓審查委員不懂，放這兩張照片的目的。

為了達成推薦自己的效果，所以得將【圖 8-3-9】的缺點，修正成為有利的資料，如【圖 8-3-10】，得先加入自己實作的歷程照片，並加入自己的實作心得，以及強調自己放置這份資料的目的，那麼手作烘焙的能力就會成為推薦自己的有利資料。

【圖 8-3-9】手作烘焙的成果

手做糕點

乳酪蛋糕

核桃塔派

【圖 8-3-10】手作烘焙的編排範例

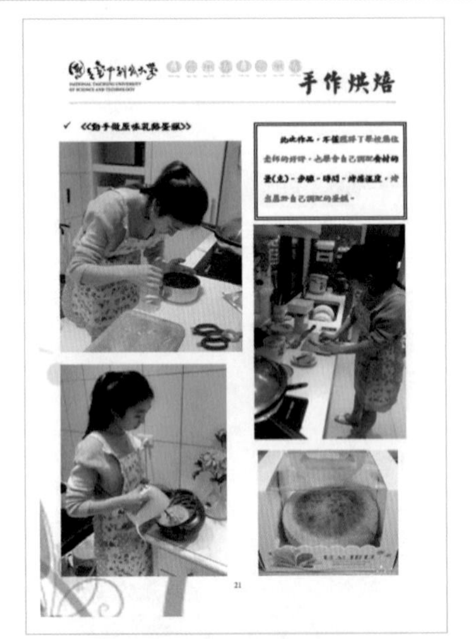

Q&A 如果我沒有獎狀、證明書，在有利資料裡我可以放哪些成果？

以【圖 8-3-9】來說，如果申請者對烘焙很有興趣，卻沒有機會參加烘焙的證照考試，在審查資料裡放入自己製作的烘焙蛋糕、點心，確實是可以作為輔助專長興趣的佐證。有些高中的同學，本身沒有學習過設計的課程，但是靠著自修或是天賦的敏感度，可能會展現在班服製作、教室布置、報告封面、海報、卡片、美術作品等，皆可以提出來當作是自己的資料，不過仍需要加入適度的説明，才可以發揮效果。

另外還有一個常見的錯誤，就是考生喜歡在審查資料中放置班級的大合照，舉凡校外教學、畢業旅行、社團活動、運動會…等，但是這些照片放在一起的堆疊結果，其實是無法襯托考生的特殊性以及貢獻度，所以審查委員也無法從這堆照片中去衡量考生的能力。

相較於【圖 8-3-11】，在【圖 8-3-12】之中，刊頭橫幅可以使整個頁面具有一致性，照片的選擇也比較能夠呈現考生投入活動企劃中的表現，更可以看出領導團隊的能力，此外影片的截圖，可以加入說服力，最後的文字說明，會使閱讀的審查委員一眼明白，這一頁的審查資料中考生所要傳達的意義。

【圖 8-3-11】照片堆疊的成果	【圖 8-3-12】學生會活動企劃編排範例
❶ • 班級活動 ✓ 《運動會》 ❷	

1. 審查資料放入班級活動和運動會的標題文字，看不出來申請者要表達的意義。
2. 放入四張運動會的照片，沒有說明，審查委員看不出來這裡想要呈現的成果是什麼。
3. 標題的「活動企劃」會讓審查委員明白這裡要展現的是你的企劃能力。
4. 新聞報導截圖與相關的活動照片之間的關聯，可以利用文字來說明。

一般而言，同學如果可以清楚明確的將自己的有利資料一一呈現，就已經算是一份具有加分效果的審查資料，如【圖 8-3-13】，有圖片和文字彼此搭配，就應該可以強調資料的重點，但是，這是一份強調自己會花上額外的時間學習外語，既然是展現外語能力的時候，就必須將自己的能力也一併放入審查資料當中，像是刊頭橫幅中就要將中文的標題改成英語，而參與心得和看法也可以嘗試用英語表現出來，另外也思考到，夏令營其實是有很多的活動所組成的，因此，將自己的心得放在中央，將活動照片環繞在文字旁，也可以產生聚焦的效果，如【圖 8-3-14】。

【圖 8-3-13】參與夏令營的審查資料

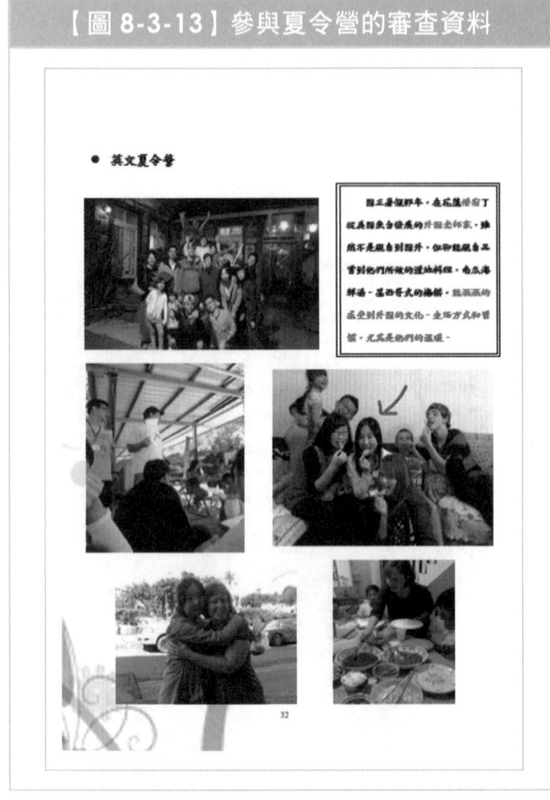

【圖 8-3-14】加入美編的審查資料

常常可以看到同學將手上的資料放在審查資料中，但是審查資料的內容未經編排，可能只有一個標題就帶過去，實在是無法彰顯這份資料的重要性，如【圖 8-3-15】，如果想要呈現它的可信度，就要將自己進行簡報比賽的照片貼上，如果有證明書更好，但如果沒有，也可以嘗試將歷程展現出來，使委員從審查資料中閱讀出整個比賽的歷程，如此考生的簡報力，也就不容置喙，如【圖 8-3-16】。

【圖 8-3-15】簡報檔直接排列　【圖 8-3-16】歷程性的審查資料

⊙ 重點整理 Smart 學習

1. 每張 A4 的版面可以視內容性質決定要放入幾張圖片。
2. 透過編排與美編可以使得整份審查資料更加美觀有系統，也更能幫助閱讀。
3. 沒有掃描器時，可以利用手機的 app 來輔助。
4. 刊頭橫幅可以將不同的頁面串連在一起，展現整份文件的一致性。
5. 分析完圖檔的性質，可依據橫式、直式，作版面的配置。
6. 有利資料的排版，可以加以文字進行內容的輔助說明。
7. 審查資料的編排與設計可以看出製作者的邏輯概念和電腦文書能力。
8. 橫式的排版方式與直式的排版方式在空間的運用上是完全不同。
9. 審查資料是直式的 A4 的版面，閱讀流線是從上到下，從左到右。
10. 可以利用實心的符號，或是改變字體的大小、字型、顏色，具有提醒和標示的作用。

作業練功坊

一、是非題（請將正確的敘述於（ ）內打「○」，錯誤的敘述打「×」）

1. (　) 每頁審查資料，放入越多的圖片越好。
2. (　) 有利審查資料的內容，以詳實為主，無須美編。
3. (　) 獎狀的圖檔只能用掃描的方式取得。
4. (　) 圖片輔以文字說明是常見的有利審查資料形式。
5. (　) 證件照最佳的處理方式是用相機或手機拍照取得。

二、選擇題

1. (　) 以下何者較不適合放入審查資料中？
   (A) 演講比賽獎狀 (B) 小論文文字稿 (C) 上台表演的照片 (D) 運動會大合照。
2. (　) 若想在成績單上標示可以怎麼做？
   (A) 使用繪圖軟體　(B) 先在紙本上劃記後再掃描
   (C) 使用 WORD 的功能　(D) 以上皆是。
3. (　) 編排其他有利資料時，可以怎麼做？
   (A) 塗改獎狀上的內容　(B) 插入刊頭橫幅
   (C) 使用同學的獲獎資料　(D) 將自己的名字馬賽克，保護個資。
4. (　) 以下說明何者錯誤？
   (A) 審查資料是直式的 A4 的版面，閱讀流線是從左到右，從上到下
   (B) 可依據圖檔的橫式、直式形式，作版面的配置
   (C) 刊頭橫幅可以將不同的頁面串連在一起
   (D) 橫式與直式的排版方式在空間的運用是完全不同的。
5. (　) 如果我們要將四張以上的圖片排列在同一張直式 A4，採取下列何種方式的排版最合宜呢？
   (A) 證照可以縮到看不到文字內容
   (B) 無論直式、橫式的圖片，寬長比例應固定
   (C) 以資料的重要性編排，新聞稿優於照片
   (D) 團體照中，人數多的優於人數少的。

三、實作題

請開啟 CH8 的光碟附檔，利用「刊頭橫幅 001.tif」和「成績單 002.tif」，完成【圖 8-1-3】的版面編排。

紙本審查不用愁

俗話說的好：「包裝，是產品行銷的戰力。」因此，相對於審查資料的激烈競爭之下，如果不能吸引審查委員的青睞，即使你具有極優秀的才能，也有「明珠蒙塵」可能。因此，當然不能等閒視之。即便是現今評分方式多採以「線上電子書審」為主，但仍有些許學校要求審查資料需「列印寄送」！因此，除了詳細閱讀各校系簡章需求外，也不能不知道紙本審查的技巧與小撇步唷！

9-1 印刷成冊小技巧

包裝最重視「創意」的發想。因此，如何用包裝來提升資料質感，進而襯托出資料的豐富內容，才是包裝的首要考慮要點。所以，本章無法告訴你什麼樣的包裝樣式才是最佳表現，但藉由以下各項目的提醒與建議，絕對能使你用心製作的審查資料，在「紙本」呈現上能更加出類拔萃、引人入勝唷！

9-1-1 翻拍掃描有一套

在審查資料中，為了有效證明自己「絕非虛言」，而且並非「老王賣瓜」，又或者是獎狀、證照、參賽資料等等「證明項目」，都一定要使用到「圖片」。因此，如何將這些稍縱即逝的「歷史見證」妥善收集與保留，則是製作過程中非常重要的關鍵。

現今隨著數位產品的發達，再加上手機功能大為提升之下，想要透過「鏡頭」來紀錄生活中的人事物，也顯得便利許多。所以，不論是運動會、校慶等等比賽，還是郊遊踏青、戶外教學等等活動，甚至於自己有興趣、想要留下來將來回味等等人事物……都千萬別吝嗇隨手記錄、拍下，就算是將來在審查資料中沒有任何「用武之處」，但也能成為記憶的一部分、一段關係的永存留念，何樂而不為？

但是，如果是「數位化」資料，藉由讀取方式就可以運用自如；但如果是字畫、獎狀、獎盃、獎牌等等物件，除了重拍、翻拍與掃描之外之外，沒有其他方法！那要如何翻拍效果優良的老照片呢？請你跟我這樣做：

【前置作業】

- 使用器材：數位相機、紙膠帶、紙盒、一些書本（取代「三腳架」）。
- 盡可能的將被拍攝物品壓平，並保持工作抬面（桌面或地板等）的平整性。
- 拍照地點最好選擇戶外或明亮處。千萬不要使用鎢絲燈泡（黃光燈源），以免產生眩光與照度不足的情況。

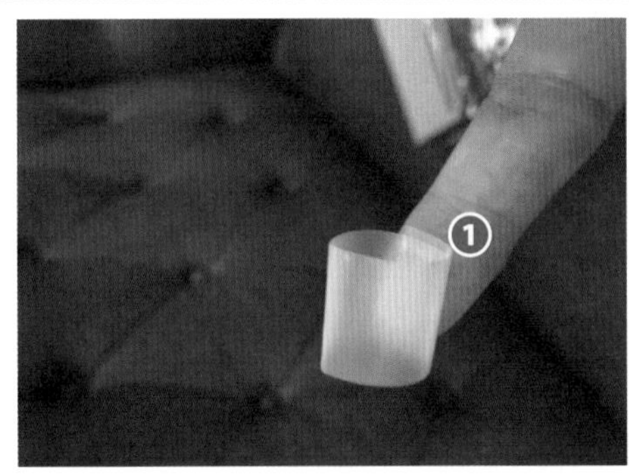	**1** 將紙膠帶反貼成「環狀」(變成「O」字)。
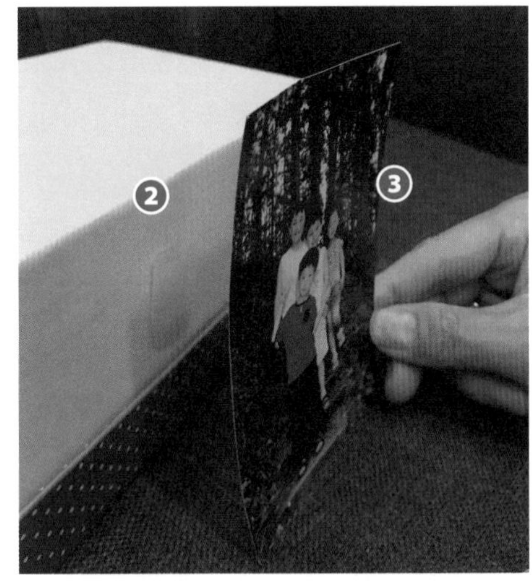	**2** 將環狀膠帶黏在紙盒上，用來固定照片。 **3** 照片要 90 度直立放置，才能避免上方的燈光反射。
 	**4** 用書本將相機墊高，讓鏡頭與照片中心點平行。 **5** 關掉閃光燈，照片圖案儘量佈滿整個視窗，並使用「近拍模式」，將相機調整到 ISO200 以下，白平衡也設為自動。需特別留意是否產生反光。 **6** 為避免太過用力而使相機晃動失焦，請盡量使用「自拍模式」，才能輕鬆翻拍完成作品唷！

理論上來說：只要依據上述五步驟，就能翻拍出清晰的作品。然而，如果因為環境或工具的差異，那又要如何克服「陰影」與「反光」這兩大翻拍問題呢？以下提供幾個「好方法」給大家參考一下：

1. 如有污漬或發黃的老照片，可在掃描後利用 Word 2010【圖片工具 - 格式】之「重新著色」工具，依據污漬顏色，調整成相同色彩的圖片。
2. 有時紙張若太薄，而將背面字跡透過來，只要在背面襯上一頁「黑紙」(而不是墊上「白紙」唷！) 就能輕鬆解決。
3. 如果翻拍的物件因不夠平整而導致反光嚴重，又無棚燈設備或機頂閃光燈，你可以試著將相機「倒過來」反著拍，會有意想不到的效果喔！

因為翻拍的問題複雜且繁多，除非不得已，非常「不建議」使用翻拍方式進行處理。如果是「文件類」資料 (例如：獎狀、證照、字畫、照片等等)，請直接以「掃描」的方式處理，最為妥當！如果是獎盃或獎牌這類「立體」物件，最好還是盡量在「第一時間」(頒獎當下)，立刻拍下這「光榮的時刻」，絕對會有最美的笑容與最佳的氛圍加以佐證喔！

然而，看似簡單的掃描動作，仍有一些不可忽視的「眉角」要留意：

1. 掃描器表面一定要保持潔淨、無灰塵。最好在掃描前用無塵布沾清潔液將面板擦拭乾淨，以免指紋或灰塵等污漬掃進圖像檔案中。
2. 要掃描的圖片，最好選擇乾淨、平整且未受損的為佳。如果有折痕、刮痕或是破損缺角者，請忍痛捨棄！因為即使使用再高辨識率的掃描器，仍不會有多大改善，建議換一張圖片比較實在。
3. 最好使用原始、最初、一開始的「原樣」圖片。因為只要經過掃描處理，就一定會「失真」！所以要避免使用已經經過影像軟體修正後的圖片。
4. 掃描完成後要盡快存檔，以免電腦無法承受大量暫存檔案，直接當機，得不償失！
5. 家中如果沒有掃描設備，可以到照相館或相片沖印店，甚至於「便利商店」中，都有此方便的服務喔！

總之，「翻拍」和「掃描」雖然都可以把佐證資料留存下來，但還是良心建議：直接使用掃描器，不僅操作方便，解析度與色彩效果也會比較好，值得推薦！

特別加碼

目前有一款免費 APP 軟體 Google Photo Scan，同時支援 Android 5.0 及 iOS 8.1 及之後的手機或平板，一般使用手機將文件將文件進行拍時，常會產生眩光及扭曲情形，這一款免費 AP 它不僅會自動偵測照片邊緣、自動旋轉來維持照片正確方向、校正照片中扭曲視角，甚至還會合成無眩光的部分，是一款非常強大的獨立掃描程式。重點是：它是「免費」的，所以值得推薦給大家使用！

9-1-2 裝訂技巧大攻略

為了「防止掉頁」與「便於翻閱」，即使只有二、三頁的文件，為了閱讀的便利性，都該加以裝訂。如果一份精心設計的審查資料，在裝訂上過於草率簡陋，就如同身穿名牌西裝，卻內搭白色汗衫般的不協調。所以，千萬不能隨性輕忽。

裝訂的方式有許多種，但依據裝訂資料的頁數、紙張厚度、摺法與攤平幅度等等因素考量下，就能從中選出最適合的方式。以下就幾種常見的裝訂方式與審查資料裝訂合適度，加以說明如下：

裝訂方式圖片	說明	審查資料裝訂合適度
免針釘書機 平針釘書機	【釘書機裝訂】：雖然便利，但美觀度較差，且容易脫落；另有「無針釘書機」可使用，雖然環保，但僅能裝訂 3-8 頁，且更易鬆脫，非常不建議使用！	有隨便輕忽之嫌，完全不建議

裝訂方式圖片	說明	審查資料裝訂合適度
	【使用資料夾】：此部分指的是內附透明袋可裝放資料的那一種。雖樣式頗多，但頁數固定，資料容易從開口處遺落，極不建議！	資料易散落，完全不建議
 鋼圈類 塑膠類	【活頁線圈裝】：將文件檢集成測、在接近書背約 0.5 公分處打孔上線圈就完成了。便於更換新資料與翻閱，但裝訂成本較高，較適合桌曆、工商日誌等特定書刊裝訂。	若資料最後仍須寄送至報考學校，使用時建議以「塑膠線圈」為佳，較能降低郵資費用
	【軌道夾】：又稱活頁夾、撥撥夾、塑膠 QQ 夾，就是活頁夾去掉 PE 封面，剩下來的塑膠螺旋部分。雖然可以隨意增添與更改頁數，但除非你的審查資料是直接寫在活頁紙上，否則仍須到裝印店打洞與製作封面，並沒有比較節省時間與費用唷！	需多一道「打孔」步驟，且無法自行處理，較不建議
	【膠裝】：利用熱溶膠將內頁與封面黏合的裝訂方式。裝訂作業快速，可 160 度攤開閱讀，費用約 40-50 元左右，強力推薦！	美觀、作業快速、價格低廉，強力推薦

裝訂方式圖片	說明	審查資料裝訂合適度
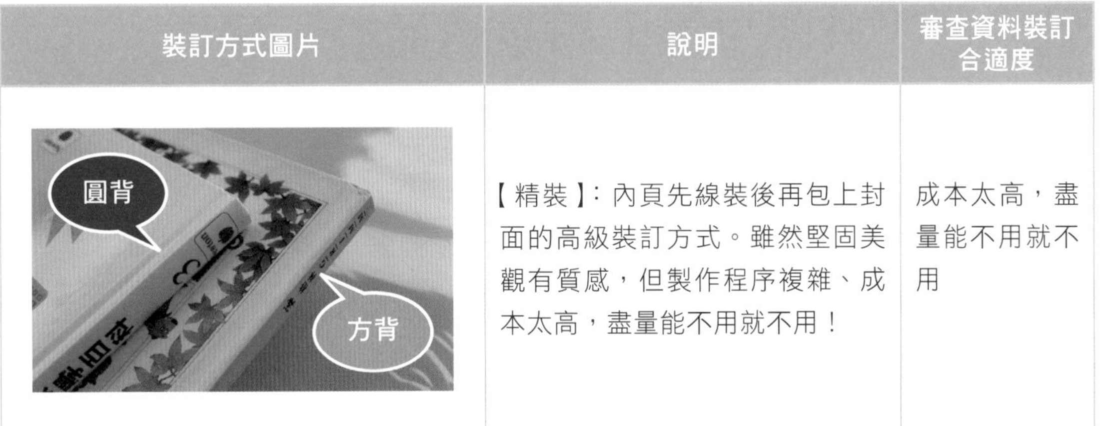	【精裝】：內頁先線裝後再包上封面的高級裝訂方式。雖然堅固美觀有質感，但製作程序複雜、成本太高，盡量能不用就不用！	成本太高，盡量能不用就不用

1. 針對審查資料的寄送部分，本章雖特別推薦「膠裝」與「塑膠線圈」兩種裝訂方式，但若頁數太少會導致書背太小，迫使製作難度變高且難看，請製作時宜多加留心注意。
2.「膠裝」時會多一道為了對齊而將四邊裁切的動作，所以整份資料一定要預留四邊留白，以供裁切唷！

特別加碼

裝訂首要條件就是資料的「順序」：如果報考校系有指定的順序要求，那就該以簡章上的說明為優先考量。如果沒有特意要求，通常內容是用以下順序排列著，請不要任意更動唷！

目錄 → 簡歷表 → 自傳 → 讀書計畫 → 其他佐證資料

9-1-3 臨門一腳「側標籤」

為了要讓審查委員輕易翻到他想看的內容，除了製作目錄、標上頁碼與「明確顯示出標題」的「分隔頁」之外，如果還能附上「側標籤」，那就更完備了！而一般坊間書局能買到的側標籤有兩種材質，以下就其優劣加以比較：

⊙「索引片」和「分類片」的超級比一比

	索引片（紙製）	分類片（塑膠）
圖示		
購買便利度	非常便利 ★★★★★	有些困難★★
售價	可愛價約 20 元★★★★★	高貴價約 35 元★★
尺寸規格	多樣選擇★★★★★	兩種規格★ （1cm×3cm、1cm×5cm）
內含片數	較多★★★	二十片★★
顏色	多種或單色★★★★★	五種★★
使用效果	僅索引功能★	索引與美觀兼具★★★★★
購買建議	經費節省，方便購買	經費較多，需事先購買
備註	1. 「★」代表程度，最優為五顆「★★★★★」 2. 此處的塑膠側標為盒裝單面貼黏型 3. 一般而言，分類片多使用（1cm×5cm）規格	

1. 有些影印店或印刷裝訂公司能代訂塑膠分類片，列印裝訂時，不妨可以問問看。
2. 真的找不到塑膠分類片時，仍建議使用紙質較厚、可外貼保護膜的產品，且內容文字也最好用 Word 列印後再貼上，絕對比「手寫」美觀喔！

9-2 魔鬼藏在細節裡 - 如何製作三折頁？

初次人與人面對溝通時，「名片」扮演著非常重要的形象大使；而同學們面臨各校系個人申請的「口面試」委員時，如果有一份「小而美」的資料，能讓審查委員以最快速的方式瞭解你，那就非「三折頁」不可了！

事實上，面對總數不多、不方便裝訂且需一目了然的情況下，「折頁」絕對是個非常棒的選擇。所謂的「宣傳折頁」當然不止「三折頁」一種方式，也有二折、四折、五折、六折等多種樣式。然而在口面試 10-20 分鐘之內，太多、太繁瑣的資料，不僅看不完，更會因排版問題產生閱讀不適，反而會適得其反，所以本書仍以「三折頁」為示範範例。

9-2-1 資料內容

一份使用簡短有力的文字加圖片的三折頁，不僅能有效突顯自己的優勢和長才之外，更能展現濃縮的歸納能力，是推銷自我的好媒材，甚至還能引導口面試委員提問與交談的內容，等同於「主場易位」，更是個不容忽視的好方法。所以，一定要盡可能的使用它。

既然製作三折頁的目的是為了方便口面試委員能「一目了然」的認識你，甚至從中問出你已經準備好的問題，如果你給了太多繁雜、不必要的資訊，那就會出現兩種結果：一是找不到「重點」所在，一是導致字體與圖片太小，形成閱讀不易，甚至直接捨棄不看的情況，反倒是失去了三折頁的意義。因此，製作的內容，一定要好好深思熟慮、進行規劃才行。

那……要如何規劃專屬於自己的三折頁內容呢？

一般而言，三折頁因為有兩種「折法」(「內折法」與「順序法」)，所以內容安排當然也會不太一樣；而且尺寸大多為 A4 大小，所以設計前建議先拿一張 A4 的白紙，先折成三折頁的樣子，並確認頁面的順序是否如下圖所示：

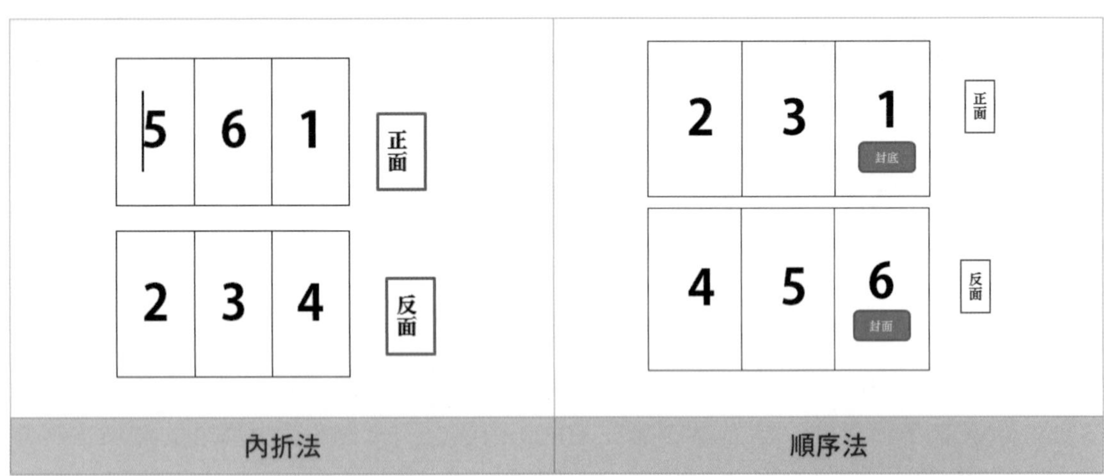

然後審慎分析自己的強項之後，再用鉛筆打草稿。因為人對於圖片的吸引度比文字多很多，所以照片或圖片大多是第一眼留意的地方，也是口面試委員問你問題機率最大的地方，委員們大多會先看完圖片後，才去看內容的文字敘述，所以大家可以挑幾個特別突出的照片，並根據以下的版面建議，加以使用與設計，其餘的再依備審資料內容精簡擺放即可。

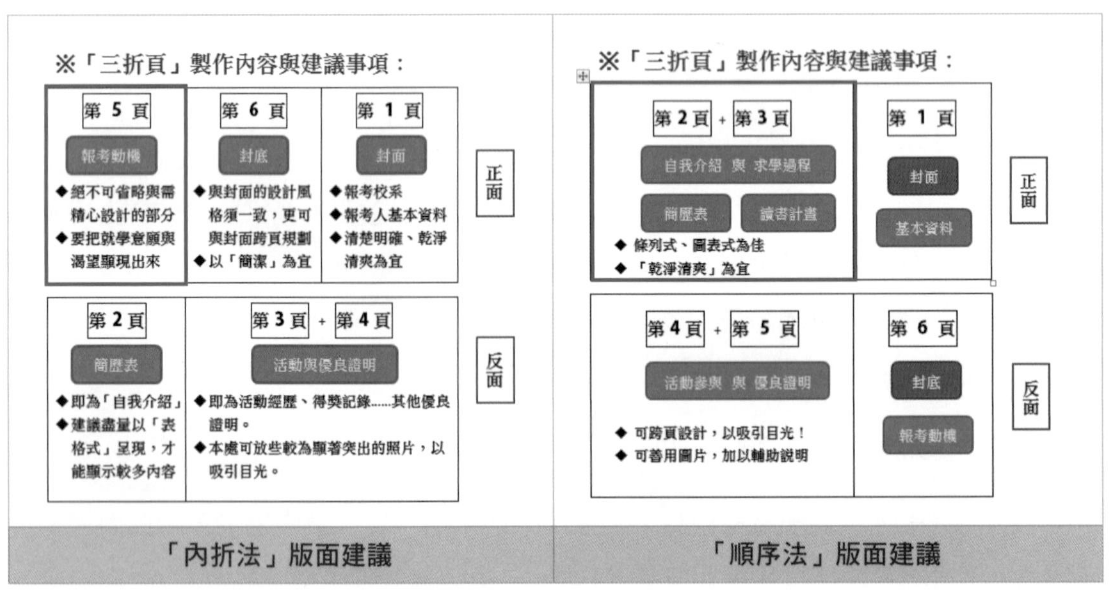

根據筆者探究與尋訪多位擔任審查的大學教授們，結果發現：最佳的三折頁內容大略可分為以下幾類：

1. **自我介紹或自傳、簡歷（基本資料）**
2. **報考動機（選擇理由）**
3. **讀書計畫**
4. **活動經歷**
5. **得獎記錄或優良證明**
6. **自我期許或其他**

其中，「報考動機」與「優良證明」應該是最重要的部分，宜多加論述；而「活動經歷」與「得獎記錄」則可以使用「條列」方式呈現，較為簡潔；「自我介紹」就不用將國小畢業學校、居住地址或家中排行等等較零碎、放了也不會加分的的資料製作進去，反而可以多些貼近報考校系要求的「自我分析」部分（例如：人格特質），讓審查委員更加青睞唷！

事實上，三折頁只是「備而不用」、輔助口面試的工具，不一定屬於必備的資料，千萬不要以「因為別人都有做，所以我也要準備」的心態虛應了事，反而白費功夫，成了扣分的理由，那就得不償失了！那倒不如不要做，節省自己和別人的時間與荷包吧！

專家小叮嚀

做三折頁之前，務必一定要先分析自己的強項之後，再規劃在最有利的頁數裡。其中，強烈建議將「最重要」的部分，安排在封面打開一眼就看得到的地方（內折法「第 5 頁」、順序法「第 2-3 頁」）部分，較為引人注目喔！

9-2-2 製作方式

事實上，在 Word 2010 內建的功能中，早就有許多「可用版本」可供選擇。其中，就連「三折頁」也可多種樣式可供使用喔！那……要如何執行呢？

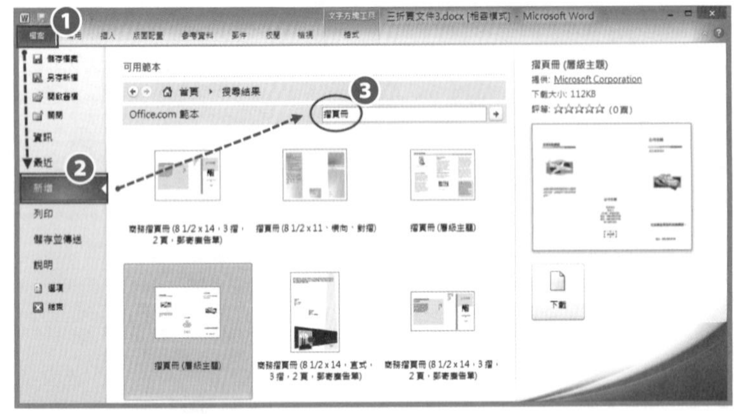

1 在 Word 2010 上方【工具列】中選取【檔案】頁籤。

2 再點選【新增】項目，就會在右側顯示對話視窗。

3 在【Office.com 範本】的搜尋欄中輸入「摺頁冊」，就會在下方呈現可供選擇的範本樣式，非常方便！

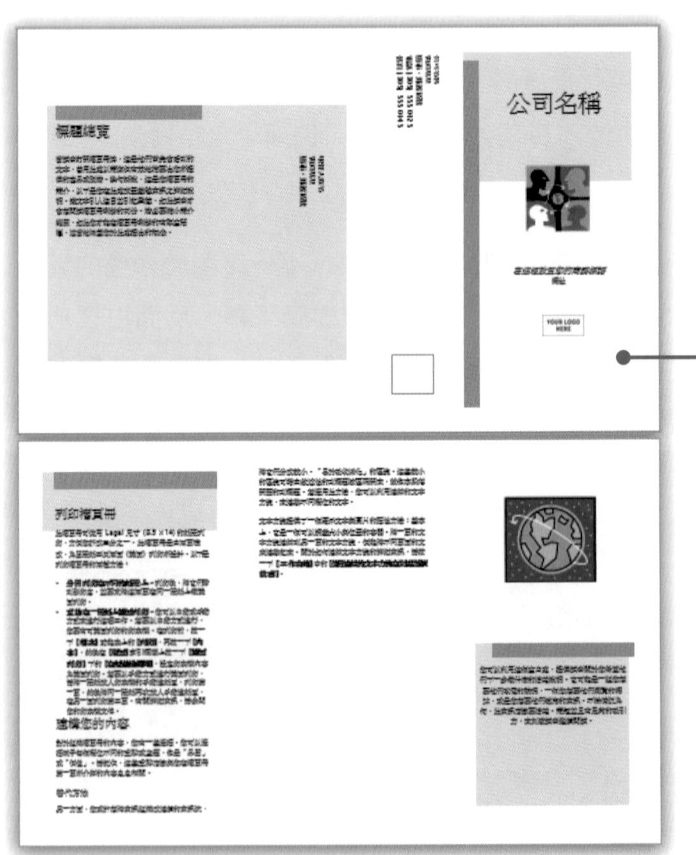

本範例為「商務摺頁冊」(8 1/2×14，三折，兩頁，郵寄廣告單)

專家小叮嚀

因為「摺頁冊」屬於線上支援系統，所以在【Office.com 範本】中搜尋時，一定要記得接上網路，才不會搜尋不到唷！

小試身手

請同學使用【Office.com 範本】中的「摺頁冊」版型與下列要求，幫柳時鎮設計一份報考「國防大學政治作戰學院政治學系國際關係組」的「三折頁」。(Word 三折頁作業檔 01.docx)

1. 版本為 A4 大小，三折樣式。
2. 依據 9-1-1 的「三折頁建議內容項目」進行內容設計。

學習重點：

1. 能使用「可用版本 - 摺頁冊」版型
2. 設計出應表現之特色內容
3. 插入圖案及文字
4. 去除文字框與文字框色塊

但是，如果覺得制式的設計不符合你的需求，那你也可以使用 Word 文件檔的方式，加以製作。那……有哪些步驟呢？

1 先建立一個「橫向」且「四周邊界均為 0」的 A4 空白文件檔。

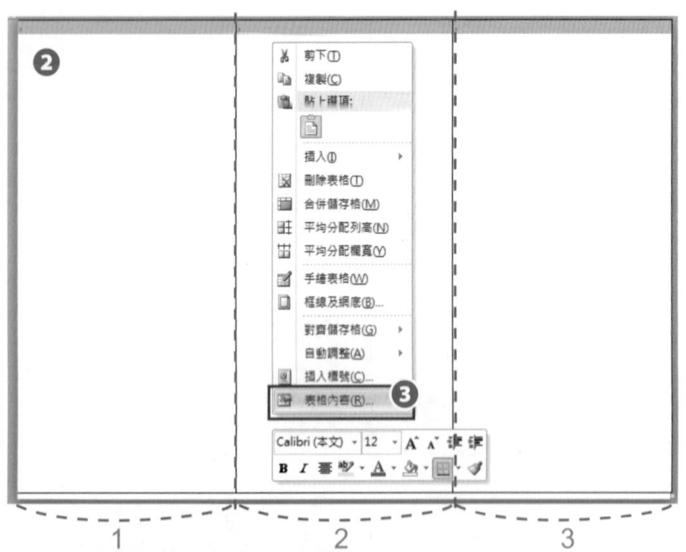

2 插入等分的欄位 3 列數 1 的表格，並將列高涵蓋整個頁面。

3 如果左右還有空隙空間，請選取整個表格之後，按滑鼠右鍵，並在對話框內，選取【表格內容 (R)】

4 在彈跳出來的【表格內容 (R)】對話框中，選取【選項 (O)】。

5 在出現的【表格選項】中，將「預設儲存格邊界」全部都改為「0 公分」。

6 結束後按下【確定】鍵，就會沒有邊界空隙了。

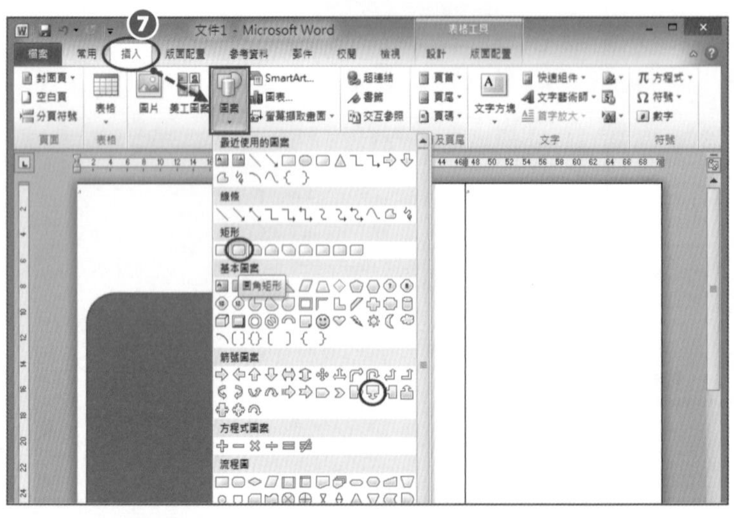

7 可以使用工具列【插入】頁籤的快取【圖案】，下拉式選單中有很多可供使用的圖形，可以製作色塊。（本範例使用「圓角矩形」與「向下箭頭圖說文字」兩圖案）

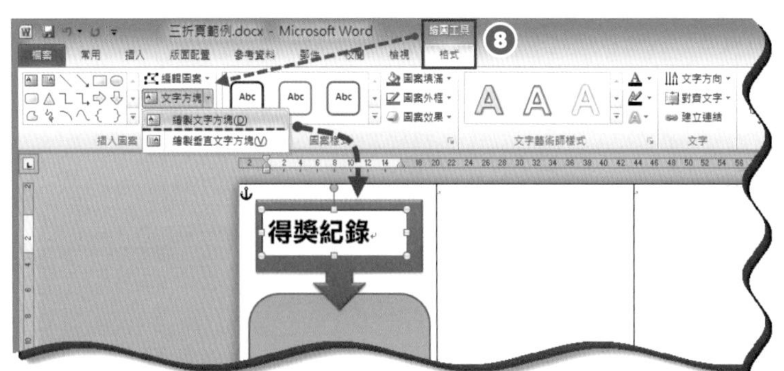

8 可藉由【繪圖工具-格式】頁籤，插入【文字方塊】，並藉由【常用】頁籤的選項，更改字型內容與大小。

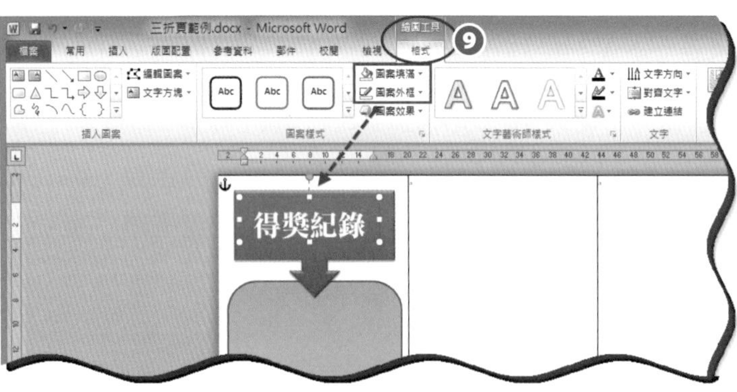

9 不過，畫出來的文字框有白底色，那要如何去除呢？只要點選文字框後，就會出現【繪圖工具-格式】頁籤，再將【圖案填滿】的下拉式選單選擇「無填滿」、再將【圖案外框】的下拉式選單選擇「無外框」，就能夠將白底去除了！

■「圖片說明」的文字框，也要用相同的技巧，才會顯得一致與美觀唷！

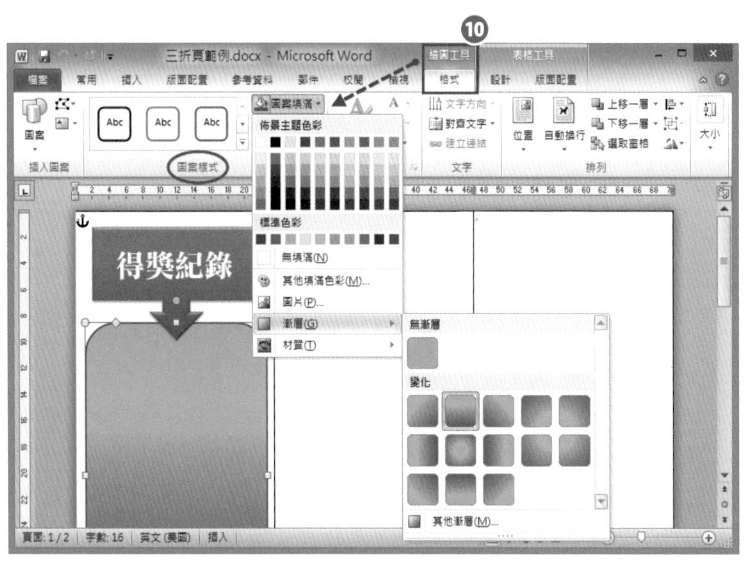

10 圖形色塊中的顏色，也可以藉由【圖案工具-格式】頁籤中的【圖案樣式】選單，進行設計唷！

1. 二折頁的重點是「文字」，圖片只是輔助說明，千萬不要因此讓比例失衡唷！
2. 內容呈現強烈建議以「條列式」與「圖表式」為佳，以求簡潔有力、一目瞭然。
3. 不要糾結在配色或顏色涵義上，建議使用「單一色調」即可，以免與圖片混雜，造成視覺紛亂。
4. 排版上不需拘泥於清楚區分為三等分，可運用不同的配色或圖片方式，進行「跨頁」安排，來增添閱讀趣味性。
5. 列印時，建議使用「相片紙」或 100 磅以上「磅數較重」的紙張，雷射雙面輸出，並需使用「上光」與「壓折線」……所以強烈建議最好直接至影印店處理製作即可。

小試身手

請同學使用 Word 文件檔的方式，並依照下列要求，幫周紫俞設計一份報考「國立台北教育大學 幼兒與家庭教育學系」的「三折頁」。

1. 版本為 A4 大小，「內折法」樣式。
2. 需使用該校系網頁橫幅、校徽與親子牽手圖片一張。
3. 內容必須包含：「報考動機」、「活動經歷」與「個人簡歷」三大項目。

學習重點：

1. 使用 Word 文件檔製作成品
2. 符合作業各項要求

作業練功坊

一、是非題（請將正確的敘述於（ ）內打「○」，錯誤的敘述打「×」）

1. (　) 掃描成果的好壞，最大的影響因素是資料的品質，而非掃描機的機型。
2. (　) 如果想把獎狀儲存於檔案中，「翻拍」是最好的方式。
3. (　) 本書的裝訂方式是屬於「膠裝」。
4. (　) 為了避免審查資料寄送時有所受損，如果買不到塑膠分類片，側標籤是可以被省略的。
5. (　) 若在書局買不到側標籤，可以到影印裝訂店詢問一下。

二、選擇題

1. (　) 下列何者是本書作者最不建議審查資料裝訂方式？
   (A) 精裝 (B) 活頁線圈裝 (C) 膠裝 (D) 資料夾。
2. (　) 金所炫想要製作「能隨時增添，又不易脱落」的專屬上課筆記本，請問：哪一種裝訂方式可以符合他的要求呢？
   (A) 精裝 (B) 膠裝 (C) 活頁夾 (D) 活頁線圈裝。
3. (　) 下列何者是呈現獎盃的最佳記錄方式？
   (A) 掃描 (B) 翻拍 (C) 直接帶去現場展示 (D) 第一時間的頒獎照片記錄。
4. (　) 下列何者非目前「多功能事務機」所具備的功能？
   (A) 傳真 (B) 掃描 (C) 列印 (D) 打電話。
5. (　) 下列何者最不可能是影響翻拍的問題之一？
   (A) 是否為原樣照片 (B) 光源分布 (C) 照相機種及畫素 (D) 人為操作因素。

超級 Power 推薦函

推薦函和其他審查資料最大不同的地方，就是書寫對象。雖然書寫對象是推薦者，同學只要能夠掌握訣竅，一樣可以從這份推薦函中獲得助力。

首先，我們先來思考審查資料中對推薦函的要求，分析一下歷年來的簡章，就可以得知不是所有的系所都需要準備推薦函，因此高一高二的同學可以從歷年的簡章內容推知自己理想的科系是否需要書寫推薦函，而高三的同學在報名第一階段的時候，也會從簡章中得知自己是否需要準備，當然也有部分的校系，並沒有在簡章上要求，卻是在第一階段錄取之後，在所寄發的資料袋中要求，而線上書審的上傳 17 項目中，並沒有單獨一項為推薦函，此外，有些科系要求推薦函需要以紙本方式親自彌封送寄，無論推薦函的傳遞方式，都是有必要去了解它的產出，使它成為上榜的助力。

▼ 國立臺灣大學物理學系

國立臺灣大學 物理學系		學測、英聽篩選方式 第一階段			甄選總成績採計方式及佔總成績比例 第二階段					甄選總成績同分參酌之順序
		科目	檢定	篩選倍率	學測成績採計方式	佔甄選總成績比例	指定項目	檢定	佔甄選總成績比例	
校系代碼	001102	國文	前標	--	--	0%	審查資料	--	40%	一、物理筆試 二、數學筆試 三、審查資料 四、學科能力測驗成績
招生名額	32	英文	前標	--	--		物理筆試	--	35%	
性別要求	無	數學	--	3	--		數學筆試	--	25%	
預計甄試人數	96	社會	均標	--	--					
原住民外加名額	無	自然	--	6	--					
離島外加名額	2	總級分	--	--	--					
指定項目甄試費	1500	英聽	--	--	--					

寄發(或公告)指定項目甄試通知	104.3.27	指定項目內容：審查資料	項目：高中(職)在校成績證明 50 %、自傳(學生自述) 15 %、小論文(短文) 15 %、其他(資料內容詳如說明) 20% 說明：1.自傳須含申請動機，限1000字。2.小論文：對21世紀物理發展的了解與心得，限1000字。3.其他：如成績證明附類組排名百分比供參考、獲獎紀錄、專利發明、科展、論文及著作、參與研究計畫、大考中心高中英聽測驗成績單、全民英檢、師長推薦函(由師長親自彌封後於截止日前直接郵寄本系，郵戳為憑)
繳交資料收件截止	104.3.30		
指定項目甄試日期	104.4.11		
榜示	104.4.27	指定項目內容：甄試說明	1.筆試時間：4月11日上午8:00-10:00物理筆試，10:20-12:20數學筆試。 2.筆試地點：校總區凝態科學研究中心與物理學館111教室。
甄選總成績複查截止	104.4.29		
離島外加名額縣市別限制		1名限澎湖縣、1名限金門縣	
備註		1.聯絡電話：(02)23627007。2.本系網址：http://www.phys.ntu.edu.tw。3.本系列備取生32名。4.通過第一階段篩選者，請務必於3月27日9:00起至http://reg.aca.ntu.edu.tw/104app.asp詳閱本校相關規定及繳費。	

師長推薦函（由師長親自彌封後於截止日前直接郵寄本系，郵戳為憑）

雖然審查資料為線上書審，但依據簡章的說明項目中，「師長推薦函」是屬於必須郵寄的書面審查資料，因此同學無須上傳此項審查資料，但是必須彌封寄至該系所。

▼ 國立臺灣大學圖書資訊學系

國立臺灣大學 圖書資訊學系		學測、英聽篩選方式 第一階段			甄選總成績採計方式及佔總成績比例 第二階段					甄選總成績同分參酌之順序
		科目	檢定	篩選倍率	學測成績採計方式	佔甄選總成績比例	指定項目	檢定	佔甄選總成績比例	
校系代碼	001062	國文	前標	5	*1.50	50%	審查資料	--	20%	一、英文學科能力測驗 二、學科能力測驗總級分 三、口試
招生名額	19	英文	前標	6	*1.50		口試	--	30%	
性別要求	無	數學	均標	--	*1.00					
預計甄試人數	57	社會	均標	--	*1.00					
原住民外加名額	無	自然	均標	--	*1.00					
離島外加名額	2	總級分	--	3	--					
指定項目甄試費	1500	英聽	--	--	--					

寄發(或公告)指定項目甄試通知	104.3.27	指定項目內容：審查資料	項目：高中(職)在校成績證明 30 %、自傳(學生自述) 30 %、讀書計畫(含申請動機) 25 %、英語能力檢定證明 5 %、其他(其他有利審查資料) 10% 說明：1.勿附學測成績 2.英語能力檢定證明之種類及範圍不限 3.其他有利審查資料可包含幹部、社團、獲獎、競賽等表現資料，範圍限高中，請附附件總表 4.如有無法提供電子檔之資料，如師長推薦函(需彌封)，請於繳交截止日前(郵戳為憑)郵寄本系辦公室，並註明「繳交大學個人申請入學實體申請資料-學生姓名、編號」。
繳交資料收件截止	104.3.30		
指定項目甄試日期	104.4.11		
榜示	104.4.27	指定項目內容：甄試說明	1.口試時間：4月11日(六)。 2.考試地點及個人口試時間，請於4月8日(三)上午10:00起逕至本系網址查詢。
甄選總成績複查截止	104.4.29		
離島外加名額縣市別限制		1名限澎湖縣、1名限金門縣	
備註		1.聯絡電話：(02)33662952。2.本系網址：http://www.lis.ntu.edu.tw 3.本系列備取生10名。4.通過第一階段篩選者，請務必於3月27日9:00起至http://reg.aca.ntu.edu.tw/104app.asp詳閱本校相關規定及繳費。5.大考中心英語聽力測驗成績等可供審查之參考。	

如果有無法提供電子檔之資料，如師長推薦函（需彌封），請繳交截止日前（郵戳為憑）郵寄本系辦公室，並註明「繳交大學個人申請入學實體申請資料 - 學生姓名、編號」。

在該校系的審查資料的說明項中，師長推薦函屬於無法提供電子檔之資料，因此必須以實體申請資料，也就是紙本的形式，利用郵寄的方式寄至系所辦公室。而彌封的信封上必須要註記「繳交大學個人申請入學實體申請資料 - 學生姓名、編號」，以方便該系所辦理作業。

至於推薦函的格式並沒有統一制式的表格，某些系所會給考生電腦檔案的下載網址，要求考生依據檔案設定好的格式製作，有些系所則會給學生樣本，要求考生依據樣本的方式提供推薦函。因此推薦函的書寫方式也會依據這些規定而有所不同。無論是文字陳述的推薦函，或是評比方式的推薦函，同學只要遵循系所的規定與要求就好。

要求推薦函的系所，因為培育的人才目標不同，所以會藉由推薦函來考量考生的心理狀態，或是考生的服務態度，呈現考生的人格特質或是表現，審查委員甚至可以從推薦函中師長的陳述，對考生的評價進行全面的評估，因此推薦函可以作為輔助審核審查資料中所看不見的地方，所以推薦者的評價就是推薦函的價值。要求提供推薦函的系所，他們的目的就是要得到第三方公正的認同，因此推薦函的內容就必須以具體的事跡、表現來陳述，避免模稜兩可的含糊詞語，顯現推薦函的信度，即使簡章上註明不列入評分，同學仍然不可輕忽。

▼ 國立中央化學工程與材料工程學系

國立中央大學 化學工程與材料工程學系		學測、英聽篩選方式 第一階段			甄選總成績採計方式及佔總成績比例		第二階段			甄選總成績同分參酌之順序
		科目	檢定	篩選倍率	學測成績採計方式	佔甄選總成績比例	指定項目	檢定	佔甄選總成績比例	
校系代碼	016122	國文	均標	3	*1.50	50%	審查資料	--	20%	一、學科能力測驗總級分 二、數學學科能力測驗 三、自然學科能力測驗 四、英文學科能力測驗
招生名額	20	英文	前標	3	*1.50		面試	--	30%	
性別要求	無	數學	頂標	3	*1.50					
預計甄試人數	60	社會	--	--	*1.00					
原住民外加名額	1	自然	頂標	3	*1.50					
離島外加名額	無	總級分	--	--	--					
指定項目甄試費	1000	英聽	--	--	--					
寄發(或公告)指定項目甄試通知	104.3.26	指定項目內容	審查資料	項目：高中(職)在校成績證明、自傳(學生自述)、讀書計畫(含申請動機)、英語能力檢定證明、其他(師長推薦函一封) 說明：1.師長推薦函不列入評分(需請推薦師長彌封)，僅供審查委員參考。考生請於3月31日前（以郵戳為憑），另行郵寄至本系。2.英語能力檢定證明無則免附。						
繳交資料收件截止	104.3.31									
指定項目甄試日期	104.4.11									
榜示	104.4.24		甄試說明	1.面試在評量學生的語言表達能力、反應思辨能力以及本系相關知識等。 2.低收入戶考生參加本系指定項目甄試其成績加分5%，考生請於104年3月31日前將低收入戶證明傳真(03-4252296)至本系，傳真後請務必來電確認。						
甄選總成績複查截止	104.4.29									
離島外加名額縣市別限制		(無)								
備註		本系結合化工與材料之核心與應用課程，培育學生兼具兩學門之知識與能力。歡迎對電子材料、能源材料、奈米科技、生物科技及觸媒工程等方面學術領域有興趣之學生參與甄試。本系網址：http://www.cme.ncu.edu.tw。電話：03-4227151轉34200。								

師長推薦函不列入評分（需推薦師長彌封），僅供審查委員參考。

簡章上註明師長推薦函必須由師長彌封，同時必須在指定的期限前寄至該系所，雖不列入評分，仍為審查委員參考使用，同學還是得認真準備。

因為推薦函必須由推薦者書寫，同學得須找到一位適合的推薦者，同時他也得願意為同學書寫推薦函才行。一般來說，除非推薦者和同學的關係非常密切，非常了解同學，才能夠為同學下筆，否則，即使同學找到一位德高望重的推薦者，只要他無法在推薦函上清楚描述同學值得推薦的地方，這份推薦函就沒有辦法產生效力，所以找到最佳推薦者來書寫審查資料，就是最佳推薦函產生的重要關鍵。

專家小叮嚀

推薦函可以寫入的內容包含學習態度或能力、服務或領導能力、思考或表達能力、創新或實踐能力等，可以以學校的學業表現、師生互動、競賽參與、社區服務、社團表現等具體的事件作為說明。

Q&A 遇到師長願意當我的推薦人，卻要我自己寫推薦函，該怎麼辦？

師長願意當考生的推薦者，就已經是推薦函最關鍵的一步。

有時候師長會考量到對考生的了解程度並不高，或是考慮到怕寫不出考生需要的內容，這時由考生自己先擬推薦函內容並沒有不合宜，畢竟自己最清楚報考的科系要求的內容。

可以參考一下學長姊的資料，也可以搜尋網路上的素材，找到書寫方向之後擬出推薦函內容，再與師長約好時間討論，聽聽師長的意見後再進行修改。最後提交給師長，再進行後續的處理：有些是列印出來請師長簽名蓋章、有些則是由師長親筆書寫。慎重一點的學校，還會要求師長親自彌封送寄。

10-1 建議以軍校推薦函樣式為範本

目前推薦函的格式中，就屬軍校的推薦函的範本格式使用的時間最長、人數最多，因此若是報考的系所沒有固定的格式，建議同學可依據軍校推薦函的樣式進行推薦函書寫。

▼ 104 學年度軍事學校正期班甄選入學簡章附錄七推薦函

附件七

104 學年度軍事學校正期班甄選入學招生—就讀學校師長推薦函(範例)

壹、申請者基本資料：

推薦學校	國防大學理工學院	推薦學系	機電能源及航太工程學系
申請人	曾大同	就讀學校	臺北市立建國中學

貳、推薦者資料：

推薦人	張德功	職稱	教務主任
服務單位	臺北市立建國中學		

參、推薦信內容：

推薦事項：

一、學科表現：

該生在校成績優秀，前四學期排名第一名，從高一迄今，每次考試都在前三名。對於機械方面更是感到興趣，相關專業課程，任課老師都給予極高評價。

二、課外活動及校內外競賽、參展表現：

代表班上參加校內科展及四健會創作發表比賽榮獲第一名，常參加校內演講及作文比賽，都得到前三名，還經常得到第一名。也擔任校內的司儀，由於表現優良，深獲訓導處教官讚揚。

三、人格特質：

該生資質聰穎，個性樂觀，常主動關心同學，因此，同學在學業上或生活上有疑問時，常會向他請教。

四、特殊才能：

該生在國語文方面有潛力，尤其在演講與作文方面，是校內比賽的常勝軍。

五、其他值得推薦事項：

該生在校表現極為優良，曾榮獲不少獎學金，如朝陽文教基金會獎學金、國際崇他社熱心服務獎學金。也會利用暑假期間到醫院擔任志工，不僅品學兼優，更有一顆助人的愛心。

六、綜合評語：

該生資質聰穎，品學兼優，熱心助人，在學期間非常仰慕貴學系在軍事領域的成就，若該生能到貴校就讀，相信能發揮所長，能達到品學兼優、允文允武的要求，日後發展不可限量。本人極力推薦！倘蒙錄取，深感萬幸。

軍校的推薦函有格式的要求，同學須依據簡章上的格式樣本將自己的資料填入表格之中。值得注意的是，軍校的推薦者有身份的限制，必須是自己就讀學校的師長，因此同學尋找推薦者的時候，絕對得找到符合這個身份的師長。至於那些師長是最適合擔任推薦者的呢？同學也無須困擾，可以找與申請科系相關專長的老師，像是化工系可以找化學老師、中文系可以找國文老師、管理系可以找商科老師，還有最熟悉自己情況的導師，以及學校的組長、主任、校長皆可以成為推薦者。

專家小叮嚀

軍校推薦函因為限制推薦者須為就讀學校師長，因此在申請者基本資料中的「就讀學校」，需要與推薦者資料中的「服務單位」必須一致，建議同學在這一欄中寫上學校的全銜（例如：臺北市立建國中學），而且兩個欄位要填一樣的內容，不能寫簡稱（例如：建國高中），或是通稱（例如：台北市立建國中學）。

軍校推薦信的重點在第參部分「推薦信內容」，其內容涵蓋的推薦事項有六項，包括學科表現、課外活動、校內外競賽、參展表現、人格特質、特殊才能、其他值得推薦事項、綜合評語，考生就必須按照這六項的內容先擬一份初稿，再和師長討論內容的適切性，確定推薦函的內容正確無誤後，即可列印或印刷，再請師長於推薦者資料空白處簽名、蓋章以表慎重。

專家小叮嚀

軍校推薦函沒有線上書審的模式，它是採用書面紙本的審查資料，因此同學必須將審查資料列印下來再郵寄出去，所以製作的時候要注意時程，避免因為印刷耽誤郵寄的截止日期。

學會書寫軍校推薦函格式後，我們也可以將軍校推薦函的表格運用在其他的系所。有些大學校系要求推薦函，但是並有沒有限制書寫的樣式時，只要將軍校推薦函的抬頭「軍事學校正期班甄選入學招生」的字樣去除，保留「就讀學校師長推薦函」字樣，就可以使用在一般的大學與四技二專的系所上。此外，有些系所要求推薦函，但卻沒有要求要書寫哪些項目的時候，同學就可以利用軍校推薦函的格式做為書寫推薦函內容的參考。

▼ 運用軍校推薦函

104 學年度軍事學校正期班甄選入學招生—就讀學校師長推薦函

壹、申請者基本資料：

推 薦 學 校		推 薦 學 系	
申請人		就讀學校	

師長推薦函

壹、申請者基本資料：

推 薦 學 校		推 薦 學 系	
申請人		就讀學校	

只需修改軍校推薦函標題，就可以用到一般的大學、四技二專。

10-2 如何製作推薦函的版面？

除了有些系所提供下載的審查資料格式電子檔外，絕大部分的系所都是交由同學自己製作，本書不僅提供文字內容，也提供同學製作審查資料版面安排的訣竅，在上一節我們了解軍校推薦函運用的方式之後，本節我們要來製作推薦函的版面，讓同學可以依樣畫葫蘆產出推薦函版面。此處我們仍以軍校推薦函格式為例，先讓同學將推薦函的版面樣式製作出來。

1 字型選擇【標楷體】。
2 字體大小選擇【14】。
3 鍵入標題文字。

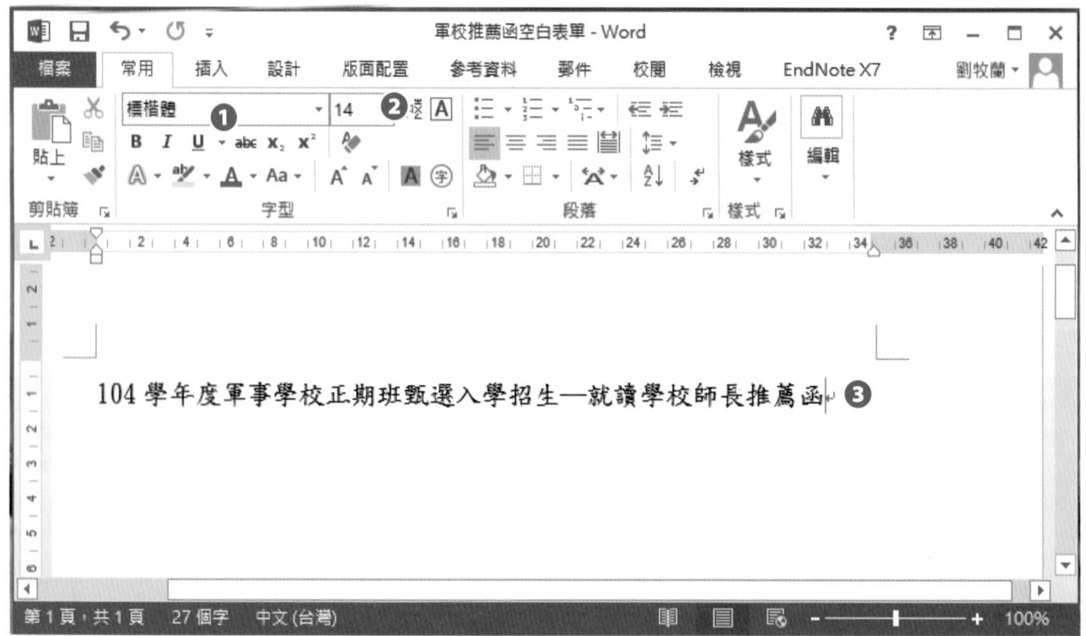

4 按滑鼠左鍵選取標題文字。
5 選取文字【置中】。

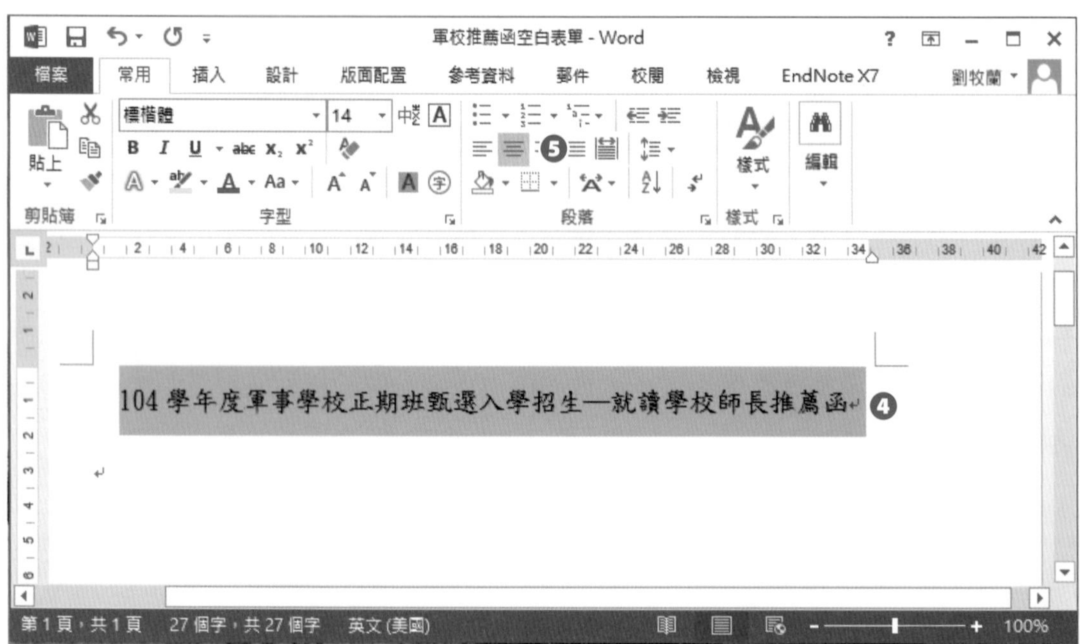

6 繼續鍵入副標題文字。

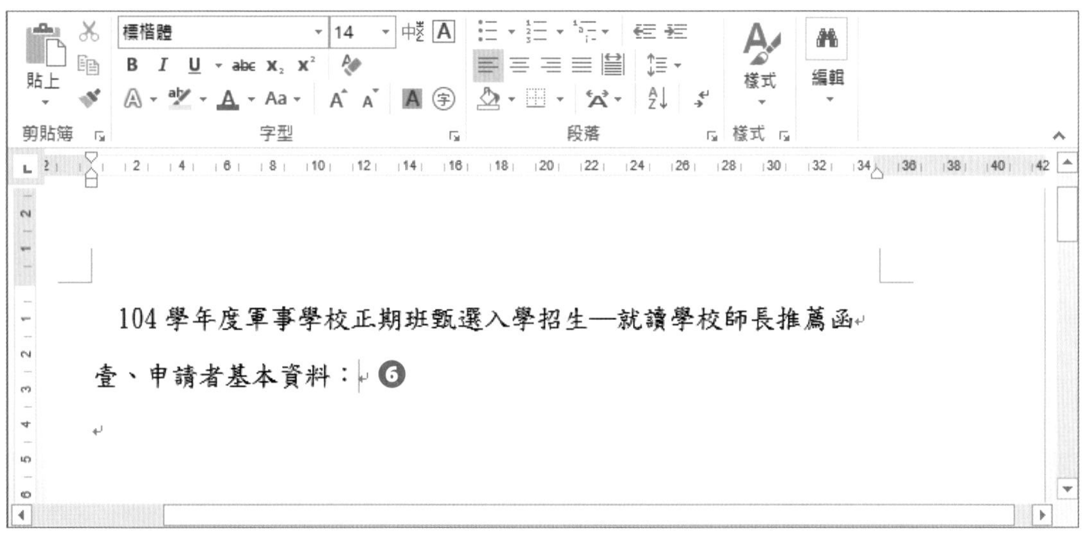

7 插入【表格】。

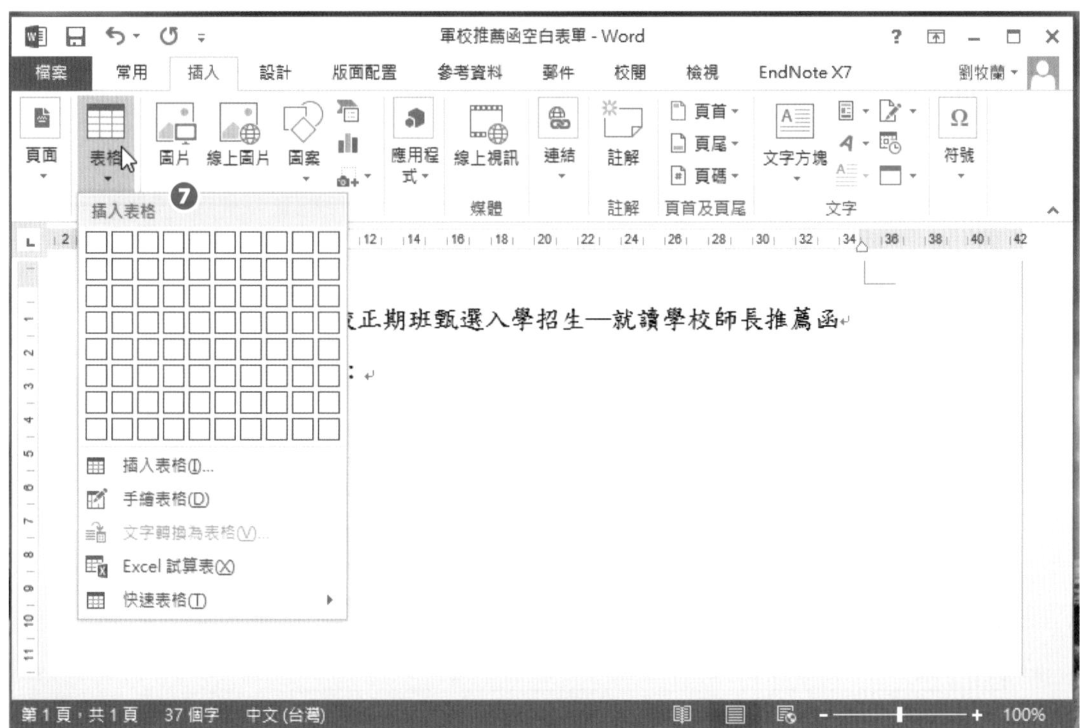

8 按滑鼠左鍵選取表格範圍。

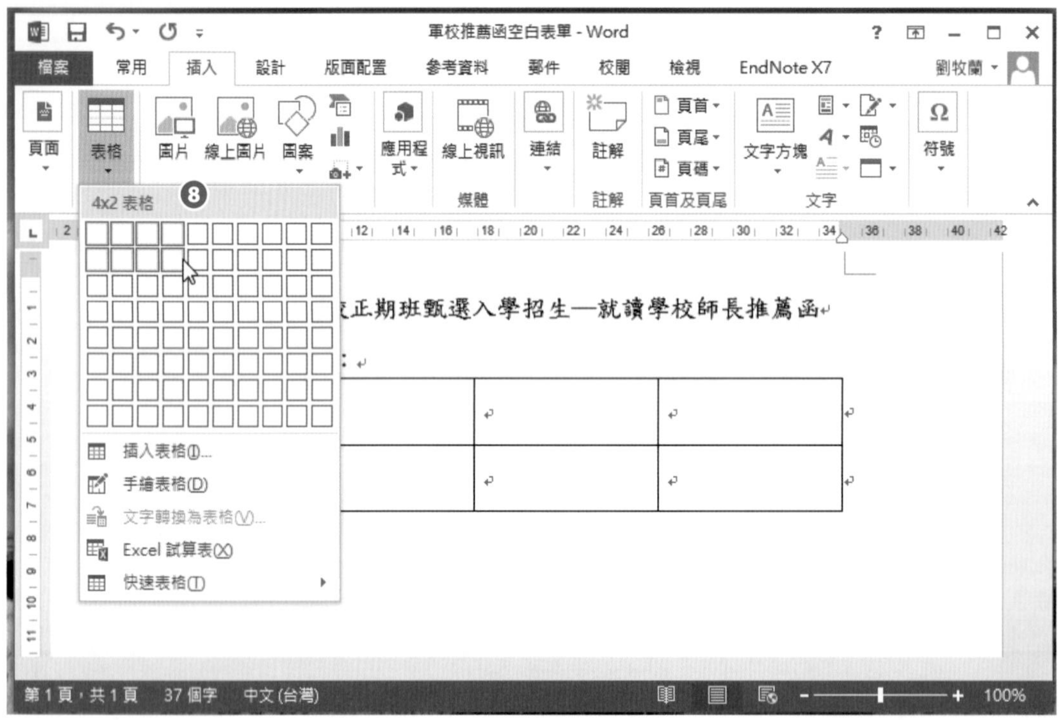

9 點選【表格工具】→點選【設計】→於【畫筆粗細】中→點選【2 1/4pt】。

10 按滑鼠左鍵選取上框線，讓畫筆改變上框線的粗細。

11 按滑鼠左鍵選取左框線，讓畫筆改變左框線的粗細。重複這個步驟將外框線變粗。

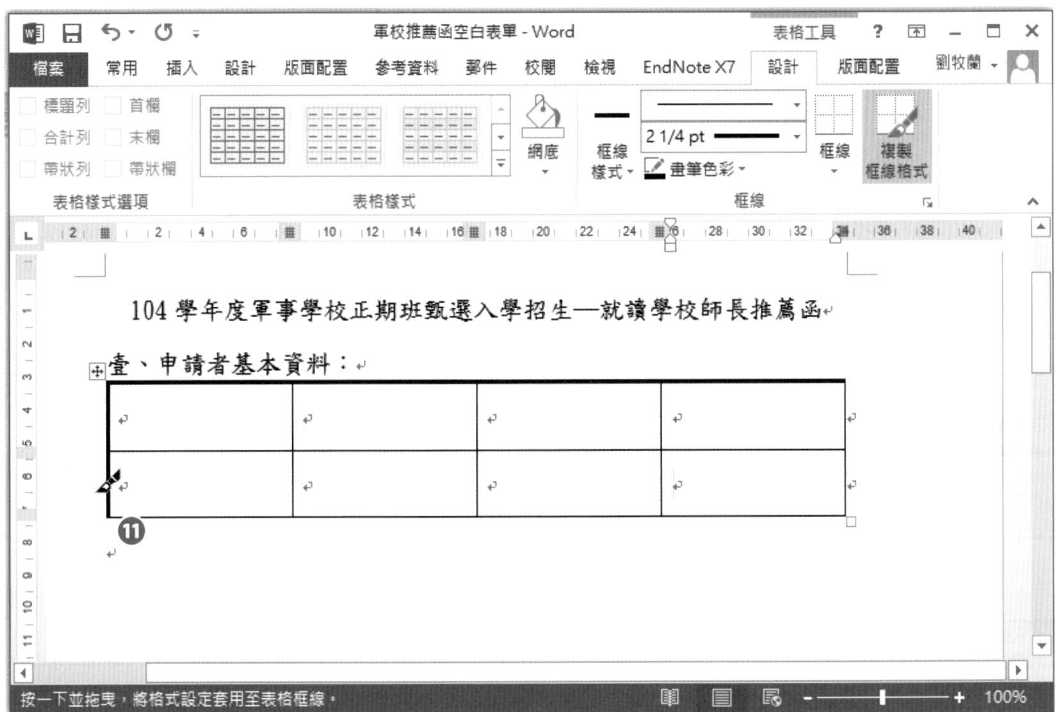

12 現在我們要改變表格的寬度，首先將左側欄選取起來。

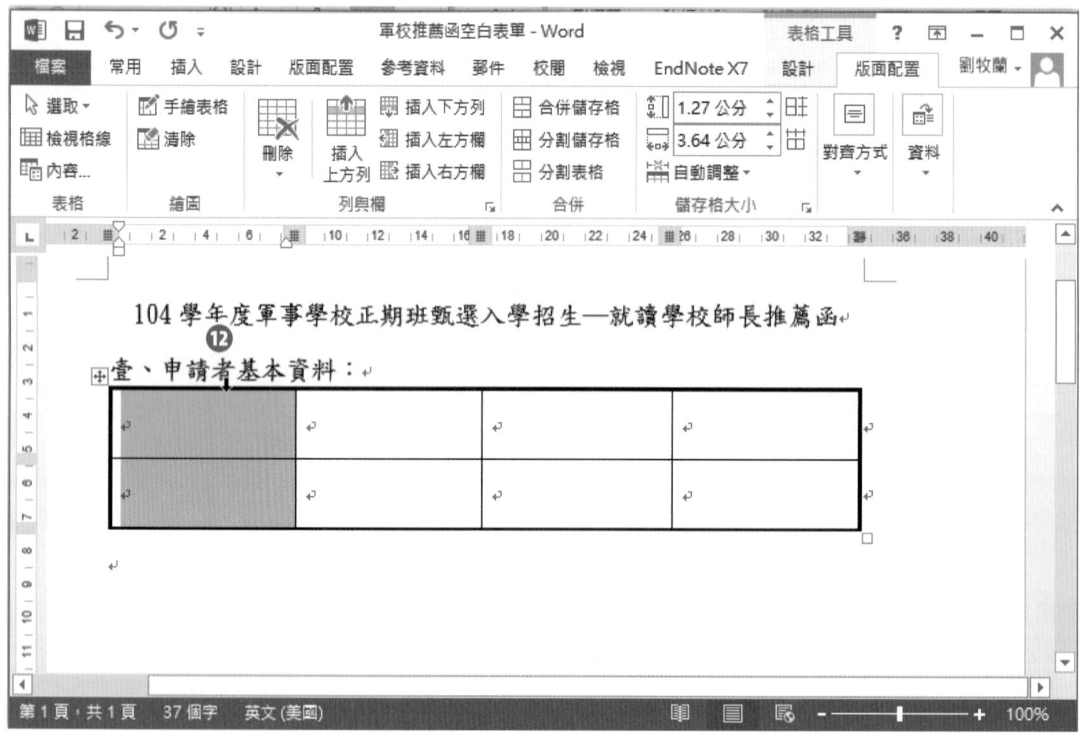

13 點選上方對話視窗【版面配置】→選取【表格內容】。

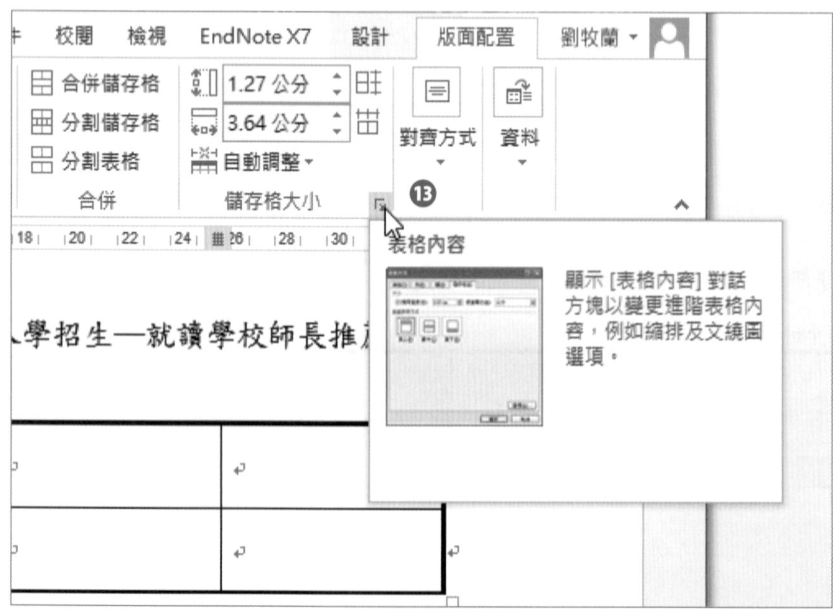

14 點選【表格內容】中【欄】的設定對話框。

15 點選【度量單位 (M)】的下拉選單，選取【百分比】。

16 於【慣用寬度 (W)】的表單中，鍵入數值「19.2%」。

17 設定好數值之後，按【確定】。

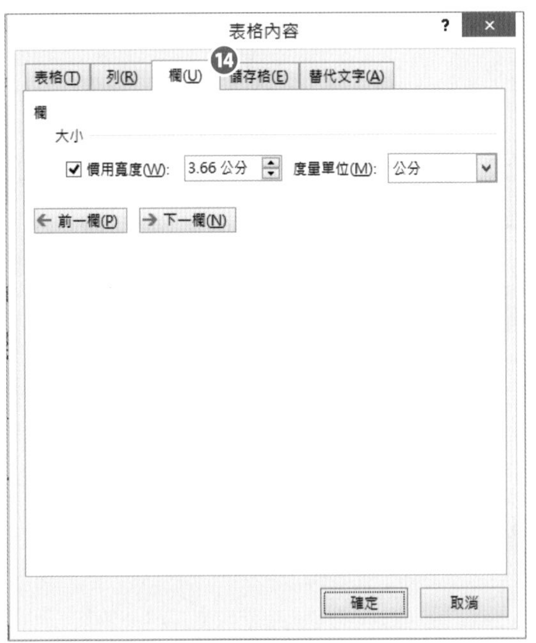

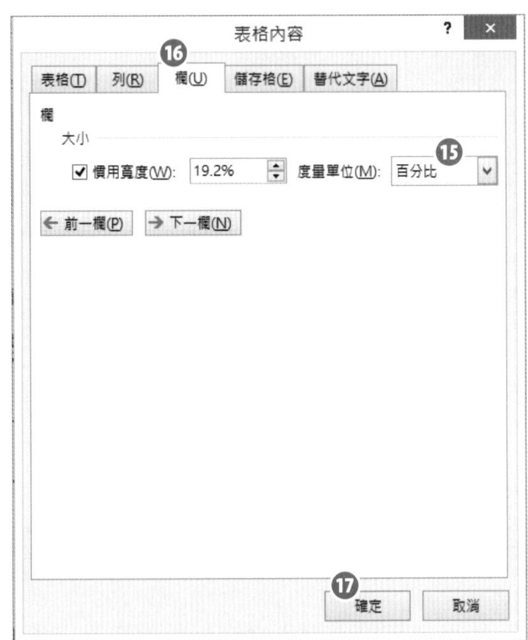

18 接著第三欄依據左側欄的設定變更。

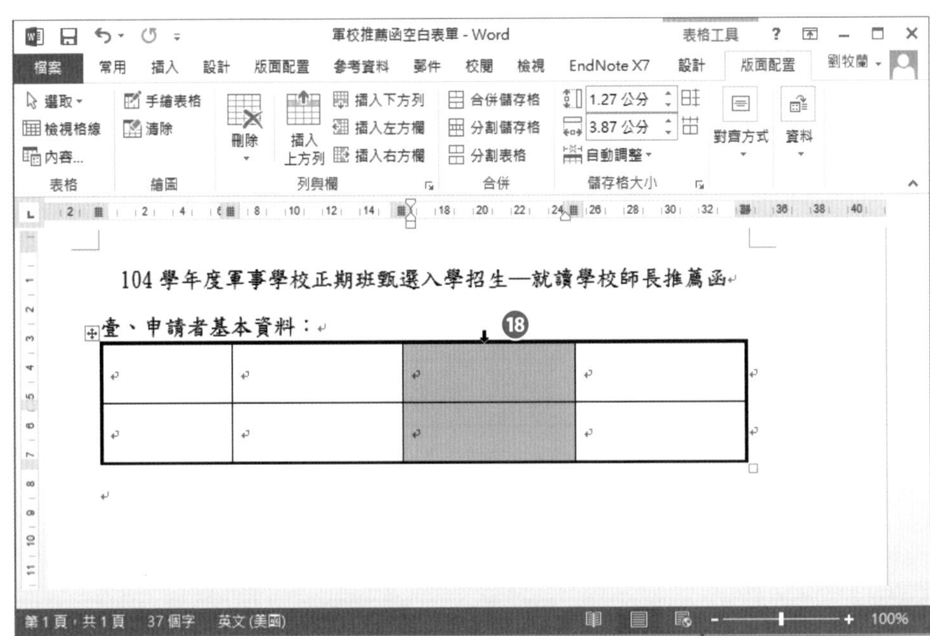

19 完成表格欄位寬度的設定。

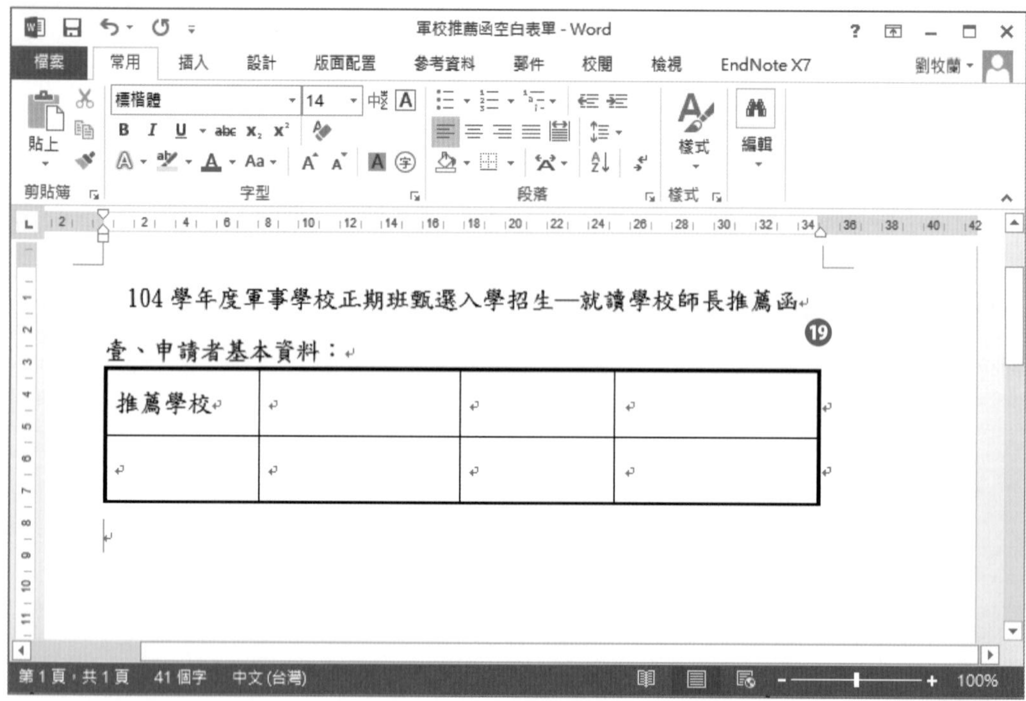

20 接著於表格內鍵入文字，並選取文字所在的整個格子。

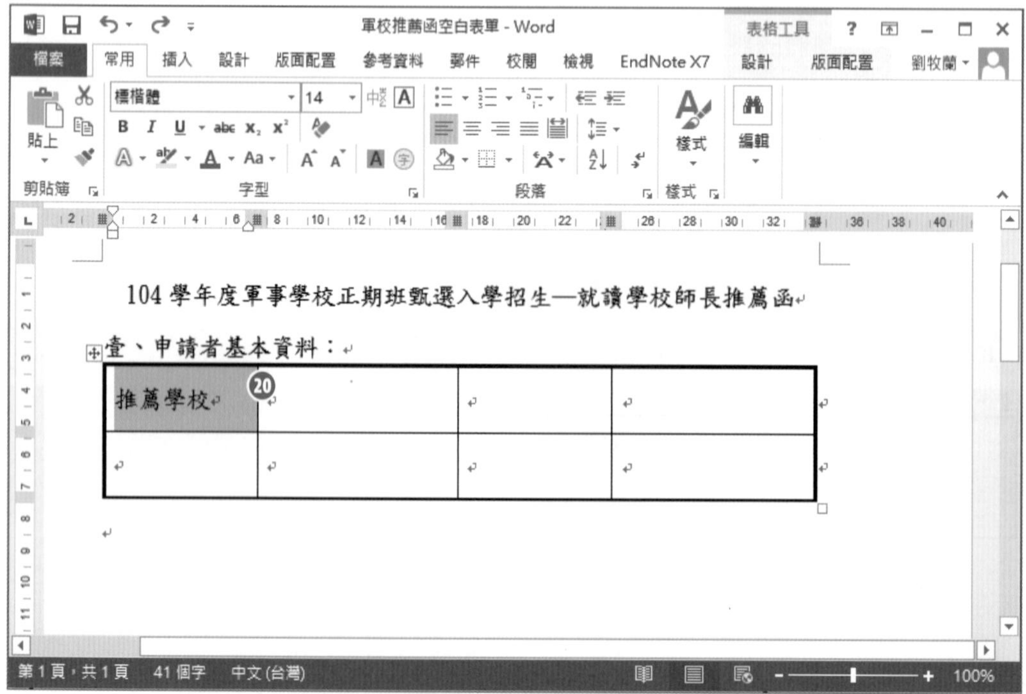

21 選取【常用】的【分散對齊】功能。

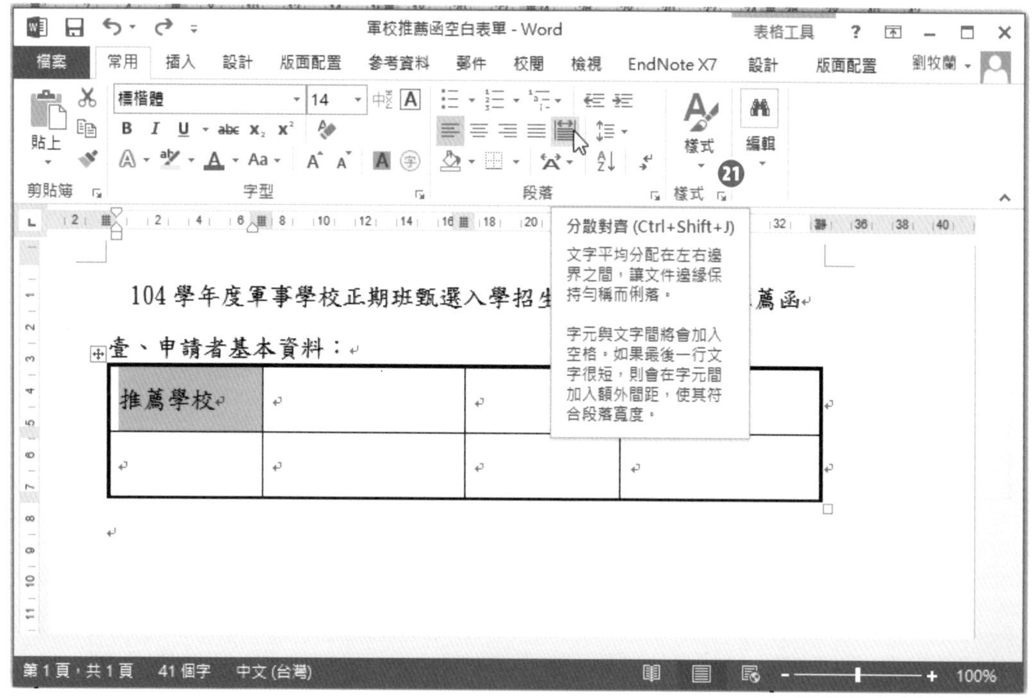

22 使文字可以均勻分散於表格內。

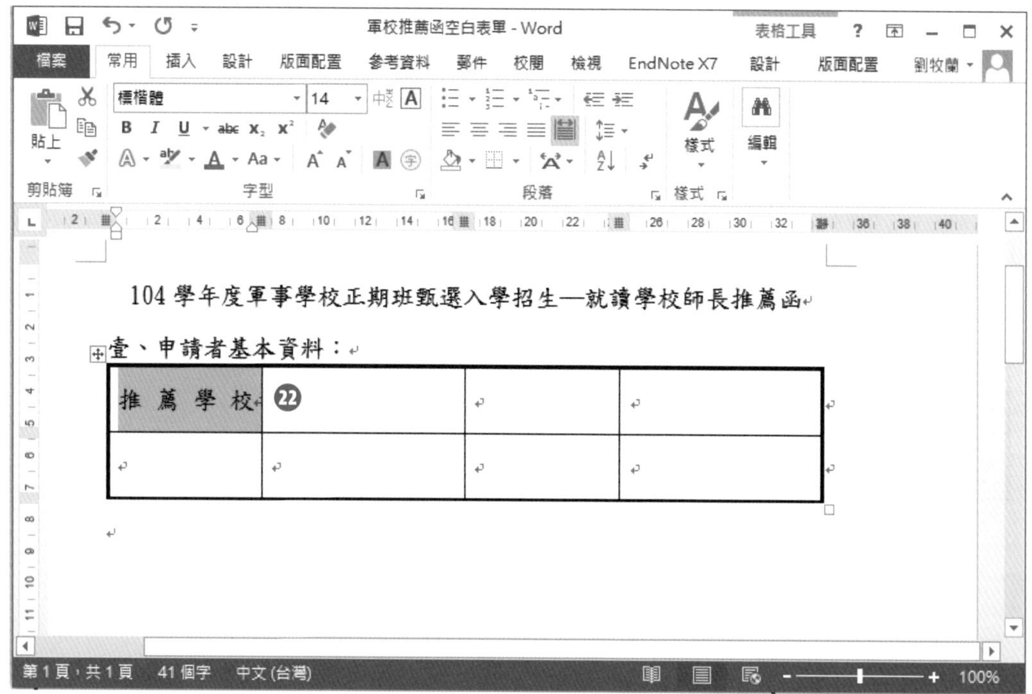

23 利用【分散對齊】的功能完成其他表格內文字的製作。

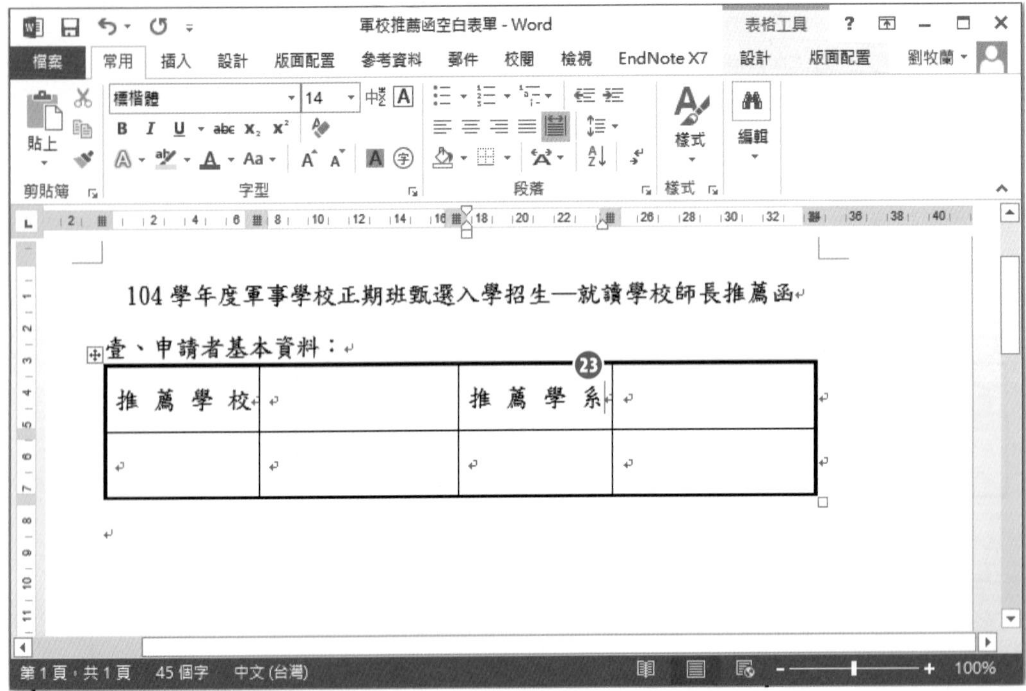

24 接著繼續鍵入表格中的文字。

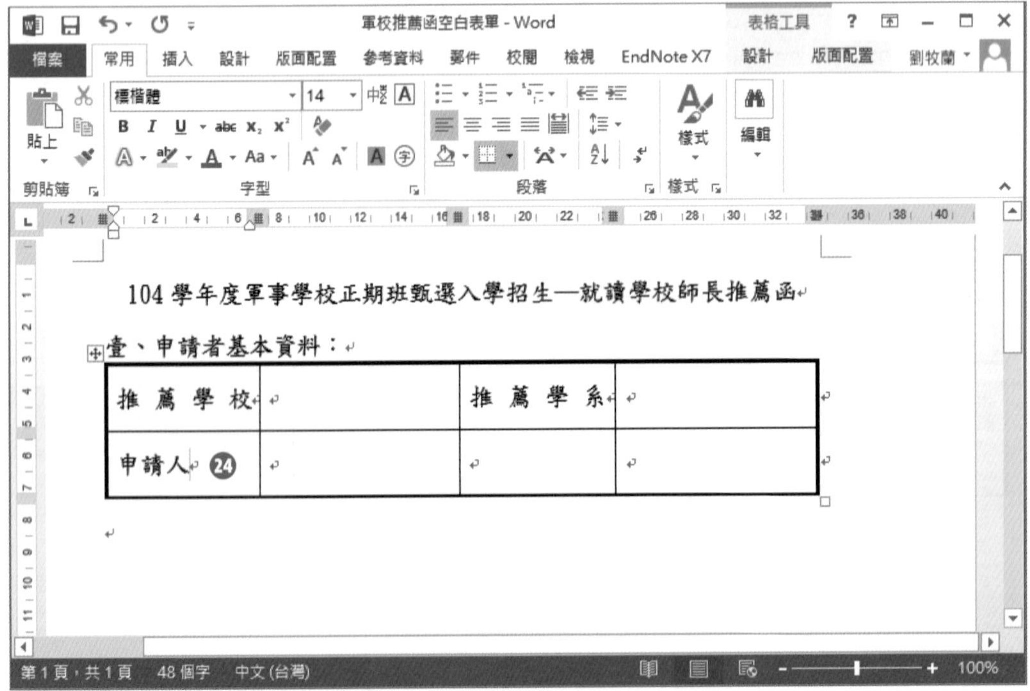

25 選取文字所在的表格，利用【常用】中【置中】的功能。

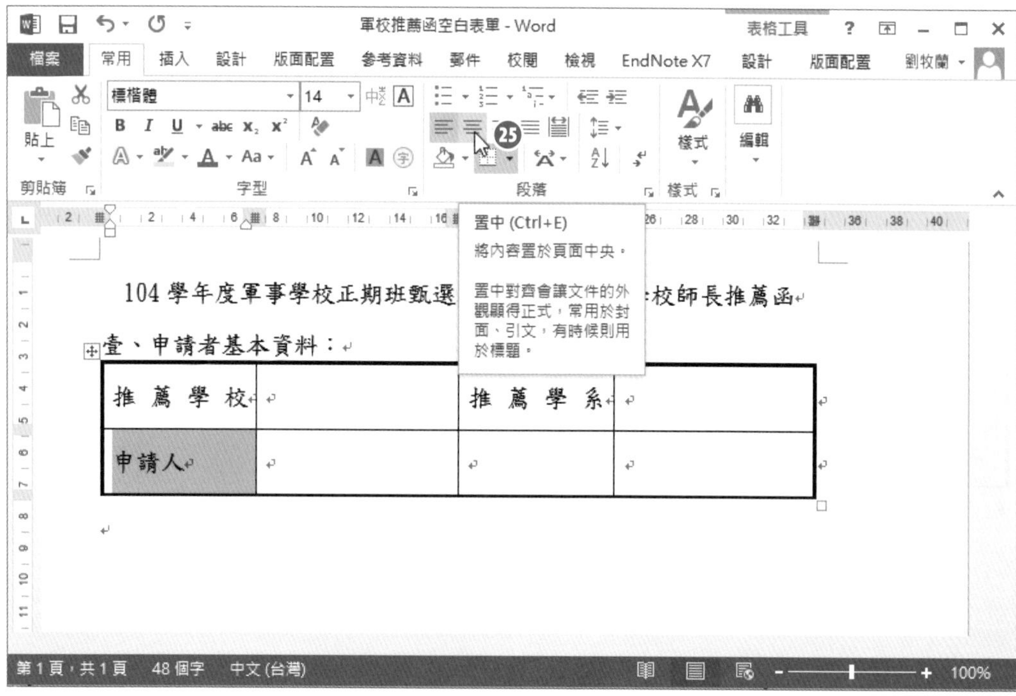

26 完成文字可以在表格內置中。

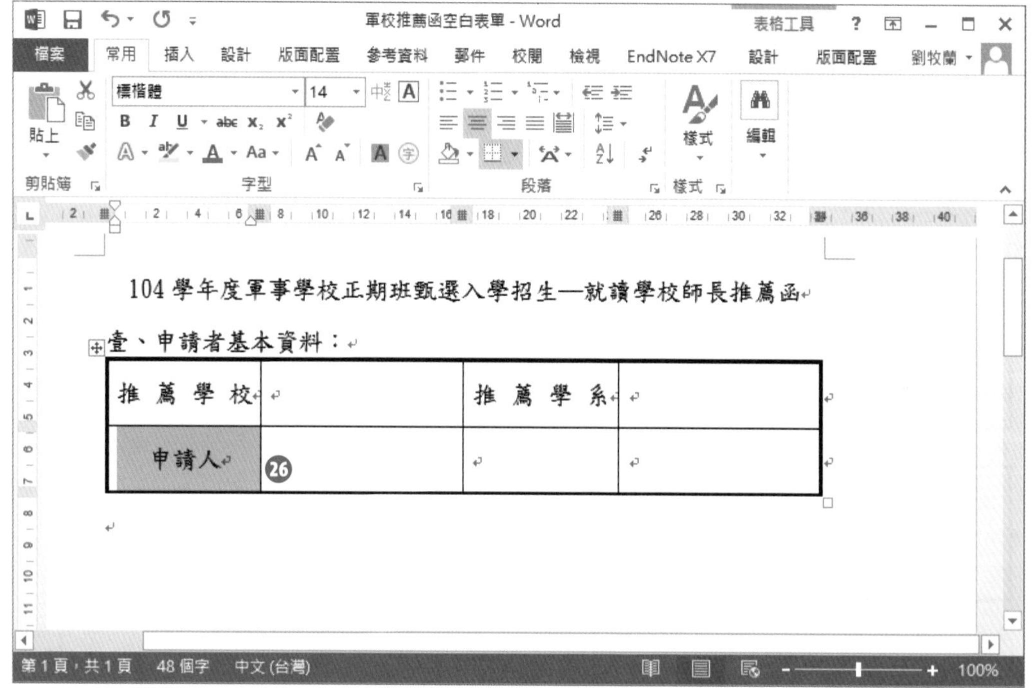

27 當同一份文件需要樣式一樣的表格時，先選取整份表格，利用【常用】中【複製 Ctrl＋C】的功能。

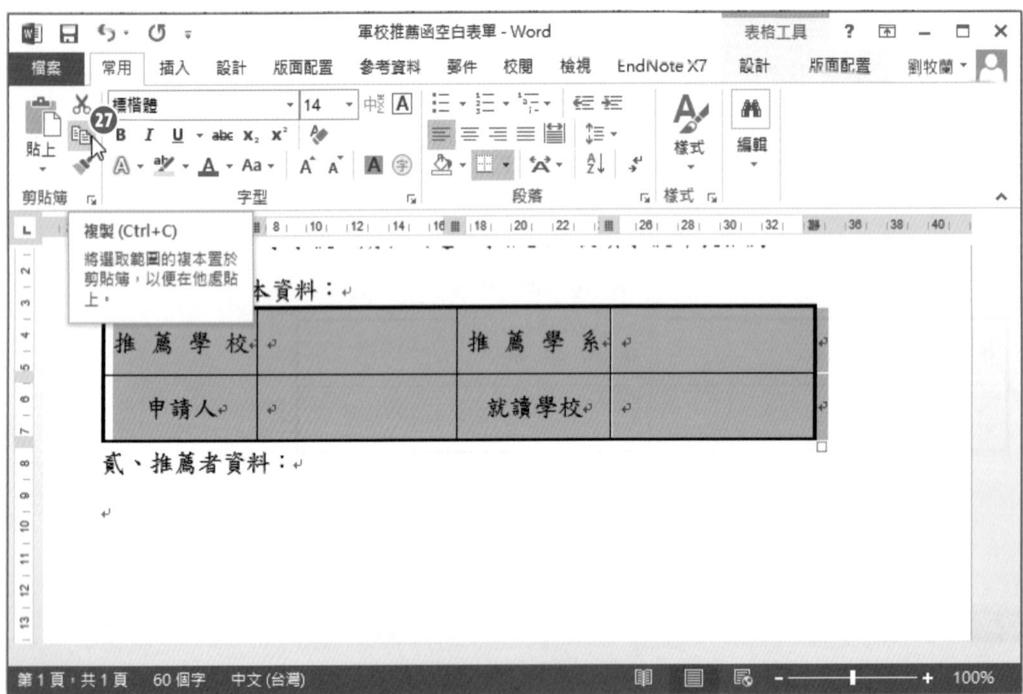

28 利用【常用】中【貼上 Ctrl＋V】的功能，將複製的表格貼在所需的位置上。

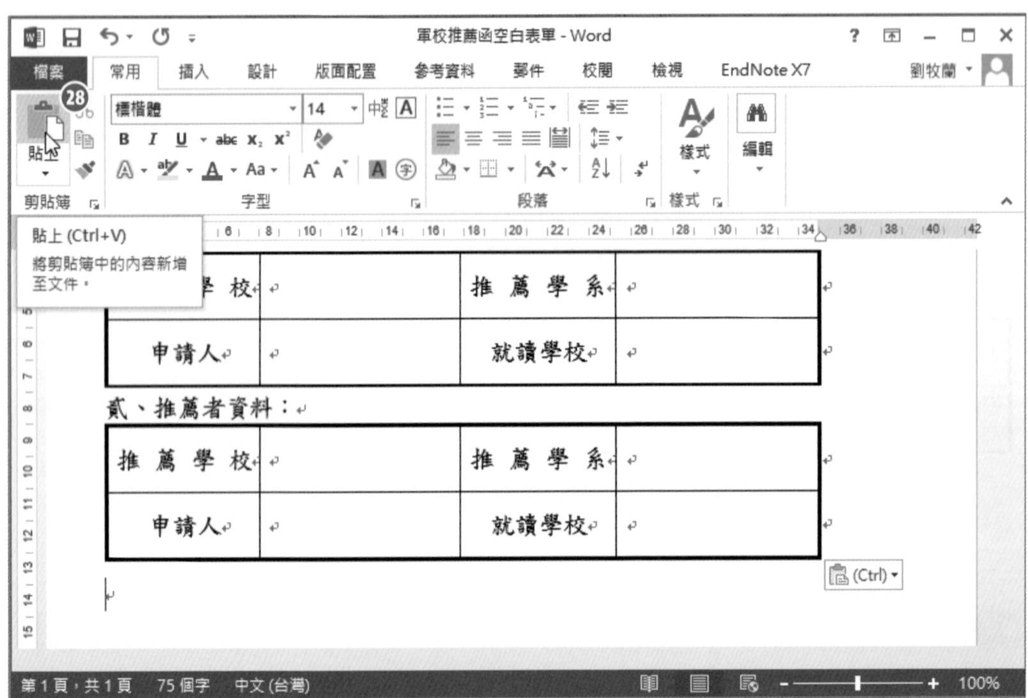

29 刪除掉複製表格中不需要的文字。

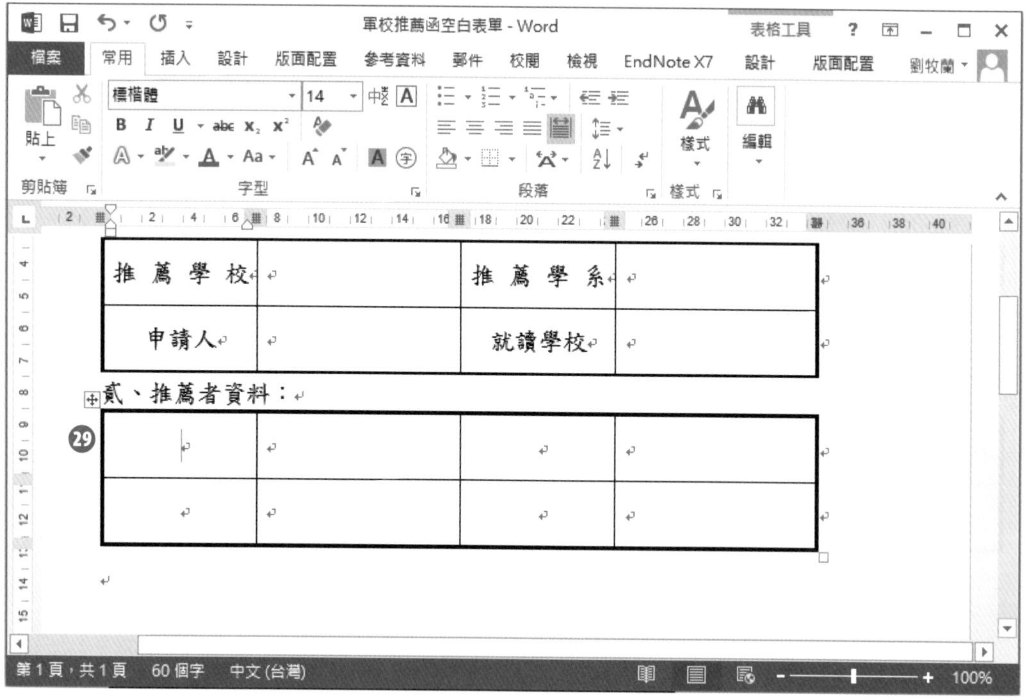

30 鍵入表格內所需要的文字。

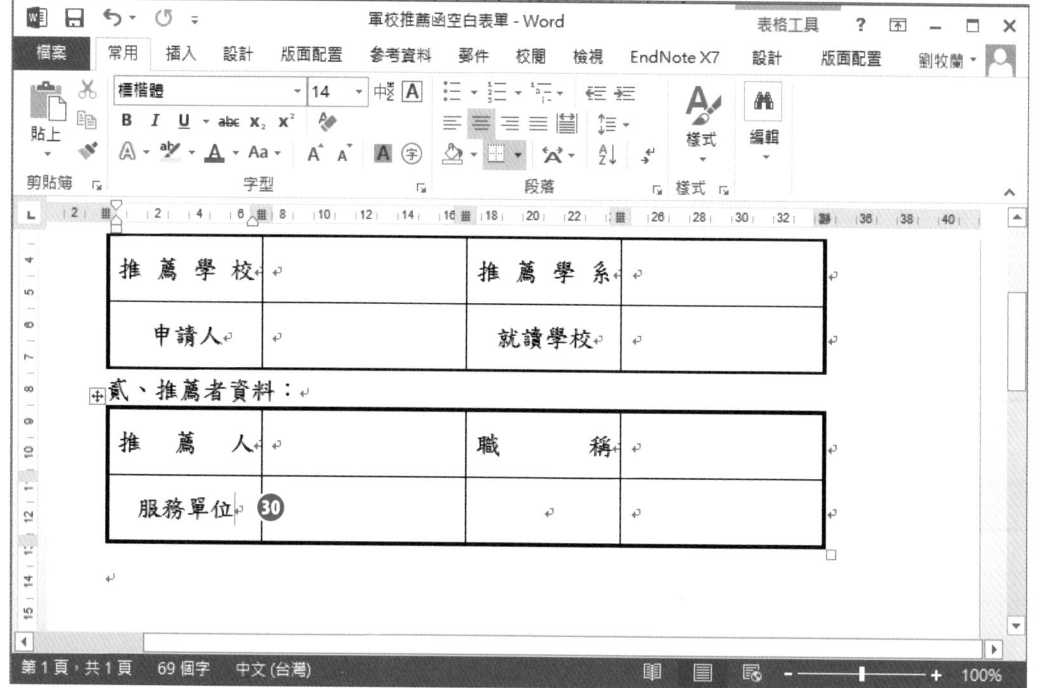

31 選取需要合併在一起的表格。

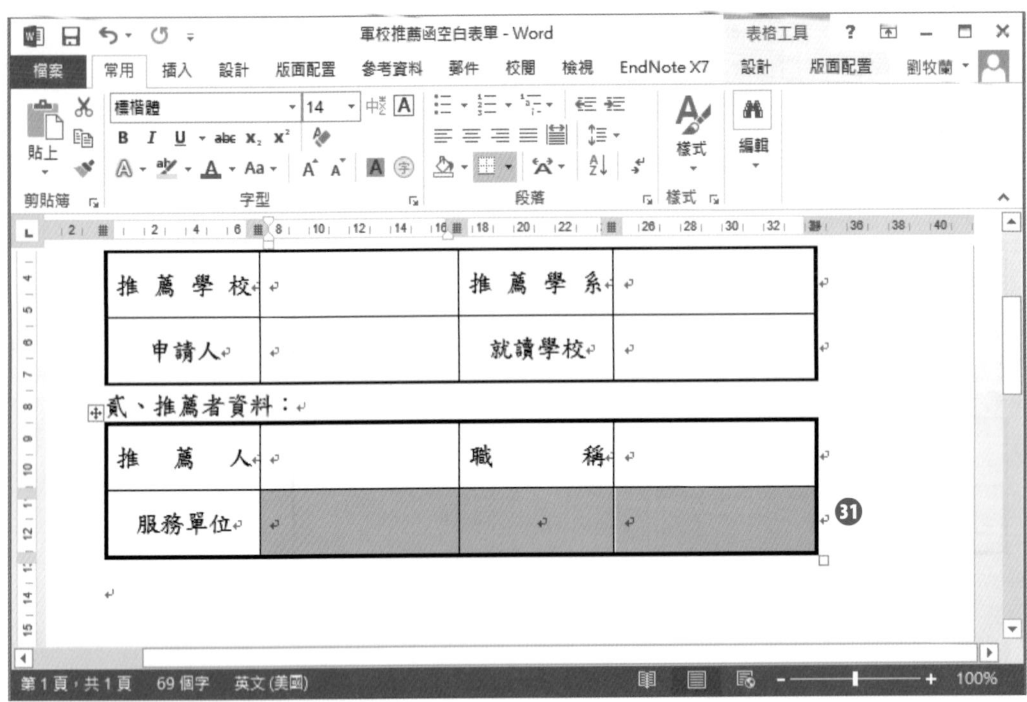

32 按滑鼠右鍵，在對話框中選取【合併儲存格(M)】。

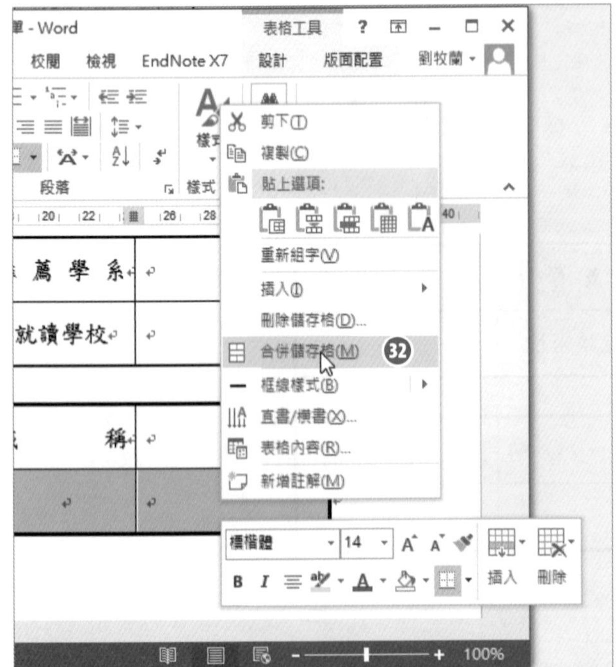

33 完成合併儲存格的表格。

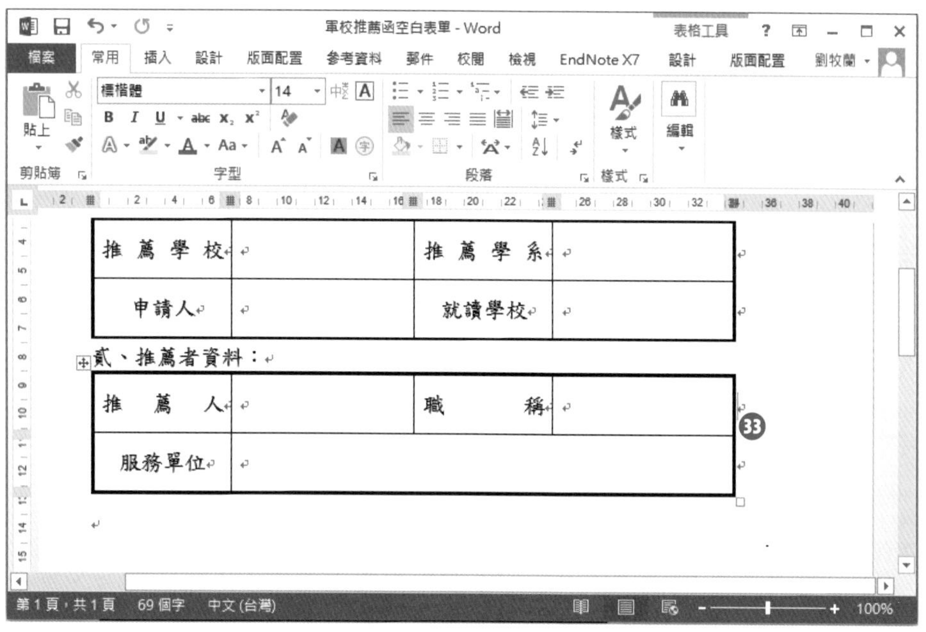

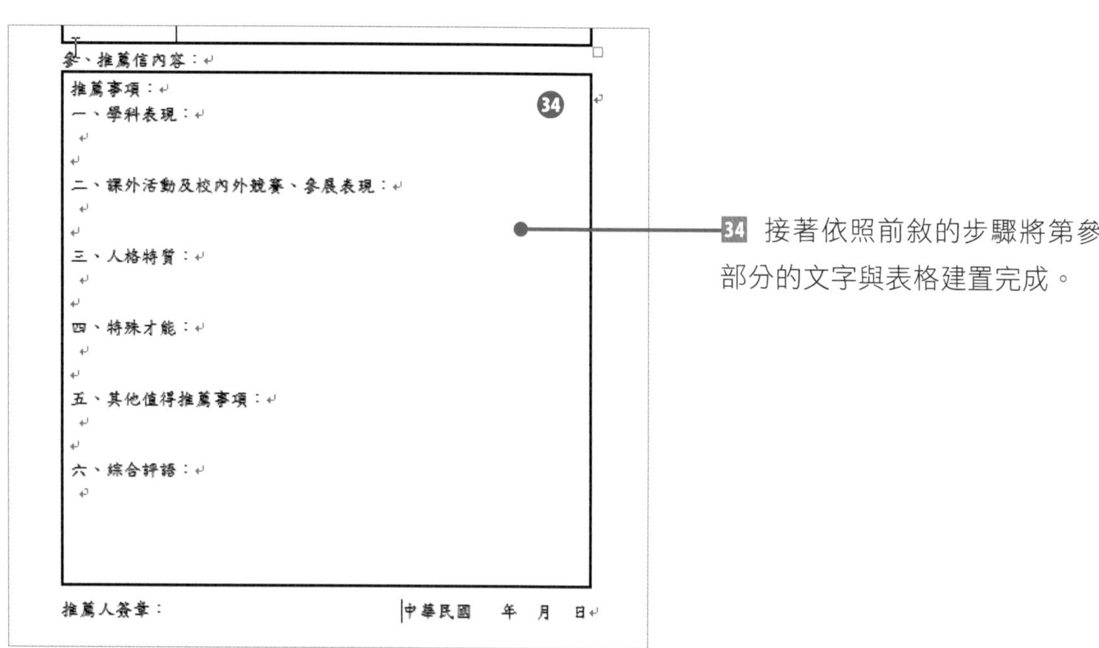

34 接著依照前敘的步驟將第參部分的文字與表格建置完成。

註：範本檔可參考本書光碟。

請你這樣做 請同學依照推薦函表格格式的步驟，完成軍校推薦函。另外為了提供大家對照，可以直接從本書的本章光碟中將【軍校推薦函空白表單】打開，就可以直接在檔案中書寫，輕鬆完成推薦函。

10-3 輕鬆寫出推薦函

各個校系的推薦函雖然格式不同，表與文字敘述的比例不同，只要依據前幾節的步驟進行書寫，同學們也不會覺得茫然不知如何下筆。以軍校推薦函作為書寫的範例，再依據其他科系的特性、表格要求修改，自然可以完成推薦函。

▼ 國立中央大學個人申請入學推薦函格式

附錄一（化學工程與材料工程學系、經濟學系、通訊工程學系之參考推薦函格式）

國立中央大學104學年度大學個人申請入學

推　薦　函

壹、申請考生填寫部份：

申請考生姓名	張小磊	申請學系	經濟學系

貳、推薦人填寫部份：本項資料將列為機密，不予公開。

推薦人姓名	余瑩瑛	職稱	數學教師
服務單位	台北市立○○高中	聯絡電話	(02)12345678
與申請人之關係	我對該生 ☑相當熟 □大致瞭解 □只教過他	☑任課教師(科目 數學　) □社團指導老師(社團名稱　) □其他：	

對申請人之評鑑：（請就您對申請人的認知，勾選適當的資料） ❶

項次	項目內容	特優	優良	良好	普通	尚可	無從觀察	說明
1	學業成績	v						評比標準：申請人與其他同學之相對表現 「特優」：前5%者 「優良」：前10%者 「良好」：前25%者 「普通」：前50%者 「尚可」：除上列外
2	學習態度	v						
3	創造與吸收新知之能力		v					
4	發掘問題及獨立思考之能力	v						
5	語文表達及溝通能力		v					
6	社團活動與領導能力		v					
7	群體生活及人際關係	v						
8	服務及處事態度	v						

請於空白處補充說明申請考生之特殊表現或優缺點（請具體列舉，本表如不敷使用，請另紙填寫）。

一、您認為該申請考生目前在課堂上的表現，對於進申請就讀學系的潛力如何？ ❷

☑ 非常傑出 □ 良好 □ 尚可 □ 不甚理想 □ 無從觀察

二、請具體說明申請考生的主要優點或特殊成就。

小磊同學在數學學科方面的表現十分傑出，曾參加全國數學奧林匹亞競賽，高中數學能力競賽全國決賽。除了個人的表現外，在團隊合作方面常帶領同學參加[illegible]，取得優異的成績。

三、請具體說明申請考生的主要弱點或有待加強之處。

小磊同學[illegible]個性太過[illegible]。他是一位自律的學生，為了完成作業[illegible]。因此，對自我要求太高，[illegible]。

推薦人簽章：余瑩瑛 [seal]　　中華民國 104 年 03 月 16 日

※本推薦函請推薦人親自彌封，並於封口處簽名或蓋章；再交由申請考生依學系規定繳交。

1 這份推薦函的格式是文字與表格並行，最大的特色在於有「對申請人之評鑑」，總共有 8 項，推薦人必須依據學生真實的表現情況給予勾選。

2 考生的就讀潛力也是以勾選的方式呈現。

請你這樣做 請同學直接從本書的本章光碟中將【中央大學空白推薦函】打開，就可以直接在檔案中書寫，練習書寫推薦函。

▼ 文字敘述型的推薦函

各位教授先生鈞鑒：

張小茹是一位我衷心樂意推薦的好學生，她的學習態度認真，學業成績優秀，從高一開始至今皆是班上前三名，她常常參與學校的各式活動比賽，像是機器人智高競賽、青少年創意發明展，皆獲得不錯的成績，此外她也善用學校資源，像是利用圖書館、平板操作、電腦操作進行學習，往往都可以從操作的過程中獲得經驗與知識。❶

小茹在高二時曾經接待過本校美國姊妹校的師生，以流利的英語和流暢的內容溝通互動，更帶領這群外籍師生進行課程體驗，獲得大家的讚揚。❷

她在班上擔任數學小老師，在數學課程中，除了協助老師進行成績的登記外，她也負責解題和教導同學，另外也參與課後輔導國小經濟弱勢的小朋友課業，她常說自己的力量雖然薄弱，但是也可以是一點助燃的火種，讓更多的小朋友獲得力量。❸

有一次班上有位同學突然在廁所癲癇發作，倒地後碰撞，造成頭部出血，其他的的同學都被這突發的場面驚嚇而不知所措，而小茹同學立即冷靜的安撫大家，並從容的指導大家進行緊急的處理，讓受傷的同學可以及時就醫，避免傷勢擴大。❹

以上關於小茹同學的表現，無論是在學業成績、學習態度、人際互動、危機處理、扶助弱勢，都能夠展現出她的人格特質，加上她對於商業活動與經濟行為的好奇，因此使我相信她是一位頗具潛力的人才，所以我亟力的推薦張小茹同學。❺

順頌 時祺

推薦人：數學科教師余黛瑪

電 話：(02)12345678

住 址：台北市大安區忠孝街 1 巷 1 號

1. 先針對同學的學習狀況進行描述，將學習的特點顯現出來，範例用名次、分數呈現學習成果，用描述呈現學習經驗。
2. 英語的溝通能力可以用實際的例子表現出考生真實的程度。
3. 利用考生自己說的話來佐證考生的態度。範例中呈現考生關懷弱勢的用心。
4. 領導力可以用突發的事件來說明考生是如何面對與處理，以及如何帶領同學完成的經驗。
5. 最後一段記得總結考生的優點，並給予推薦的肯定。

◉ 重點整理 Smart 學習

1. 推薦函和其他審查資料最大不同的地方，就是書寫對象為推薦者。
2. 在大學個人申請的線上書審中 17 項目中，不包括推薦函一項，是否需準備推薦函由簡章決定，部分學校會在寄給考生的資料袋上說明是否需準備推薦函。
3. 軍校推薦函有固定格式，可以利用這個格式書寫大學或是四技二專的推薦函。
4. 審查委員可以從推薦函中師長的陳述，對考生的評價進行全面的評估。
5. 軍校的推薦者有身份的限制，必須是自己就讀學校的師長。
6. 當採用書面紙本推薦函時，同學必須將推薦函列印下來再郵寄出去，所以製作的時候要注意時程，避免因為印刷耽誤郵寄的截止日期。

一、是非題（請將正確的敘述於（ ）內打「○」，錯誤的敘述打「×」）

1. (　) 推薦函和其他審查資料最大不同的地方，就是書寫對象。
2. (　) 推薦函的效力是在於推薦函的數量，通常越多推薦函分數越高。
3. (　) 在大學個人申請的線上書審中 17 項目中，不包括推薦函一項。
4. (　) 軍校推薦函為固定格式，無法使用在其他科系。
5. (　) 推薦函大抵是沒有統一制式的格式，但是以純文字陳述優於表文並陳的模式。

二、選擇題

1. (　) 以下何者是最適當的推薦函推薦者？
(A) 父母親　(B) 教育部部長
(C) 師長　(D) 同班同學。

2. (　) 下列何者可以作為推薦函的內容？
(A) 學業成績　(B) 領導能力
(C) 學習態度　(D) 以上皆是。

3. (　) 審查委員審閱推薦函的目的，下列何者為非？
(A) 進行考生能力的評估
(B) 視推薦者背景高低決定考生的分數
(C) 以了解考生的真實情況
(D) 作為審查資料的佐證。

4. (　) 以下內容何者不可以放入推薦函？
(A) 推薦者名字
(B) 推薦者的服務單位
(C) 考生申請的科系
(D) 考生的電腦密碼。

Chapter 11

面試放備審

這一章要教同學一個非常聰明的方法，可以讓同學一方面製作審查資料，一方面準備回答面試題目，把面試的題目跟審查資料的內容做結合，讓同學一兼二顧、事半功倍。如此，只要同學按照本章節的內容依樣畫葫蘆、按圖索驥，就可以輕輕鬆鬆、從從容容通過申請入學的考驗。

當我們順利地通過了第一關篩選之後，接下來才是真正考驗的開始，一方面要準備書面審查資料，另外一方面又要進行面試擬答準備，兩倍的工作量在時間的壓力下常常讓我們忙得焦頭爛額，心力交瘁。彷彿在面試與審查資料之間，我們只能集中火力在一件事上，於是，在製作審查資料時，心中卻掛記著要怎樣讓自己的面試更好？另一方面，卻又擔心審查資料的內容不夠豐富，無法突顯自己的優勢和特色。難道魚與熊掌真的不可兼得嗎？真的沒有更有效率的方法嗎？

首先我們先分析歷屆面試考題、審查資料的要求內容，歸納出可以放在審查資料裡的用來回答面試題目的內容，透過對面試題目的分類與組織，列出了以下常用的面試題目，只要依據這些題目進行審查資料的書寫，就可以掌握到面試問題的要點。

11-1 面試考古題大解碼

通常通過第一關的篩選之後，高三的同學就會像是不斷旋轉的陀螺，每天跟時間賽跑，在繳交期限之前，得蒐集資料、分類、參考範例、書寫、修改……到定稿，有些同學還得將查資料上傳至規定的網路平台，大大小小的瑣事也不是繳出審查資料就結束，還有面試這個關卡，為了呈現最完美的自己，多數的同學趕緊打點服裝儀容，但猛然發現，距離面試也沒有多久的時間，開始練習面試擬答的時候，赫然發現自己的審查資料有瑕疵，或是才發現口試會依據審查資料出題時，也已無力回天。

所以，只要抓住面試考古題，自然也就捉住審查資料的重心；審查資料書寫得好，口試也就輕鬆從容。上榜就是輕而易舉的事！

專家小叮嚀

大部分的同學都是在審查資料寄出去之後才會開始練習口試的擬答，因此，有些同學會在練習口試擬答才發現自己的審查資料有很多的錯誤，這時候要再回去修審查資料也來不及了，所以建議大家可以在高一、高二的時候就對口試的題目有所認識，到了高三的時候製作審查資料時也會比較有概念，但是，真的到寄出審查資料以後發現有問題時，本章也可以協助同學在口面試時扳回一成。

為了協助同學分析面試考古題，以下透過實例的説明讓同學跟著編者一步步的解碼考古題，順利拔得頭籌。首先我們先將找到的考古題內容依據它的屬性將它們歸類出審查資料的項目為何？

▼ 嘉義大學特殊教育學系面試考古題與審查資料項目配對分析

題目	可做為審查資料的項目	
	內容屬性	項目
1. 學校輔導室有給過哪些特教方面的資訊？	系所資訊	自傳
2. 為什麼會想讀特教？是自己的還是家長的意見？	報考動機 1	自傳
3. 你覺得一個特教老師需要什麼特質？	人格特質	自傳
4. 你的弟弟是過動兒，你如何跟他們互動？你怎麼教他們功課？	家庭背景	自傳
5. 你看過學校的網站嗎？對哪方面較有興趣？	報考動機 2	自傳
6. 大學四年中，你會如何規劃？	學習規劃	讀書計畫
7. 為什麼要跑到嘉義大學來念特教？你家的附近大學不是也有特教系嗎？	系所資訊	讀書計畫
8. 對哪一種特殊兒童印象最深刻？	個人經驗	自傳

▼ 嘉義大學特殊教育學系的面試考古題經分析後的心智圖

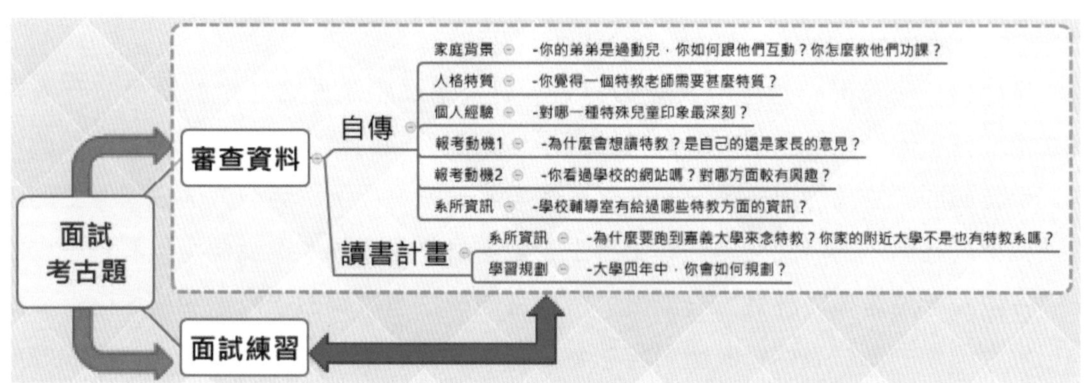

透過對面試考古題的分析，掌握到該系所關注的問題，可以輔助考生在茫然無頭緒的情況中逐漸的整理出適切的方向，這樣同學書寫審查資料也不會天馬行空的自由發揮，更不會全盤抄襲學長姐的張冠李戴。想要客製化自己的審查資料，掌握系所方式，就會顯得輕而易舉了！

11-2 在面試時會遇到的自傳題目

自傳通常都是面試委員最喜歡用來當作口試題目的資料，我們將常見的面試問題中挑出與自傳有關的題目做分析，因此，同學提筆書寫自傳，可不是東抄抄、西抓抓，隨意胡亂地用文字堆砌出一堆沒有意義的資訊，有企圖心的同學應該藉由自傳書寫的機會，整理出對自己有利的輔助資料，將自己送上大學去。

面試考題集中於自傳和讀書計畫的傾向非常明顯，在面試中自傳又佔了大部分，因此面試考題可以與自傳的內容做連結，可以運用本書的第三章的說明進行書寫，也可以依據上一節我們對該系所的分析來進行書寫。因此依據上一節「嘉義大學特殊教育學系」的面試考古題，我們可以在自傳列出「家庭背景、人格特質、個人特殊經驗、報考動機（包括對系所的了解）」這些項目，再依據面試的題目，逐一地在審查資料中回答，一方面對下一關的面試預先準備，另一方面也準確的書寫有意義的審查資料。

當然同學看到考題，也會分析它的屬性該放在哪一項目的審查資料，不過沒有舉個實例，恐怕對同學而言是憑空想像，因此就讓我們來看看幾個常見的的面試考題又如何放入審查資料中吧！

1. 如何通過家庭背景的面試關卡？

在自傳中，家庭背景是最基礎的資料，對普遍高中生而言，家庭是繼續升大學的經濟支持，同時也是一個人為人處世最早建立價值觀的環境，透過對家庭成員的陳述，一方面面試委員可以在最快的速度了解考生的家庭概況，另一方面透過考生的陳述使委員們在最短的時間之內判斷出考生對對家庭是否認同？委員們可以看到考生的態度，以及考生是如何評價家庭成員，所以當同學拉哩拉雜的描述家中成員時，委員也已經從同學的口語表達和肢體語言中看到考生的另一面，同時也可以從考生家庭成員所從事的工作來評斷是否與報考之科系有密切關係。因此，想要更完美的呈現自己，在書寫自傳的當下，就得要深謀遠慮，為面試預作準備。

關於「家庭背景」常見的題目如下：

面試題目	1. 同學請你描述一下你的家庭與背景、居住環境？
聰明應對	教授您好，我的名字是陳妤庭，家中共有 7 個人，包括我、奶奶、以及職業是送貨員的爸爸、家庭主婦的媽媽和三個仍在學的弟弟妹妹。我的爸爸經年累月日夜不停的工作，他希望給我們最好的生活品質，即使勞苦也不喊累，他堅毅的個性影響了我，使我在做事上堅強而努力。媽媽將家裡的一切打點得井然有序，省吃儉用的持家，讓我們不用擔憂家中的經濟狀況，耳濡目染之下，我也學會並且幫忙媽媽記帳，了解家中的收入要如何妥善的分配。

上述的家庭背景交代出家中的成員有哪些人，主要是依靠父親的收入，所以家中的經濟負擔都集中在父親身上，但是母親因為持家有方，所以可以讓孩子求學無虞。而考生透過對父母親的描述呈現出深受父母影響的堅毅個性與生活打點的能力，會記帳，也懂得如何妥善分配財務。

面試題目	2. 說明你和家人的互動，以及家庭對你的影響？
聰明應對	從小到大父母親就教育我不能說謊，更不能做壞事，他們認為一個人的品格是最重要的價值，因此，在我小時候如果犯了錯或是撒了小謊，父母親會嚴正的教導我甚至處罰我，也因為父母的教導使我知道什麼是該做什麼是不該做，雖然他們對我很嚴格，但是他們也不吝於對我付出愛與陪伴，從小他們也會花時間陪我閱讀與談天，遇到無法處理的問題，他們不急著給我答案，很有耐心的引導我自己找到方法。他們有固定捐款與擔任志工的習慣，在他們空閒之餘會到學校與醫院擔任志工，他們常說：「施比受更有福，我們的一點點付出可以讓別人快樂，我們就會得到更大的快樂。」經過日積月累的精神洗禮，我也會在能力許可的範圍內多多做事與行善，師長和同學因此也認為我是一位善良及樂於幫助別人的人，我很喜歡我的父母，也許他們不是最富有的父母，但是我卻是最富有的子女。

在第二個題目中，考生要呈現的重點是在家庭對自己的影響，因此必須從眾多的材料中挑選出最具代表性和最適切的內容。以範例中的描述，考生強調父母是嚴格教育他的品格，因此影響他成為一位不說謊對自己負責的人，另外，父母對他人的付出，是考生認同的行為，相同的也影響考生成為師長與同學心中善良和樂於助人的人，這樣的陳述不直接描述自己是多麼好，卻又在認同父母之餘為自己加值。

呈現上，同學可以參考下一頁的排版。

一、家庭背景

我的名字是陳妤庭，家中共有七位成員，包括我、奶奶、以及職業是送貨員的爸爸、家庭主婦的媽媽和三個仍在學的弟弟妹妹。我的爸爸經年累月日夜不停的工作，他希望給我們最好的生活品質，即使勞苦也不喊累，他堅毅的個性影響了我，使我在做事上堅強而努力。媽媽將家裡的一切打點得井然有序，省吃儉用的持家，讓我們不用擔憂家中的經濟狀況，耳濡目染之下，我也學會並且幫忙媽媽記帳，了解家中的收入要如何妥善的分配。

從小到大父母親就教育我不能說謊，更不能做壞事，他們認為一個人的品格是最重要的價值，因此，在我小時候如果犯了錯或是撒了小謊，父母親會嚴正的教導我甚至處罰我，也因為父母的教導使我知道什麼是該做什麼是不該做，雖然他們對我很嚴格，但是他們也不吝於對我付出愛與陪伴，從小他們也會花時間陪我閱讀與談天，遇到無法處理的問題，他們不急著給我答案，很有耐心的引導我自己找到方法。他們有固定捐款與擔任志工的習慣，在他們空閒之餘會到學校與醫院擔任志工，他們常說：「施比受更有福，我們的一點點付出可以讓別人快樂，我們就會得到更大的快樂。」經過日積月累的精神洗禮，我也會在能力許可的範圍內多多做事與行善，師長和同學因此也認為我是一位善良及樂於幫助別人的人，我很喜歡我的父母，也許他們不是最富有的父母，但是我卻是最富有的子女。

註：範本檔可參考本書光碟。

2. 如何通過興趣專長的面試關卡？

面試時自傳中的興趣專長也是委員們感興趣的一部分，或許同學會懷疑這個項目跟報考的科目並沒有直接的關係，因此，有些同學就會忽略在這個部分的表現。在升學考試下，大部分興趣專長沒有辦法被換算成分數，有些時候甚至考生的興趣專長與報考科目搭不上邊，但即使如此，興趣專長的重要性卻不容小覷，因為在興趣專長的陳述上，面試委員可以透過興趣專長了解考生的人格特質、學習態度，還可以看得出考生在安排個人時間時，是否可以從容不迫，兼顧學業與個人興趣，所以同學在興趣專長的擬答得經過審慎思考。

關於「興趣專長」常見的題目如下：

面試題目	1. 你的才藝或興趣是什麼？
聰明應對	從小到大，我最喜歡的知識領域就是自然科學，進入高中我參加了科學研究社，這個社團很有趣，我們可以運用在高中所學習到的知識進行實驗，此外，社員們也會從網路謠言中，尋找關於科學的議題，進行討論與實作，之前發生八仙塵暴意外時，在社團中，我們也進行粉塵爆炸的實驗，讓我更深入的了解粉塵爆炸所需的條件，探討發生塵暴的原因。這就是我最喜歡的活動。 此外，遺傳自母親，我有一副好歌喉，音樂老師常誇我的音質不錯，可以參加歌唱比賽，但唱歌是我的興趣，我喜歡快樂的歌唱，因此並沒有為此投入歌唱競賽，假日時，若有樂團邀約或是活動邀約，我會視情況參與，我也常和學校的流行音樂社合作，在學校重大的活動中表演，看到自己喜歡的歌唱可以帶來觀眾的喜悅，自己也獲得的成就感與快樂。

上述的題目常常出現在面試的時候，若同學在製作審查資料時已能夠將思考好擬答的內容，對自己而言是非常棒的輔助。這個問題中有兩個方向，一個是興趣，另一個是才藝，不一定要兩個問題都回答，可以針對自己比較好發揮的地方下手，一般而言興趣會比才藝容易回答，考生可以思考是否可以將興趣與報考的科系結合，若無關聯，得強調自己在興趣中展現的特質。

面試題目	2. 喜歡的休閒活動或運動？
聰明應對	從小我的父親在假日時就帶著我和姐姐騎自行車旅行，騎自行車與搭車、坐摩托車的感受不同，可以放慢，用另外一個角度來看到我們的生活環境，以前我也曾經覺得騎自行車很累，但有一次我和父親騎著公路車攀爬武嶺，在一個轉彎處，因為分心滑了一跤，磨破了膝蓋滲出血來，原本打算放棄騎下去，但是父親處理好我的傷口後，告訴我得再騎上一個坡，心中雖然不願意，仍依父親的意勉強的爬上坡，等我氣喘吁吁的追趕上父親的背影時，環繞我的美景讓我震懾不已，無法用言語去描述觸目所及的天光雲彩和青山的嫵媚，當下，我似乎懂得，自己能騎到武嶺，不是應和父親的要求，而是出自挑戰自我的動力，騎自行車讓我享受與自我對話的過程。

有些同學喜歡的休閒活動與運動很多，不見得每一項都可以陳述在審查資料中，因此挑選出來的休閒活動或是運動就會變成是代表自己的重要資料，所以回答時，得注意到休閒活動與運動背後的意義是什麼？清楚的說明自己喜歡的原因，也可以如上述擬答的例了說出自己的人生故事，會更加吸引人。

呈現上，同學可以參考以下的排版。

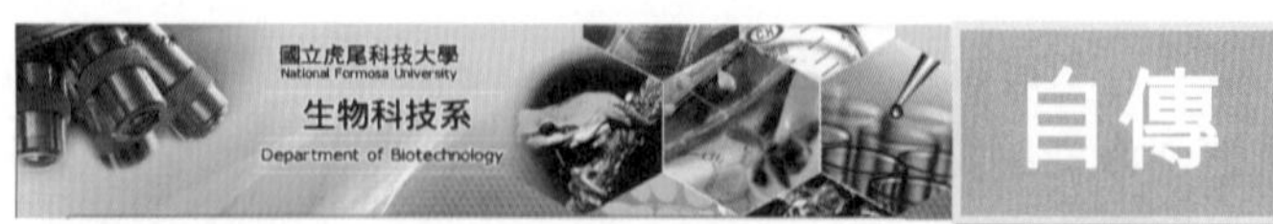

二、興趣專長

遺傳自母親，我有一副好歌喉，音樂老師常誇我的音質不錯，可以參加歌唱比賽，但唱歌是我的興趣，我喜歡快樂的歌唱，因此並沒有為此投入歌唱競賽，假日時，若有樂團邀約或是活動邀約，我會視情況參與，我也常和學校的流行音樂社合作，在學校重大的活動中表演，看到自己喜歡的歌唱可以帶來觀眾的喜悅，自己也獲得的成就感與快樂。

從小到大，我最喜歡的知識領域就是自然科學，進入高中我參加了科學研究社，這個社團很有趣，我們可以運用在高中所學習到的知識進行實驗，此外，社員們也會從網路謠言中，尋找關於科學的議題，進行討論與實作，之前發生八仙塵暴意外時，在社團中，我們也進行粉塵爆炸的實驗，讓我更深入的了解粉塵爆炸所需的條件，探討發生塵暴的原因。這就是我最喜歡的活動。

從小我的父親在假日時就帶著我和姐姐騎自行車旅行，騎自行車與搭車、坐摩托車的感受不同，可以放慢，用另外一個角度來看到我們的生活環境，以前我也曾經覺得騎自行車很累，但有一次我和父親騎著公路車攀爬武嶺，環繞我的美景讓我震懾不已，無法用言語去描述觸目所及的天光雲彩和青山的嫵媚，當下，我似乎懂得，自己能騎到武嶺，不是應和父親的要求，而是出自挑戰自我的動力，騎自行車讓我享受與自我對話的過程。

註：範本檔可參考本書光碟。

除了上述兩題，關於「興趣專長」的常見題目也幫同學整理如下。同學可以思索看看，讓面試題融入審查資料中。

- 你是否做家事，特別喜歡、擅長那些？
- 你常使用電腦或上網嗎？常上哪些網站？利用電腦做什麼？你會哪些軟體？你如何避免沉迷？
- 你最喜歡的課外讀物是？雜誌？音樂？
- 你最喜歡的一本書？
- 你喜歡看什麼電視節目？
- 令你印象深刻的電視廣告是什麼？

3. 如何通過學習經歷的面試關卡？

通常面試委員在學習經歷的提問中，想要知道的是考生在學習上的付出與表現，往往面試委員得到的答案都和考生提出的審查資料有出入，因為大多數的同學急就章的繳交審查資料，與面試情境下真實回答的狀況有很大的落差，所以面試委員們，就會透過審查資料與考生回答的情況給予考生評分，大多數的有企圖心的考生會極力在面試的時候扳回一城，但真正受到青睞，還是準備妥當的人，因為我們不清楚自己的對手是誰，於是就要準備得更充裕，讓自己可以成為金榜題名的人。

關於「學習經歷」常見的題目如下：

面試題目	1. 談談你的求學經歷，談談你所就讀的高中，談談你的高中生活。
聰明應對	我就讀台中高中，單程一趟四十分鐘的車程，雖然離家很遠，但我總能利用乘車的時間進行閱讀、背誦，因此我又多了不少學習的時間。 我的高中生活是在充滿溫馨和諧的氛圍中學習，同學間懂得知福、惜福和貢獻自己的力量，有一次聖誕節，全班挽起衣袖撿拾校園的垃圾和拔除雜草，大家把校園整理得十分乾淨，以行動表達來度過更有意義的感恩聖誕節。正因為我們愛惜自己的學習環境，於是班上每學期都榮獲整潔、秩序榮譽班，作為大家效仿的對象。

面試題目	1. 談談你的求學經歷，談談你所就讀的高中，談談你的高中生活。
	在學校舉辦的軍歌比賽中，我們利用課餘時間培養默契，凝聚班上的向心力，所有人的動作因為大家的練習顯得整齊劃一，在勢均力敵的榮獲全年級第一名。 學校也舉辦大大小小的藝文講座，如蔣勳「美的覺醒」、沈芯菱「夢想進行式－不一樣的二十歲」、朱學恆「創意與熱情」的演講，他說過令我印象最深刻的一句話：「人生在世，『熱情』最重要。如果你還不知道自己要做些什麼，那麼或許每天做一件傻事，可以改變世界。」這句話已成為我現在的人生觀。

面試中詢問考生的求學經歷似乎與考生申請大學沒有關係，但是卻又是面是情境中常常出現的題目，回到審查資料的書寫中，學習經歷也是很重要的審查資料，因此，考生企圖讓審查委員與面試委員知道的特質與態度也會在這一個題目中呈現。上述的回答中，企圖讓委員們知道自己在高中時的求學態度是勤奮的，同時願意為同學與學校付出，對學校認同，擁有責任與榮譽心，此外自己也能夠在學校規劃的藝文活動中學習，這樣的陳述可以讓委員們感受到考生在高中時積極認真的求學態度。

專家小叮嚀

除了上述題目，關於「學習經歷」的常見題目也幫同學整理如下。同學可以思索看看，讓面試題融入審查資料中。

- 你覺得哪一科比其他科好上手？你最喜歡哪一科？你最不喜歡哪一科？為什麼？
- 高中三年求學的過程？成績？特殊表現？
- 求學中最興奮和最沮喪的事？
- 你最喜歡的科目、老師、課程？
- 你如何安排自己的時間？你有什麼讀書方法？
- 學測成績如何？你是否有基本的知識和能力？
- 老師對你的影響？
- 求學中影響你最深的老師，他的教學特質是什麼？人格特質如何？

另外，在學習經歷中可以放入的內容，包括社團經歷、幹部經歷、其他經驗，各個常見項目對應的面試題目也幫同學整理成為以下的表格，當同學撰寫審查資料時，若不知道該放入哪些內容的時候，也可以依據下述的內容，選擇對自己有利的項目書寫，呈現自己的最佳狀況。

項目	面試題目
社團經歷	高中參與社團的經驗，有何收穫或心得感想？參與社團活動會影響到你的學業嗎？ 參加社團或活動對你最大的影響是什麼？為什麼？
幹部經歷	高中擔任班級幹部的經驗，有何收穫或心得感想？同學為何選你？
其他經驗	有無擔任義工或幫助他人的經驗？ 你有幫助同學解決問題的經驗？ 你對身邊的人有何幫助？你如何主動關懷別人？

11-3 在面試時會遇到的讀書計畫題目

在面試的時候，其實與讀書計畫有關的考題相較自傳的範圍是比較好準備的，同學可以依據本書第五章的內容做為準備，就可以從容的應對面試時的考驗。為了協助同學可以在面試與審查資料的準備上可以一魚兩吃，利用面試題目分成讀書計畫常用的三個階段，協助同學從面試題目中找書寫讀書計畫的要點。

▼ 讀書計畫面試考古題

題目類型	面試題目
就讀前	考上之後，你如何規劃高中畢業前的時間？
就讀中	你對本系的了解為何？ 進入本校之後，你打算學些什麼？對我們學校的課程是否有先進行瞭解？ 你對大學生的認識為何？你想過怎樣的大學生活？ 未來四年的讀書計畫？考上你將如何安排你的大學生活？
畢業後	你對未來人生的規劃？ 你有何生涯規劃？升學？就業？你想朝哪個領域發展？ 本系有何出路？你對未來的職業有何計畫？ 你有無夢想？打算如何實現？ 你對社會的貢獻是什麼？
其他	讀書計畫實踐的可能性？完成的百分比多少？

▼ 讀書計畫面試考古題經分析後的心智圖

面試考題

就讀前
-考上之後，你如何規劃高中畢業前的時間？

就讀中
-你對本系的了解為何？
-進入本校之後，你打算學些什麼？
-對我們學校的課程是否有先進行瞭解？
-你想過怎樣的大學生活？
-未來四年的讀書計畫？

畢業後
-你對未來人生的規劃？
-升學？就業？你想朝哪個領域發展？
-本系有何出路？你對未來的職業有何計畫？
-你有無夢想？打算如何實現？
-你對社會的貢獻是什麼？

其他
-讀書計畫實踐的可能性？完成的百分比多少？

相較於自傳的組合多變化，讀書計畫的題目就顯得單純許多。自傳的部分舉證說明的地方大多是考生自己，因為同學是最熟悉自己的人，所以即使自傳的題型多變，範圍也很廣，但是都是圍繞在考生的身上，就算沒有事先準備到面試的題目，仍可以依據自己的真實生活經驗回答。相對的，讀書計畫的面試題目比較單純，但是聚焦於報考的科系身上，所以無論是在書寫讀書計畫的審查資料，或是準備讀書計畫的面試擬答，同學都必須花上一番功夫研究該系所的相關資料。

11-4 在面試時會遇到的申請動機題目

還記得我們在本書第四章的內容中，將申請動機分成兩大項，包括「同學自己的能力」、「大學科系的特色」，面試中申請動機的項目也脫離不了這兩大方向，所以我們可以從面試考古題中進行分析，這樣同學就可以更清楚自己在陳述申請動機，或是在書寫審查資料時可以在哪個方向著墨。

為了協助同學分析申請動機的相關面試考古題，我們將常見的申請動機面試題目整理出三類：第一類為綜合同學自己的能力與大學校系的特色，第二類著重在同學自己的能力，第三類著重在大學校系的特色。

以下透過常見的考古題，將它們依據屬性進行分類。

▼ 申請動機審查資料內容與面試考古題配對

	可做為審查資料的內容	題目
1	同學自己的能力 + 大學校系的特色（綜合類）	你為什麼會選擇我們的學校？原因為何？家人是否支持？
		想念我們科系的五大理由？家長及老師有無建議你念本系的理由？有誰建議你念我們學校？
		你說出我們錄取你的原因？請用三個理由說明本系非錄取你不可？如何說服我們錄取你？ 你有什麼條件就讀這個科系？
2	著重在同學自己的能力	你覺得自己有哪些專長適合從事本系的工作？你有何特質讓你適合念本系及從事本行業？你的興趣中哪些跟本系有關？
		進入本系後，發現不適合，你如何因應？
3	著重在大學校系的特色	本系吸引你的地方何在？你透過什麼方式了解本系？
		萬一未錄取你，是否仍以本系為第一志願？為什麼？
		你對本校有多少認識？
		為何不申請更好的大學？
		你對本校或本系有無特別的印象？
		是否看過本系網站，對內容有何感想？
		我們科系不是很熱門，是否因成績不夠而選擇？
		我們科系畢業出路不是很好，你是否重新考慮？
		你為何不留在自己家附近唸？那裡不是也有這個科系？你覺得我們和別人有什麼不同？
		你看過哪些根本系有關的書？評論一下。
		有沒有參加過本系的活動，有何感想？

接著，我們挑出幾個申請動機中的面試考題，進行組合來書寫我們的申請動機，下一頁以實踐大學的服飾設計與經營學系為例。

第一段

面試題目	1. 你的興趣中哪些跟本系有關？
聰明應對	小時候喜歡玩芭比娃娃，幫她們換上各式各樣的衣服。在小學四年級時，因為一齣偶像劇一天國的嫁衣而有觸動，當時劇中的男主角是位服裝設計師，製作服裝與畫設計圖的場景一直在我腦中盤旋不去，雖然只有一小片段，卻讓我憧憬服裝設計，夢想成為一位設計師。

第二段

面試題目	2. 你有何特質讓你適合念本系及從事本行業？
聰明應對	平時喜歡看時裝相關的電視節目或資訊，希望自己有一日也能創造出獨樹一格的服裝，使他人突顯自己的特色，更有自信，變得更加亮麗奪目。生活中隨時會關注與時裝相關的事物，也會常常和別人討論相關的話題，即使就讀高中，我志向仍是服裝設計。

第三段

面試題目	3. 本系吸引你的地方何在？
聰明應對	服裝設計與經營企畫是對於流行極敏感的工作，因此對新資訊、新技術的不斷獲取與更新，即是終身的學習所在，甚至要有創作流行趨勢的能力。而 貴校的課程規劃不論是設計製作、經營行銷、人文藝術……都是可以使我專精於服裝設計的領域，更是我期盼的優良的學習環境。

呈現上，同學可以參考下一頁的排版。

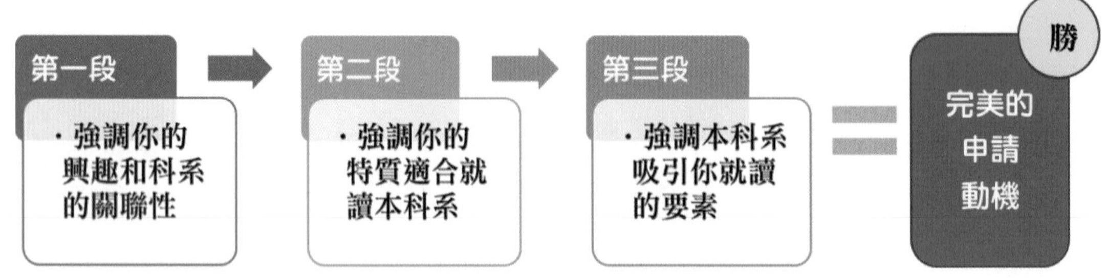

服飾設計與經營

申請動機

小時候喜歡玩芭比娃娃，幫她們換上各式各樣的衣服。**在小學四年級時，因為一齣偶像劇**—天國的嫁衣而有觸動，當時劇中的男主角是位服裝設計師，製作服裝與畫設計圖的場景一直在我腦中盤旋不去，雖然只有一小片段，卻讓我**憧憬服裝設計，夢想成為一位設計師**。

平時喜歡看時裝相關的電視節目或資訊，希望自己有一日也能創造出獨樹一格的服裝，使他人凸顯自己的特色，更有自信，變得更加亮麗奪目。生活中隨時會關注與時裝相關的事物，也會常常和別人討論相關的話題，**即使就讀高中，我志向仍是服裝設計**。

服裝設計與經營企畫是對於流行極敏感的工作，因此對新資訊、新技術的不斷獲取與更新，即是終身的學習所在，甚至要有創作流行趨勢的能力。而　貴校的課程規劃不論是設計製作、經營行銷、人文藝術……都是可以使我專精於服裝設計的領域，更是我期盼的優良的學習環境。**儘管實現夢想過程是辛苦的，我也不會放棄，希望可以受到　貴系的栽培有朝一日能在這個領域大放異彩**。

註：範本檔可參考本書光碟。

⊙ Smart 學習

1. 把面試的題目跟審查資料的內容做結合，就可以讓同學一方面製作審查資料，一方面準備回答面試題目。
2. 分析歷屆面試考題，可以歸納出放在審查資料裡的用來回答面試題目的內容。
3. 依據面試題目進行審查資料的書寫，就可以掌握到面試問題的要點。
4. 透過對面試考古題的分析，可以掌握到該系所關注的問題，就可以客製化自己的審查資料。
5. 興趣專長這個項目跟學科分數並沒有直接的關係，但面試委員可以透過興趣專長了解考生的人格特質、學習態度。
6. 讀書計畫的面試考題比自傳有更明確的範圍。

作業練功坊

一、是非題（請將正確的敘述於（ ）內打「○」，錯誤的敘述打「×」）

1. (　) 面試的題目無法與審查資料的內容做結合。
2. (　) 分析歷屆面試考題，可以歸納出放在審查資料裡的內容。
3. (　) 面試題目是天馬行空，進行審查資料的書寫是無法參考。
4. (　) 系所關注的問題，會顯露在面試題目中。
5. (　) 面試委員透過興趣專長這個向度的問題了解大部分考生的學科分數。
6. (　) 自傳面試的考題範圍比讀書計畫有更明確的範圍。

作業練功坊解答

第一章

一、是非題

1. [×]　2. [◯]　3. [×]　4. [×]

解答說明

1. 審查資料是升學時依簡章提供審查委員審查的升學資料，並非與生涯檔案一致。
3. 將所有報考科系的自傳檔案通通放在一個資料夾較容易混淆使用，建議應該以報考科系名稱來建置檔案夾，分別存放需要的審查資料。
4. 上傳之後，資料整合一個檔案時，系統會統一產生封面。

二、選擇題

1. [A]　2. [C]　3. [D]　4. [D]

解答說明

3. A 限制檔案格式為 PDF、B 一個項目的檔案有不得超過 5MB 的限制、C 審查資料檔案一旦上傳確認後就不得修改。

三、簡答題

1. 高中 (職) 在校成績證明
2. 自傳 (學生自述)
3. 讀書計畫 (含申請動機)
4. 競賽成果 (或特殊表現) 證明
5. 社團參與證明
6. 其他 (詳見說明)

◉ 光碟檔案內容

106 大學個人申請第二階段審查資料上傳作業流程說明 .pdf

106 四技日間部申請入學第二階段審查資料上傳作業流程說明 .pdf

第二章

一、是非題

1. [×]　2. [◯]　3. [×]　4. [×]　5. [×]
6. [◯]　7. [◯]　8. [◯]　9. [×]　10. [×]

解答說明

1. 統一由所屬學校上傳至甄選會平台
3. 限用 PDF 檔
5. 除 PDF 之外，不得加入任何功能，以免造成檔案無法呈現。
9. 只有「四技二專甄選入學」的上傳作業時間是 24 小時開放，但最後一日僅開放至 17:00 為止；其他則是每日 8:00 ～ 22:00，且最後一日也是僅開放至 17:00 為止。
10. 「必繳資料」為必要上傳項目、「選繳資料」為「可選擇」上傳之項目，可參酌上傳，不需全部都涵蓋。

二、選擇題

1. [A] 2. [C] 3. [C] 4. [B] 5. [A]

解答說明

5. 資料上傳時間僅限每天 8：00 ～ 22：00

第三章

一、是非題

1. [○]　2. [×]　3. [×]　4. [○]　5. [○]　6. [×]

解答說明

2. 沒有這樣的規定。
3. 因為目的不同，所以仍有差異。
6. 不限於學業名列前茅的同學，即便是成績普通的同學，依然可以將自己較特殊的學業表現寫出來。

二、選擇題

1. [B]　2. [B]　3. [D]　4. [D]

三、實作題

請參考本章內容。

◉ 光碟檔案內容

自傳基本款空白練習檔 (1).docx

自傳基本檔範本檔 (2).docx

自傳美編練習檔 (3).docx

自傳美編範本檔 (4).docx

自傳文字檔 (5).docx

第四章

一、是非題

1. [×]　2. [×]　3. [◯]　4. [◯]　5. [◯]　6. [◯]

解答說明

1. 不用單獨上傳單篇的申請動機，自傳或讀書計畫若沒有限制書寫項目，仍可寫出申請動機。
2. 沒有特殊規定。

二、選擇題

1. [C]　2. [D]

解答說明

1. 口頭報告不是書寫的文字形式。

三、實作題

請參考本章內容或光碟內容中「台北商業大學會計學系申請動機寫法 .docx」

◉ 光碟檔案內容

台北商業大學會計學系申請動機寫法 1.docx

逢甲大學化學工程學系申請動機寫法 2.docx

第五章

一、是非題

1. [○]　2. [○]　3. [×]　4. [○]　5. [○]　6. [○]

解答說明

3. 仍須依據簡章來決定書寫內容。

二、選擇題

1. [D]　2. [D]　3. [B]　4. [C]　5. [B]　6. [D]

解答說明

1. D 可使用領域或核心概念的方式書寫，但不一定是最佳的寫作方式，仍要視其申請科系的性質與內容優劣。
3. B 這段時間的安排重點應該在於完成高中的學業。
4. C 這個階段的讀書計畫應該要放在學習這件事情上面。
5. B 在職進修為畢業後的規劃。

◉ 光碟檔案內容

純文字條列式讀書計畫範本檔 1.docx

純文字標題式讀書計畫範本檔 2.docx

加入圖表讀書計畫範本檔 3.docx

領域與核心能力讀書計畫範本檔 4.docx

第八章

一、是非題

1. [×]　2. [×]　3. [×]　4. [○]　5. [×]

解答說明

1. 審查資料重視的是資料的內容，並非數量。
2. 美編提供閱讀者的感受，從中亦可看出考生的邏輯與文書能力。
3. 利用手機 APP 的處理，亦可以取得似掃描的圖檔。
4. 上傳之後，資料整合一個檔案時，系統會統一產生封面。
5. 正式的證件，以掃描方式為佳。

二、選擇題

1. [D]　2. [D]　3. [B]　4. [A]　5. [C]

解答說明

1. 運動會大合照較沒有推薦的特殊性。
4. 審查資料是直式的 A4 的版面，閱讀流線是從上到下，從左到右。
5. A 證件的重點在於文字內容、B 長寬比例並沒有嚴格要求、D 人數不是考量放置優先順序的關鍵。

三、實作題

請參考本章內容。

◉ 光碟檔案內容

刊頭橫幅 001.tif

成績單 002.tif

刊頭橫幅成績單排版 003.docx

第九章

一、是非題

1. [○]　2. [×]　3. [○]　4. [×]　5. [○]

解答說明

4. 不管為何，側標籤仍建議使用。

二、選擇題

1. [D]　2. [C]　3. [D]　4. [D]　5. [C]

第十章

一、是非題

1. [○]　2. [×]　3. [○]　4. [×]　5. [×]

解答說明

2. 推薦函並非以它的數量作為評分標準，有些科系要求推薦函，但不一定採計推薦函成績。
4. 軍校推薦函有固定格式，但仍可以利用這個格式進行其他學校推薦函的書寫。
5. 推薦函沒有統一的格式，但是部分科系有自己的格式，不一定是文字陳述就比較優秀，而是要依據科系規定的格式書寫才是最佳的方式。

二、選擇題

1. [C]　2. [D]　3. [B]　4. [D]

解答說明

3. B 並非依據推薦者的身分地位決定考生成績。
4. D 與推薦大學的目的無關。

◉ 光碟檔案內容

中央大學空白推薦函 1.docx
中央大學推薦函範例 2.docx
軍校推薦函空白表單 3.docx

第十一章

一、是非題

1. [×]　2. [◯]　3. [×]　4. [◯]　5. [×]　6. [×]

解答說明

1. 可以將面試的題目與審查資料的內容做結合
3. 面試題目是線索，可以作為參考。
5. 無法從興趣專長看出大部分考生的學科成績。
6. 讀書計畫的面試考題比自傳有更明確的範圍。

⦿ 光碟檔案內容

面試申請動機書寫範例 1.docx

面試自傳家庭背景書寫範例 2.docx

面試自傳興趣專長書寫範例 3.docx

審查資料製作書

作　　者：余曉菁 / 邱淑芬
企劃編輯：郭季柔
文字編輯：江雅鈴
設計裝幀：張寶莉
發 行 人：廖文良

發 行 所：碁峰資訊股份有限公司
地　　址：台北市南港區三重路 66 號 7 樓之 6
電　　話：(02)2788-2408
傳　　真：(02)8192-4433
網　　站：www.gotop.com.tw
書　　號：AEE037400
版　　次：2018 年 05 月初版
建議售價：NT$450

國家圖書館出版品預行編目資料

審查資料製作書 / 余曉菁, 邱淑芬著. -- 初版. -- 臺北市：碁峰資訊, 2018.05
面；　公分
ISBN 978-986-476-821-9(平裝)
1.大學入學　2.入學考試
525.611　　107007928

讀者服務

- 感謝您購買碁峰圖書，如果您對本書的內容或表達上有不清楚的地方或其他建議，請至碁峰網站：「聯絡我們」\「圖書問題」留下您所購買之書籍及問題。(請註明購買書籍之書號及書名，以及問題頁數，以便能儘快為您處理)
http://www.gotop.com.tw

- 售後服務僅限書籍本身內容，若是軟、硬體問題，請您直接與軟、硬體廠商聯絡。

- 若於購買書籍後發現有破損、缺頁、裝訂錯誤之問題，請直接將書寄回更換，並註明您的姓名、連絡電話及地址，將有專人與您連絡補寄商品。

- 歡迎至碁峰購物網
http://shopping.gotop.com.tw
選購所需產品。